Lonely Castle in the Mirror

Originalroman: Mizuki Tsujimura (Poplar Publishing)
Zeichnungen: Tomo Taketomi

Aus dem Japanischen von
Anne Klink

4

Was bisher geschah

Eines Tages findet sich **Kokoro mit sechs weiteren Mittelschülern** in einem geheimnisvollen Schloss wieder. Sie alle haben gemeinsam, dass sie nicht zur Schule gehen. Laut der Schlossherrin, die sich als die **»Wolfskönigin«** vorstellt, gibt es irgendwo im Schloss einen verriegelten Raum, der jeden Wunsch erfüllen kann. **Doch nur die Person, die den Schlüssel zum »Wunschzimmer« findet, darf sich etwas wünschen.**

Als die sieben Jungen und Mädchen einander besser kennenlernen, bemerken sie, dass alle außer Rion, der in Hawaii lebt, **auf die Yukishina-Mittelschule Nr. 5** gehen. Auf Masamunes Bitte hin verabreden sich die Freunde zur Eröffnungsfeier des dritten Trimesters in der Schule. Kokoro nimmt all ihren Mut zusammen, doch als sie in die Schule kommt, **trifft sie dort keinen ihrer Freunde aus dem Schloss an…**

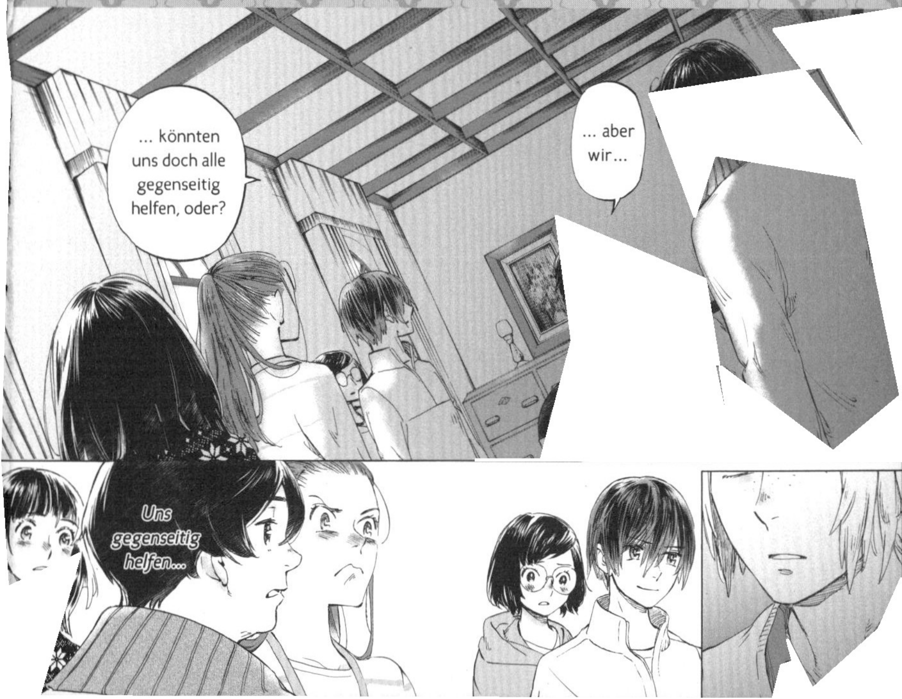

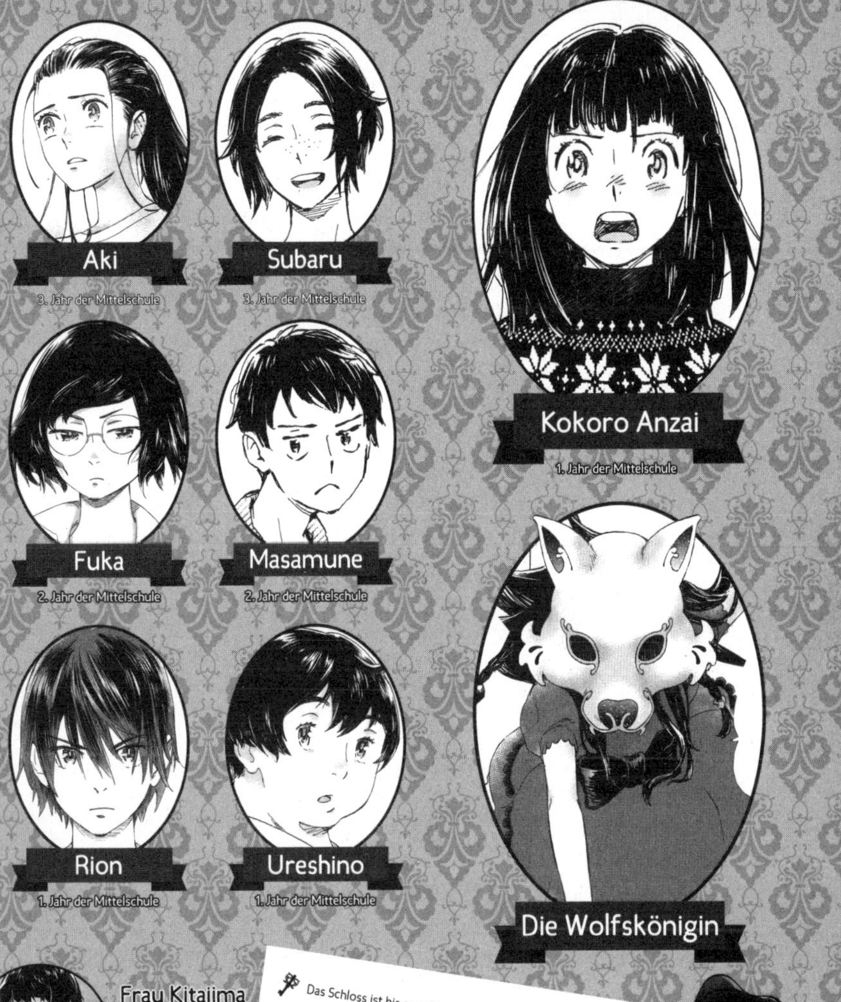

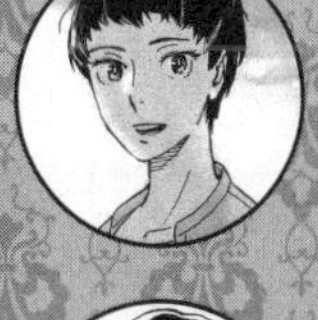

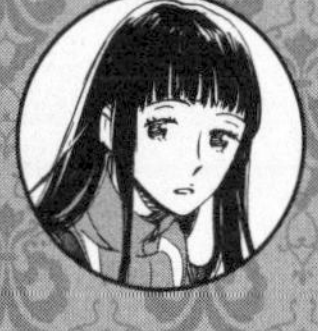

Die Regeln des Schlosses

- Das Schloss ist bis zum 30. März des nächsten Jahres geöffnet.
- Die Jugendlichen können sich täglich zwischen 9 und 17 Uhr dort aufhalten.
- Wer nach 17 Uhr noch im Schloss ist, wird »vom Wolf gefressen«.
- Selbst, wenn nur eine Person zu lang bleibt, ereilt alle anderen dasselbe Schicksal.
- Sobald der Wunsch erfüllt wurde, hat niemand mehr Zugang zum Schloss und alle verlieren ihre Erinnerungen an die gemeinsame Zeit.
- Wenn bis zum 30. März kein Wunsch erfüllt wurde, behalten alle ihre Erinnerungen.

INHALT

LONELY CASTLE in the MIRROR

4

Kapitel 18

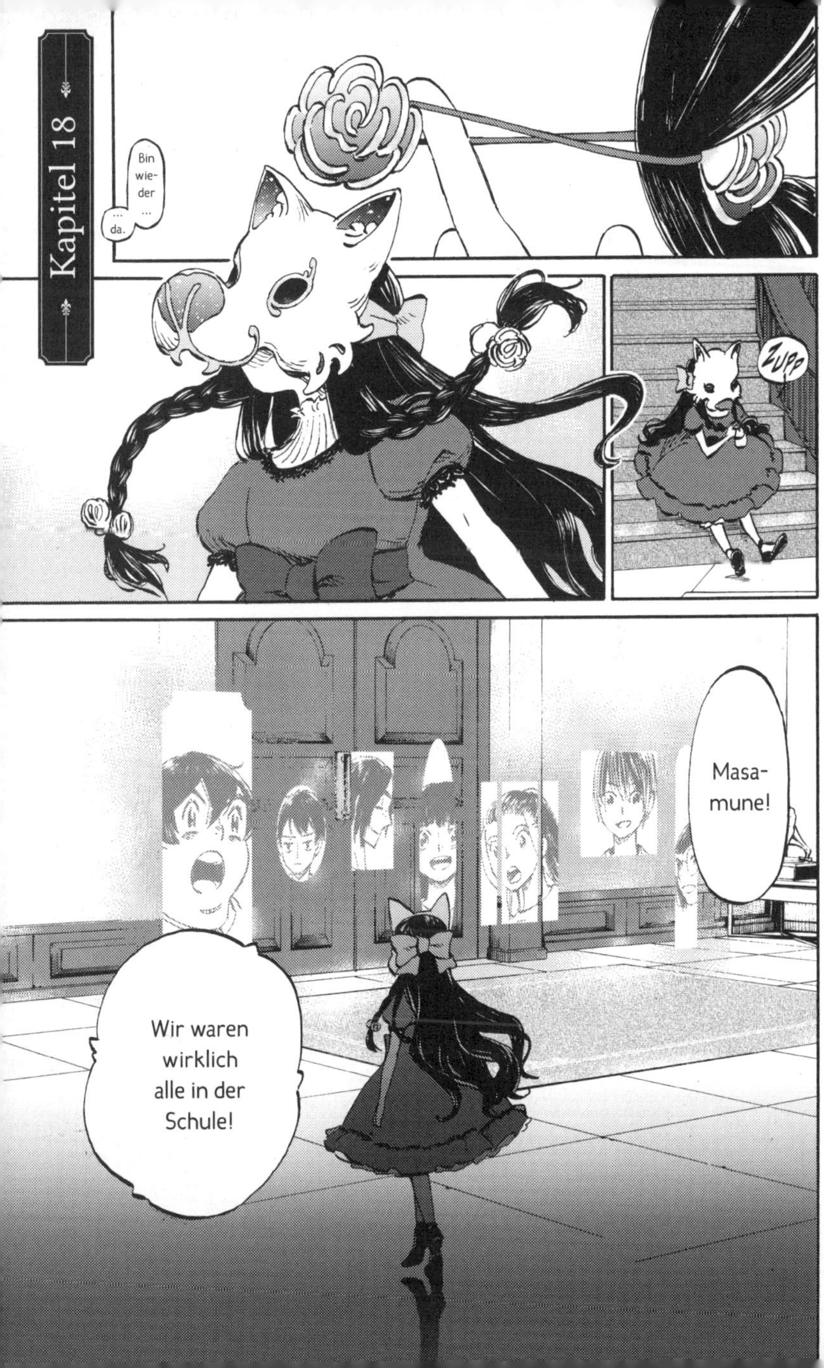
Bin wieder … … da.
ZUPP
Masamune!
Wir waren wirklich alle in der Schule!

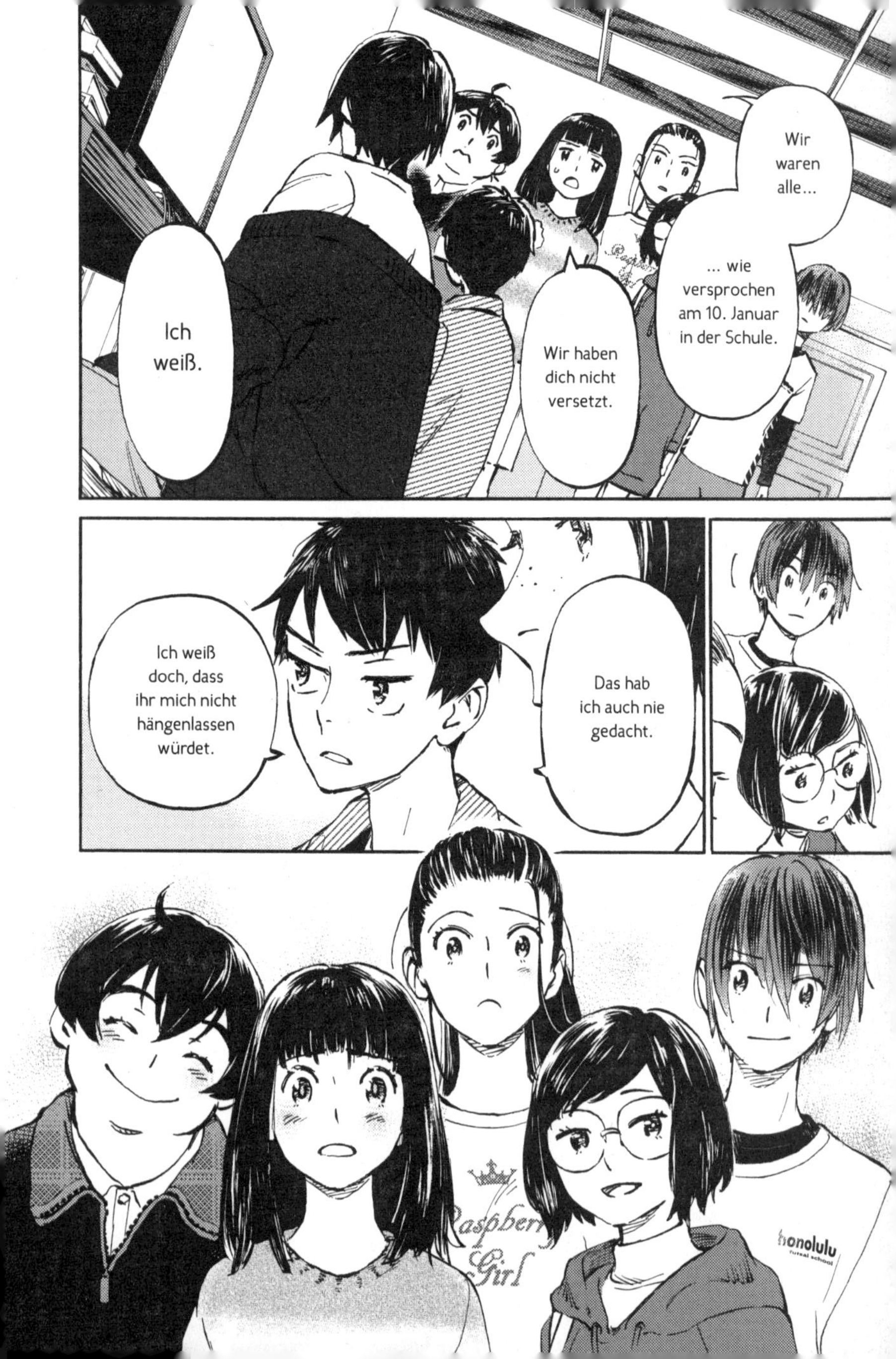
Wir waren alle…
… wie versprochen am 10. Januar in der Schule.
Wir haben dich nicht versetzt.
Ich weiß.
Das hab ich auch nie gedacht.
Ich weiß doch, dass ihr mich nicht hängenlassen würdet.
honolulu futsal school

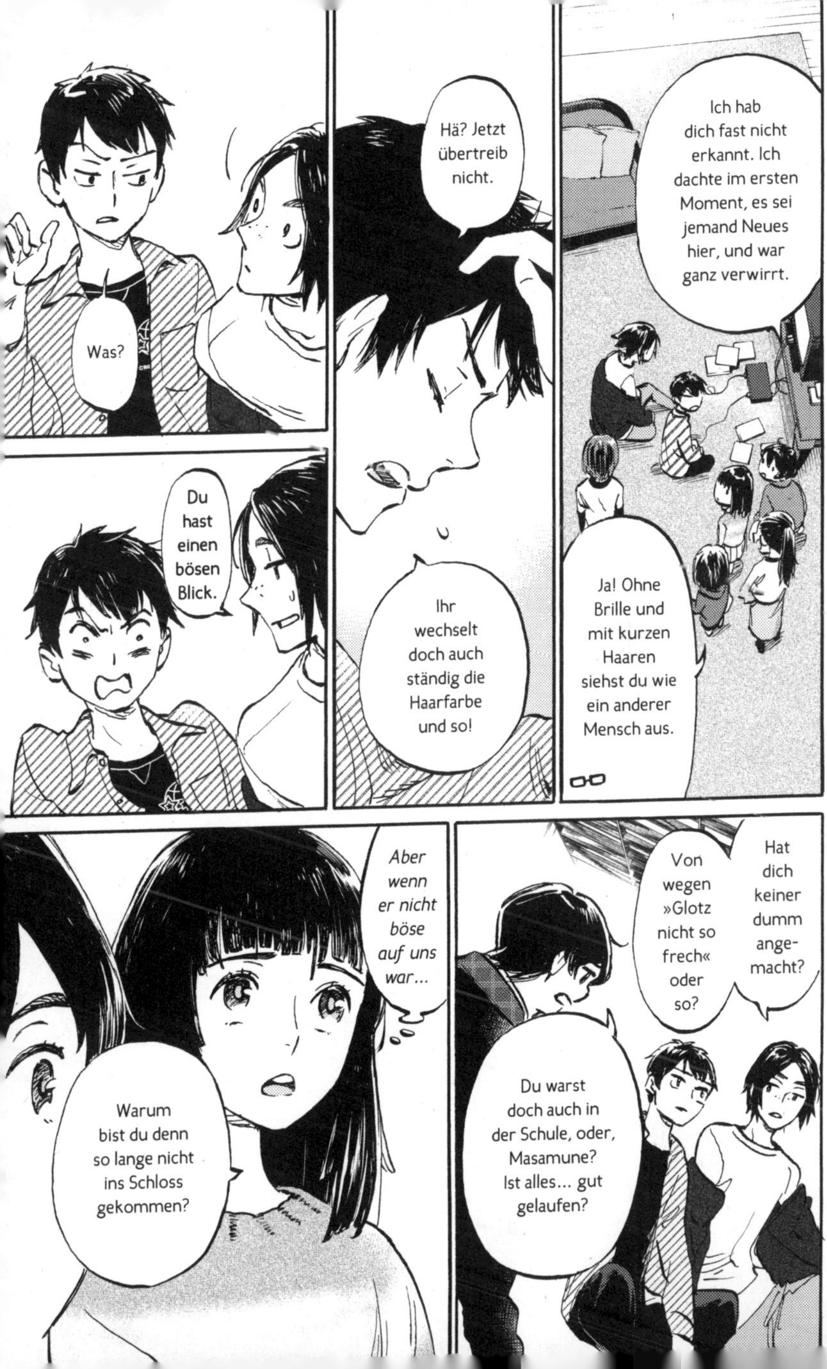

Ich hab dich fast nicht erkannt. Ich dachte im ersten Moment, es sei jemand Neues hier, und war ganz verwirrt.
Ja! Ohne Brille und mit kurzen Haaren siehst du wie ein anderer Mensch aus.
Hä? Jetzt übertreib nicht.
Ihr wechselt doch auch ständig die Haarfarbe und so!
Was?
Du hast einen bösen Blick.
Hat dich keiner dumm angemacht?
Von wegen »Glotz nicht so frech« oder so?
Du warst doch auch in der Schule, oder, Masamune? Ist alles… gut gelaufen?
Aber wenn er nicht böse auf uns war…
Warum bist du denn so lange nicht ins Schloss gekommen?

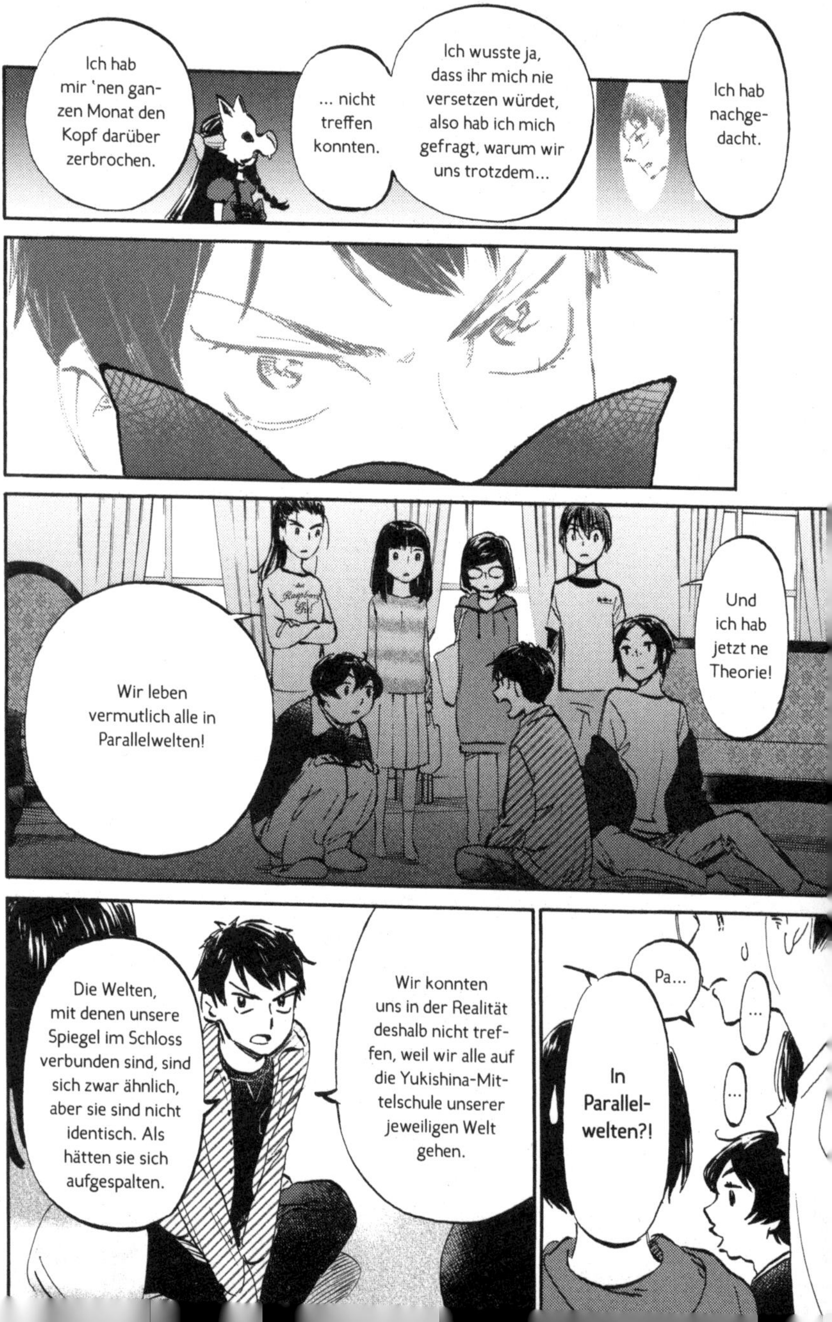
Ich hab nachgedacht.
Ich wusste ja, dass ihr mich nie versetzen würdet, also hab ich mich gefragt, warum wir uns trotzdem...
... nicht treffen konnten.
Ich hab mir 'nen ganzen Monat den Kopf darüber zerbrochen.
Und ich hab jetzt ne Theorie!
Wir leben vermutlich alle in Parallelwelten!
...
...
Pa...
In Parallelwelten?!
Wir konnten uns in der Realität deshalb nicht treffen, weil wir alle auf die Yukishina-Mittelschule unserer jeweiligen Welt gehen.
Die Welten, mit denen unsere Spiegel im Schloss verbunden sind, sind sich zwar ähnlich, aber sie sind nicht identisch. Als hätten sie sich aufgespalten.

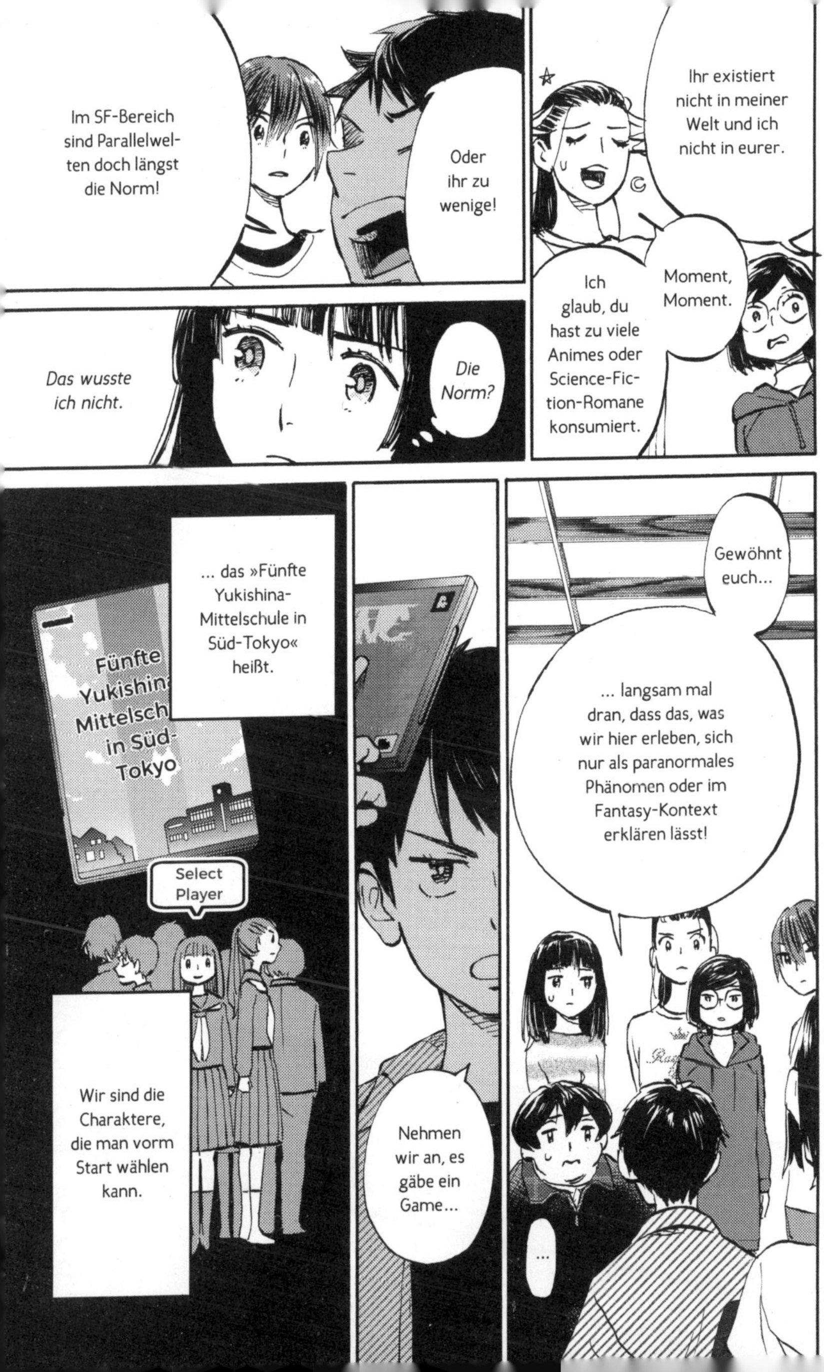

Ihr existiert nicht in meiner Welt und ich nicht in eurer.
Moment, Moment.
Ich glaub, du hast zu viele Animes oder Science-Fiction-Romane konsumiert.
Oder ihr zu wenige!
Im SF-Bereich sind Parallelwelten doch längst die Norm!
Die Norm?
Das wusste ich nicht.
Gewöhnt euch...
... langsam mal dran, dass das, was wir hier erleben, sich nur als paranormales Phänomen oder im Fantasy-Kontext erklären lässt!
...
Nehmen wir an, es gäbe ein Game...
... das »Fünfte Yukishina-Mittelschule in Süd-Tokyo« heißt.
Fünfte Yukishina Mittelsch in Süd-Tokyo
Select Player
Wir sind die Charaktere, die man vorm Start wählen kann.

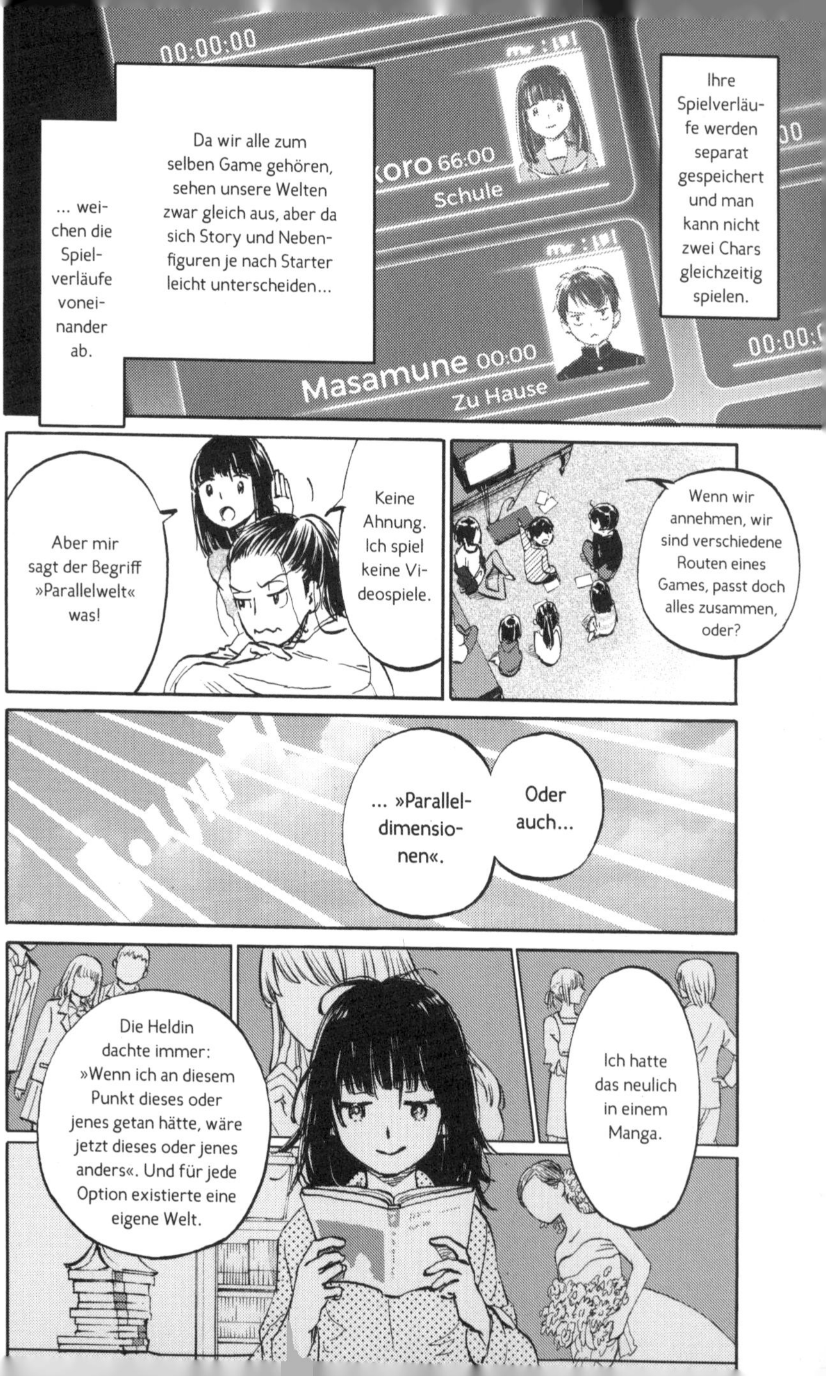
00:00:00
Schule
Masamune 00:00
Zu Hause
Ihre Spielverläufe werden separat gespeichert und man kann nicht zwei Chars gleichzeitig spielen.
Da wir alle zum selben Game gehören, sehen unsere Welten zwar gleich aus, aber da sich Story und Nebenfiguren je nach Starter leicht unterscheiden…
… weichen die Spielverläufe voneinander ab.
Wenn wir annehmen, wir sind verschiedene Routen eines Games, passt doch alles zusammen, oder?
Keine Ahnung. Ich spiel keine Videospiele.
Aber mir sagt der Begriff »Parallelwelt« was!
Oder auch…
… »Paralleldimensionen«.
Ich hatte das neulich in einem Manga.
Die Heldin dachte immer: »Wenn ich an diesem Punkt dieses oder jenes getan hätte, wäre jetzt dieses oder jenes anders«. Und für jede Option existierte eine eigene Welt.

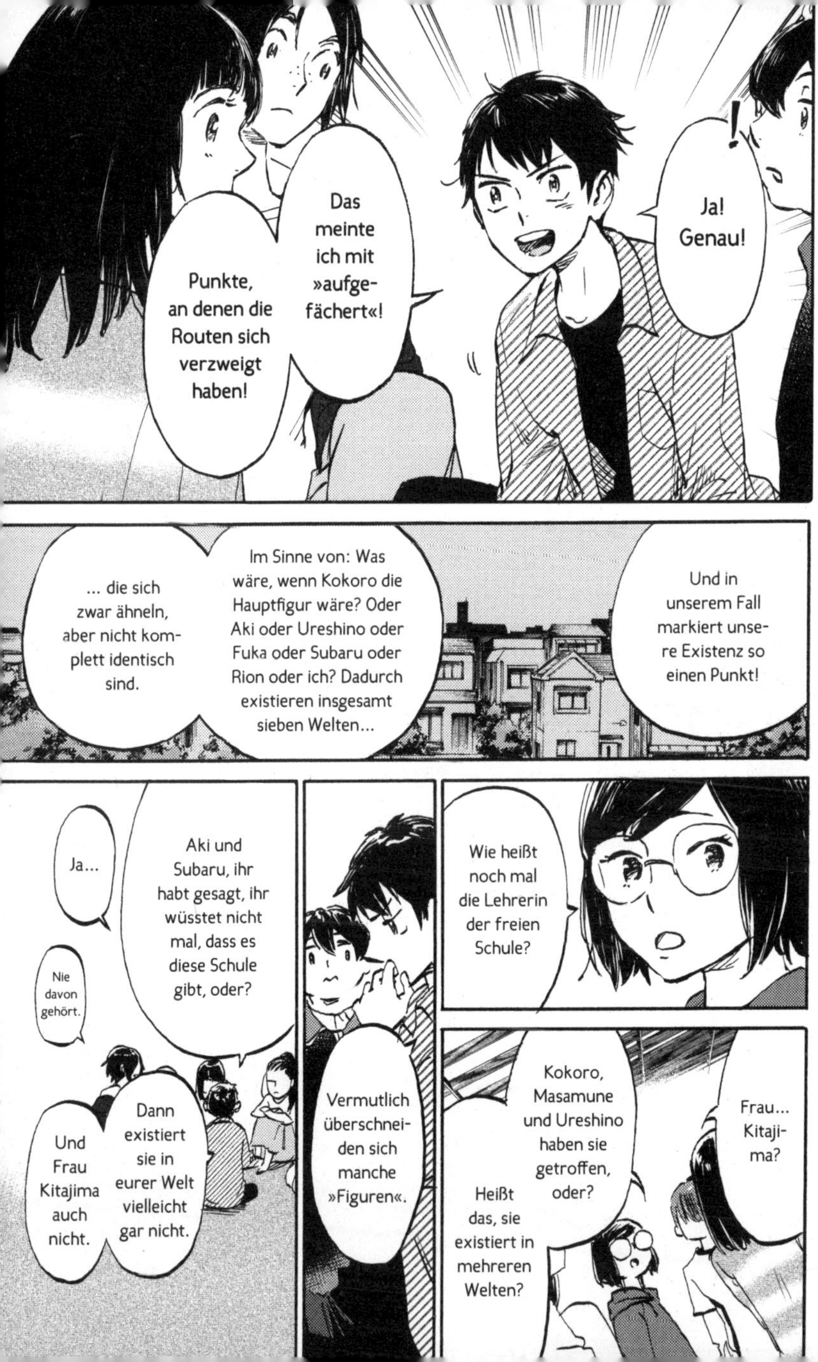

Ja! Genau!
Das meinte ich mit »aufgefächert«!
Punkte, an denen die Routen sich verzweigt haben!
Und in unserem Fall markiert unsere Existenz so einen Punkt!
Im Sinne von: Was wäre, wenn Kokoro die Hauptfigur wäre? Oder Aki oder Ureshino oder Fuka oder Subaru oder Rion oder ich? Dadurch existieren insgesamt sieben Welten…
… die sich zwar ähneln, aber nicht komplett identisch sind.
Wie heißt noch mal die Lehrerin der freien Schule?
Frau… Kitajima?
Kokoro, Masamune und Ureshino haben sie getroffen, oder?
Heißt das, sie existiert in mehreren Welten?
Vermutlich überschneiden sich manche »Figuren«.
Aki und Subaru, ihr habt gesagt, ihr wüsstet nicht mal, dass es diese Schule gibt, oder?
Ja…
Nie davon gehört.
Dann existiert sie in eurer Welt vielleicht gar nicht.
Und Frau Kitajima auch nicht.

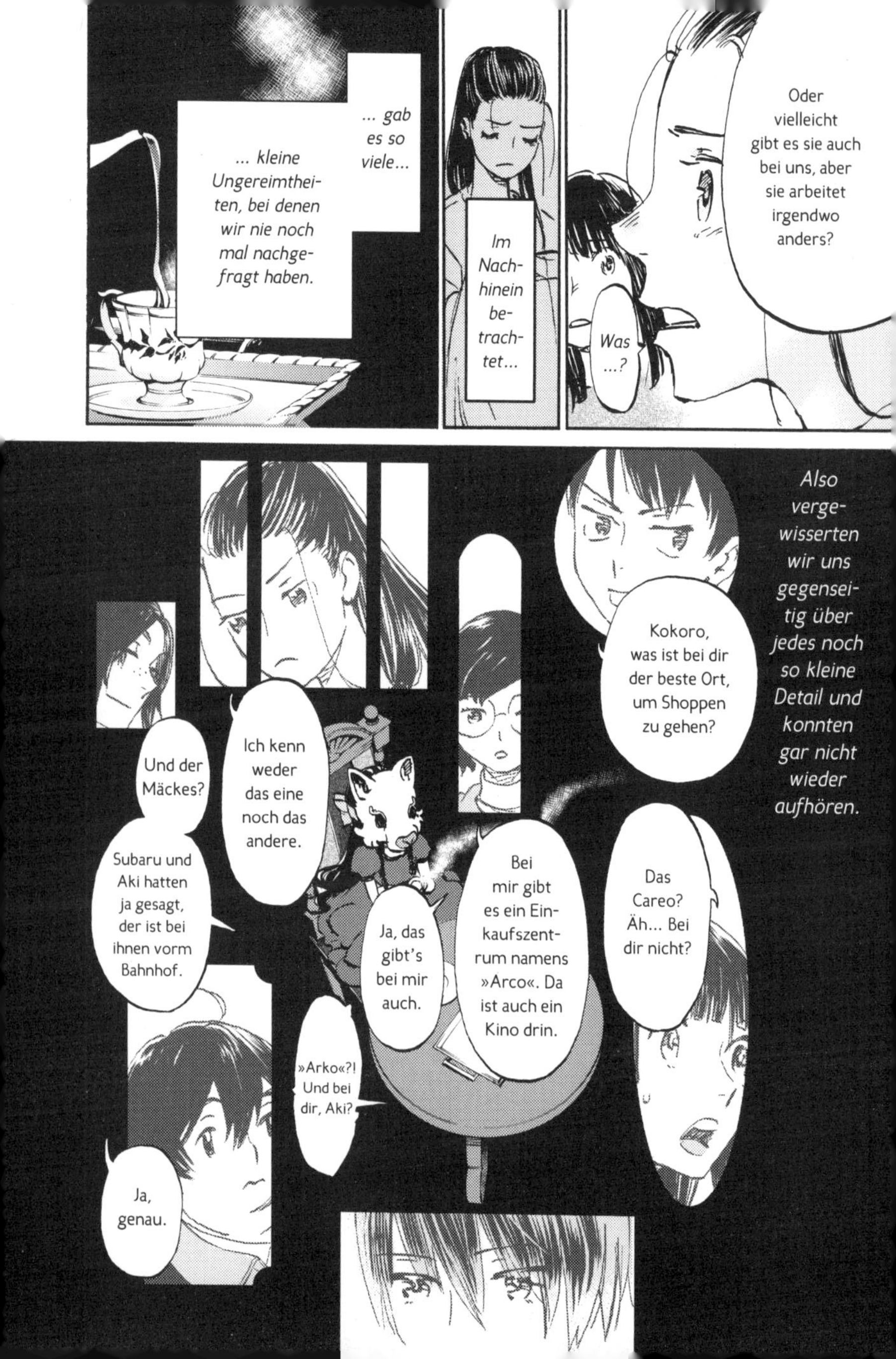
Oder vielleicht gibt es sie auch bei uns, aber sie arbeitet irgendwo anders?
Was ...?
Im Nachhinein betrachtet...
... gab es so viele...
... kleine Ungereimtheiten, bei denen wir nie noch mal nachgefragt haben.
Also vergewisserten wir uns gegenseitig über jedes noch so kleine Detail und konnten gar nicht wieder aufhören.
Kokoro, was ist bei dir der beste Ort, um Shoppen zu gehen?
Das Careo? Äh... Bei dir nicht?
Bei mir gibt es ein Einkaufszentrum namens »Arco«. Da ist auch ein Kino drin.
Ja, das gibt's bei mir auch.
»Arko«?! Und bei dir, Aki?
Ich kenn weder das eine noch das andere.
Und der Mäckes?
Subaru und Aki hatten ja gesagt, der ist bei ihnen vorm Bahnhof.
Ja, genau.

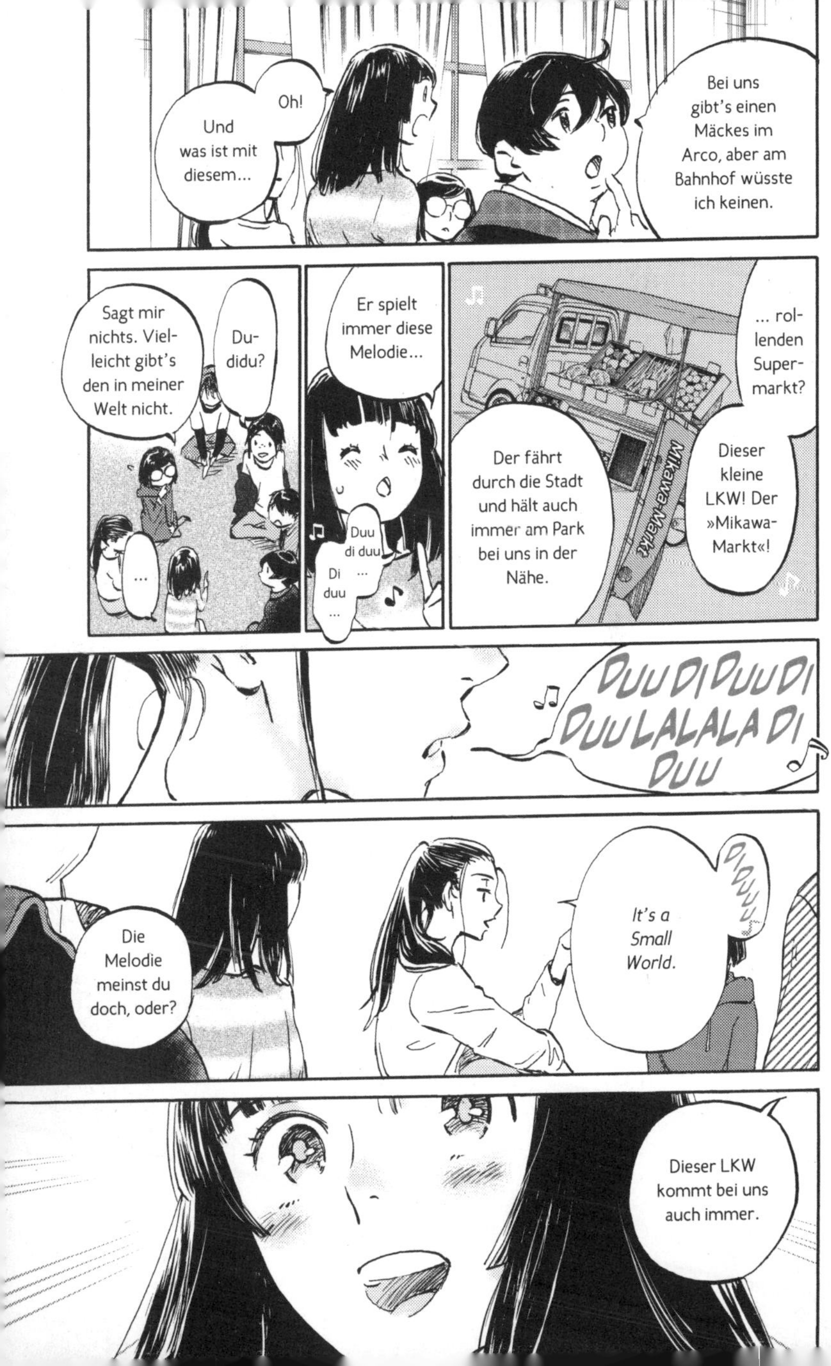
Bei uns gibt's einen Mäckes im Arco, aber am Bahnhof wüsste ich keinen.
Oh!
Und was ist mit diesem...
... rollenden Supermarkt?
Dieser kleine LKW! Der »Mikawa-Markt«!
Mikawa-Markt
Der fährt durch die Stadt und hält auch immer am Park bei uns in der Nähe.
Er spielt immer diese Melodie...
Duu di duu ...
Di duu ...
Du-didu?
Sagt mir nichts. Vielleicht gibt's den in meiner Welt nicht.
...
DUU DI DUU DI DUU LALALA DI DUU
DI DUU
It's a Small World.
Die Melodie meinst du doch, oder?
Dieser LKW kommt bei uns auch immer.

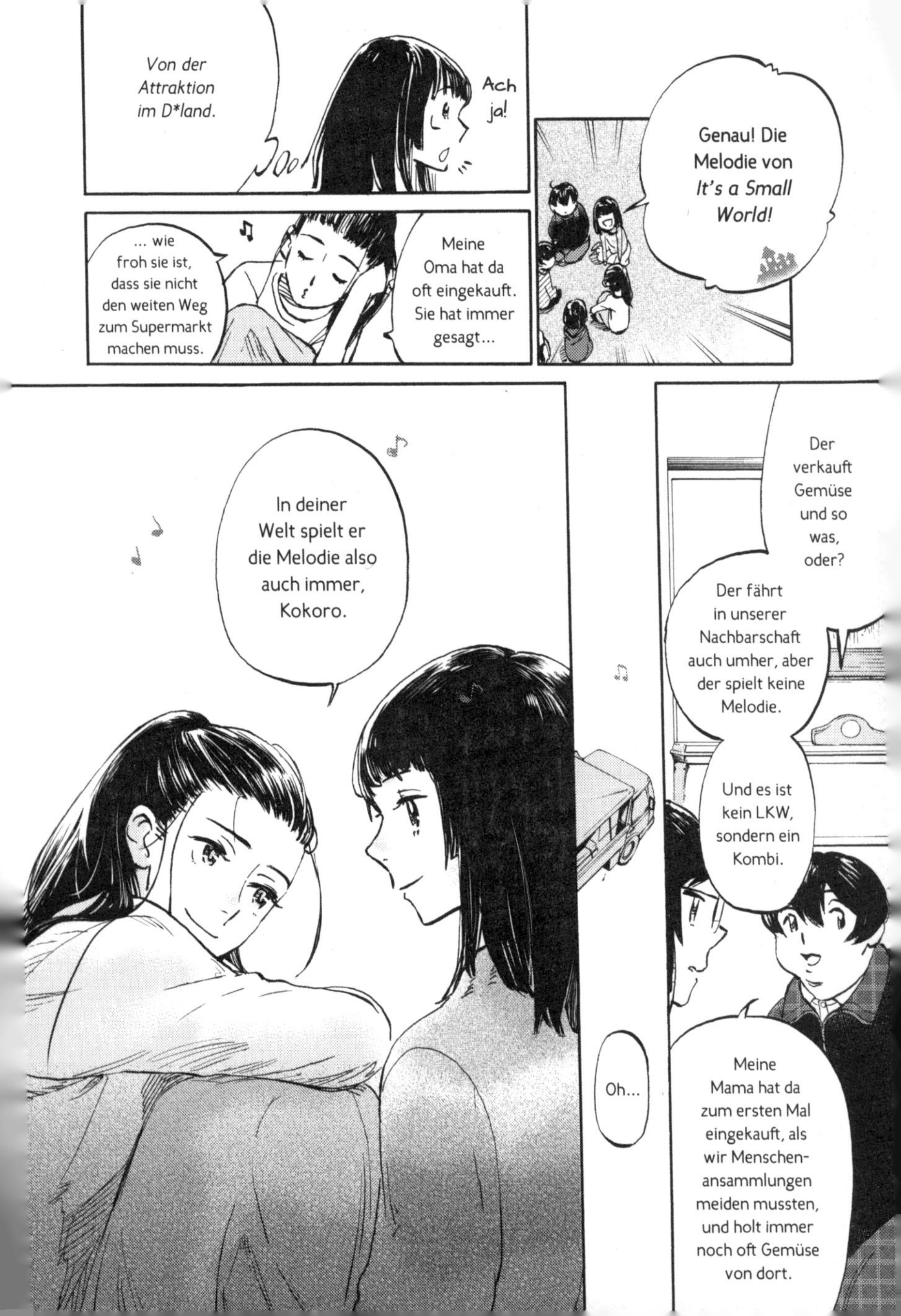
Von der Attraktion im D*land.
Ach ja!
Genau! Die Melodie von *It's a Small World!*
Meine Oma hat da oft eingekauft. Sie hat immer gesagt …
… wie froh sie ist, dass sie nicht den weiten Weg zum Supermarkt machen muss.
Der verkauft Gemüse und so was, oder?
Der fährt in unserer Nachbarschaft auch umher, aber der spielt keine Melodie.
Und es ist kein LKW, sondern ein Kombi.
Meine Mama hat da zum ersten Mal eingekauft, als wir Menschenansammlungen meiden mussten, und holt immer noch oft Gemüse von dort.
Oh …
In deiner Welt spielt er die Melodie also auch immer, Kokoro.

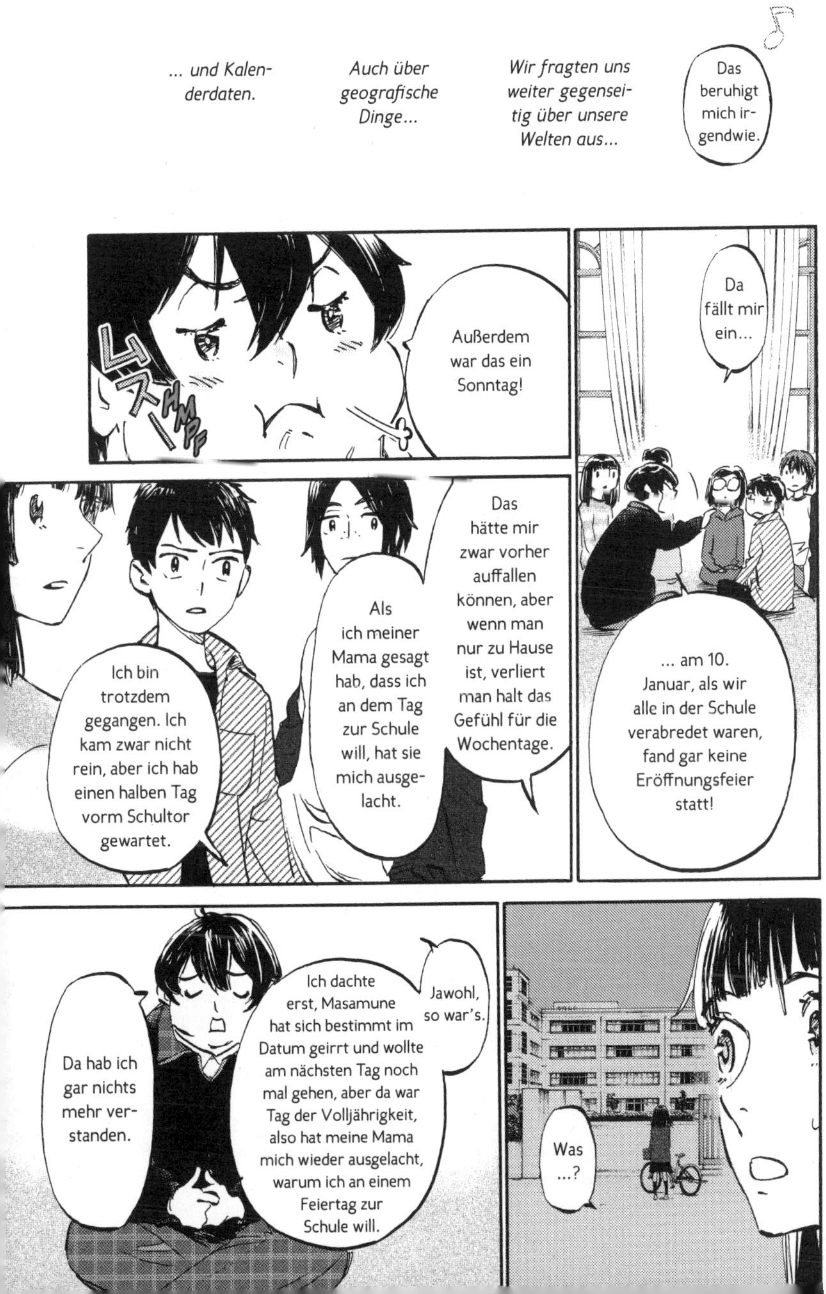

Das beruhigt mich irgendwie.
Wir fragten uns weiter gegenseitig über unsere Welten aus...
Auch über geografische Dinge...
... und Kalenderdaten.
Da fällt mir ein...
... am 10. Januar, als wir alle in der Schule verabredet waren, fand gar keine Eröffnungsfeier statt!
Außerdem war das ein Sonntag!
HMPF
Das hätte mir zwar vorher auffallen können, aber wenn man nur zu Hause ist, verliert man halt das Gefühl für die Wochentage.
Als ich meiner Mama gesagt hab, dass ich an dem Tag zur Schule will, hat sie mich ausgelacht.
Ich bin trotzdem gegangen. Ich kam zwar nicht rein, aber ich hab einen halben Tag vorm Schultor gewartet.
Was ...?
Jawohl, so war's.
Ich dachte erst, Masamune hat sich bestimmt im Datum geirrt und wollte am nächsten Tag noch mal gehen, aber da war Tag der Volljährigkeit, also hat meine Mama mich wieder ausgelacht, warum ich an einem Feiertag zur Schule will.
Da hab ich gar nichts mehr verstanden.

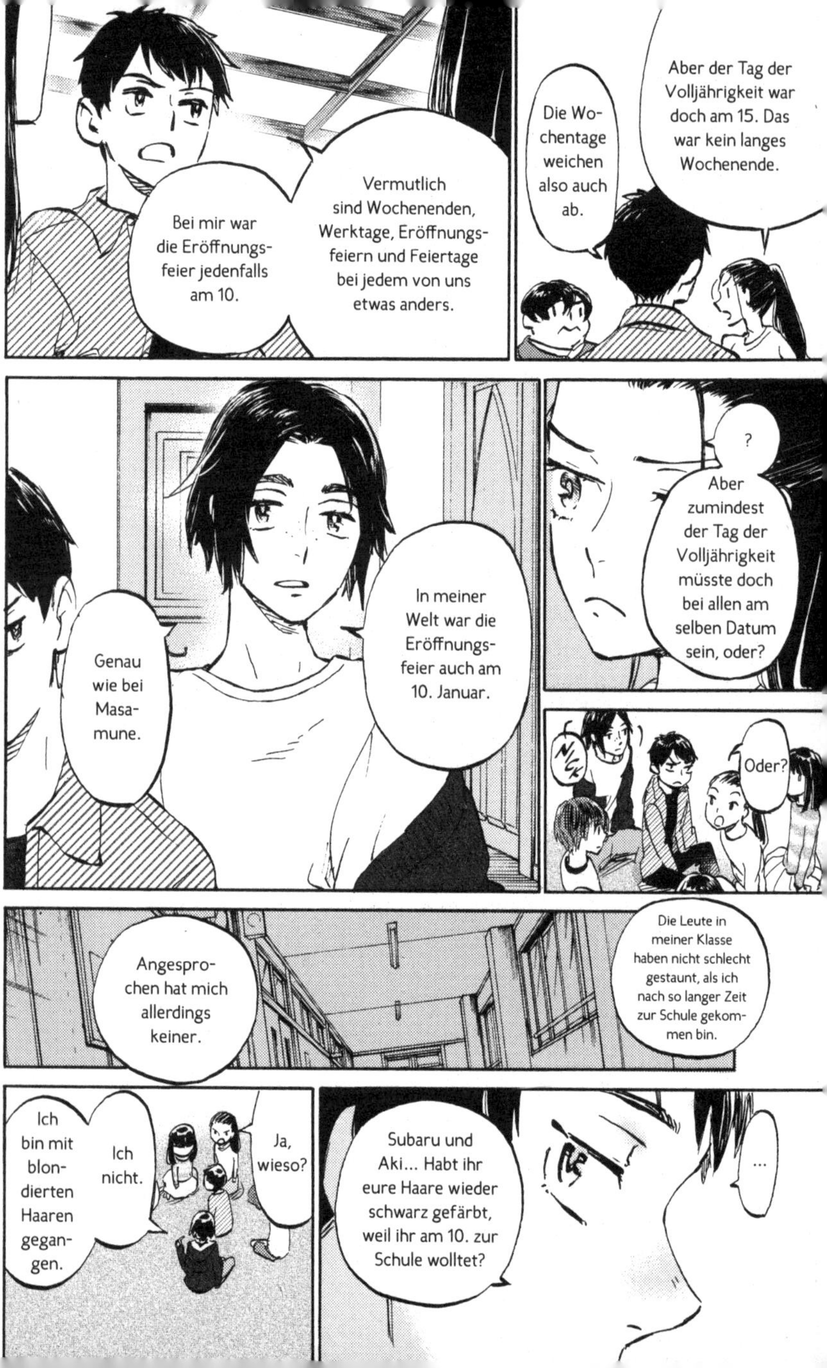
Aber der Tag der Volljährigkeit war doch am 15. Das war kein langes Wochenende.
Die Wochentage weichen also auch ab.
Vermutlich sind Wochenenden, Werktage, Eröffnungsfeiern und Feiertage bei jedem von uns etwas anders.
Bei mir war die Eröffnungsfeier jedenfalls am 10.
?
Aber zumindest der Tag der Volljährigkeit müsste doch bei allen am selben Datum sein, oder?
Oder?
In meiner Welt war die Eröffnungsfeier auch am 10. Januar.
Genau wie bei Masamune.
Die Leute in meiner Klasse haben nicht schlecht gestaunt, als ich nach so langer Zeit zur Schule gekommen bin.
Angesprochen hat mich allerdings keiner.
...
Subaru und Aki... Habt ihr eure Haare wieder schwarz gefärbt, weil ihr am 10. zur Schule wolltet?
Ja, wieso?
Ich nicht.
Ich bin mit blondierten Haaren gegangen.

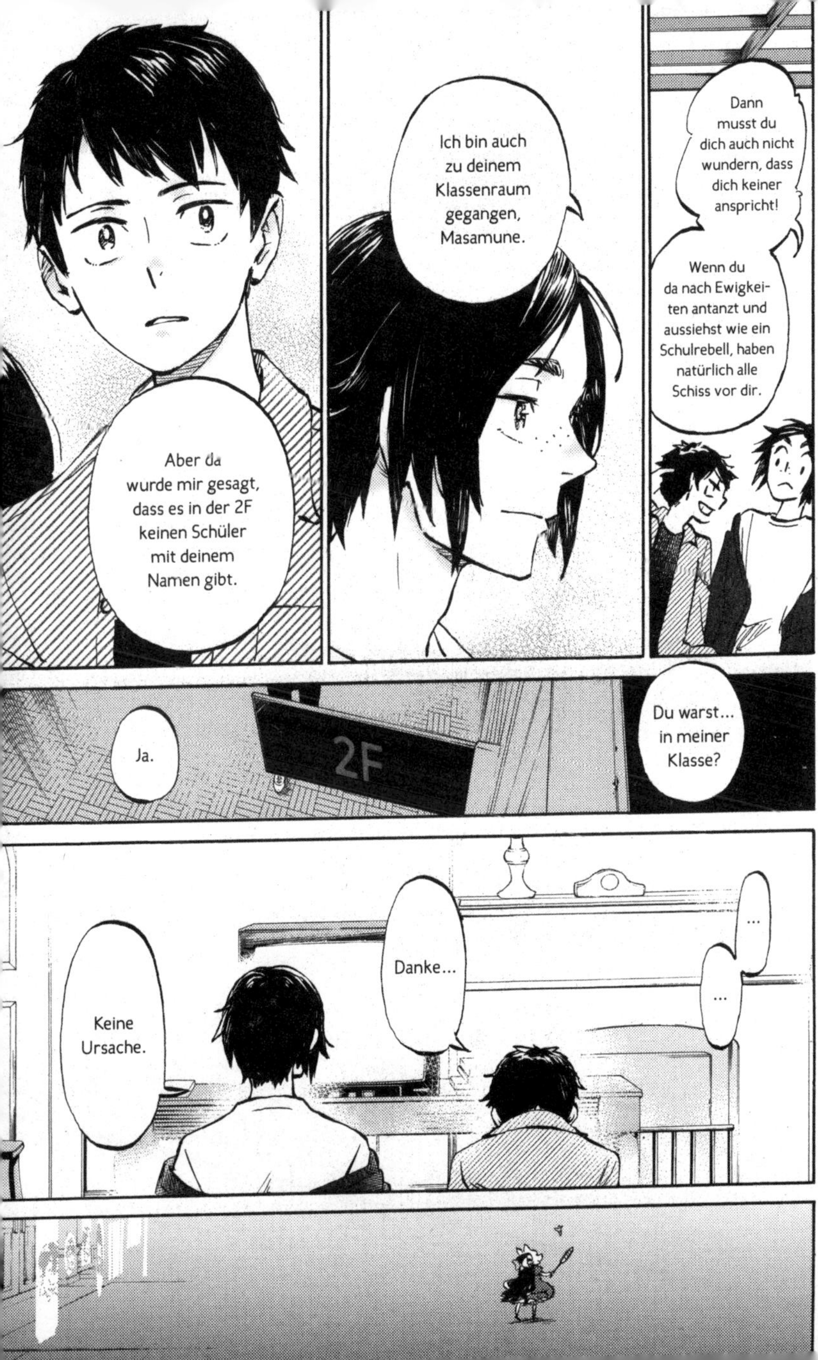
Dann musst du dich auch nicht wundern, dass dich keiner anspricht!
Wenn du da nach Ewigkeiten antanzt und aussiehst wie ein Schulrebell, haben natürlich alle Schiss vor dir.
Ich bin auch zu deinem Klassenraum gegangen, Masamune.
Aber da wurde mir gesagt, dass es in der 2F keinen Schüler mit deinem Namen gibt.
Du warst… in meiner Klasse?
2F
Ja.
…
…
Danke…
Keine Ursache.

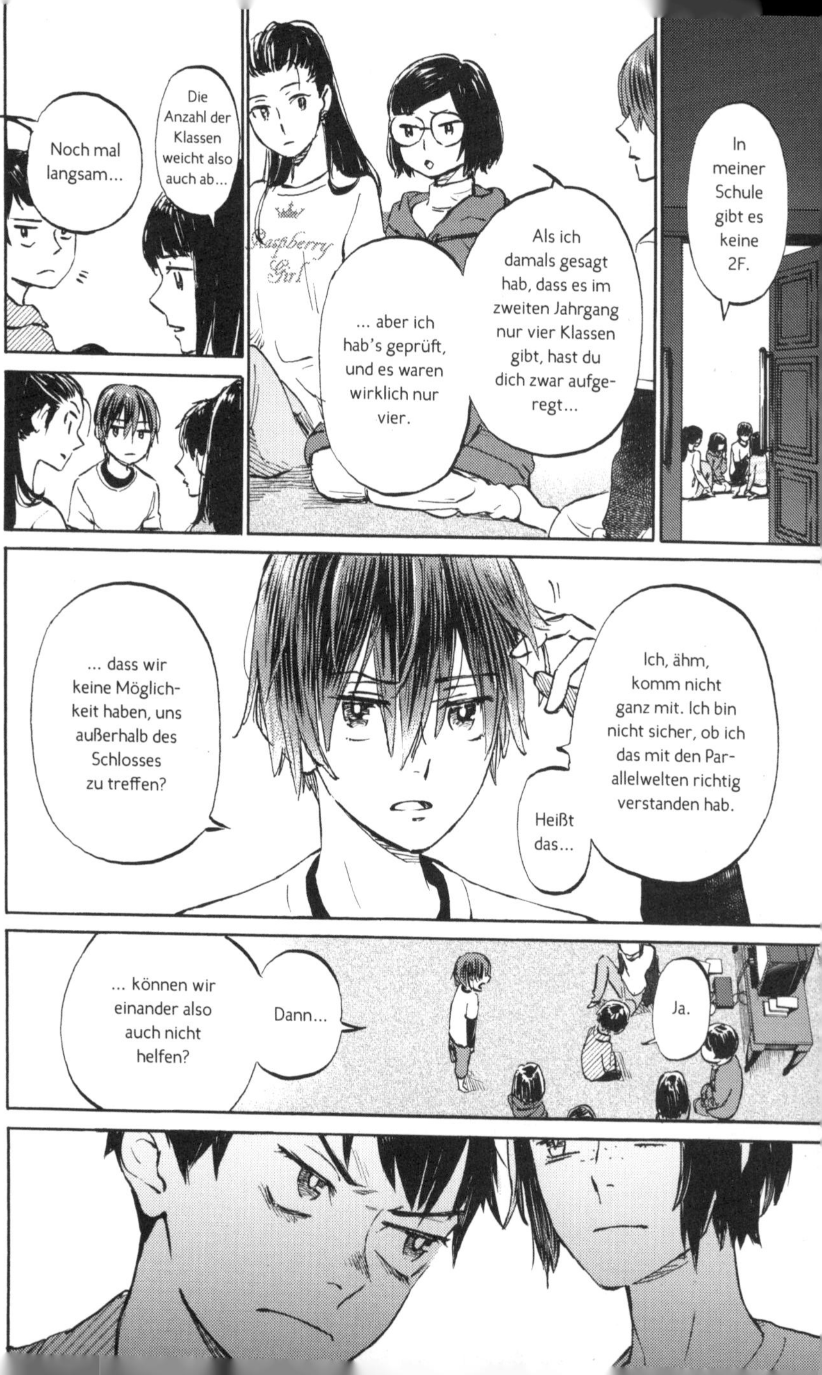
In meiner Schule gibt es keine 2F.
Als ich damals gesagt hab, dass es im zweiten Jahrgang nur vier Klassen gibt, hast du dich zwar aufgeregt…
… aber ich hab's geprüft, und es waren wirklich nur vier.
Die Anzahl der Klassen weicht also auch ab…
Noch mal langsam…
Ich, ähm, komm nicht ganz mit. Ich bin nicht sicher, ob ich das mit den Parallelwelten richtig verstanden hab.
Heißt das…
… dass wir keine Möglichkeit haben, uns außerhalb des Schlosses zu treffen?
Ja.
Dann…
… können wir einander also auch nicht helfen?

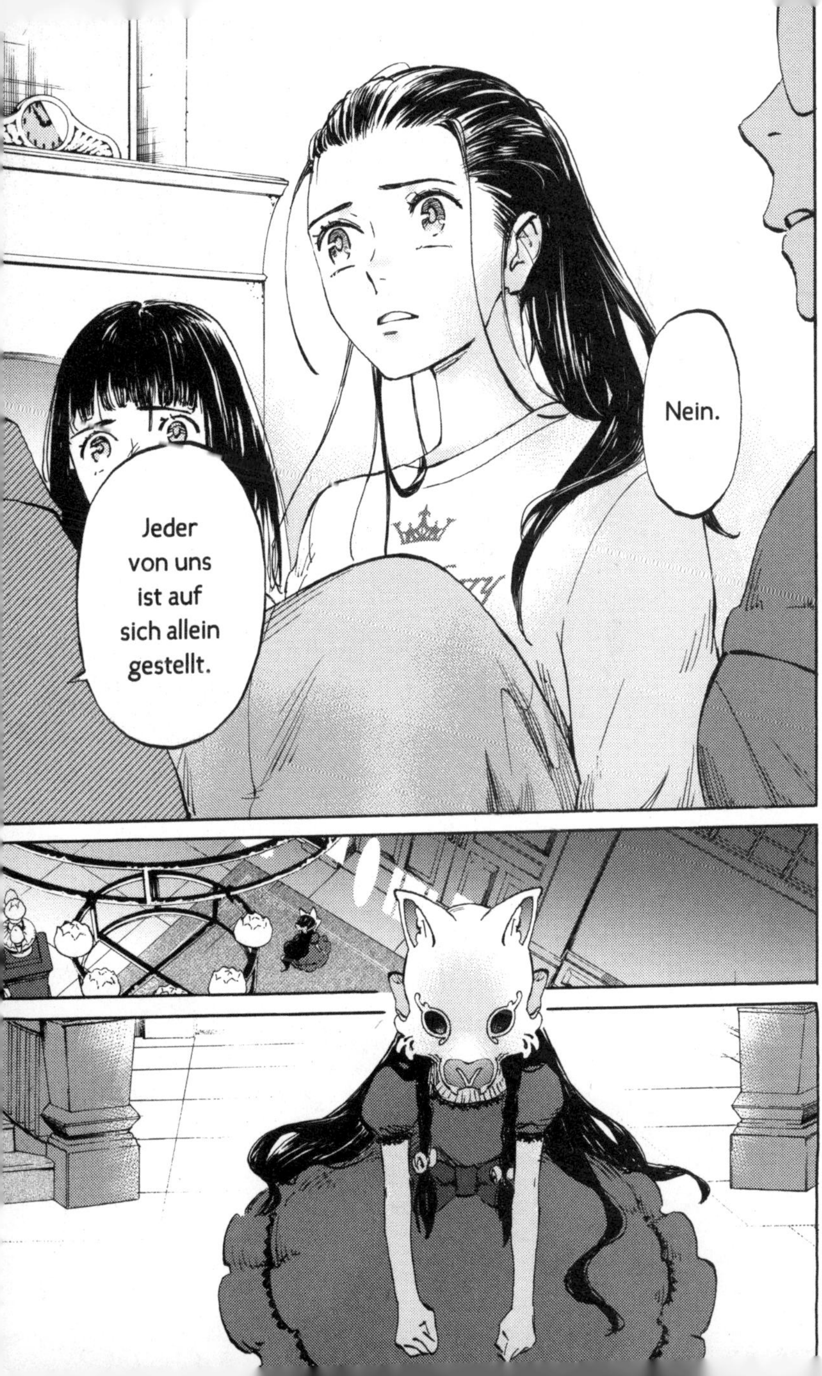
Nein.
Jeder von uns ist auf sich allein gestellt.

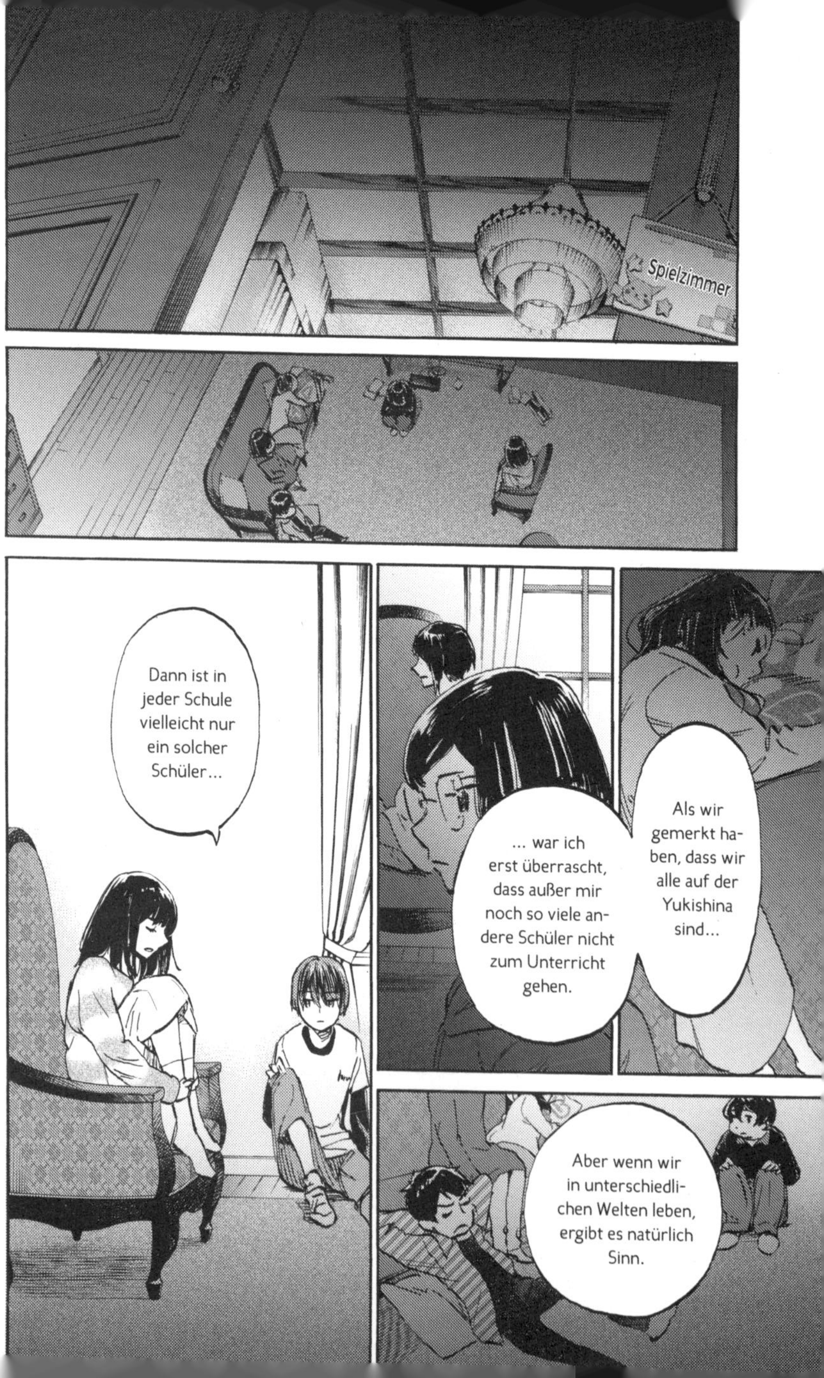
Spielzimmer
Dann ist in jeder Schule vielleicht nur ein solcher Schüler...
Als wir gemerkt haben, dass wir alle auf der Yukishina sind...
... war ich erst überrascht, dass außer mir noch so viele andere Schüler nicht zum Unterricht gehen.
Aber wenn wir in unterschiedlichen Welten leben, ergibt es natürlich Sinn.

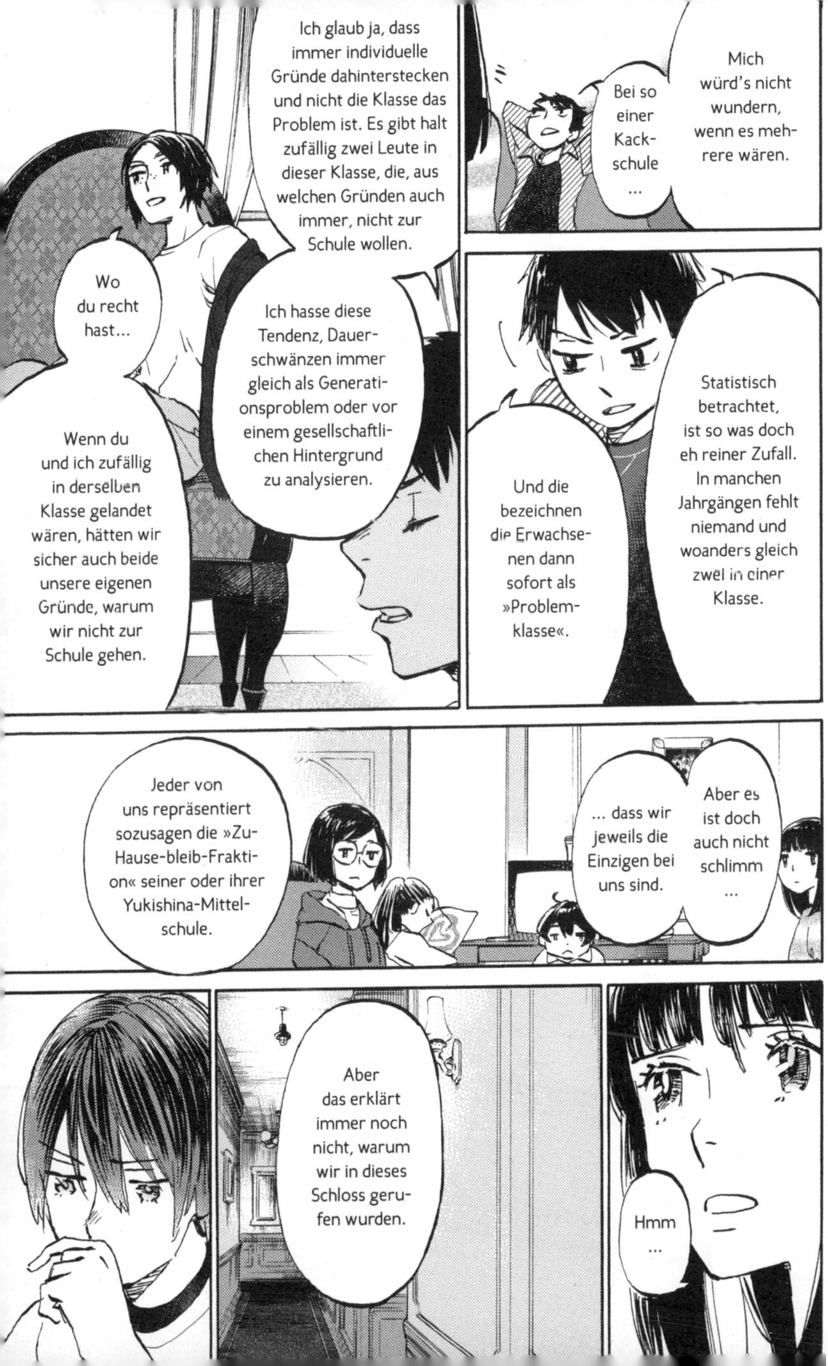
Mich würd's nicht wundern, wenn es mehrere wären.
Bei so einer Kackschule …
Statistisch betrachtet, ist so was doch eh reiner Zufall. In manchen Jahrgängen fehlt niemand und woanders gleich zwei in einer Klasse.
Und die bezeichnen die Erwachsenen dann sofort als »Problemklasse«.
Ich glaub ja, dass immer individuelle Gründe dahinterstecken und nicht die Klasse das Problem ist. Es gibt halt zufällig zwei Leute in dieser Klasse, die, aus welchen Gründen auch immer, nicht zur Schule wollen.
Ich hasse diese Tendenz, Dauerschwänzen immer gleich als Generationsproblem oder vor einem gesellschaftlichen Hintergrund zu analysieren.
Wo du recht hast…
Wenn du und ich zufällig in derselben Klasse gelandet wären, hätten wir sicher auch beide unsere eigenen Gründe, warum wir nicht zur Schule gehen.
Aber es ist doch auch nicht schlimm …
… dass wir jeweils die Einzigen bei uns sind.
Jeder von uns repräsentiert sozusagen die »Zu-Hause-bleib-Fraktion« seiner oder ihrer Yukishina-Mittelschule.
Hmm …
Aber das erklärt immer noch nicht, warum wir in dieses Schloss gerufen wurden.

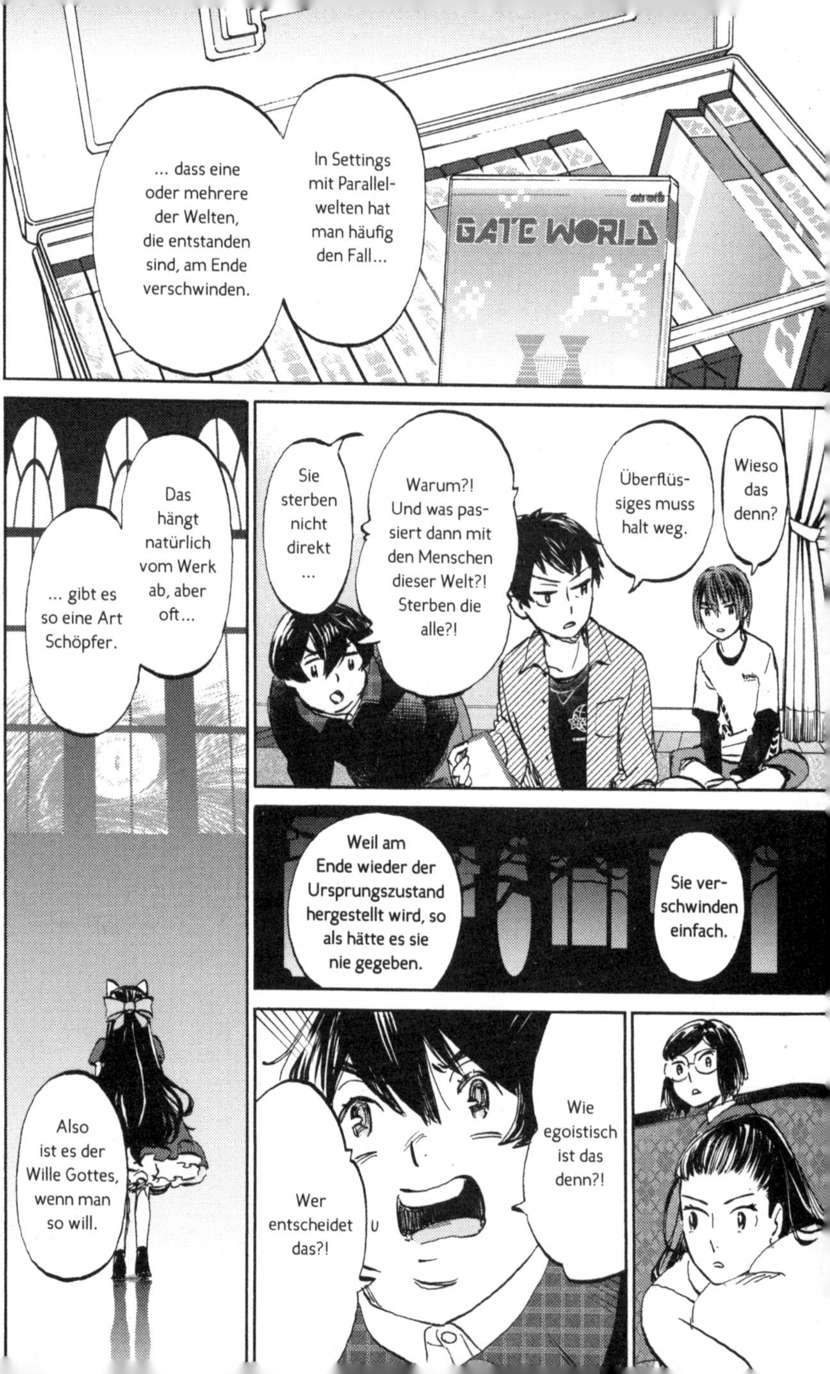
GATE WORLD
In Settings mit Parallelwelten hat man häufig den Fall...
... dass eine oder mehrere der Welten, die entstanden sind, am Ende verschwinden.
Wieso das denn?
Überflüssiges muss halt weg.
Warum?! Und was passiert dann mit den Menschen dieser Welt?! Sterben die alle?!
Sie sterben nicht direkt ...
Sie verschwinden einfach.
Weil am Ende wieder der Ursprungszustand hergestellt wird, so als hätte es sie nie gegeben.
Wie egoistisch ist das denn?!
Wer entscheidet das?!
Das hängt natürlich vom Werk ab, aber oft...
... gibt es so eine Art Schöpfer.
Also ist es der Wille Gottes, wenn man so will.

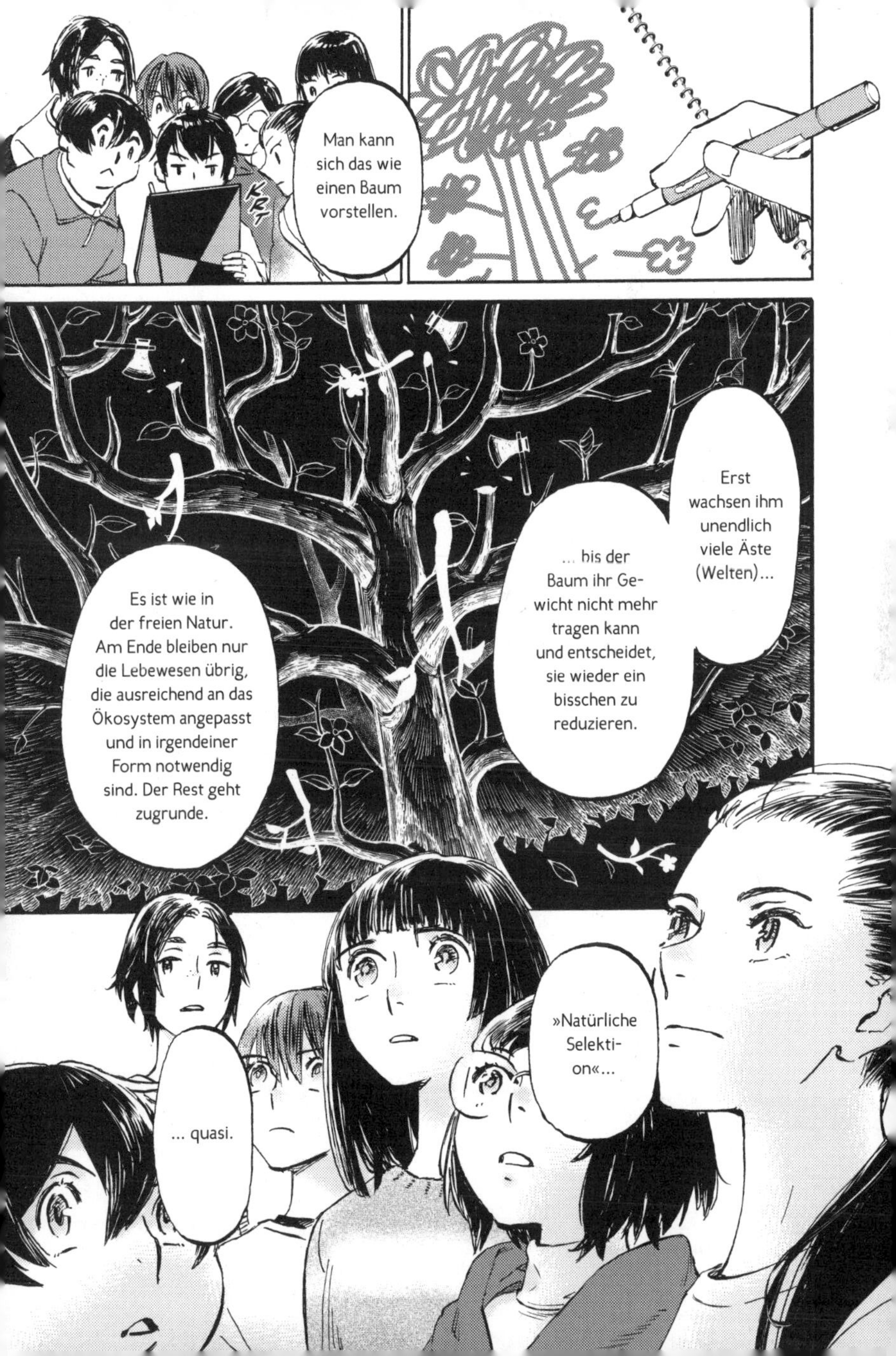
Man kann sich das wie einen Baum vorstellen.
KRT
Erst wachsen ihm unendlich viele Äste (Welten)...
... bis der Baum ihr Gewicht nicht mehr tragen kann und entscheidet, sie wieder ein bisschen zu reduzieren.
Es ist wie in der freien Natur. Am Ende bleiben nur die Lebewesen übrig, die ausreichend an das Ökosystem angepasst und in irgendeiner Form notwendig sind. Der Rest geht zugrunde.
»Natürliche Selekti-on«...
... quasi.

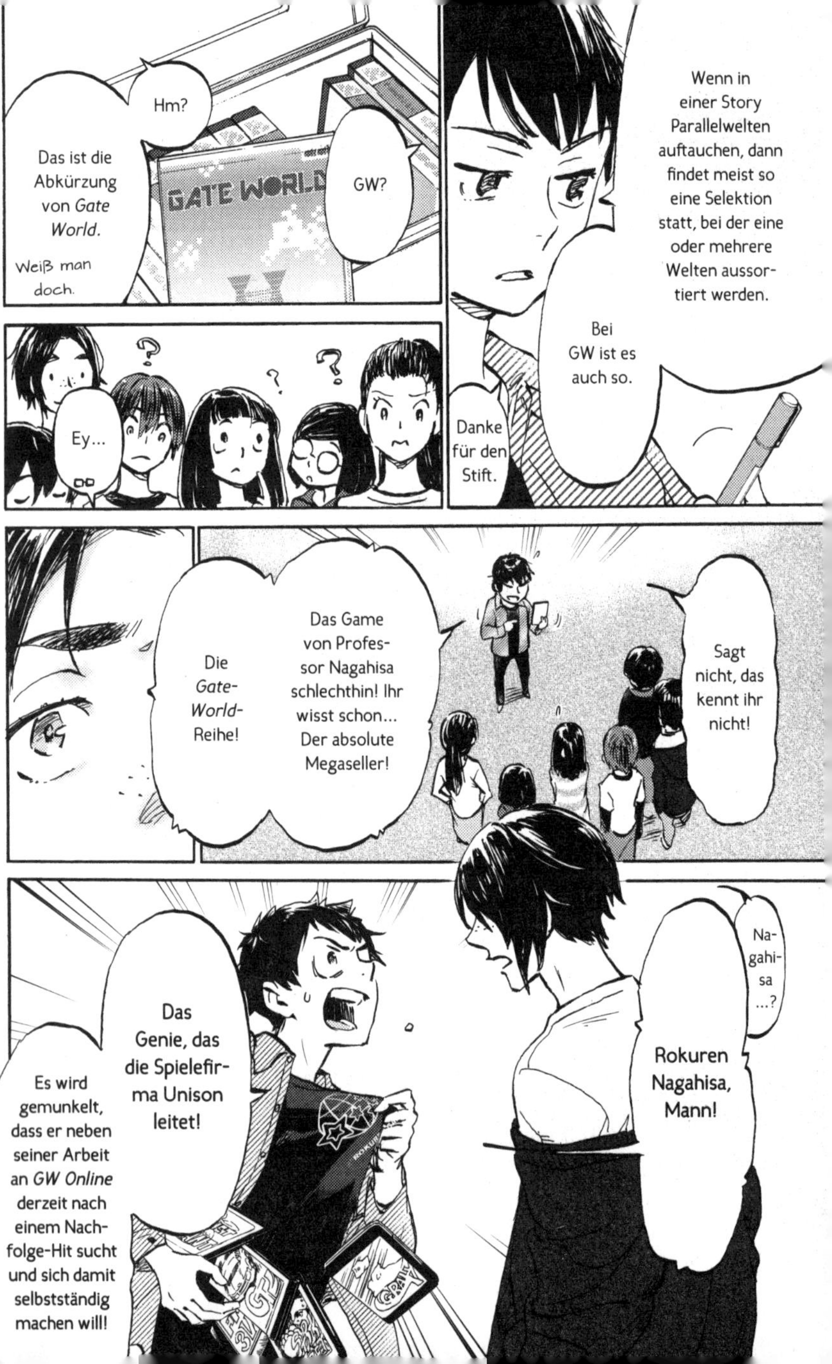
Wenn in einer Story Parallelwelten auftauchen, dann findet meist so eine Selektion statt, bei der eine oder mehrere Welten aussortiert werden.
Bei GW ist es auch so.
Danke für den Stift.
GW?
Hm?
GATE WORLD
Das ist die Abkürzung von *Gate World*.
Weiß man doch.
Ey…
Sagt nicht, das kennt ihr nicht!
Das Game von Professor Nagahisa schlechthin! Ihr wisst schon… Der absolute Megaseller!
Die *Gate-World*-Reihe!
Nagahisa …?
Rokuren Nagahisa, Mann!
Das Genie, das die Spielefirma Unison leitet!
Es wird gemunkelt, dass er neben seiner Arbeit an *GW Online* derzeit nach einem Nachfolge-Hit sucht und sich damit selbstständig machen will!

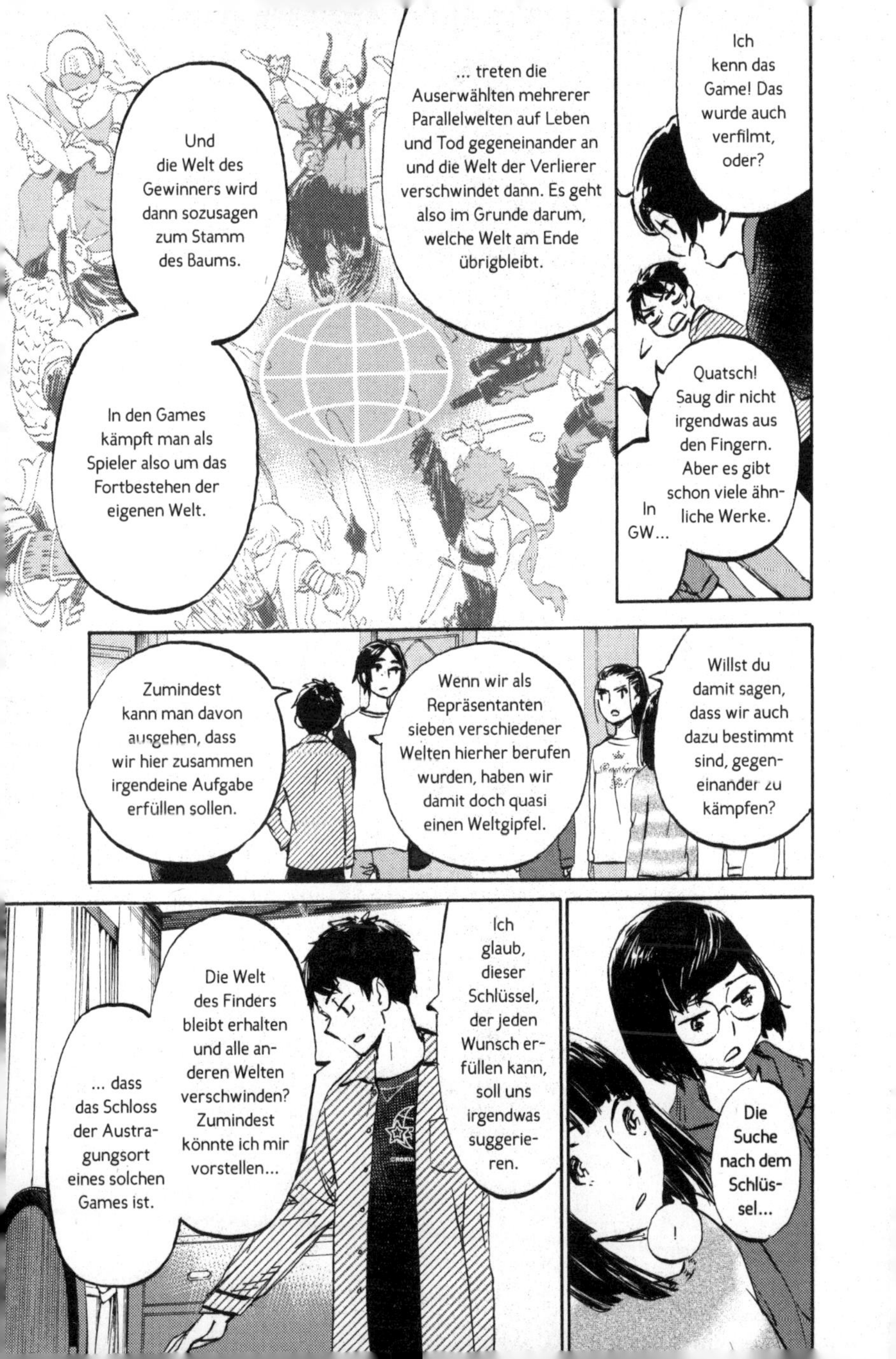
Ich kenn das Game! Das wurde auch verfilmt, oder?
Quatsch! Saug dir nicht irgendwas aus den Fingern. Aber es gibt schon viele ähnliche Werke.
In GW…
… treten die Auserwählten mehrerer Parallelwelten auf Leben und Tod gegeneinander an und die Welt der Verlierer verschwindet dann. Es geht also im Grunde darum, welche Welt am Ende übrigbleibt.
Und die Welt des Gewinners wird dann sozusagen zum Stamm des Baums.
In den Games kämpft man als Spieler also um das Fortbestehen der eigenen Welt.
Willst du damit sagen, dass wir auch dazu bestimmt sind, gegeneinander zu kämpfen?
Wenn wir als Repräsentanten sieben verschiedener Welten hierher berufen wurden, haben wir damit doch quasi einen Weltgipfel.
Zumindest kann man davon ausgehen, dass wir hier zusammen irgendeine Aufgabe erfüllen sollen.
Die Suche nach dem Schlüssel…
!
Ich glaub, dieser Schlüssel, der jeden Wunsch erfüllen kann, soll uns irgendwas suggerieren.
Die Welt des Finders bleibt erhalten und alle anderen Welten verschwinden? Zumindest könnte ich mir vorstellen…
… dass das Schloss der Austragungsort eines solchen Games ist.

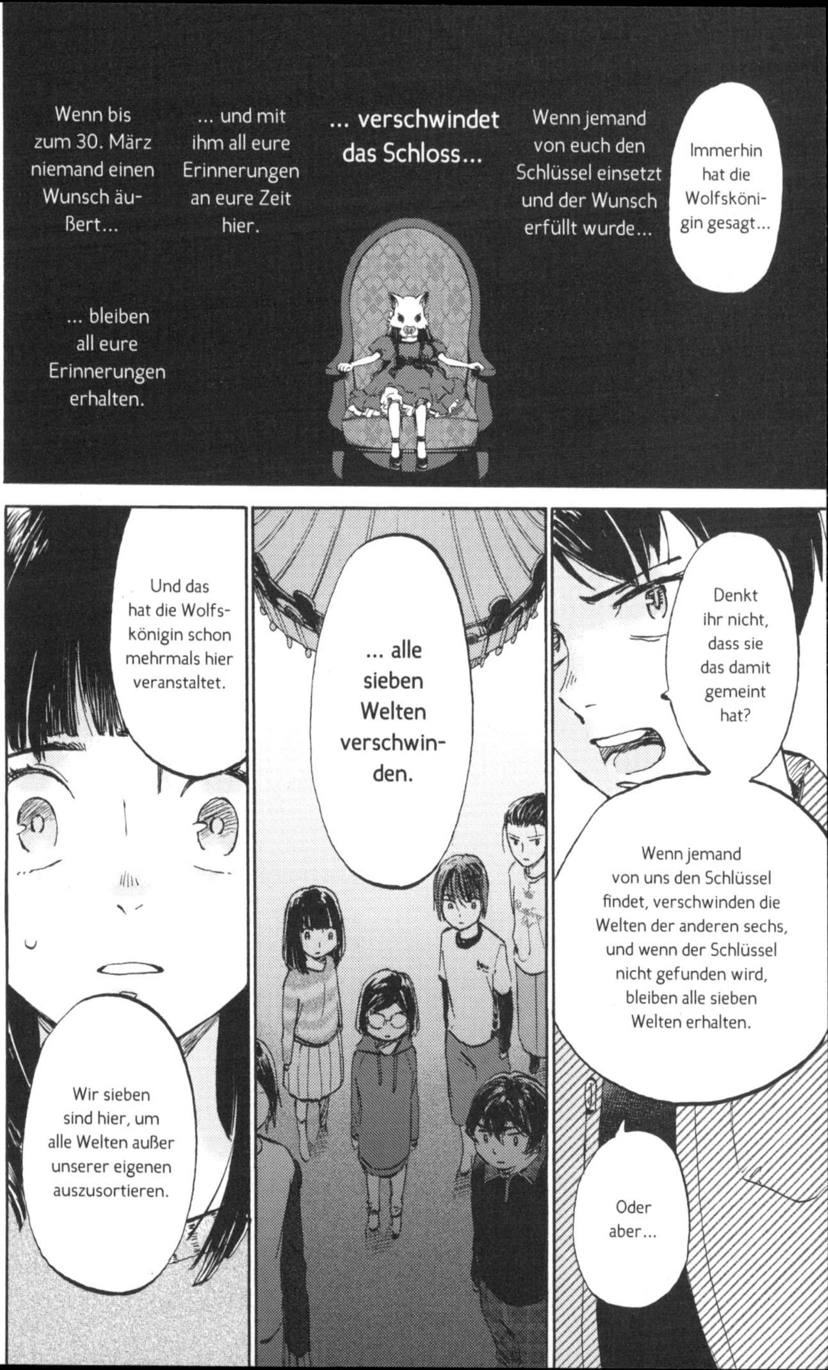
Immerhin hat die Wolfskönigin gesagt...
Wenn jemand von euch den Schlüssel einsetzt und der Wunsch erfüllt wurde...
... verschwindet das Schloss...
... und mit ihm all eure Erinnerungen an eure Zeit hier.
Wenn bis zum 30. März niemand einen Wunsch äußert...
... bleiben all eure Erinnerungen erhalten.
Denkt ihr nicht, dass sie das damit gemeint hat?
Wenn jemand von uns den Schlüssel findet, verschwinden die Welten der anderen sechs, und wenn der Schlüssel nicht gefunden wird, bleiben alle sieben Welten erhalten.
Oder aber...
... alle sieben Welten verschwinden.
Und das hat die Wolfskönigin schon mehrmals hier veranstaltet.
Wir sieben sind hier, um alle Welten außer unserer eigenen auszusortieren.

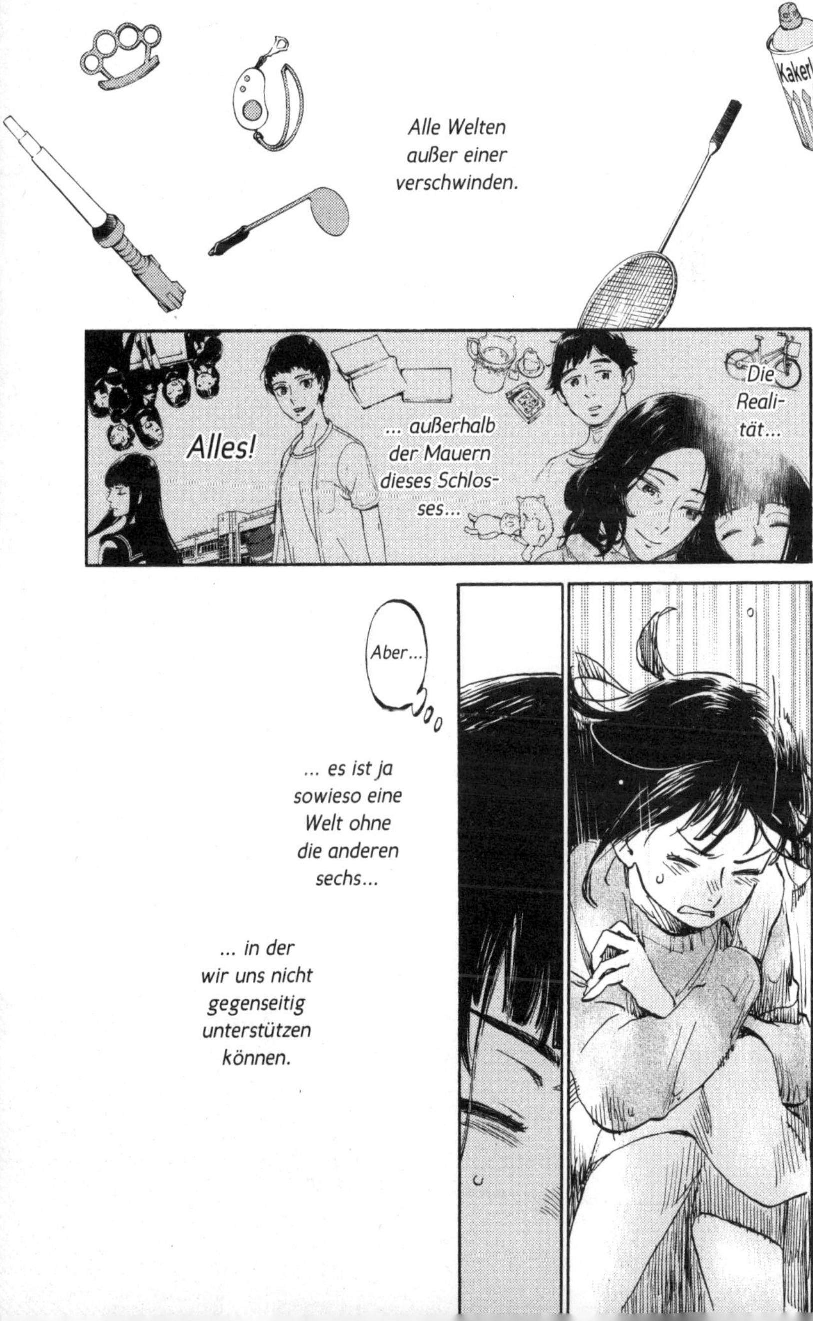
Kakerlakil
Alle Welten außer einer verschwinden.
Die Realität...
... außerhalb der Mauern dieses Schlosses...
Alles!
Aber...
... es ist ja sowieso eine Welt ohne die anderen sechs...
... in der wir uns nicht gegenseitig unterstützen können.

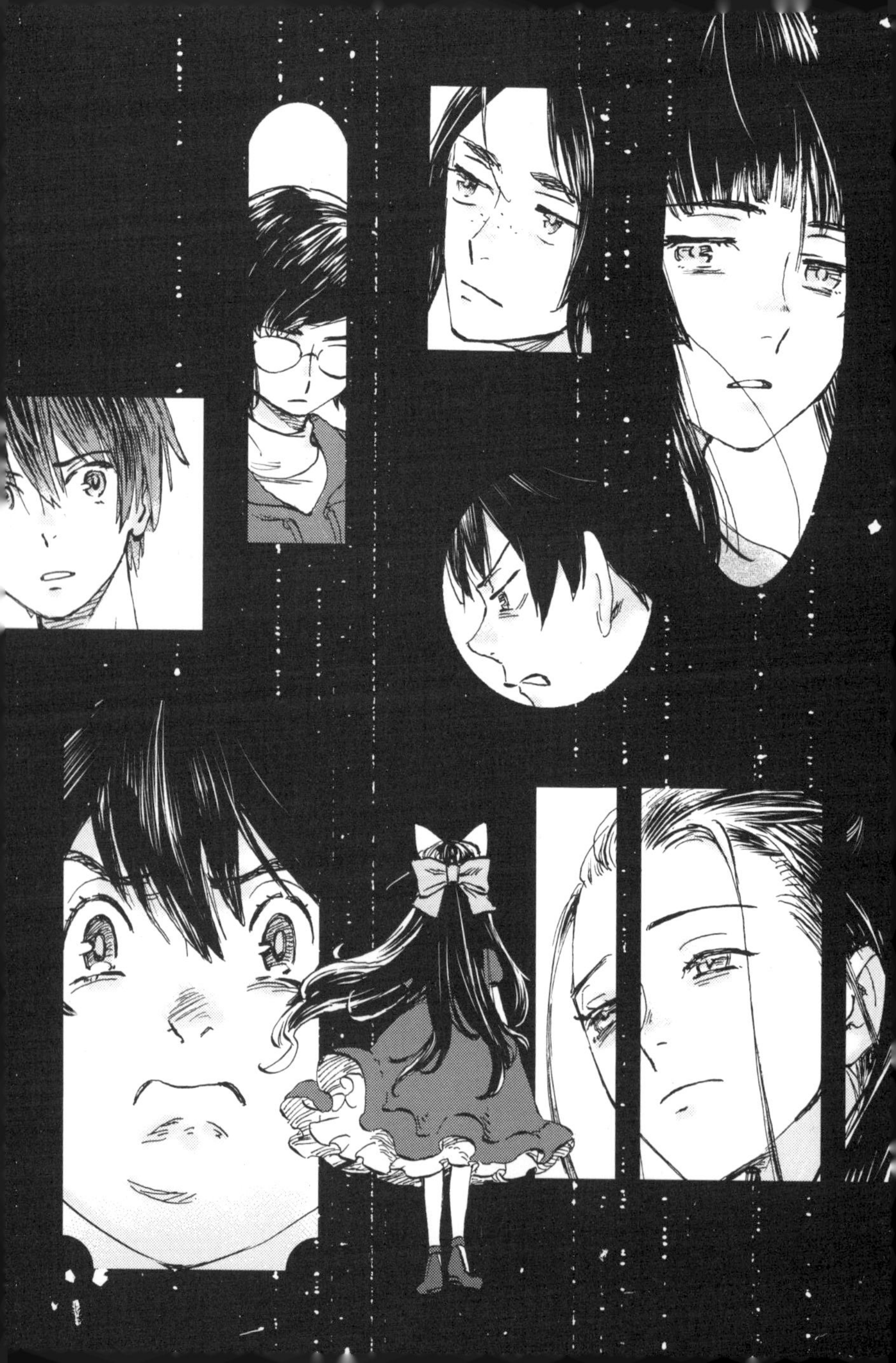

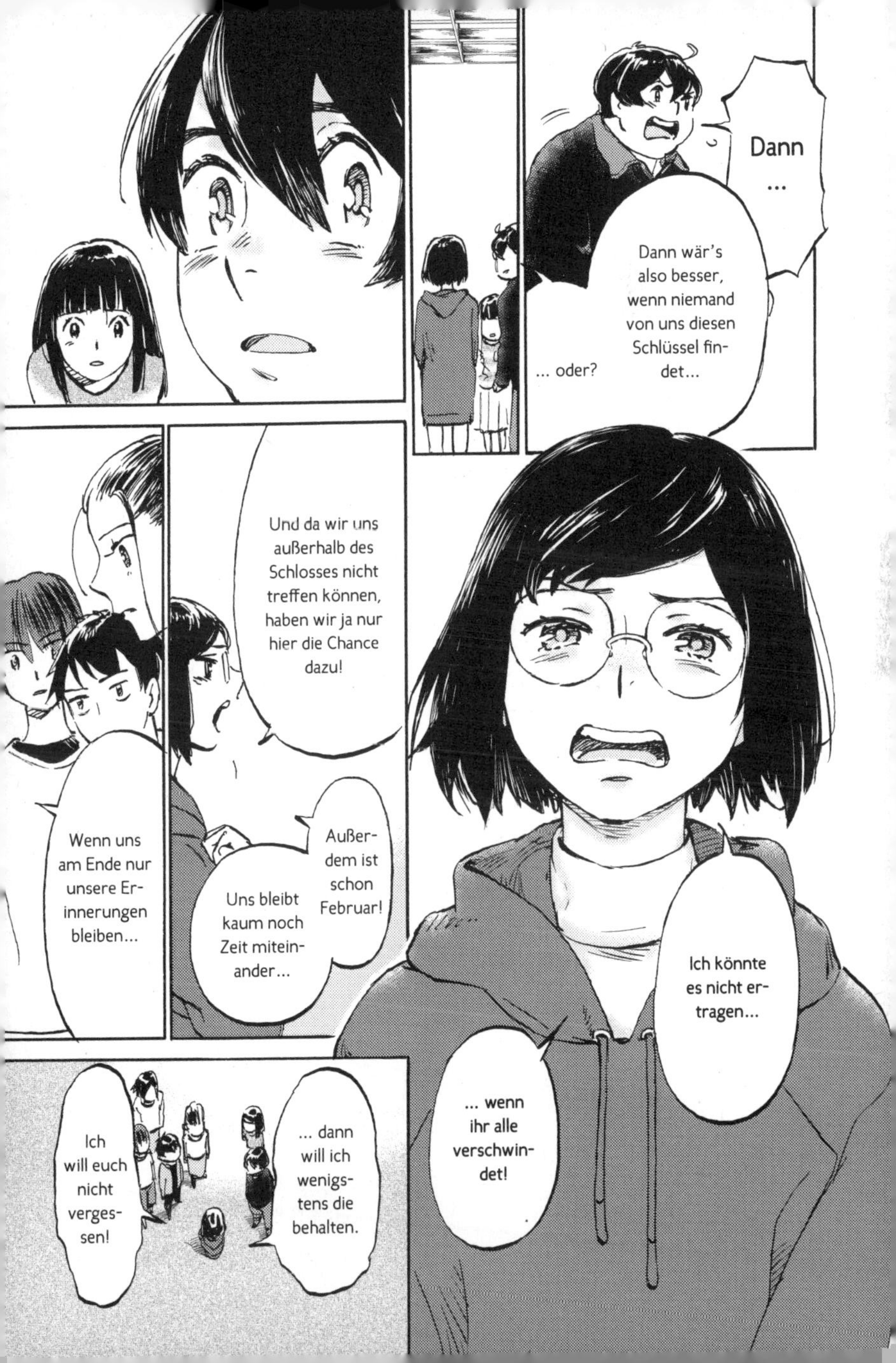
Dann ...
Dann wär's also besser, wenn niemand von uns diesen Schlüssel findet...
... oder?
Und da wir uns außerhalb des Schlosses nicht treffen können, haben wir ja nur hier die Chance dazu!
Außerdem ist schon Februar!
Uns bleibt kaum noch Zeit miteinander...
Wenn uns am Ende nur unsere Erinnerungen bleiben...
Ich könnte es nicht ertragen...
... wenn ihr alle verschwindet!
... dann will ich wenigstens die behalten.
Ich will euch nicht vergessen!

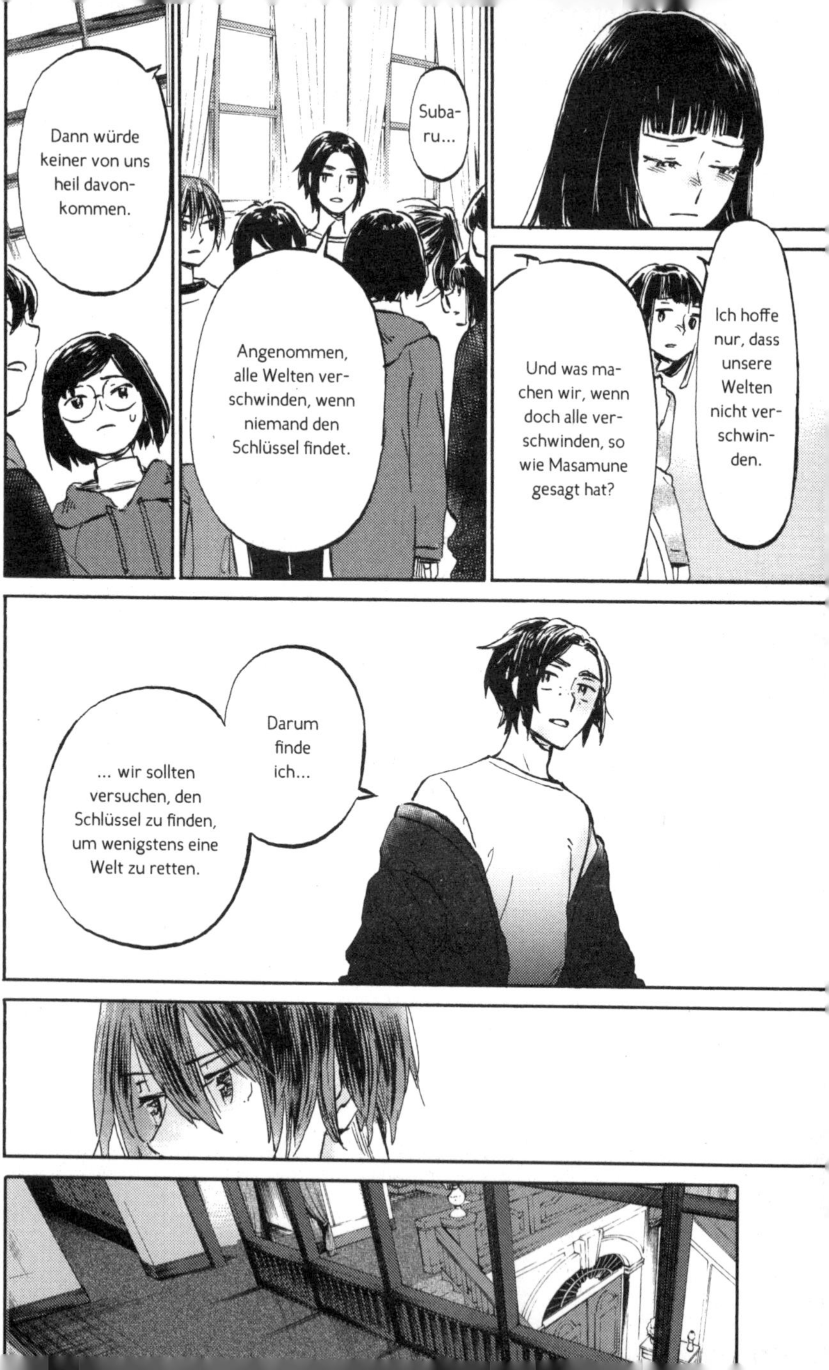
Ich hoffe nur, dass unsere Welten nicht verschwinden.
Und was machen wir, wenn doch alle verschwinden, so wie Masamune gesagt hat?
Subaru...
Angenommen, alle Welten verschwinden, wenn niemand den Schlüssel findet.
Dann würde keiner von uns heil davonkommen.
Darum finde ich...
... wir sollten versuchen, den Schlüssel zu finden, um wenigstens eine Welt zu retten.

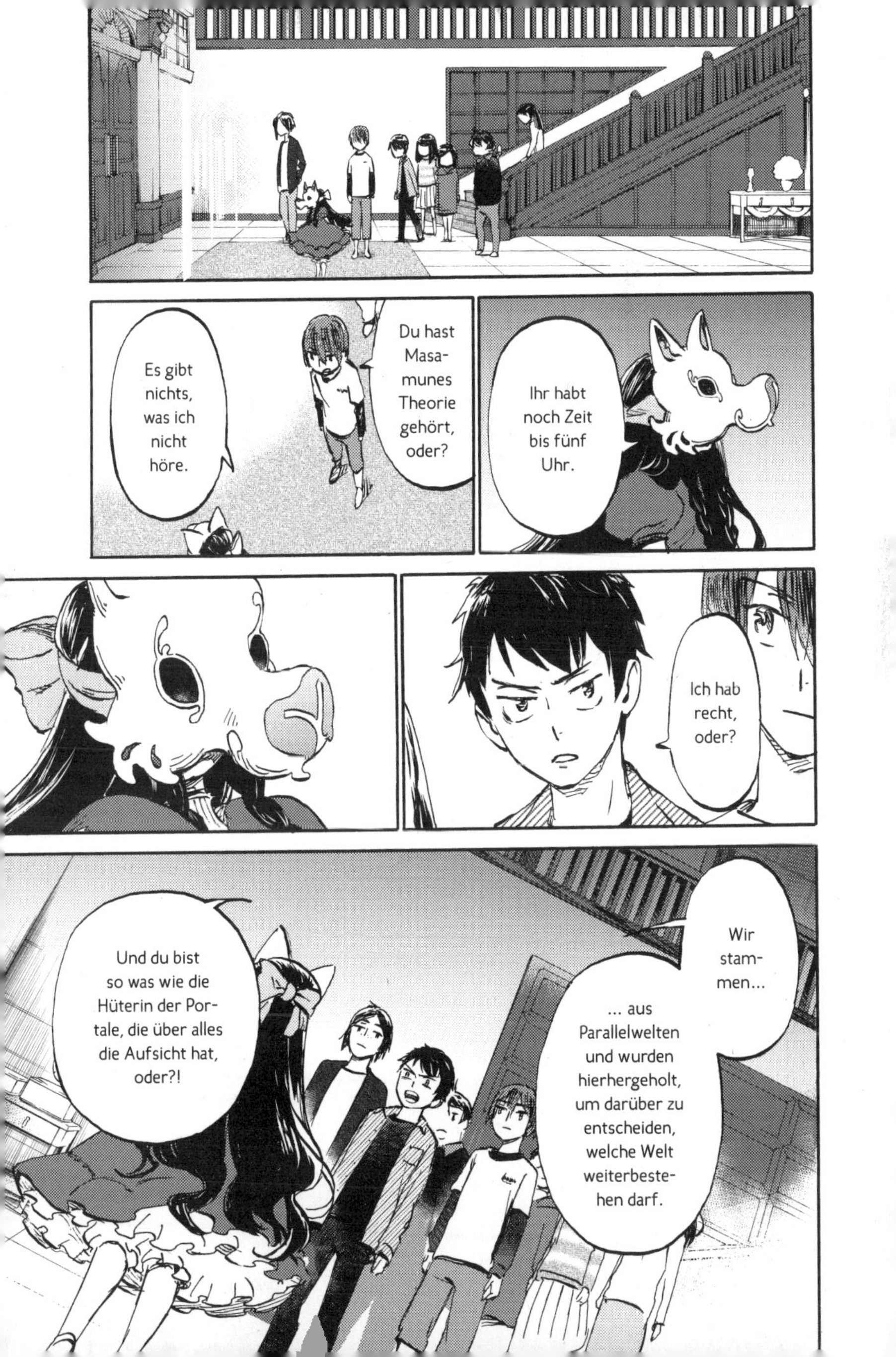
Ihr habt noch Zeit bis fünf Uhr.
Du hast Masamunes Theorie gehört, oder?
Es gibt nichts, was ich nicht höre.
Ich hab recht, oder?
Wir stammen...
... aus Parallelwelten und wurden hierhergeholt, um darüber zu entscheiden, welche Welt weiterbestehen darf.
Und du bist so was wie die Hüterin der Portale, die über alles die Aufsicht hat, oder?!

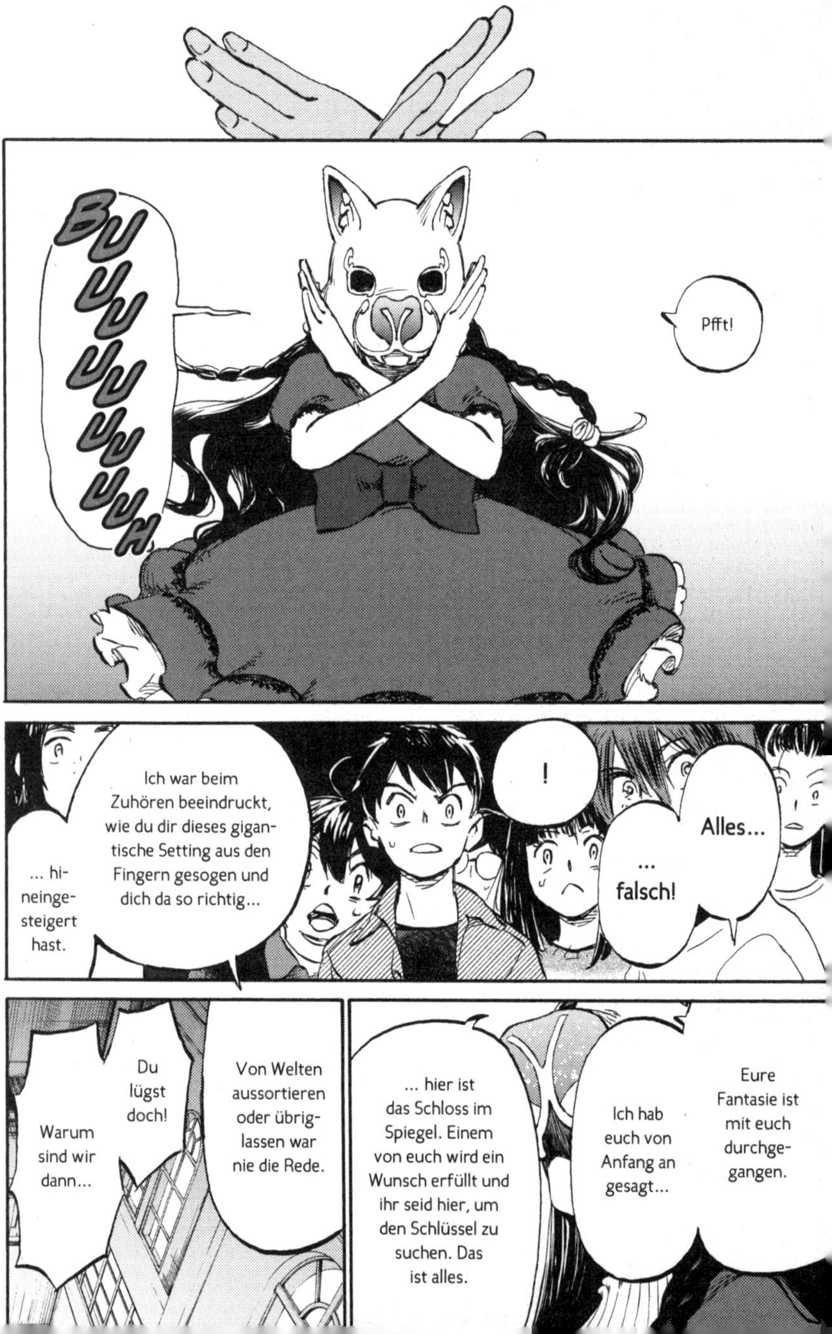
Pfft!
BUUUUUUUUUH
Alles…
… falsch!
!
Ich war beim Zuhören beeindruckt, wie du dir dieses gigantische Setting aus den Fingern gesogen und dich da so richtig…
… hineingesteigert hast.
Eure Fantasie ist mit euch durchgegangen.
Ich hab euch von Anfang an gesagt…
… hier ist das Schloss im Spiegel. Einem von euch wird ein Wunsch erfüllt und ihr seid hier, um den Schlüssel zu suchen. Das ist alles.
Von Welten aussortieren oder übriglassen war nie die Rede.
Du lügst doch!
Warum sind wir dann…

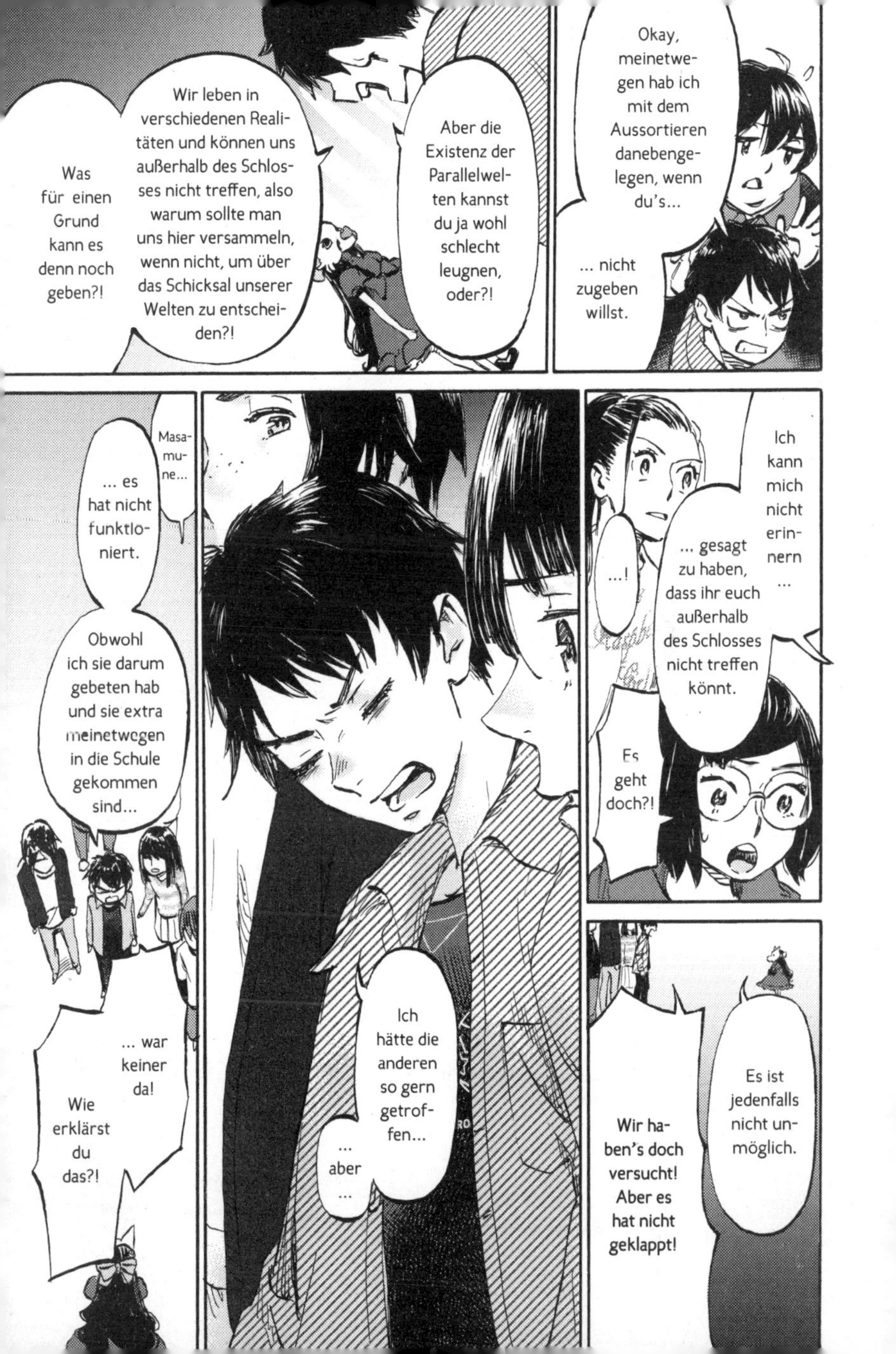
Okay, meinetwegen hab ich mit dem Aussortieren danebengelegen, wenn du's...
... nicht zugeben willst.
Aber die Existenz der Parallelwelten kannst du ja wohl schlecht leugnen, oder?!
Wir leben in verschiedenen Realitäten und können uns außerhalb des Schlosses nicht treffen, also warum sollte man uns hier versammeln, wenn nicht, um über das Schicksal unserer Welten zu entscheiden?!
Was für einen Grund kann es denn noch geben?!
Ich kann mich nicht erinnern ...
... gesagt zu haben, dass ihr euch außerhalb des Schlosses nicht treffen könnt.
...!
Es geht doch?!
Es ist jedenfalls nicht unmöglich.
Wir haben's doch versucht! Aber es hat nicht geklappt!
Ich hätte die anderen so gern getroffen...
... aber ...
Masamune...
... es hat nicht funktioniert.
Obwohl ich sie darum gebeten hab und sie extra meinetwegen in die Schule gekommen sind...
... war keiner da!
Wie erklärst du das?!

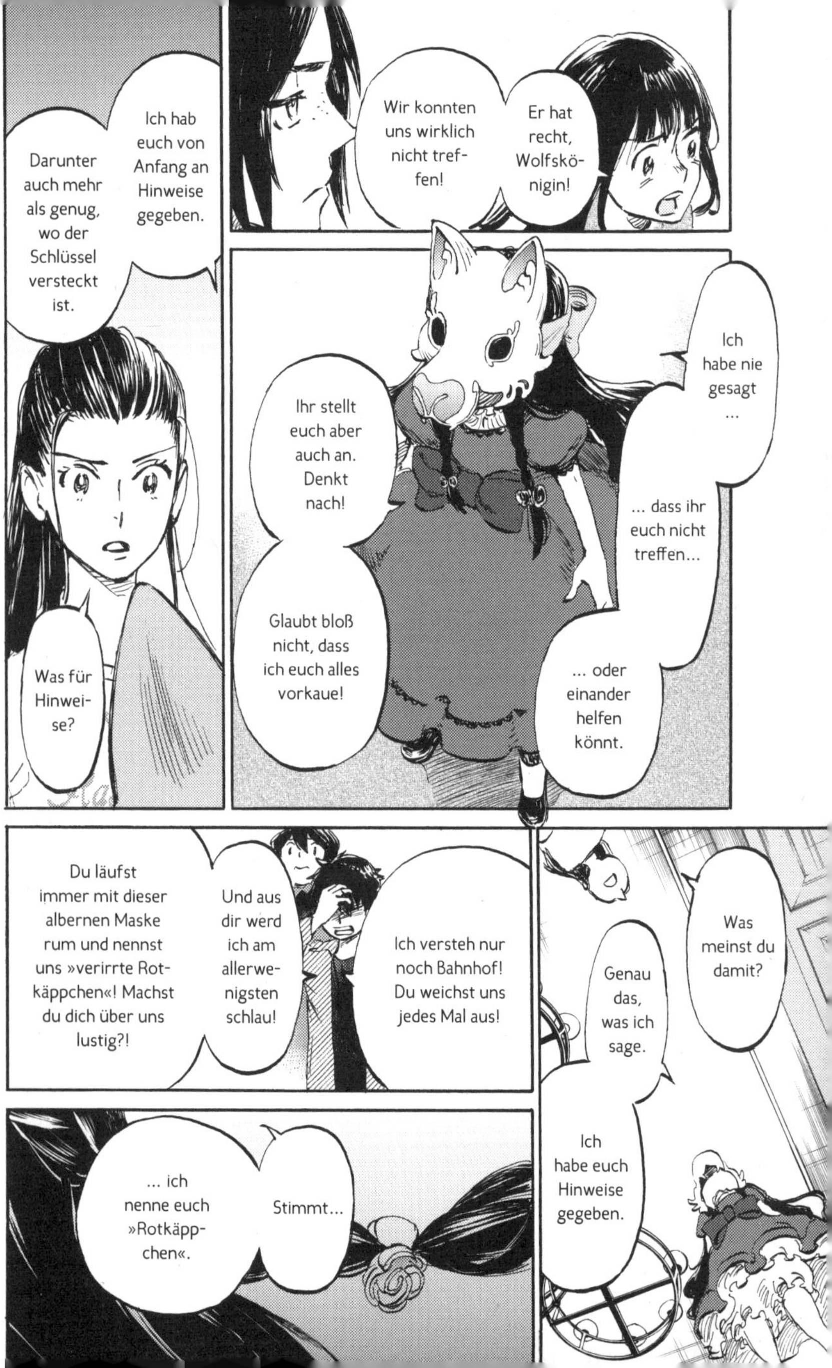
Er hat recht, Wolfskönigin!
Wir konnten uns wirklich nicht treffen!
Ich hab euch von Anfang an Hinweise gegeben.
Darunter auch mehr als genug, wo der Schlüssel versteckt ist.
Ich habe nie gesagt ...
... dass ihr euch nicht treffen...
... oder einander helfen könnt.
Ihr stellt euch aber auch an. Denkt nach!
Glaubt bloß nicht, dass ich euch alles vorkaue!
Was für Hinweise?
Was meinst du damit?
Genau das, was ich sage.
Ich habe euch Hinweise gegeben.
Ich versteh nur noch Bahnhof! Du weichst uns jedes Mal aus!
Und aus dir werd ich am allerwenigsten schlau!
Du läufst immer mit dieser albernen Maske rum und nennst uns »verirrte Rotkäppchen«! Machst du dich über uns lustig?!
Stimmt...
... ich nenne euch »Rotkäppchen«.

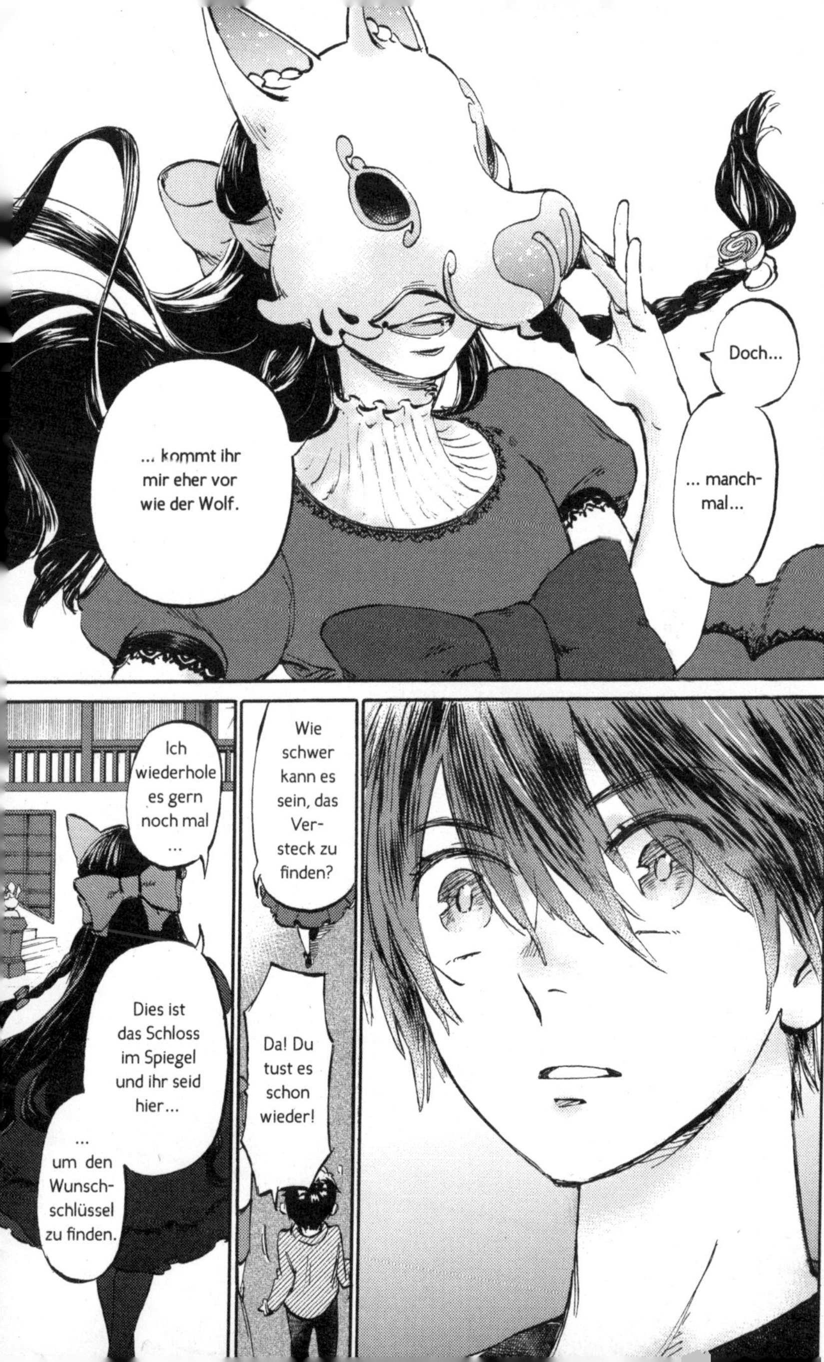

Doch...
... manchmal...
... kommt ihr mir eher vor wie der Wolf.
Wie schwer kann es sein, das Versteck zu finden?
Da! Du tust es schon wieder!
Ich wiederhole es gern noch mal ...
Dies ist das Schloss im Spiegel und ihr seid hier...
... um den Wunschschlüssel zu finden.

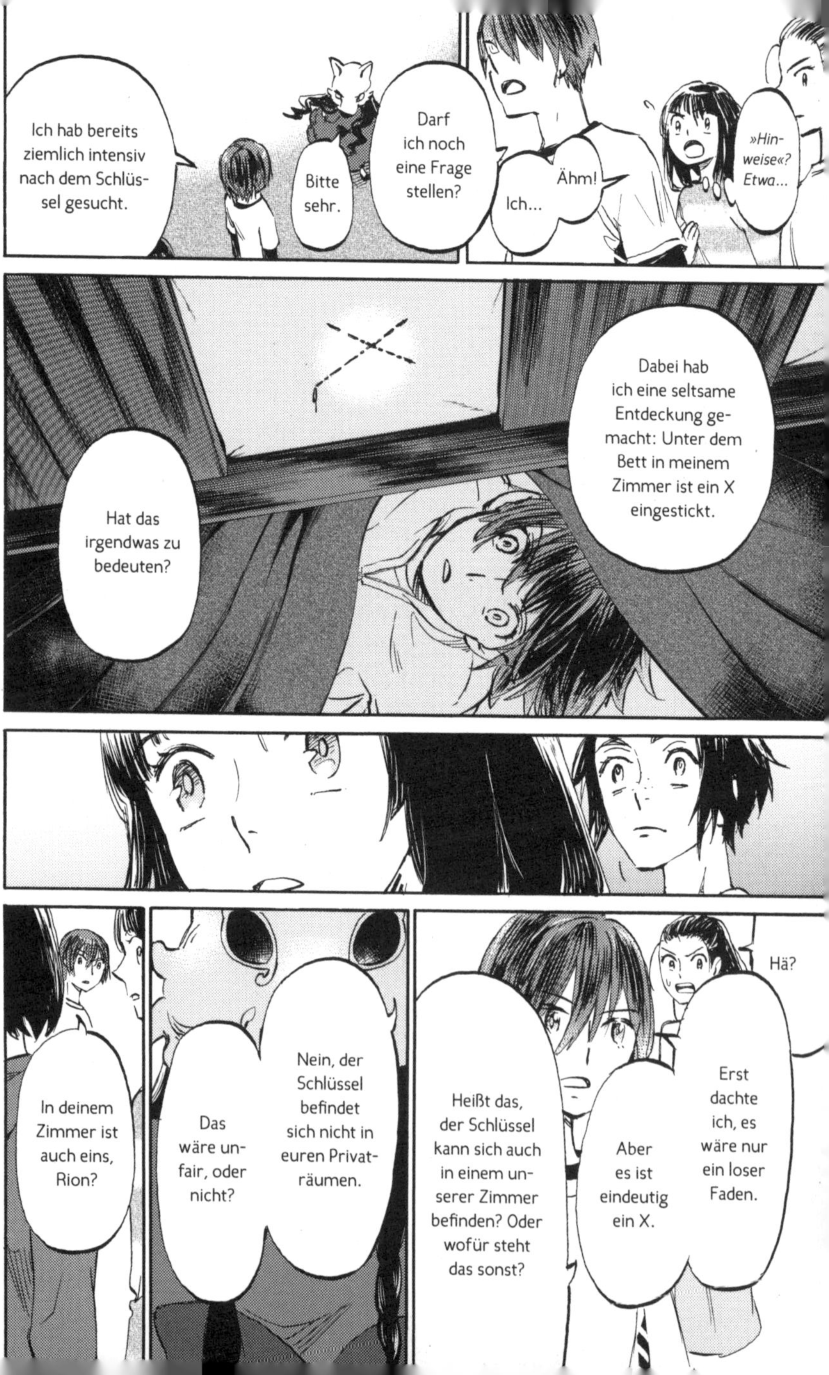
»Hinweise«? Etwa…
Ähm!
Ich…
Darf ich noch eine Frage stellen?
Bitte sehr.
Ich hab bereits ziemlich intensiv nach dem Schlüssel gesucht.
Dabei hab ich eine seltsame Entdeckung gemacht: Unter dem Bett in meinem Zimmer ist ein X eingestickt.
Hat das irgendwas zu bedeuten?
Hä?
Erst dachte ich, es wäre nur ein loser Faden.
Aber es ist eindeutig ein X.
Heißt das, der Schlüssel kann sich auch in einem unserer Zimmer befinden? Oder wofür steht das sonst?
Nein, der Schlüssel befindet sich nicht in euren Privaträumen.
Das wäre unfair, oder nicht?
In deinem Zimmer ist auch eins, Rion?

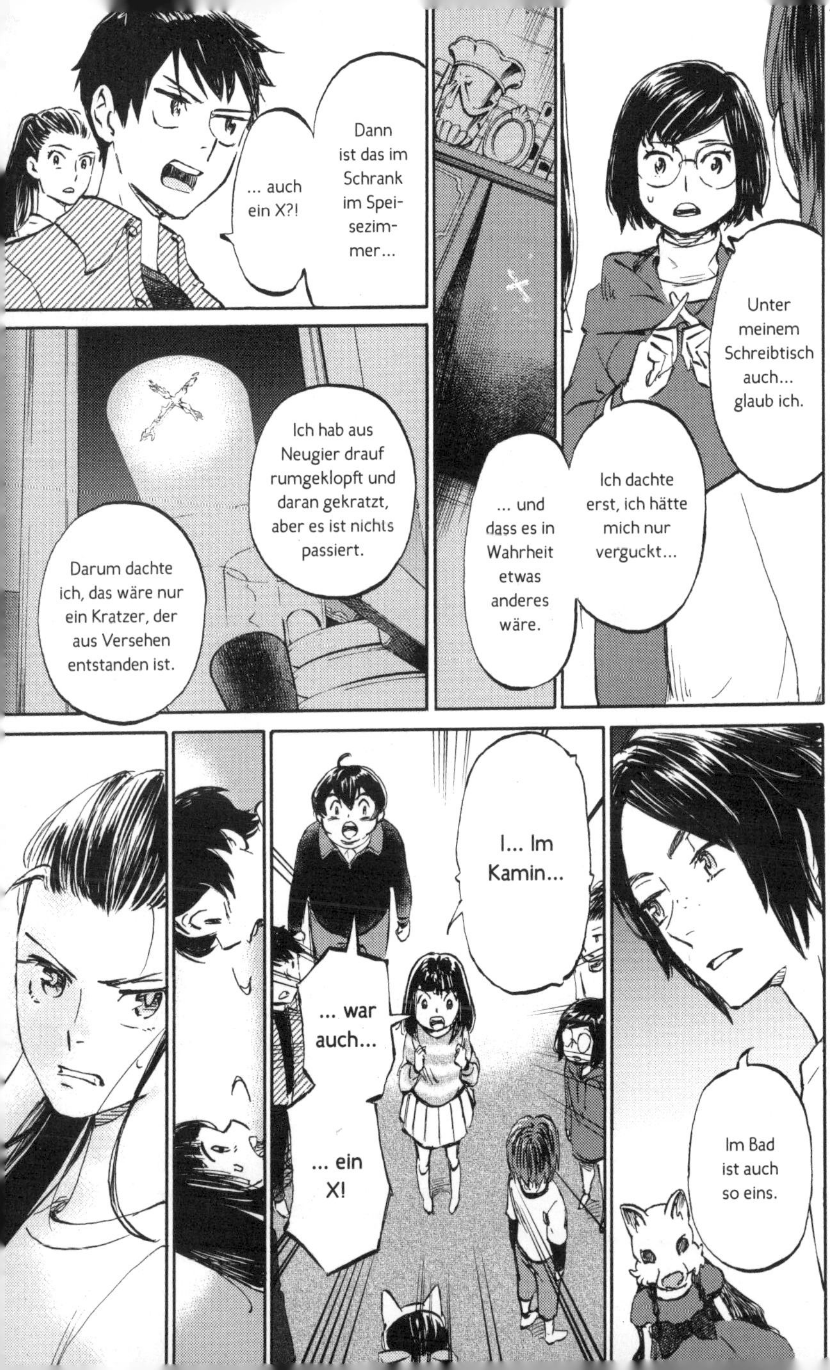
Dann ist das im Schrank im Speisezimmer...
... auch ein X?!
Unter meinem Schreibtisch auch... glaub ich.
Ich dachte erst, ich hätte mich nur verguckt...
... und dass es in Wahrheit etwas anderes wäre.
Ich hab aus Neugier drauf rumgeklopft und daran gekratzt, aber es ist nichts passiert.
Darum dachte ich, das wäre nur ein Kratzer, der aus Versehen entstanden ist.
Im Bad ist auch so eins.
I... Im Kamin...
... war auch...
... ein X!

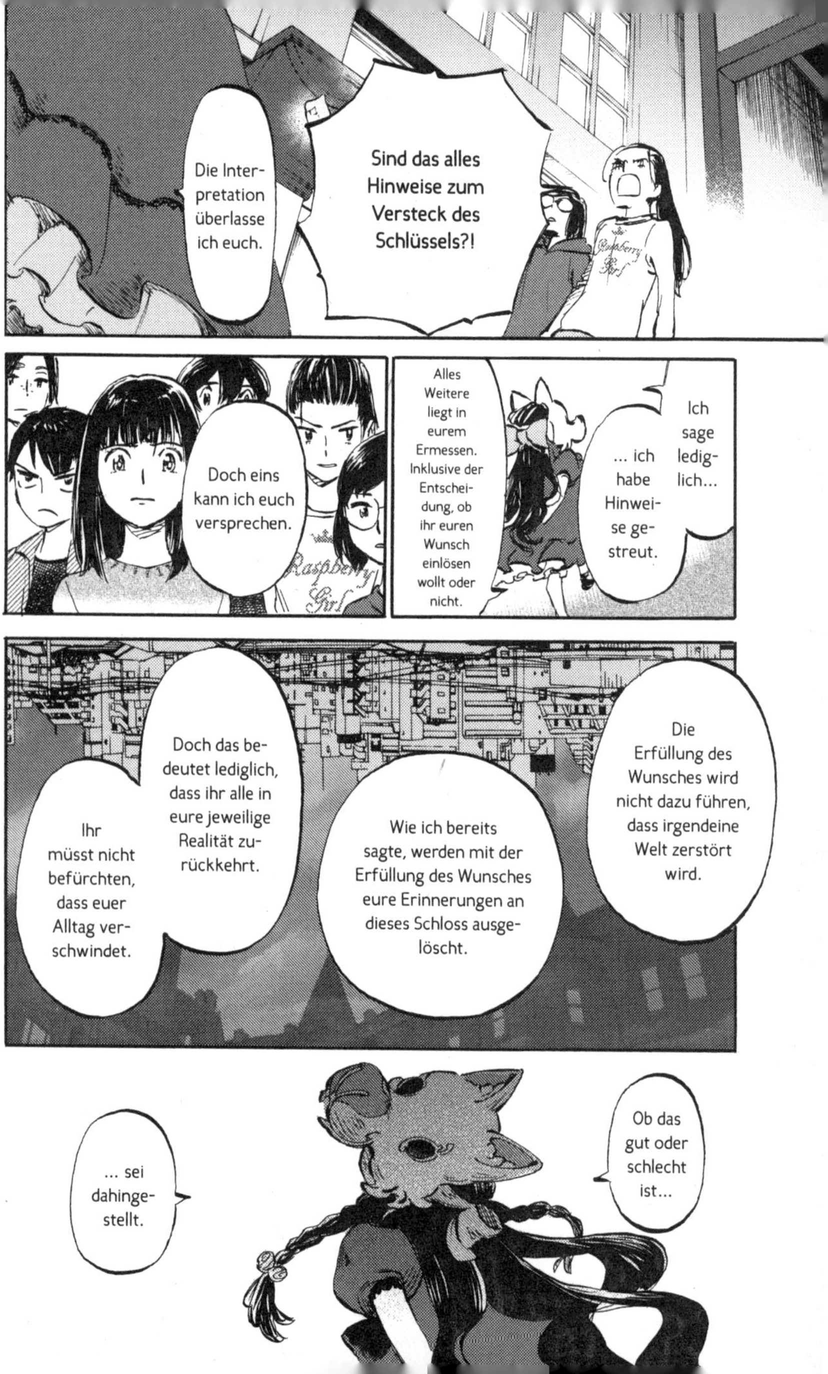

Sind das alles Hinweise zum Versteck des Schlüssels?!
Die Interpretation überlasse ich euch.
Ich sage lediglich...
... ich habe Hinweise gestreut.
Alles Weitere liegt in eurem Ermessen. Inklusive der Entscheidung, ob ihr euren Wunsch einlösen wollt oder nicht.
Doch eins kann ich euch versprechen.
Die Erfüllung des Wunsches wird nicht dazu führen, dass irgendeine Welt zerstört wird.
Wie ich bereits sagte, werden mit der Erfüllung des Wunsches eure Erinnerungen an dieses Schloss ausgelöscht.
Doch das bedeutet lediglich, dass ihr alle in eure jeweilige Realität zurückkehrt.
Ihr müsst nicht befürchten, dass euer Alltag verschwindet.
Ob das gut oder schlecht ist...
... sei dahingestellt.

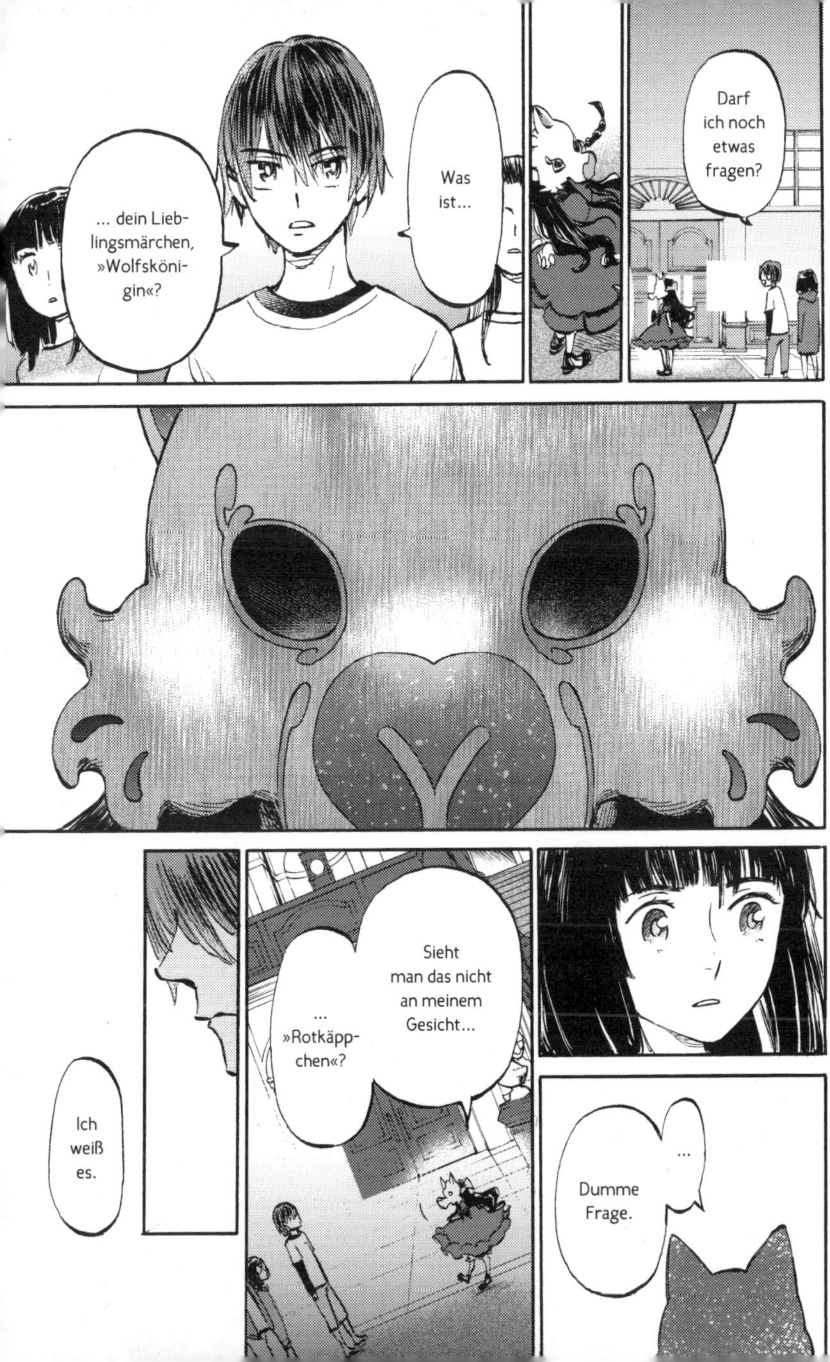
Darf ich noch etwas fragen?
Was ist...
... dein Lieblingsmärchen, »Wolfskönigin«?
...
Dumme Frage.
Sieht man das nicht an meinem Gesicht...
...
»Rotkäppchen«?
Ich weiß es.

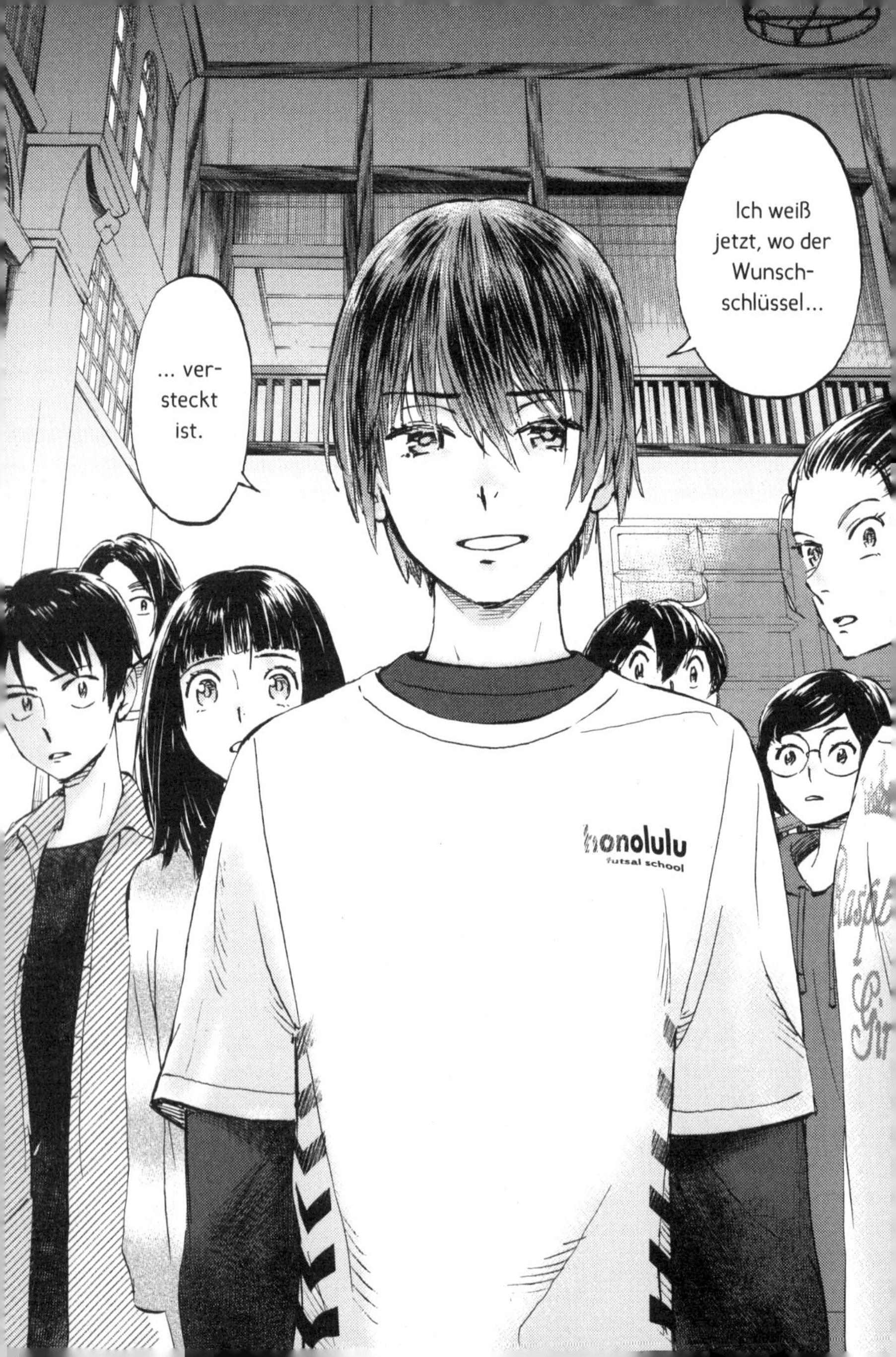
Ich weiß jetzt, wo der Wunsch-schlüssel…
… ver-steckt ist.
honolulu
futsal school

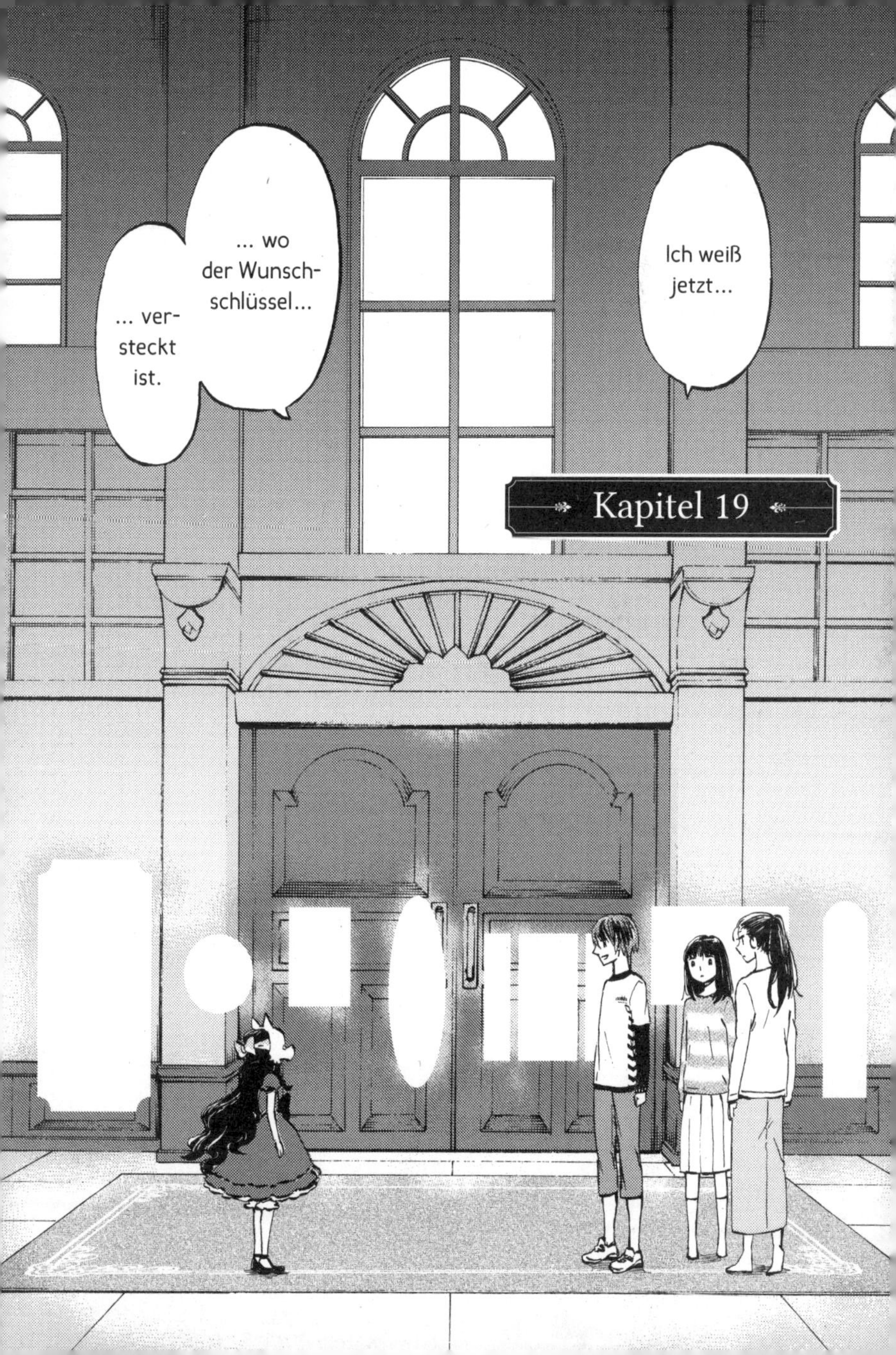
Kapitel 19
Ich weiß jetzt...
... wo der Wunschschlüssel...
... versteckt ist.

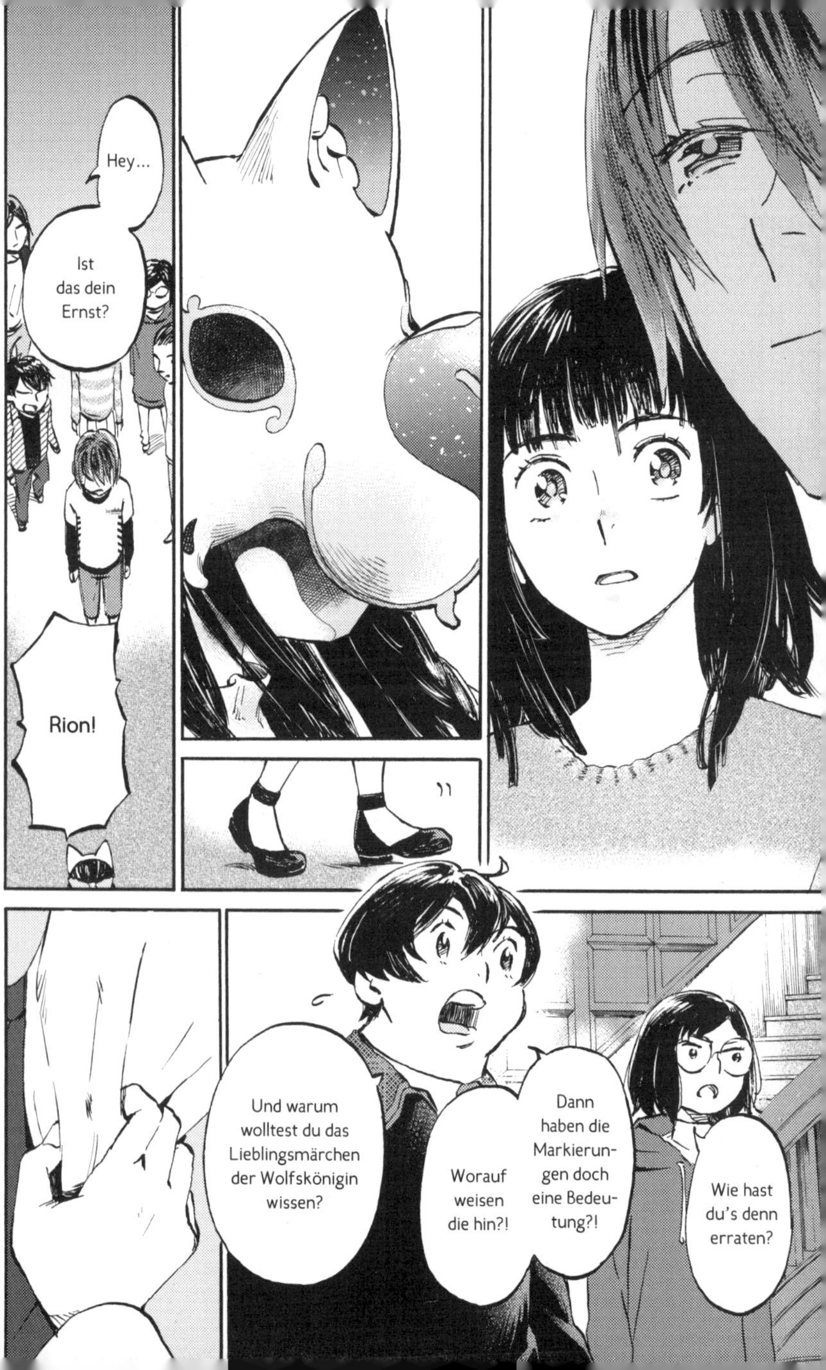

Hey…
Ist das dein Ernst?
Rion!
Wie hast du's denn erraten?
Dann haben die Markierungen doch eine Bedeutung?!
Worauf weisen die hin?!
Und warum wolltest du das Lieblingsmärchen der Wolfskönigin wissen?

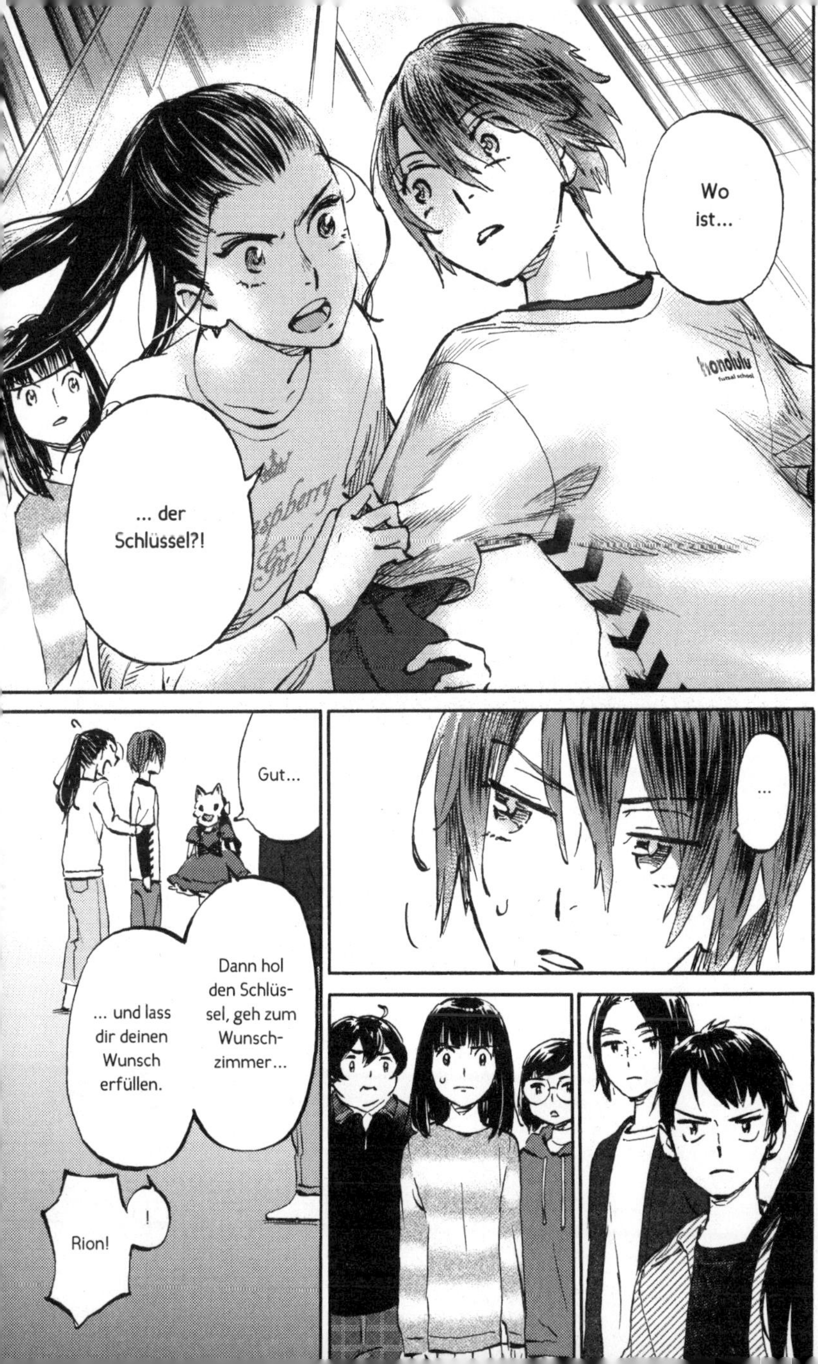
Wo ist...
... der Schlüssel?!
...
Gut...
Dann hol den Schlüssel, geh zum Wunschzimmer...
... und lass dir deinen Wunsch erfüllen.
!
Rion!

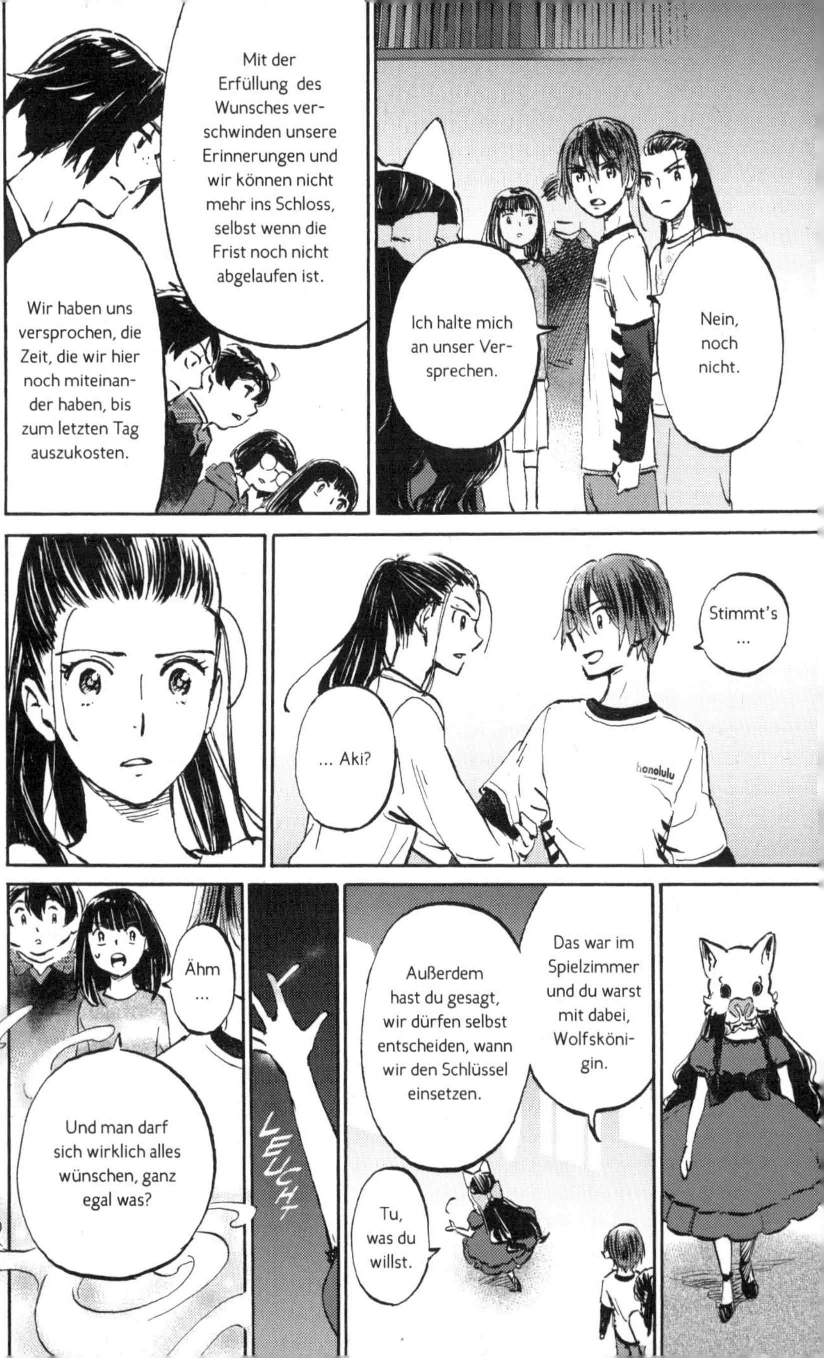

Nein, noch nicht.
Ich halte mich an unser Versprechen.
Mit der Erfüllung des Wunsches verschwinden unsere Erinnerungen und wir können nicht mehr ins Schloss, selbst wenn die Frist noch nicht abgelaufen ist.
Wir haben uns versprochen, die Zeit, die wir hier noch miteinander haben, bis zum letzten Tag auszukosten.
Stimmt's …
… Aki?
Das war im Spielzimmer und du warst mit dabei, Wolfskönigin.
Außerdem hast du gesagt, wir dürfen selbst entscheiden, wann wir den Schlüssel einsetzen.
Tu, was du willst.
LEUCHT
Ähm …
Und man darf sich wirklich alles wünschen, ganz egal was?

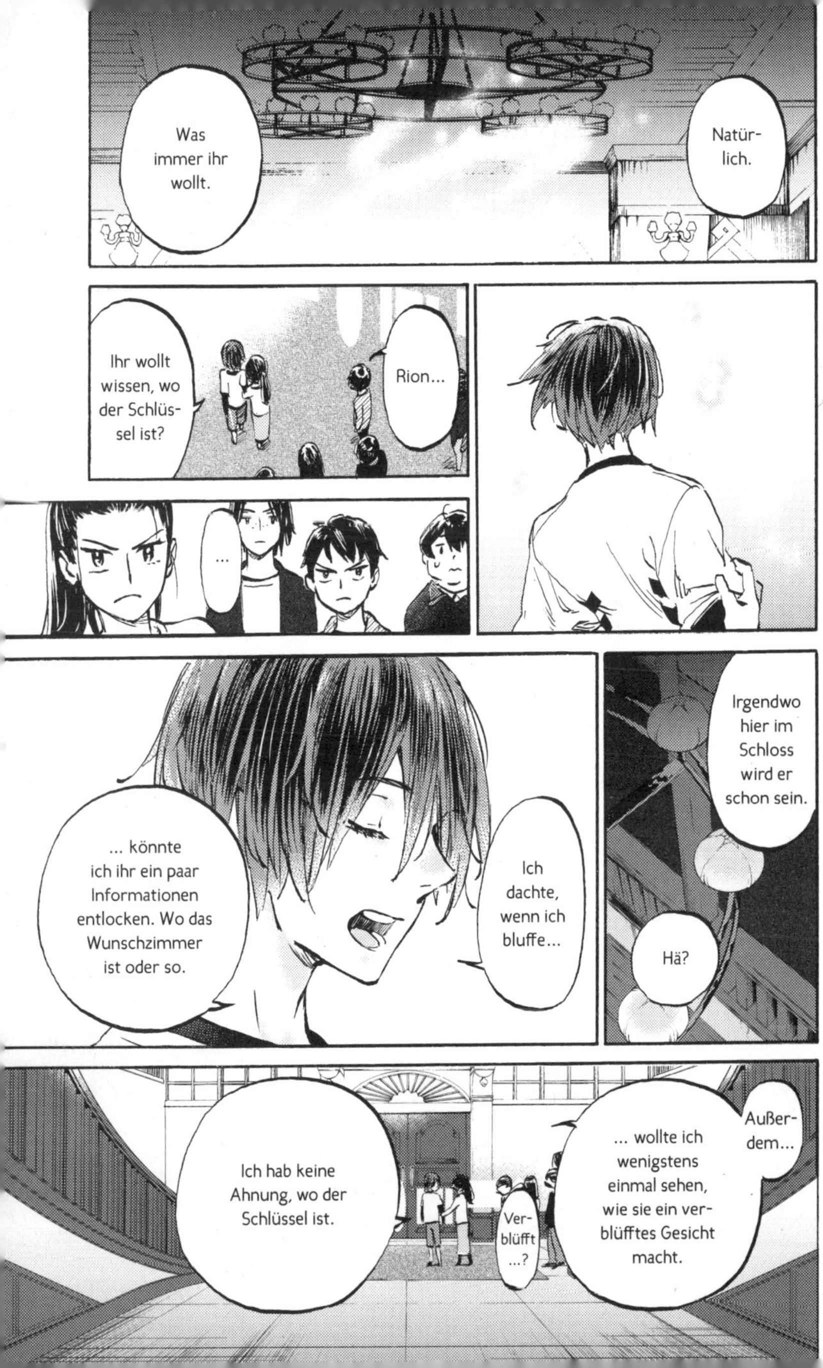
Natür-
lich.
Was
immer ihr
wollt.
Rion...
Ihr wollt
wissen, wo
der Schlüs-
sel ist?
...
Irgendwo
hier im
Schloss
wird er
schon sein.
Hä?
Ich
dachte,
wenn ich
bluffe...
... könnte
ich ihr ein paar
Informationen
entlocken. Wo das
Wunschzimmer
ist oder so.
Außer-
dem...
... wollte ich
wenigstens
einmal sehen,
wie sie ein ver-
blüfftes Gesicht
macht.
Ver-
blüfft
...?
Ich hab keine
Ahnung, wo der
Schlüssel ist.

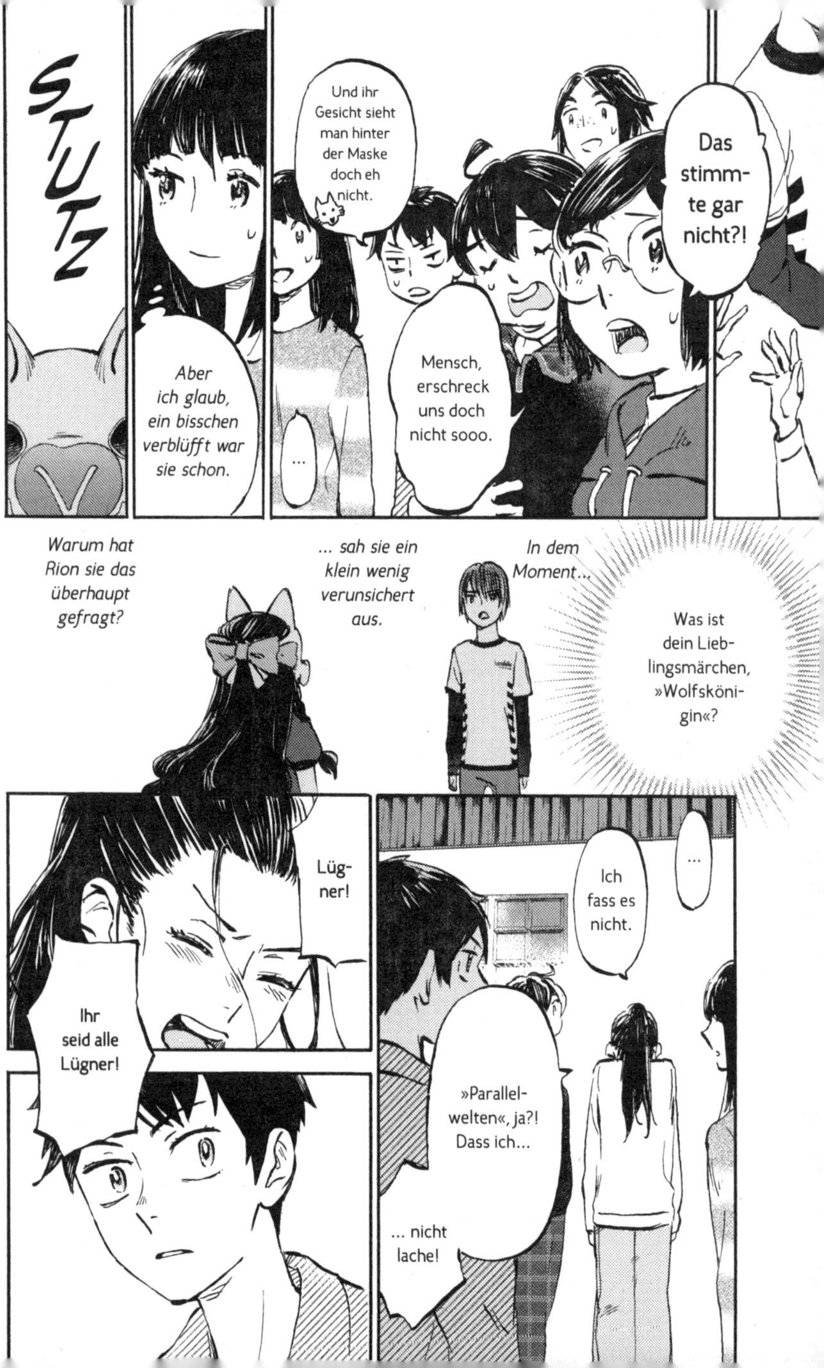
Das stimmte gar nicht?!
Und ihr Gesicht sieht man hinter der Maske doch eh nicht.
Mensch, erschreck uns doch nicht sooo.
...
Aber ich glaub, ein bisschen verblüfft war sie schon.
STUTZ
In dem Moment...
Was ist dein Lieblingsmärchen, »Wolfskönigin«?
... sah sie ein klein wenig verunsichert aus.
Warum hat Rion sie das überhaupt gefragt?
...
Ich fass es nicht.
»Parallelwelten«, ja?! Dass ich...
... nicht lache!
Lügner!
Ihr seid alle Lügner!

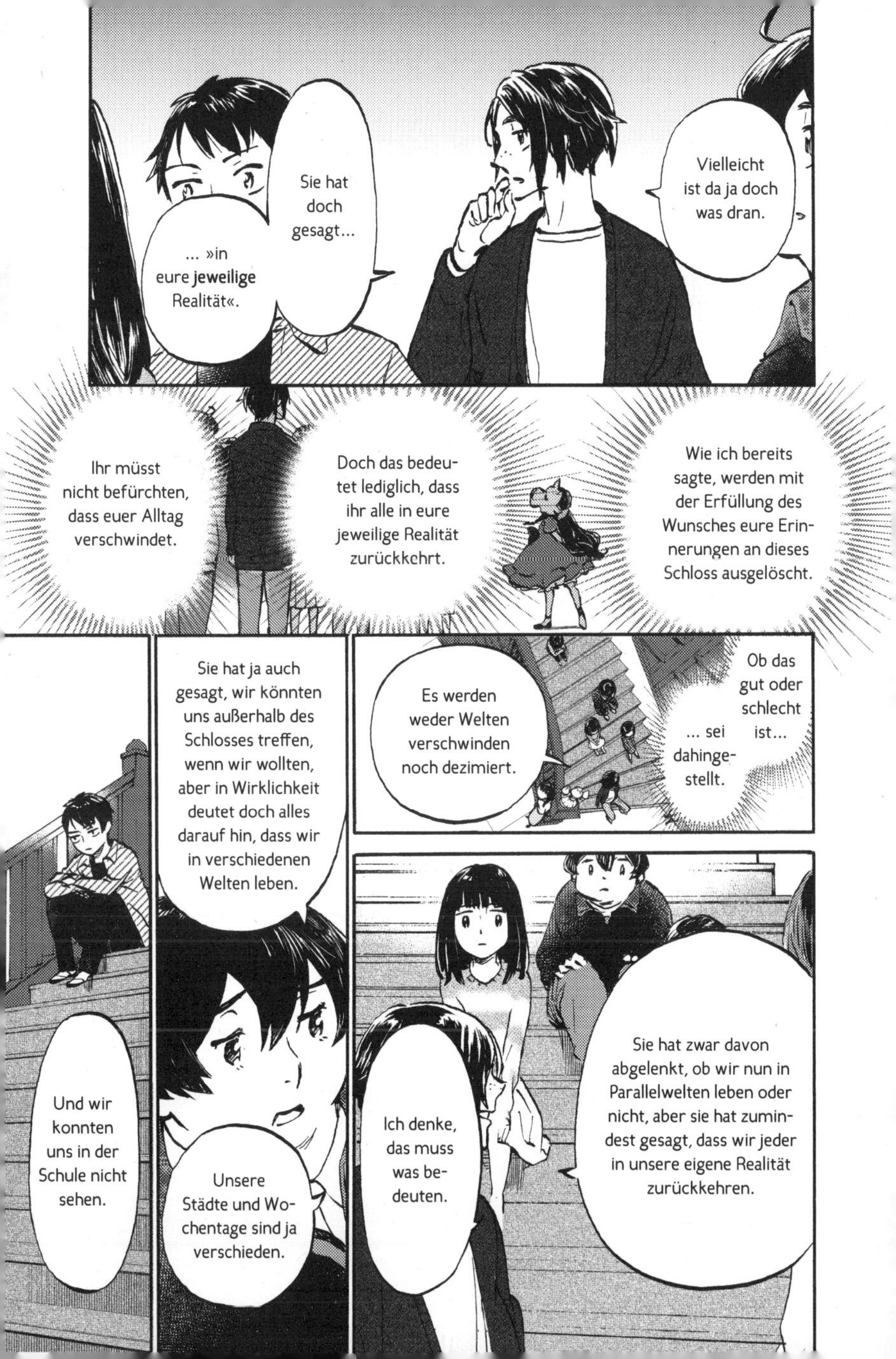
Vielleicht ist da ja doch was dran.
Sie hat doch gesagt...
... »in eure **jeweilige** Realität«.
Wie ich bereits sagte, werden mit der Erfüllung des Wunsches eure Erinnerungen an dieses Schloss ausgelöscht.
Doch das bedeutet lediglich, dass ihr alle in eure jeweilige Realität zurückkehrt.
Ihr müsst nicht befürchten, dass euer Alltag verschwindet.
Ob das gut oder schlecht ist...
... sei dahingestellt.
Es werden weder Welten verschwinden noch dezimiert.
Sie hat zwar davon abgelenkt, ob wir nun in Parallelwelten leben oder nicht, aber sie hat zumindest gesagt, dass wir jeder in unsere eigene Realität zurückkehren.
Ich denke, das muss was bedeuten.
Sie hat ja auch gesagt, wir könnten uns außerhalb des Schlosses treffen, wenn wir wollten, aber in Wirklichkeit deutet doch alles darauf hin, dass wir in verschiedenen Welten leben.
Unsere Städte und Wochentage sind ja verschieden.
Und wir konnten uns in der Schule nicht sehen.

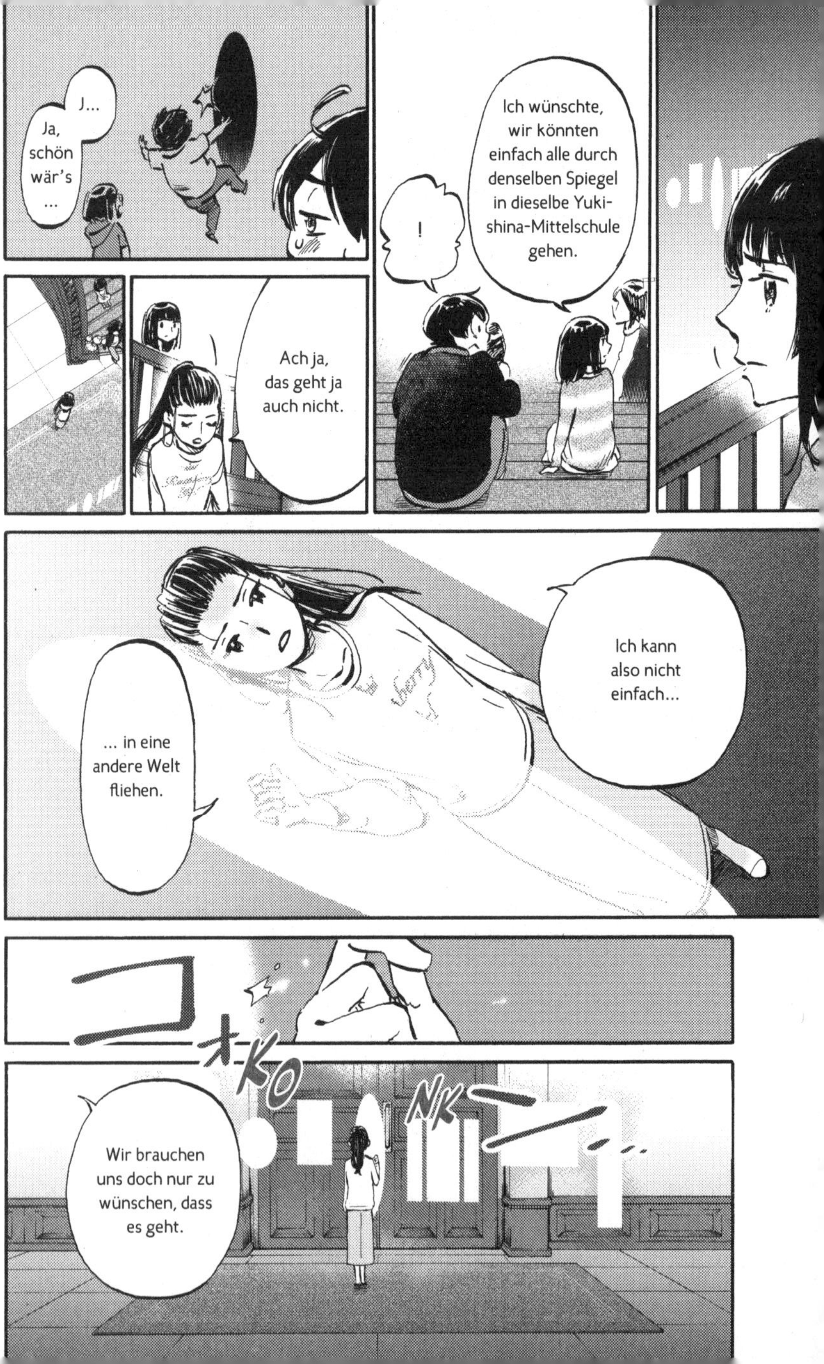

Ich wünschte, wir könnten einfach alle durch denselben Spiegel in dieselbe Yukishina-Mittelschule gehen.
!
J...
Ja, schön wär's ...
Ach ja, das geht ja auch nicht.
Ich kann also nicht einfach...
... in eine andere Welt fliehen.
KO
NK
Wir brauchen uns doch nur zu wünschen, dass es geht.

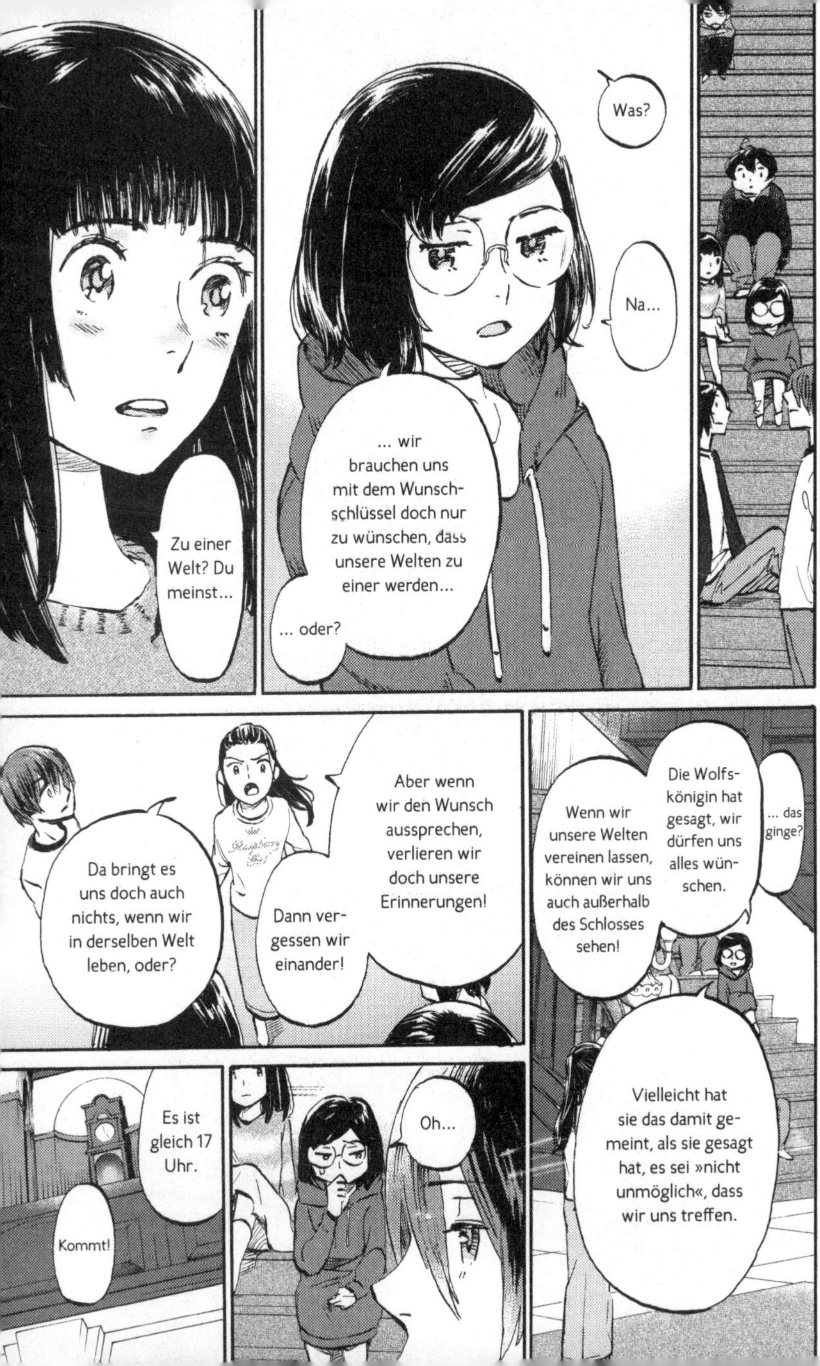
Was?
Na…
… wir brauchen uns mit dem Wunschschlüssel doch nur zu wünschen, dass unsere Welten zu einer werden…
… oder?
Zu einer Welt? Du meinst…
… das ginge?
Die Wolfskönigin hat gesagt, wir dürfen uns alles wünschen.
Wenn wir unsere Welten vereinen lassen, können wir uns auch außerhalb des Schlosses sehen!
Aber wenn wir den Wunsch aussprechen, verlieren wir doch unsere Erinnerungen!
Dann vergessen wir einander!
Da bringt es uns doch auch nichts, wenn wir in derselben Welt leben, oder?
Vielleicht hat sie das damit gemeint, als sie gesagt hat, es sei »nicht unmöglich«, dass wir uns treffen.
Oh…
Es ist gleich 17 Uhr.
Kommt!

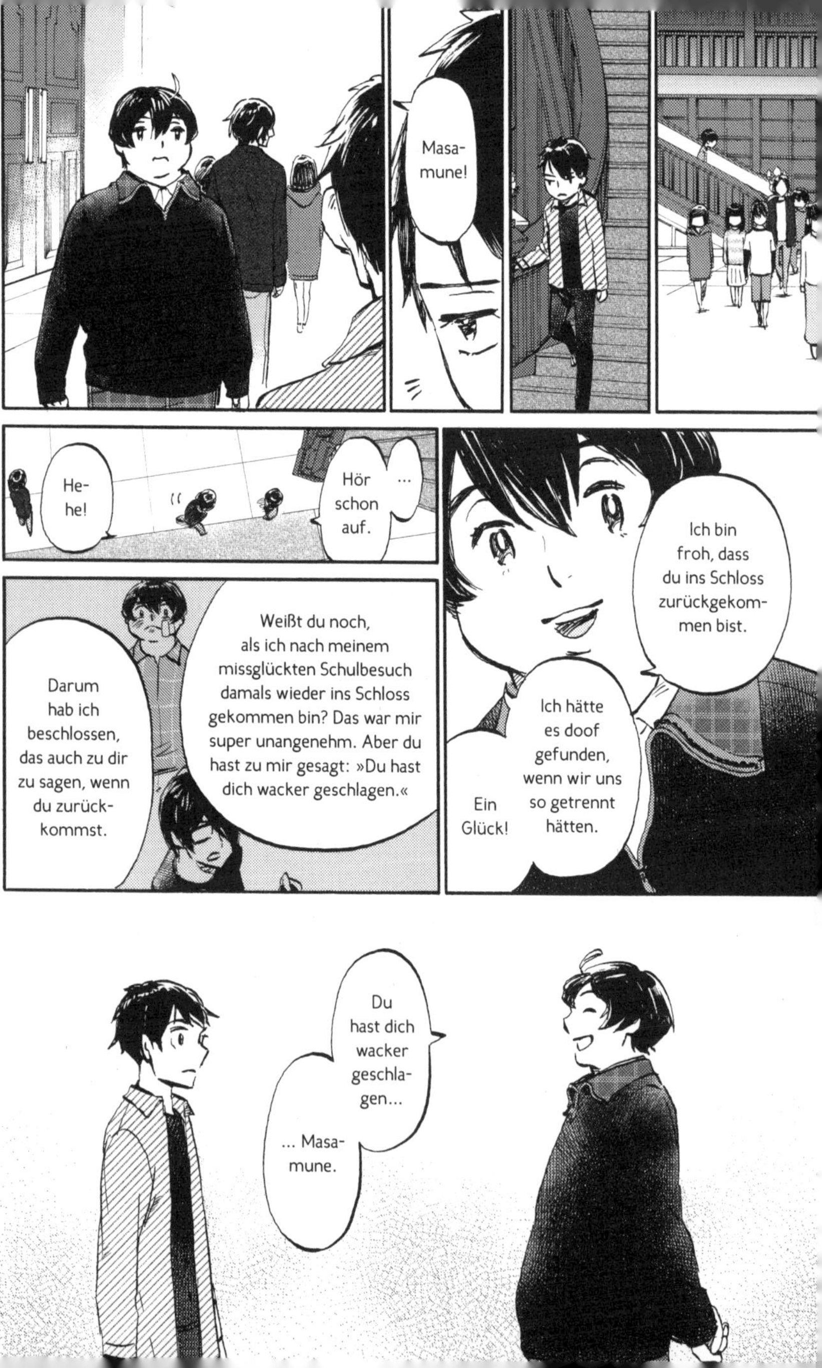
Masa-mune!
Ich bin froh, dass du ins Schloss zurückgekommen bist.
Ich hätte es doof gefunden, wenn wir uns so getrennt hätten.
Ein Glück!
…
Hör schon auf.
He-he!
Weißt du noch, als ich nach meinem missglückten Schulbesuch damals wieder ins Schloss gekommen bin? Das war mir super unangenehm. Aber du hast zu mir gesagt: »Du hast dich wacker geschlagen.«
Darum hab ich beschlossen, das auch zu dir zu sagen, wenn du zurückkommst.
Du hast dich wacker geschlagen …
… Masamune.

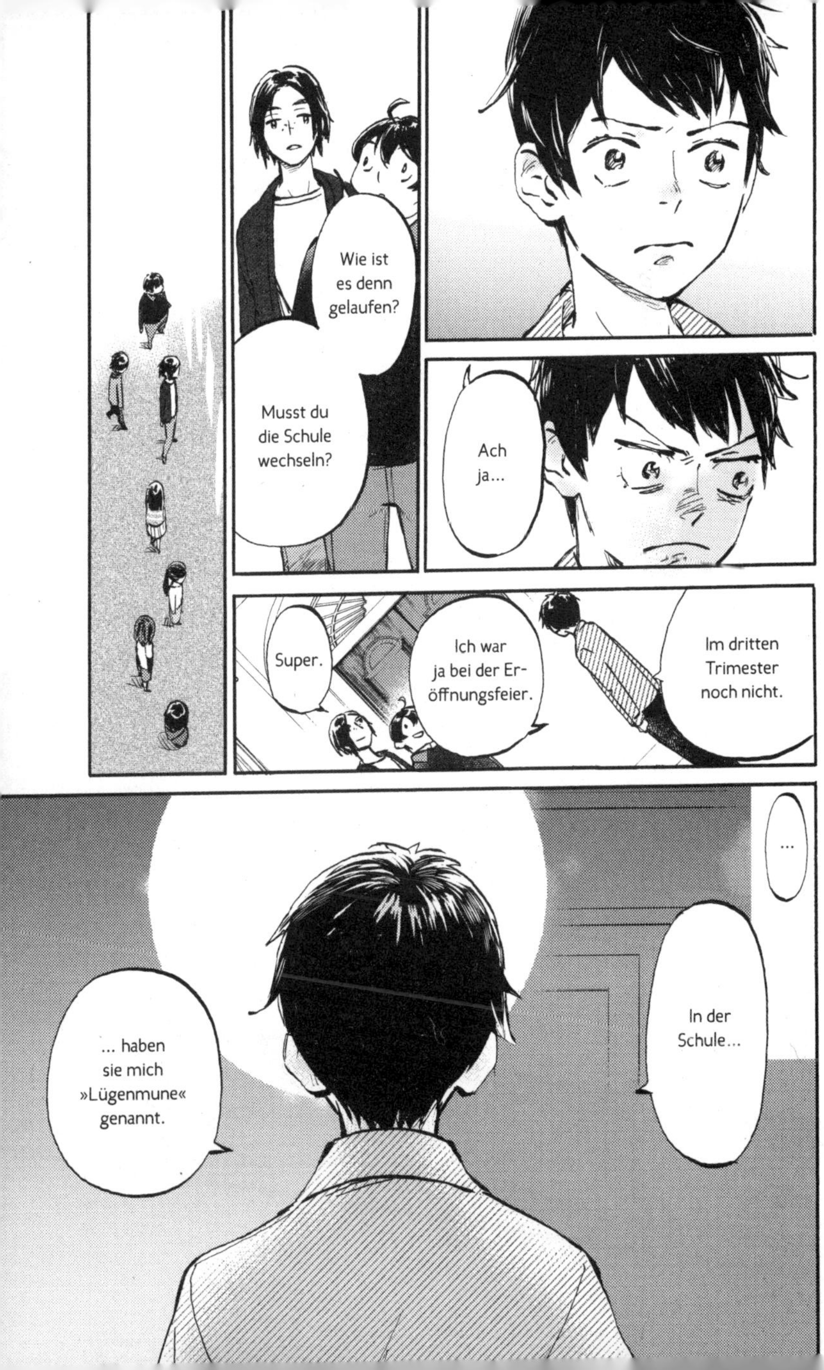

Wie ist es denn gelaufen?
Musst du die Schule wechseln?
Ach ja…
Im dritten Trimester noch nicht.
Ich war ja bei der Eröffnungsfeier.
Super.
…
In der Schule…
… haben sie mich »Lügenmune« genannt.

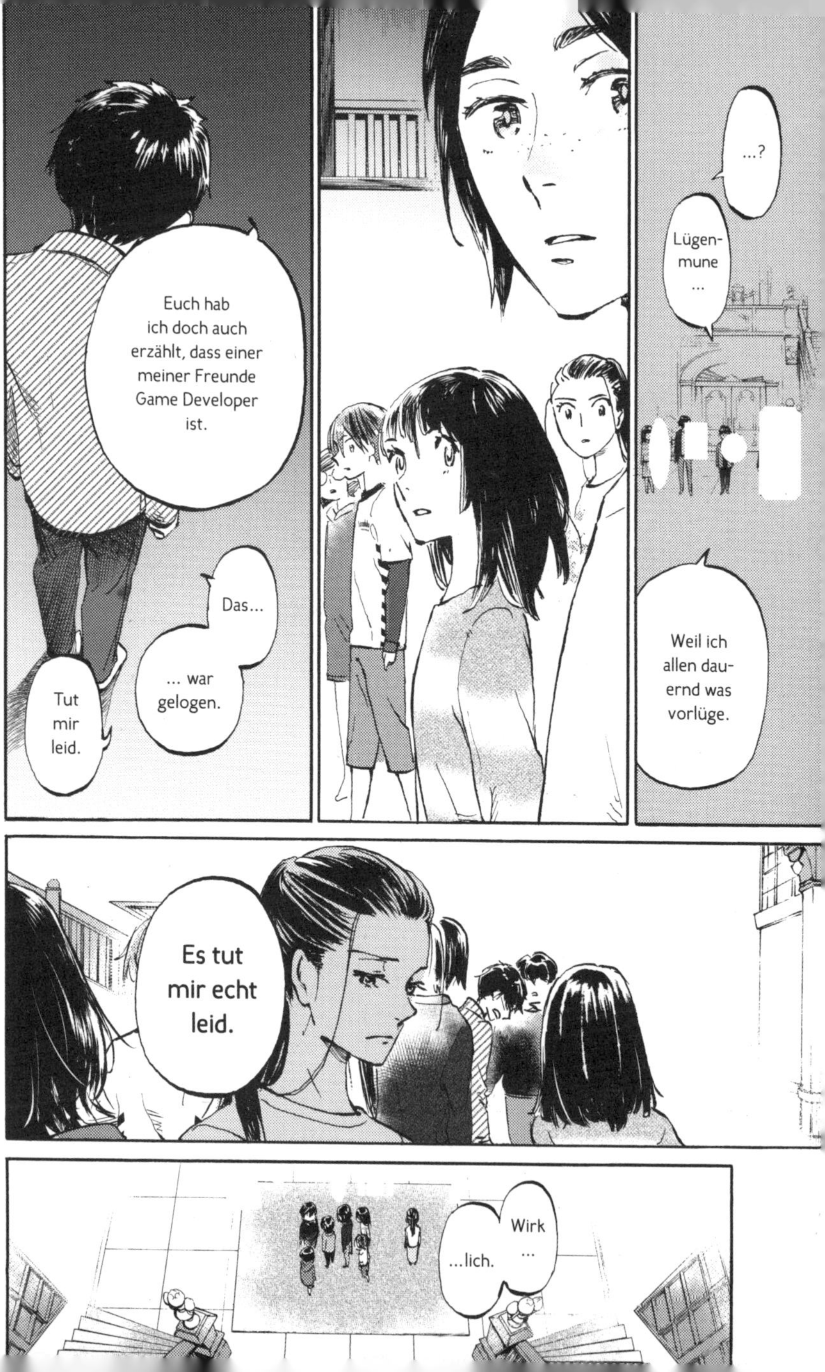
...?
Lügen-mune ...
Weil ich allen dauernd was vorlüge.
Euch hab ich doch auch erzählt, dass einer meiner Freunde Game Developer ist.
Das...
... war gelogen.
Tut mir leid.
Es tut mir echt leid.
Wirk ...
...lich.

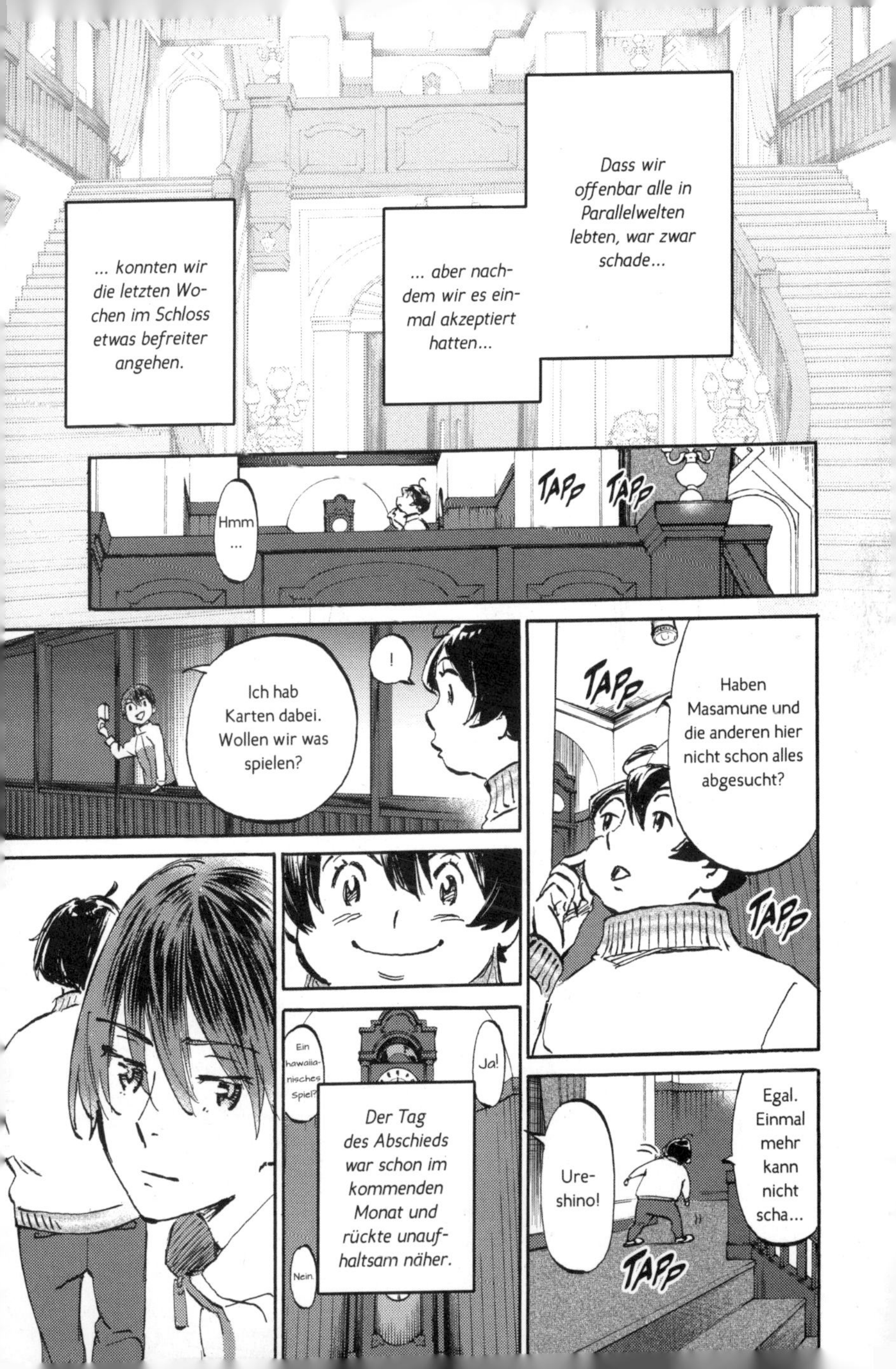

Dass wir offenbar alle in Parallelwelten lebten, war zwar schade...
... aber nachdem wir es einmal akzeptiert hatten...
... konnten wir die letzten Wochen im Schloss etwas befreiter angehen.
TAPP
TAPP
Hmm ...
TAPP
Haben Masamune und die anderen hier nicht schon alles abgesucht?
TAPP
!
Ich hab Karten dabei. Wollen wir was spielen?
Egal. Einmal mehr kann nicht scha...
Ureshino!
TAPP
Ja!
Ein hawaiianisches Spiel?
Nein.
Der Tag des Abschieds war schon im kommenden Monat und rückte unaufhaltsam näher.

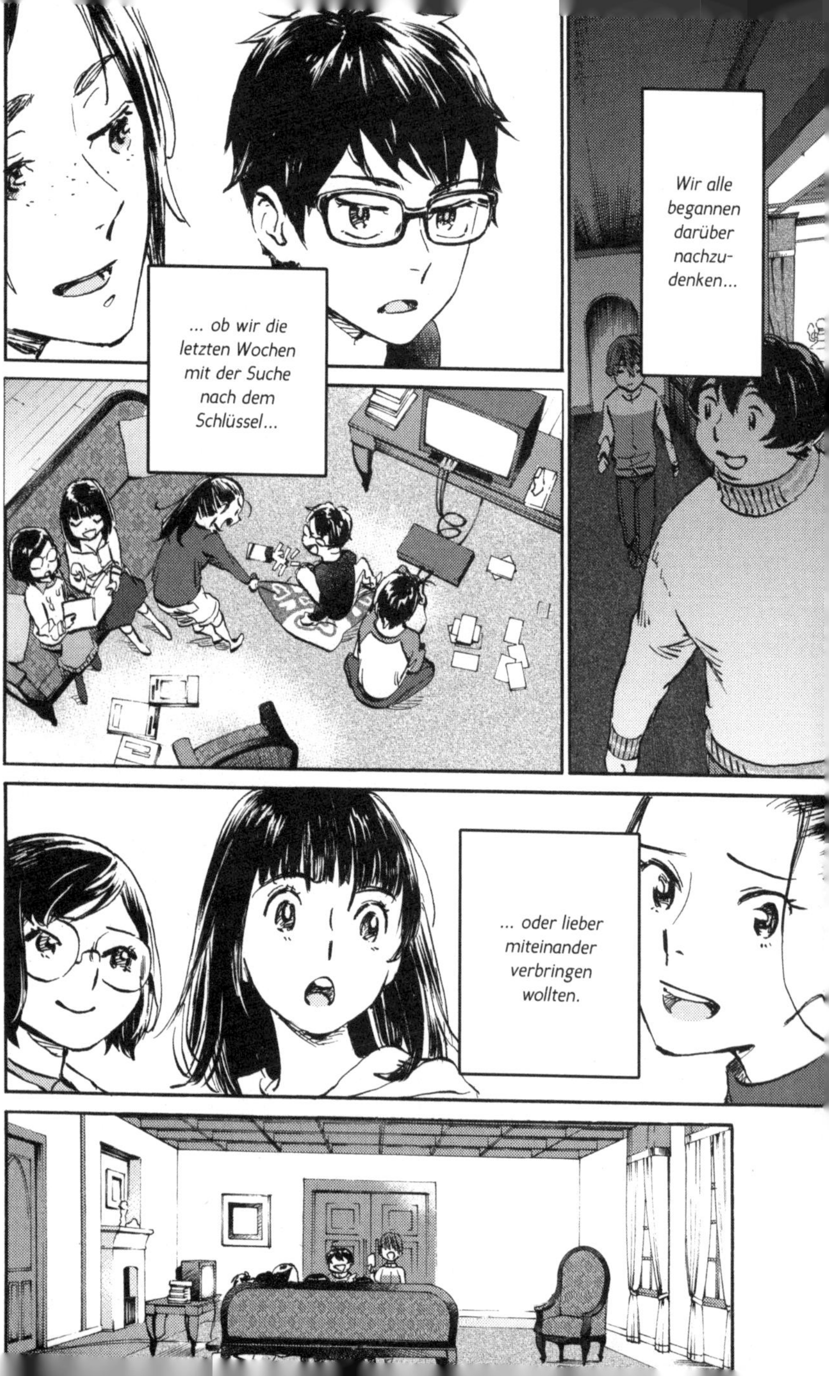
Wir alle begannen darüber nachzudenken...
... ob wir die letzten Wochen mit der Suche nach dem Schlüssel...
... oder lieber miteinander verbringen wollten.

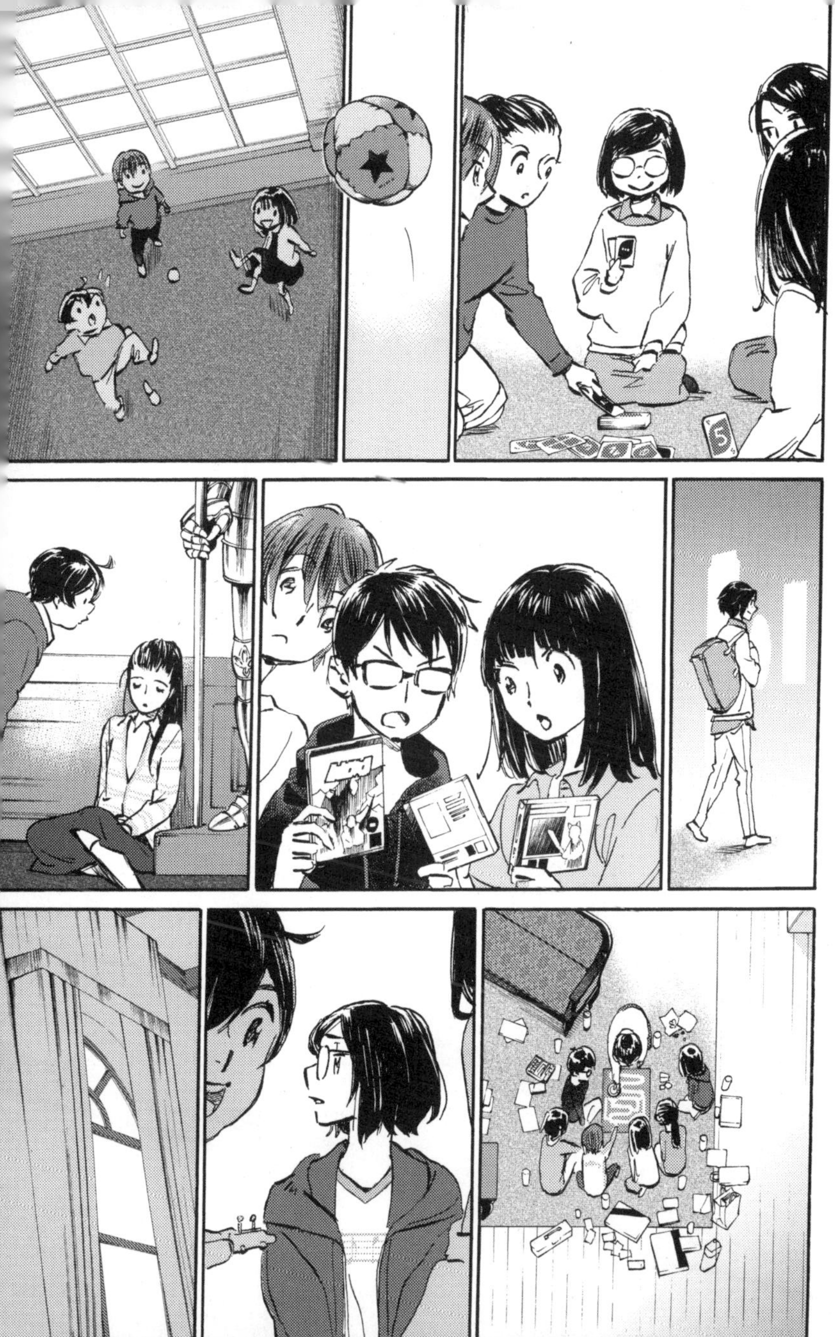

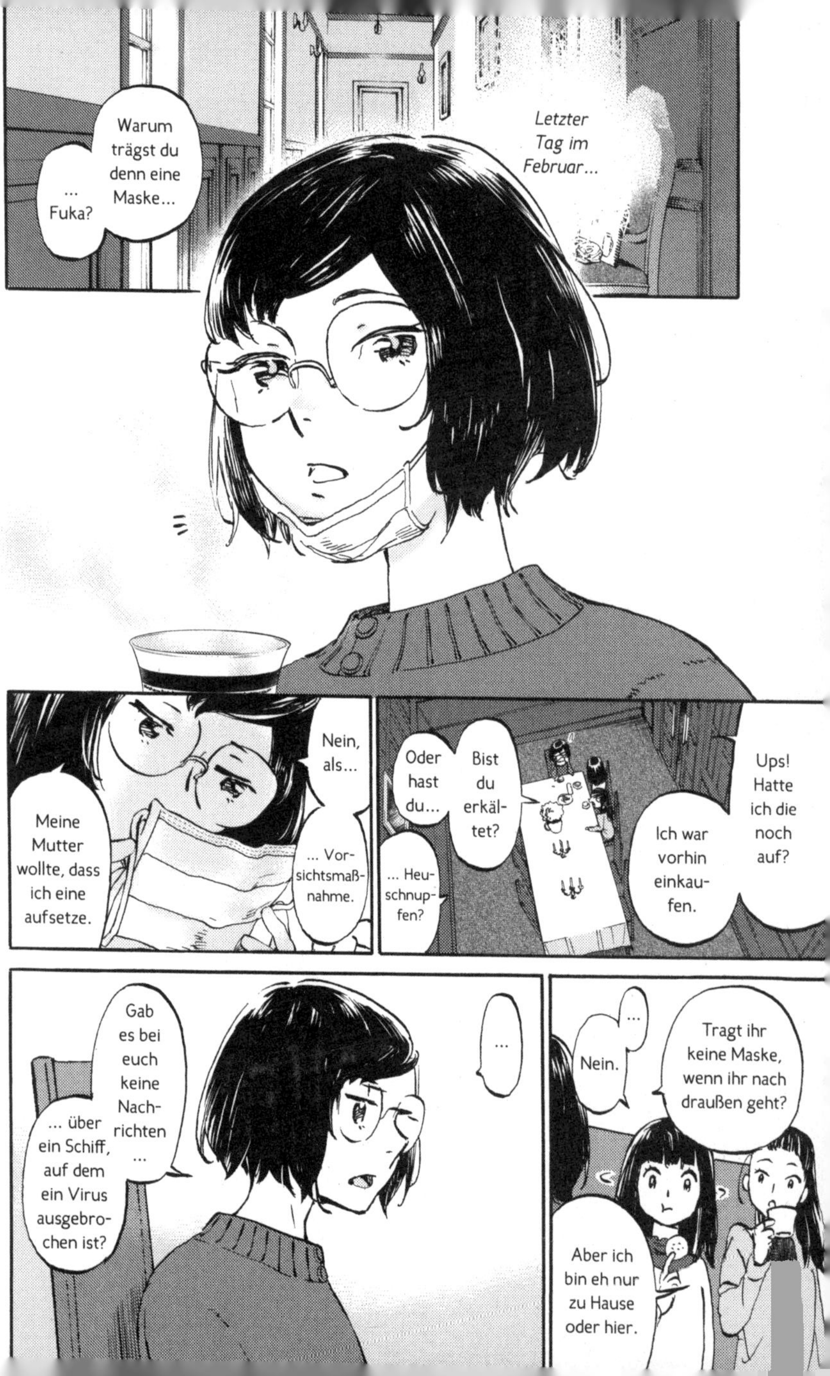
Letzter Tag im Februar...
Warum trägst du denn eine Maske...
... Fuka?
Ups! Hatte ich die noch auf?
Ich war vorhin einkaufen.
Bist du erkältet?
Oder hast du...
... Heuschnupfen?
Nein, als...
... Vorsichtsmaßnahme.
Meine Mutter wollte, dass ich eine aufsetze.
Tragt ihr keine Maske, wenn ihr nach draußen geht?
...
Nein.
Aber ich bin eh nur zu Hause oder hier.
...
Gab es bei euch keine Nachrichten ...
... über ein Schiff, auf dem ein Virus ausgebrochen ist?

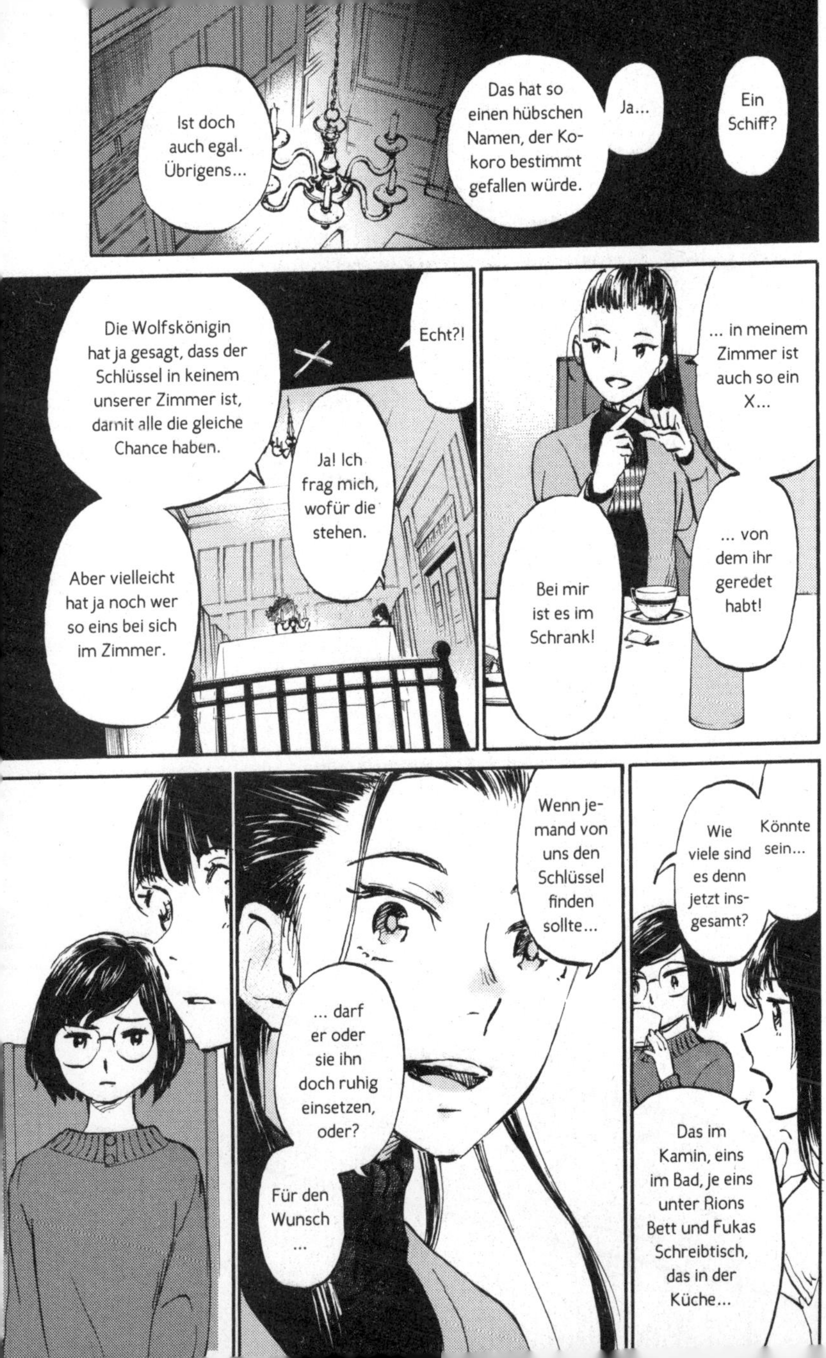
Ein Schiff?
Ja…
Das hat so einen hübschen Namen, der Kokoro bestimmt gefallen würde.
Ist doch auch egal. Übrigens…
… in meinem Zimmer ist auch so ein X…
… von dem ihr geredet habt!
Bei mir ist es im Schrank!
Echt?!
Ja! Ich frag mich, wofür die stehen.
Die Wolfskönigin hat ja gesagt, dass der Schlüssel in keinem unserer Zimmer ist, damit alle die gleiche Chance haben.
Aber vielleicht hat ja noch wer so eins bei sich im Zimmer.
Könnte sein…
Wie viele sind es denn jetzt insgesamt?
Das im Kamin, eins im Bad, je eins unter Rions Bett und Fukas Schreibtisch, das in der Küche…
Wenn jemand von uns den Schlüssel finden sollte…
… darf er oder sie ihn doch ruhig einsetzen, oder?
Für den Wunsch …

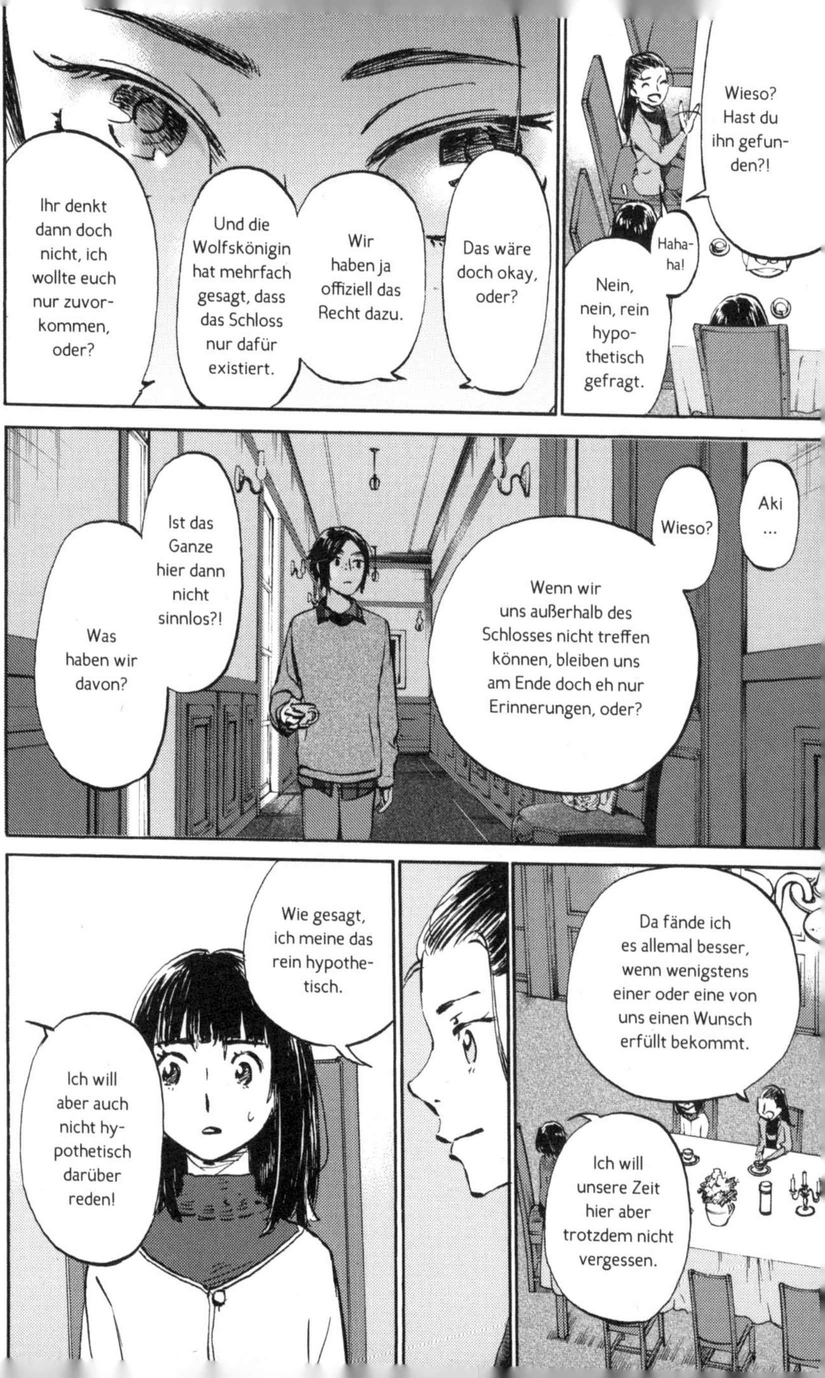
Wieso? Hast du ihn gefunden?!
Haha-ha!
Nein, nein, rein hypothetisch gefragt.
Das wäre doch okay, oder?
Wir haben ja offiziell das Recht dazu.
Und die Wolfskönigin hat mehrfach gesagt, dass das Schloss nur dafür existiert.
Ihr denkt dann doch nicht, ich wollte euch nur zuvorkommen, oder?
Aki …
Wieso?
Wenn wir uns außerhalb des Schlosses nicht treffen können, bleiben uns am Ende doch eh nur Erinnerungen, oder?
Ist das Ganze hier dann nicht sinnlos?!
Was haben wir davon?
Da fände ich es allemal besser, wenn wenigstens einer oder eine von uns einen Wunsch erfüllt bekommt.
Ich will unsere Zeit hier aber trotzdem nicht vergessen.
Wie gesagt, ich meine das rein hypothetisch.
Ich will aber auch nicht hypothetisch darüber reden!

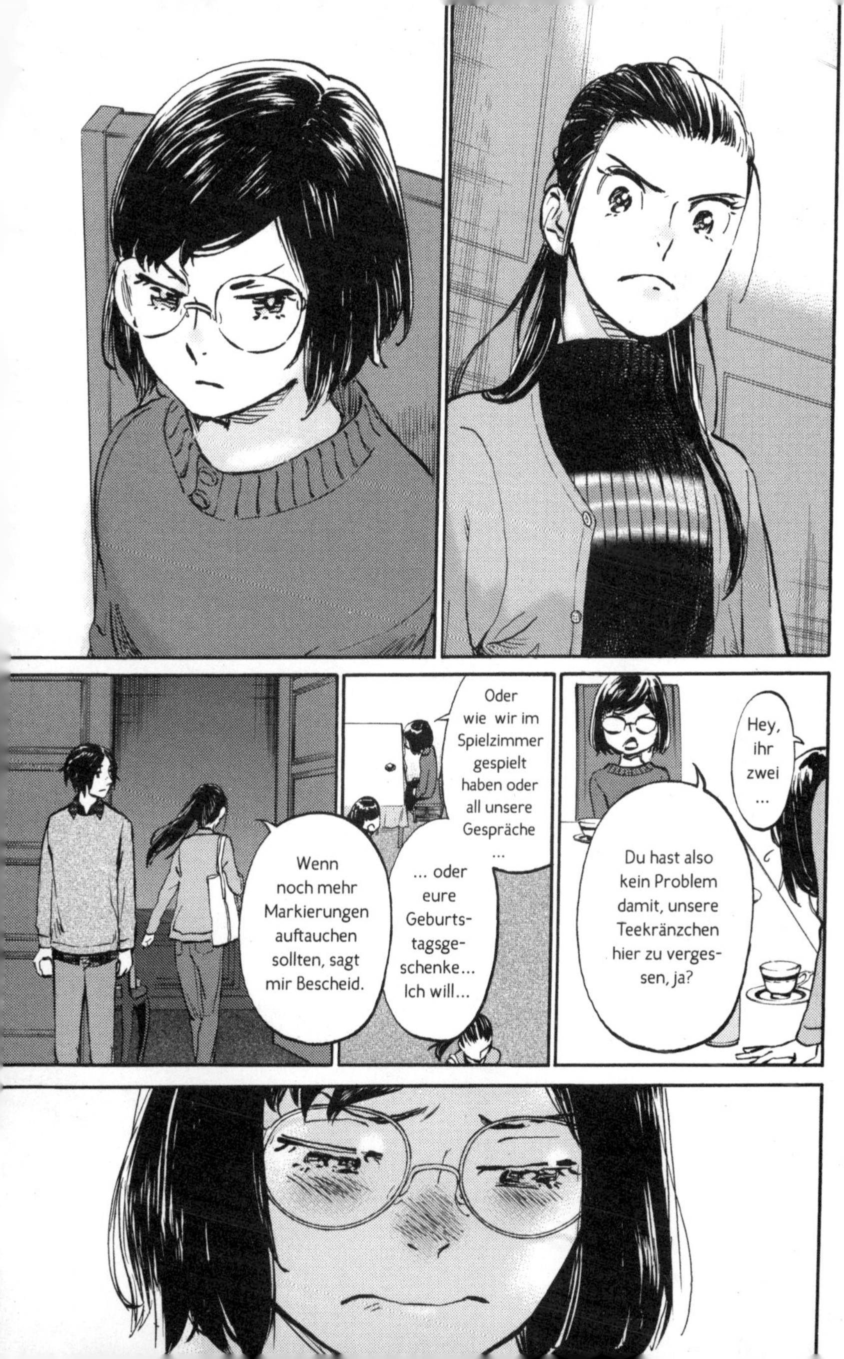
Hey, ihr zwei ...
Du hast also kein Problem damit, unsere Teekränzchen hier zu vergessen, ja?
Oder wie wir im Spielzimmer gespielt haben oder all unsere Gespräche ...
... oder eure Geburtstagsgeschenke... Ich will...
Wenn noch mehr Markierungen auftauchen sollten, sagt mir Bescheid.

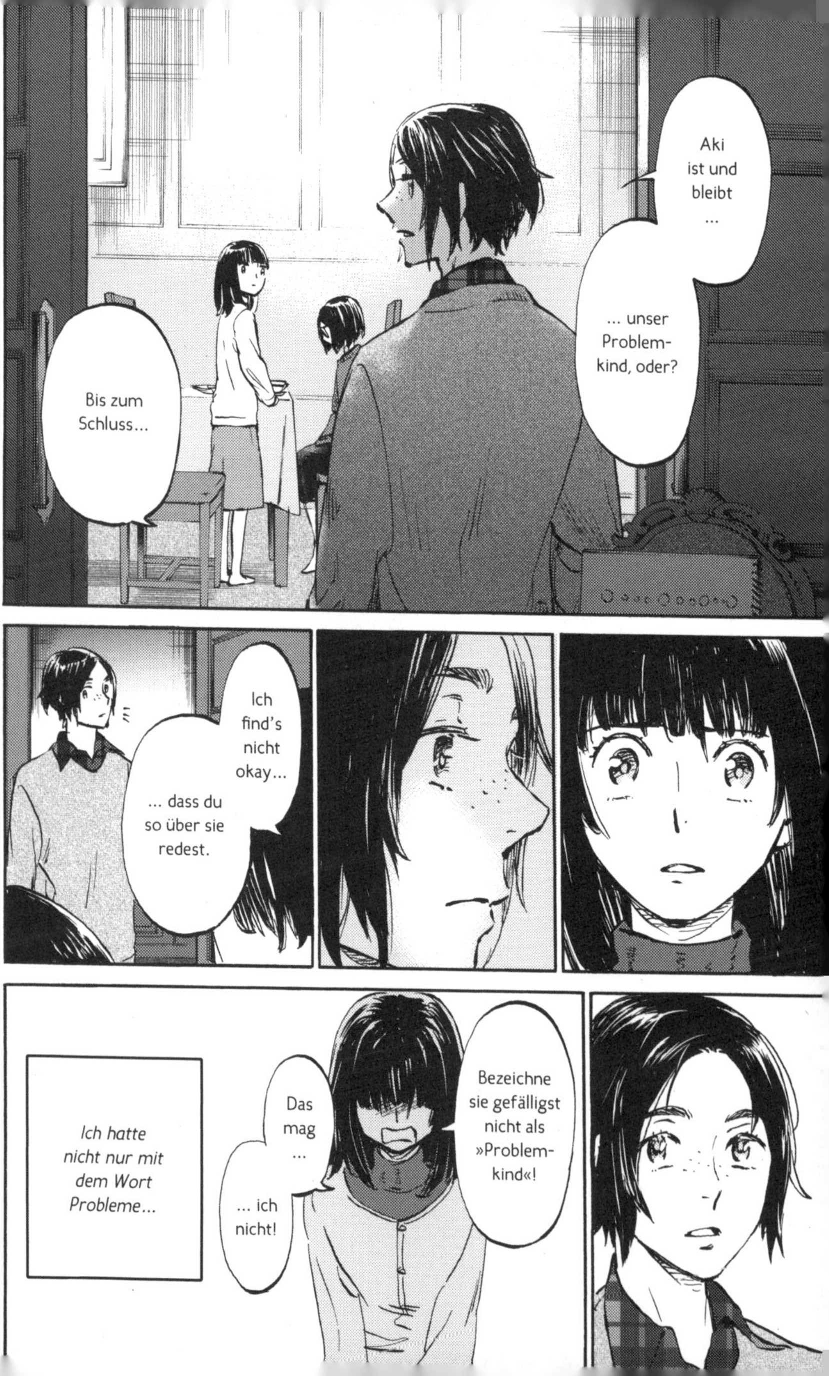
Aki ist und bleibt ...
... unser Problem-kind, oder?
Bis zum Schluss...
Ich find's nicht okay...
... dass du so über sie redest.
Bezeichne sie gefälligst nicht als »Problem-kind«!
Das mag ...
... ich nicht!
Ich hatte nicht nur mit dem Wort Probleme...

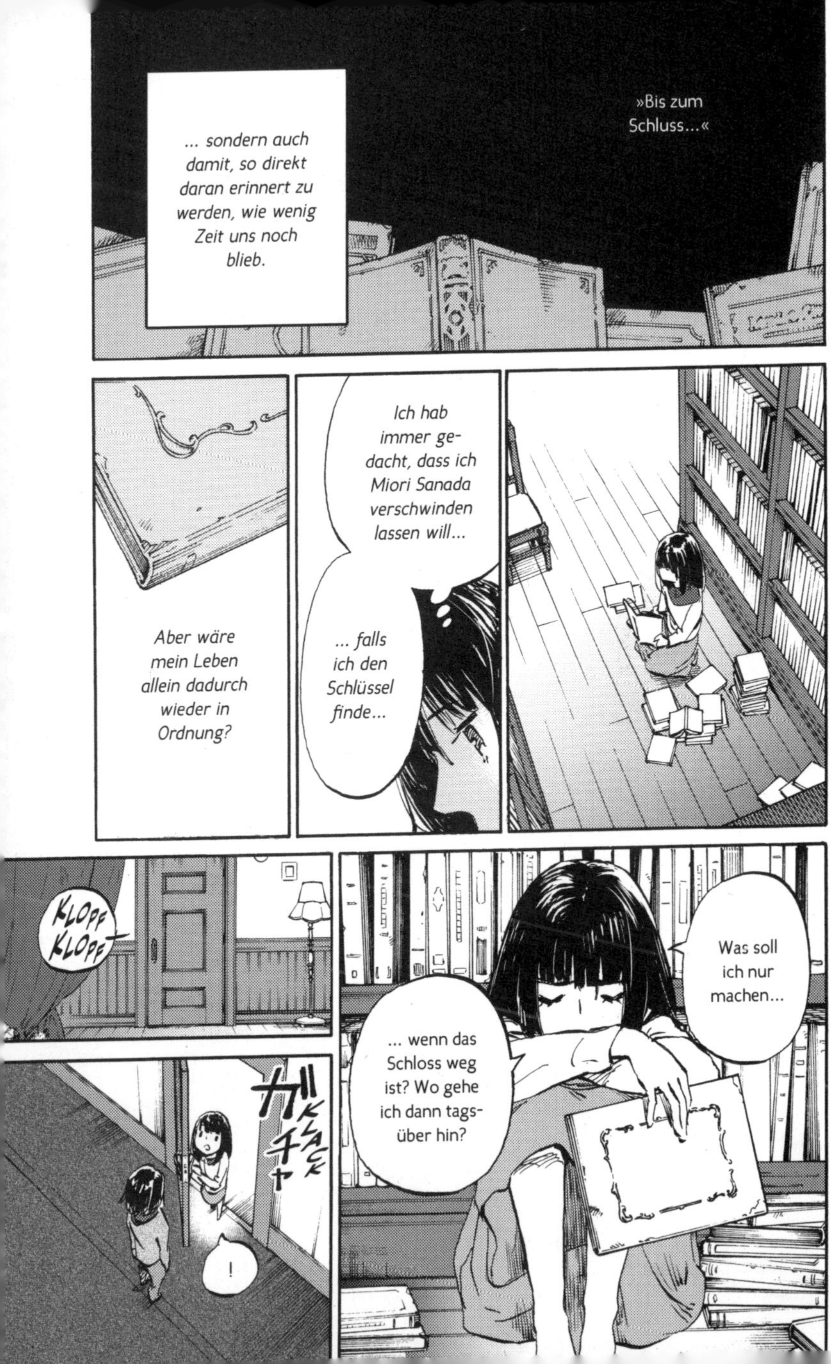
»Bis zum Schluss...«
... sondern auch damit, so direkt daran erinnert zu werden, wie wenig Zeit uns noch blieb.
Ich hab immer gedacht, dass ich Miori Sanada verschwinden lassen will...
... falls ich den Schlüssel finde...
Aber wäre mein Leben allein dadurch wieder in Ordnung?
Was soll ich nur machen...
... wenn das Schloss weg ist? Wo gehe ich dann tagsüber hin?
KLOPF KLOPF
KLACK
!

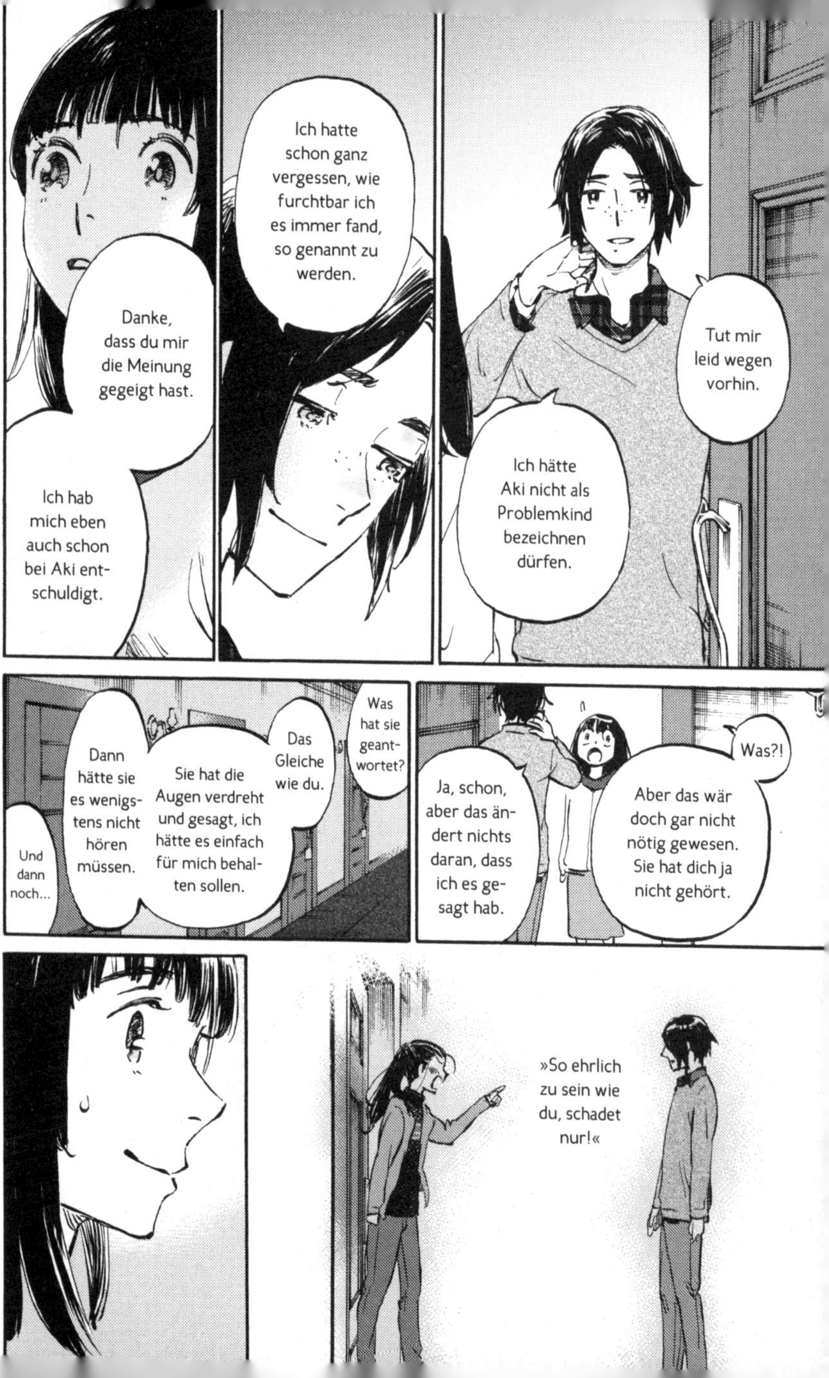
Tut mir leid wegen vorhin.
Ich hätte Aki nicht als Problemkind bezeichnen dürfen.
Ich hatte schon ganz vergessen, wie furchtbar ich es immer fand, so genannt zu werden.
Danke, dass du mir die Meinung gegeigt hast.
Ich hab mich eben auch schon bei Aki entschuldigt.
Was?!
Aber das wär doch gar nicht nötig gewesen. Sie hat dich ja nicht gehört.
Ja, schon, aber das ändert nichts daran, dass ich es gesagt hab.
Was hat sie geantwortet?
Das Gleiche wie du.
Sie hat die Augen verdreht und gesagt, ich hätte es einfach für mich behalten sollen.
Dann hätte sie es wenigstens nicht hören müssen.
Und dann noch…
»So ehrlich zu sein wie du, schadet nur!«

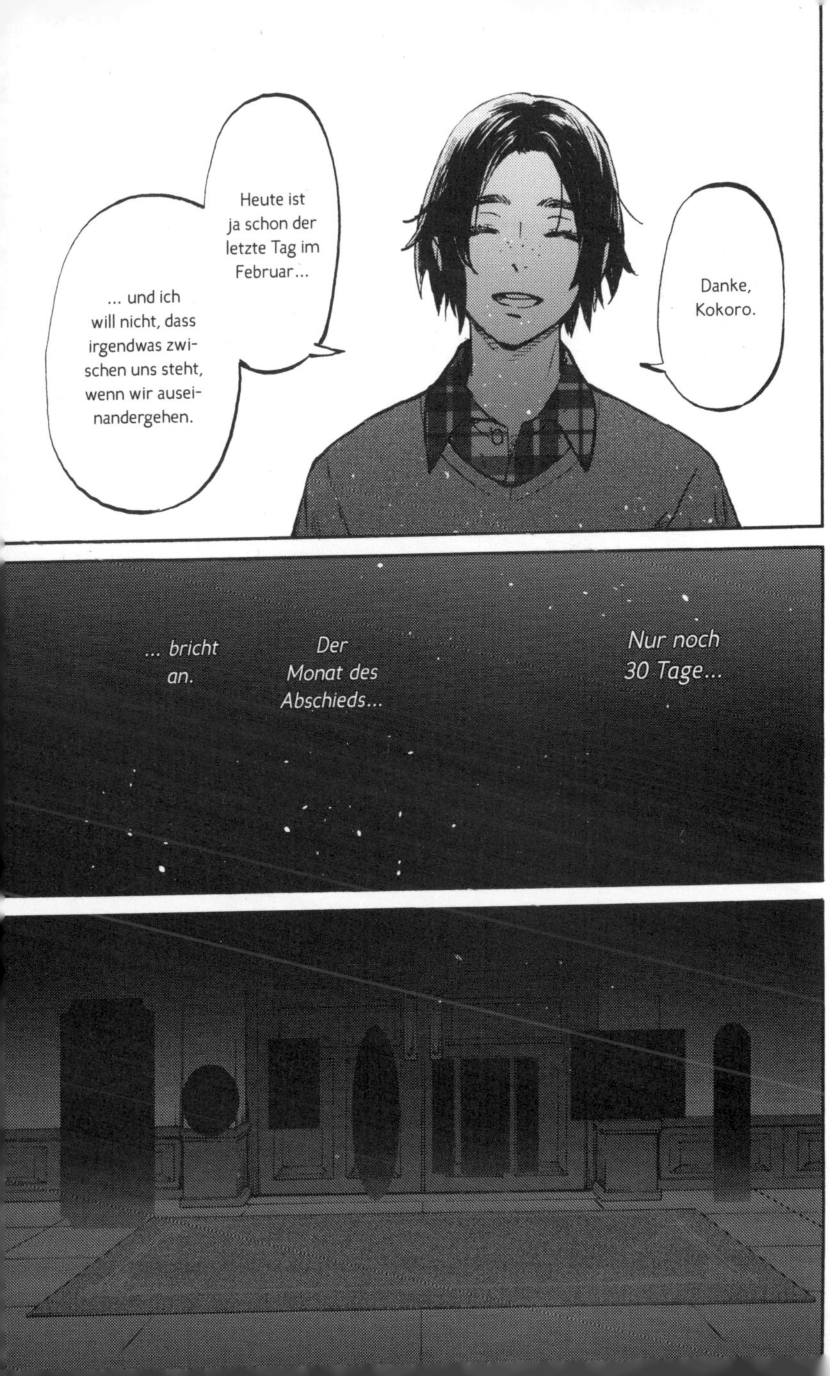
Danke, Kokoro.
Heute ist ja schon der letzte Tag im Februar...
... und ich will nicht, dass irgendwas zwischen uns steht, wenn wir auseinandergehen.
Nur noch 30 Tage...
Der Monat des Abschieds...
... bricht an.

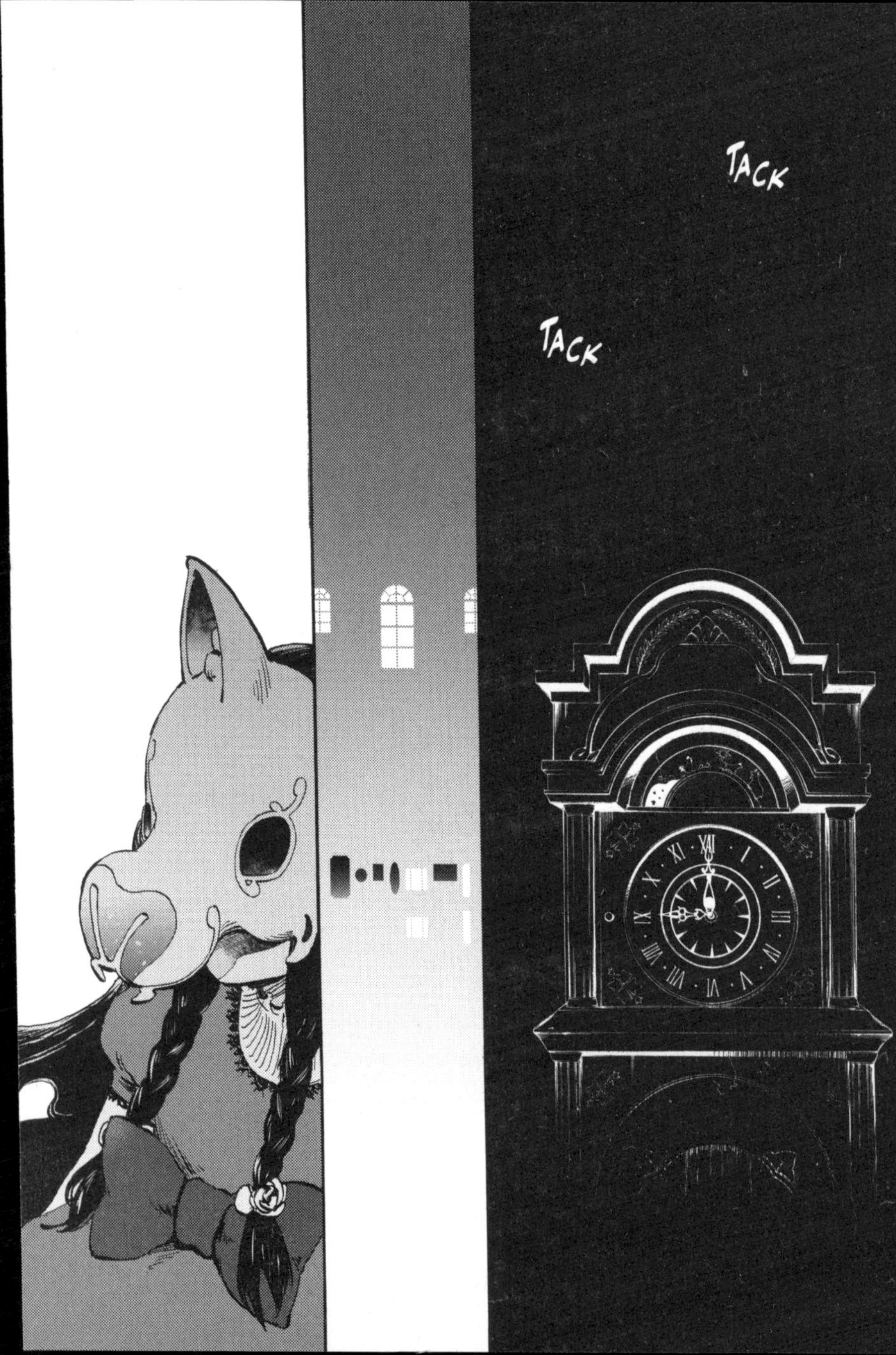
TACK
TACK

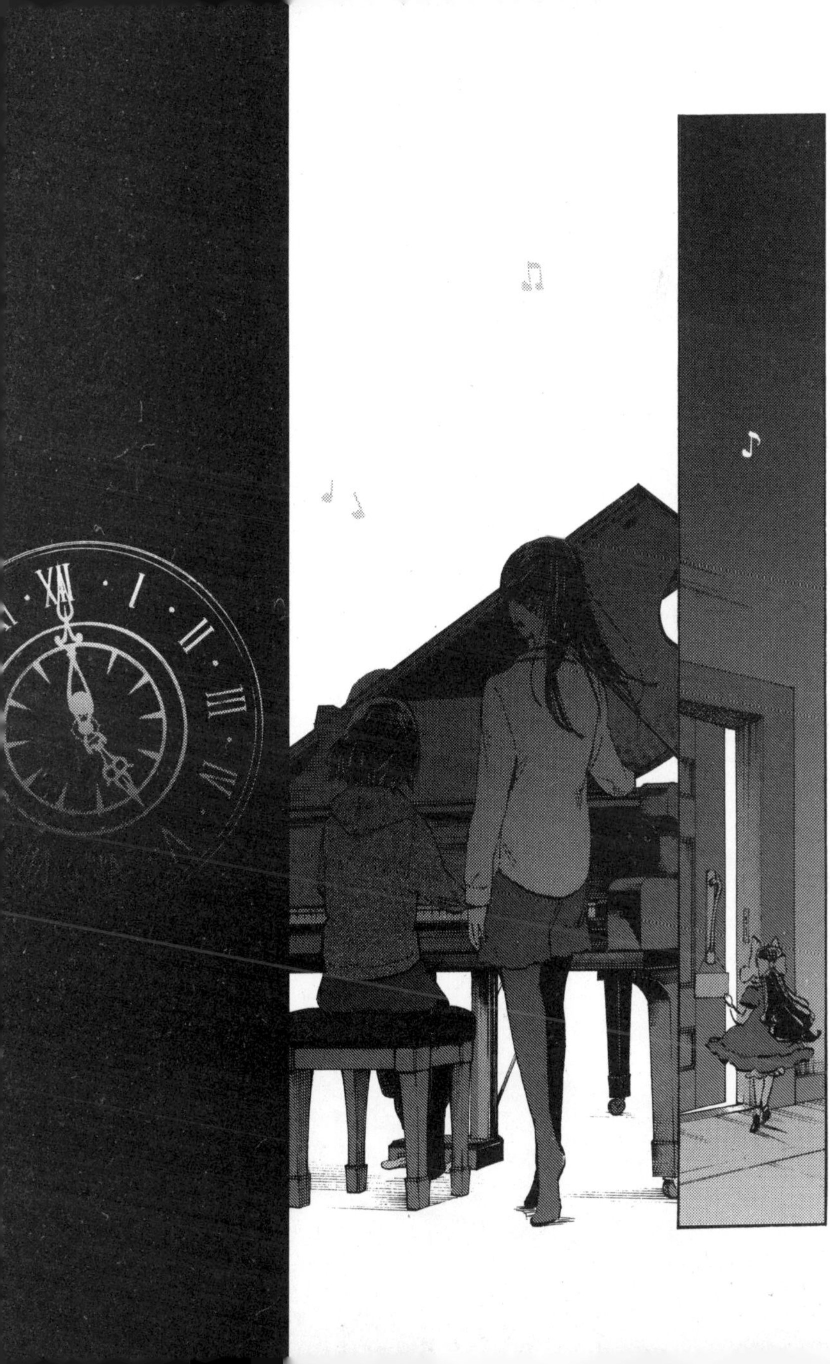

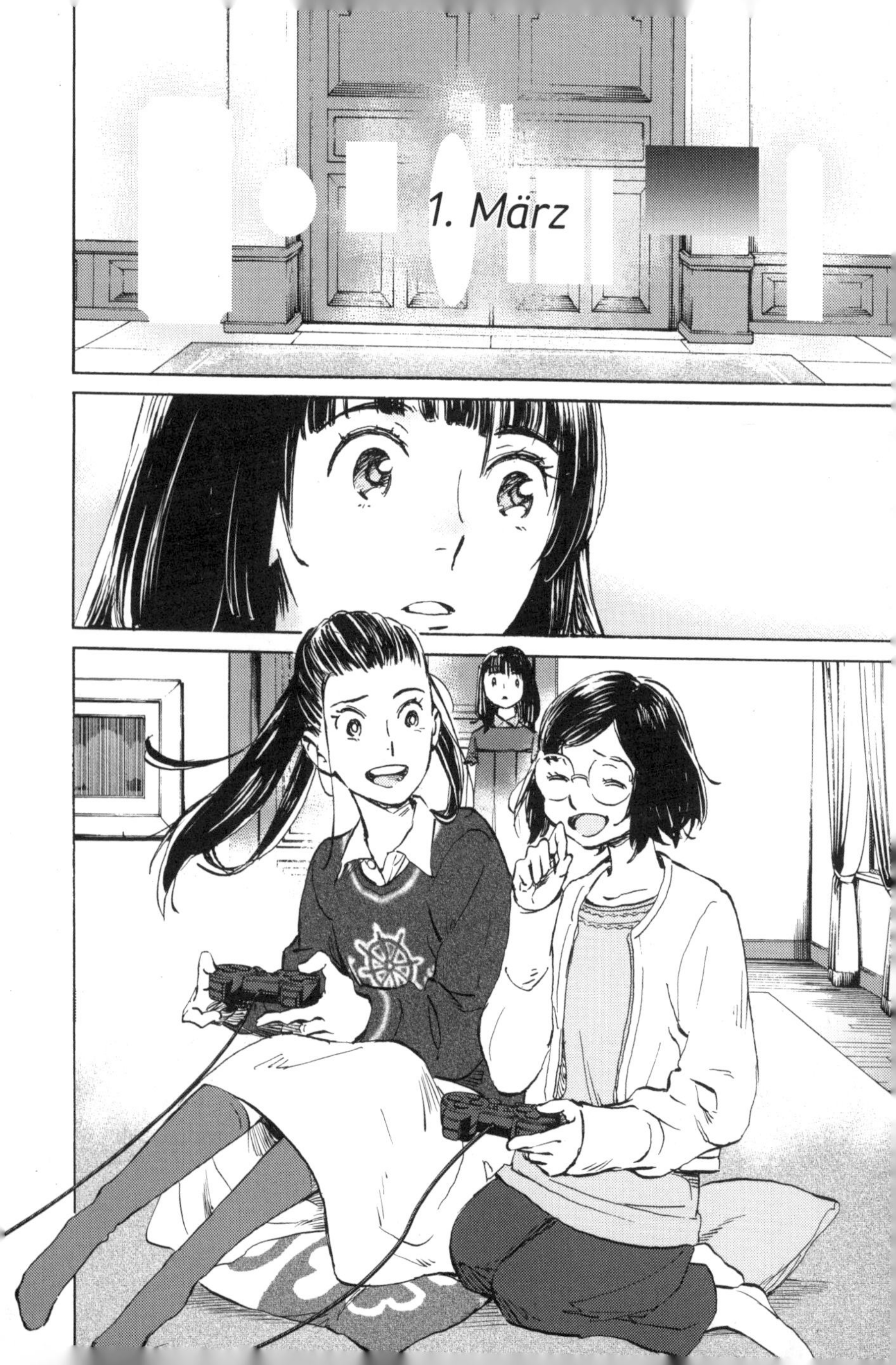
1. März

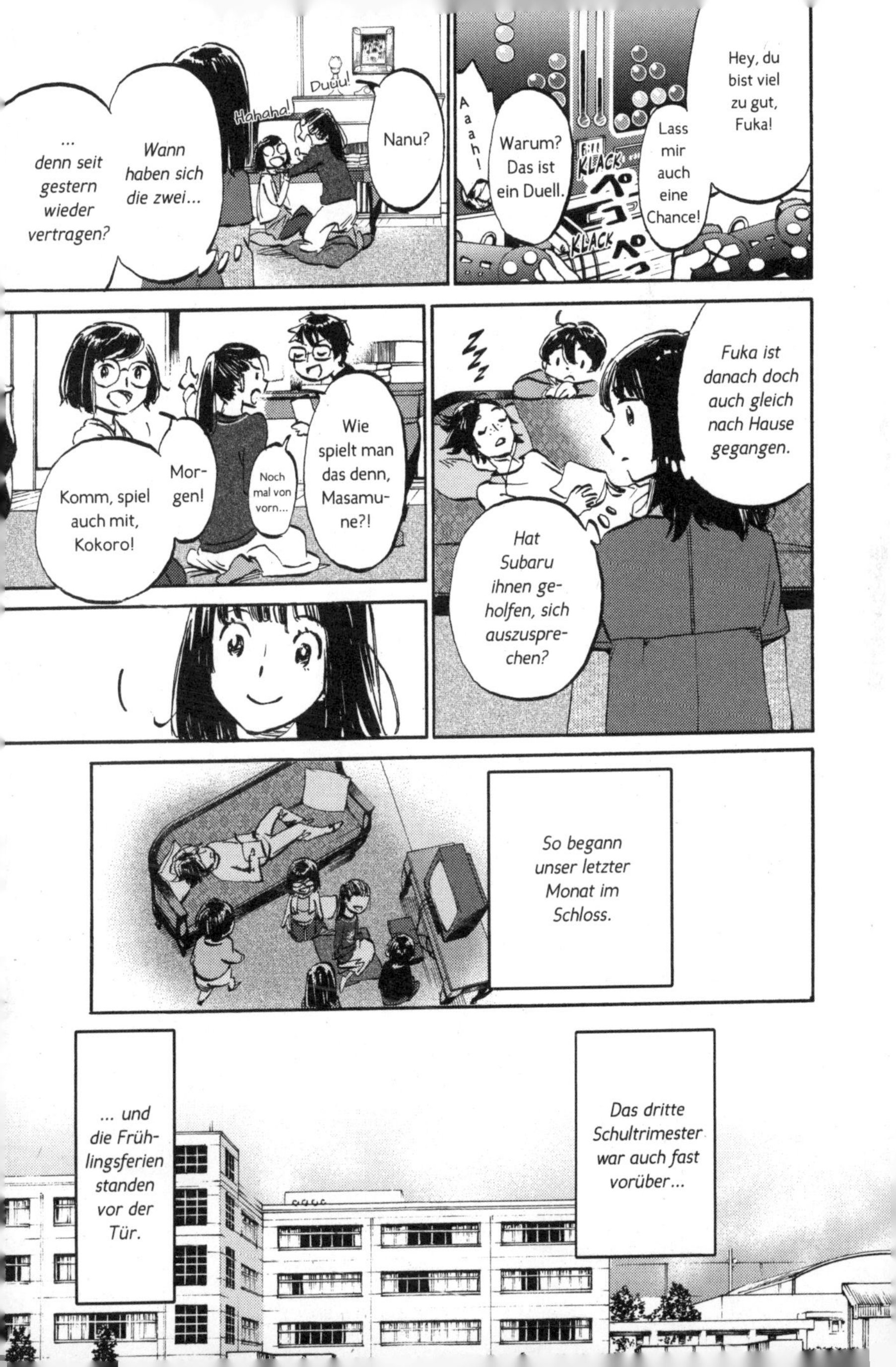
Hey, du bist viel zu gut, Fuka!
Lass mir auch eine Chance!
Warum? Das ist ein Duell.
KLACK
KLACK
Aaah!
Nanu?
Duuu!
Hahaha!
Wann haben sich die zwei...
... denn seit gestern wieder vertragen?
Fuka ist danach doch auch gleich nach Hause gegangen.
Hat Subaru ihnen geholfen, sich auszusprechen?
Wie spielt man das denn, Masamune?!
Noch mal von vorn...
Morgen!
Komm, spiel auch mit, Kokoro!
So begann unser letzter Monat im Schloss.
Das dritte Schultrimester war auch fast vorüber...
... und die Frühlingsferien standen vor der Tür.

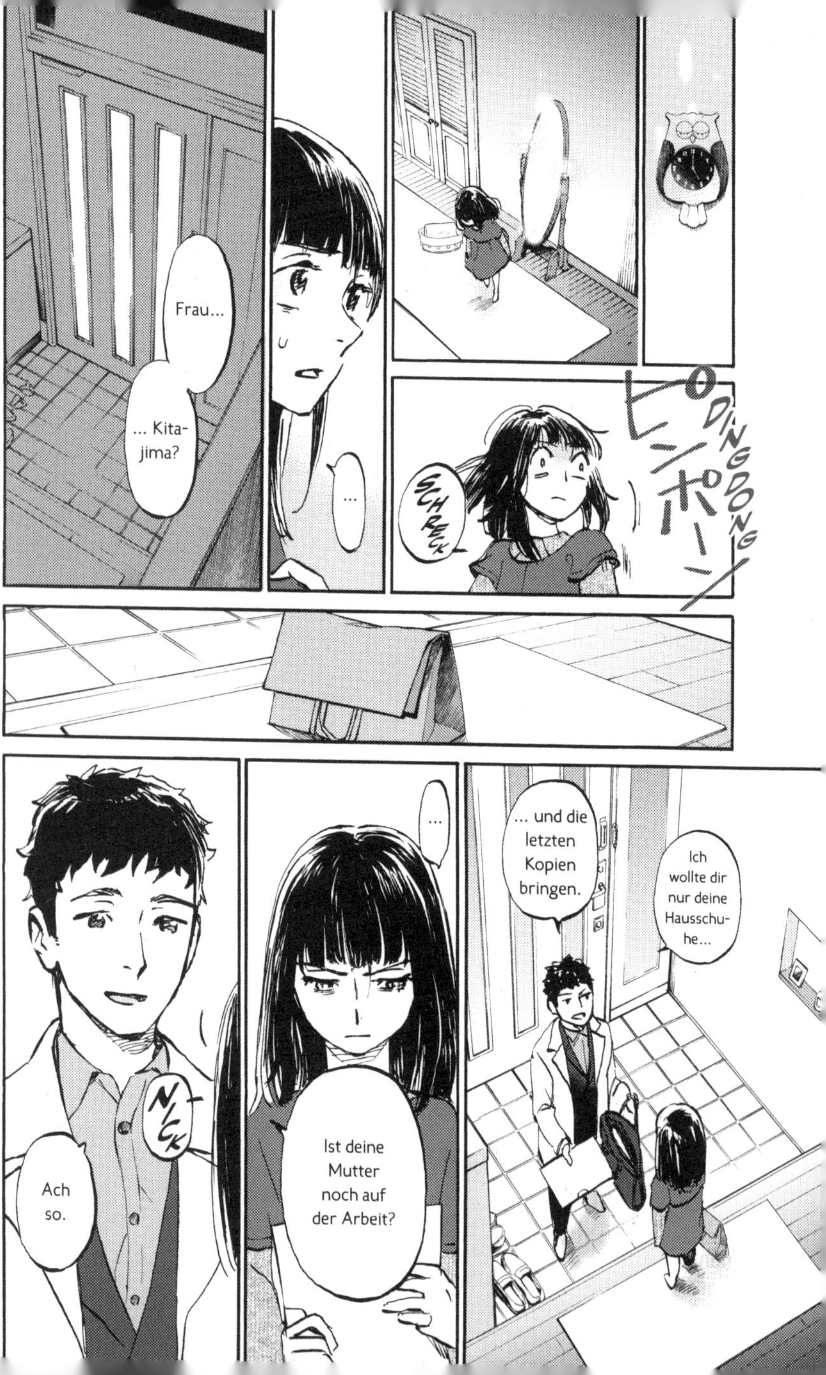
Frau...
... Kita-
jima?
...
SCHRECK
ピンポーン
DINGDONG
Ich wollte dir nur deine Hausschu-he...
... und die letzten Kopien bringen.
...
Ist deine Mutter noch auf der Arbeit?
NICK
Ach so.

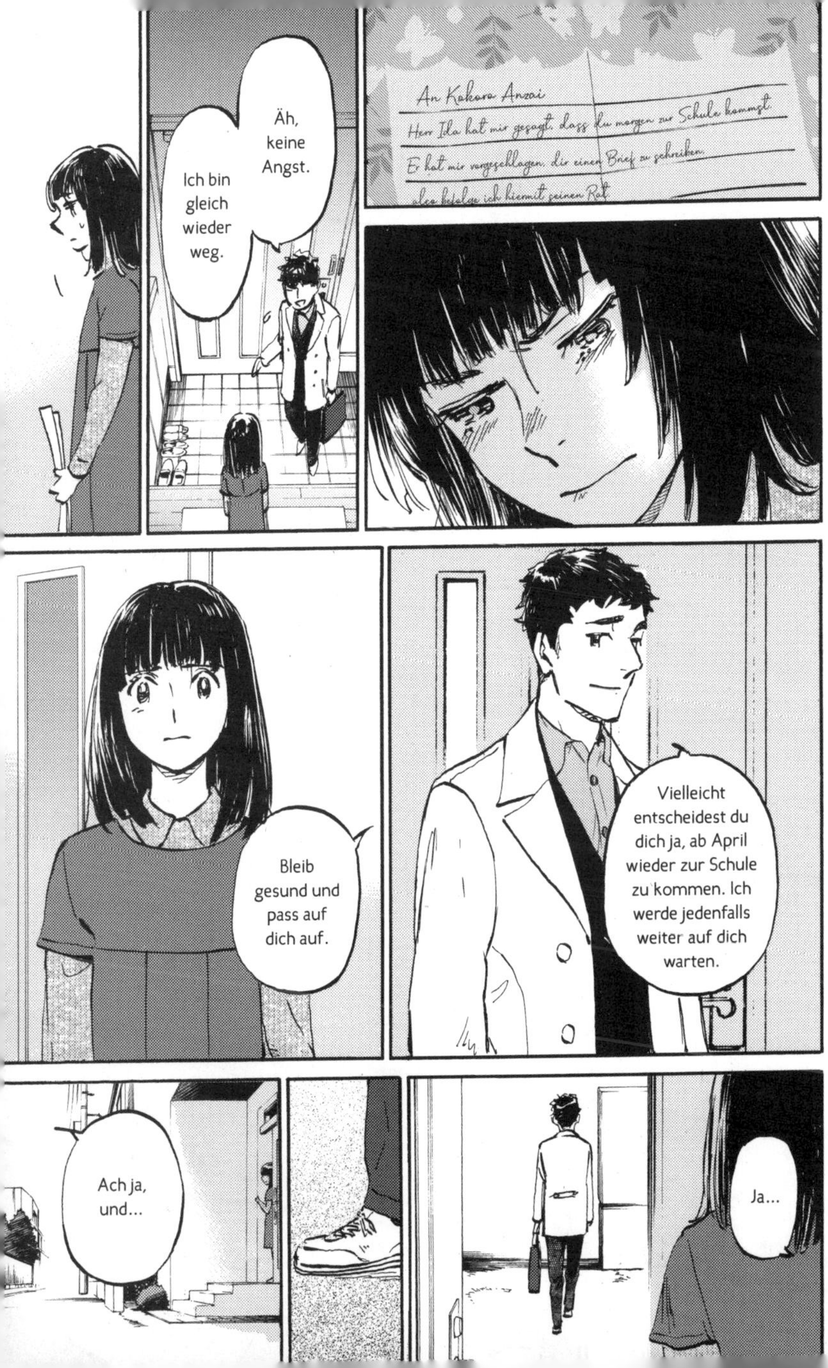

An Kokoro Anzai
Herr Ida hat mir gesagt, dass du morgen zur Schule kommst.
Er hat mir vorgeschlagen, dir einen Brief zu schreiben
also befolge ich hiermit seinen Rat
Äh, keine Angst.
Ich bin gleich wieder weg.
Vielleicht entscheidest du dich ja, ab April wieder zur Schule zu kommen. Ich werde jedenfalls weiter auf dich warten.
Bleib gesund und pass auf dich auf.
Ja...
Ach ja, und...

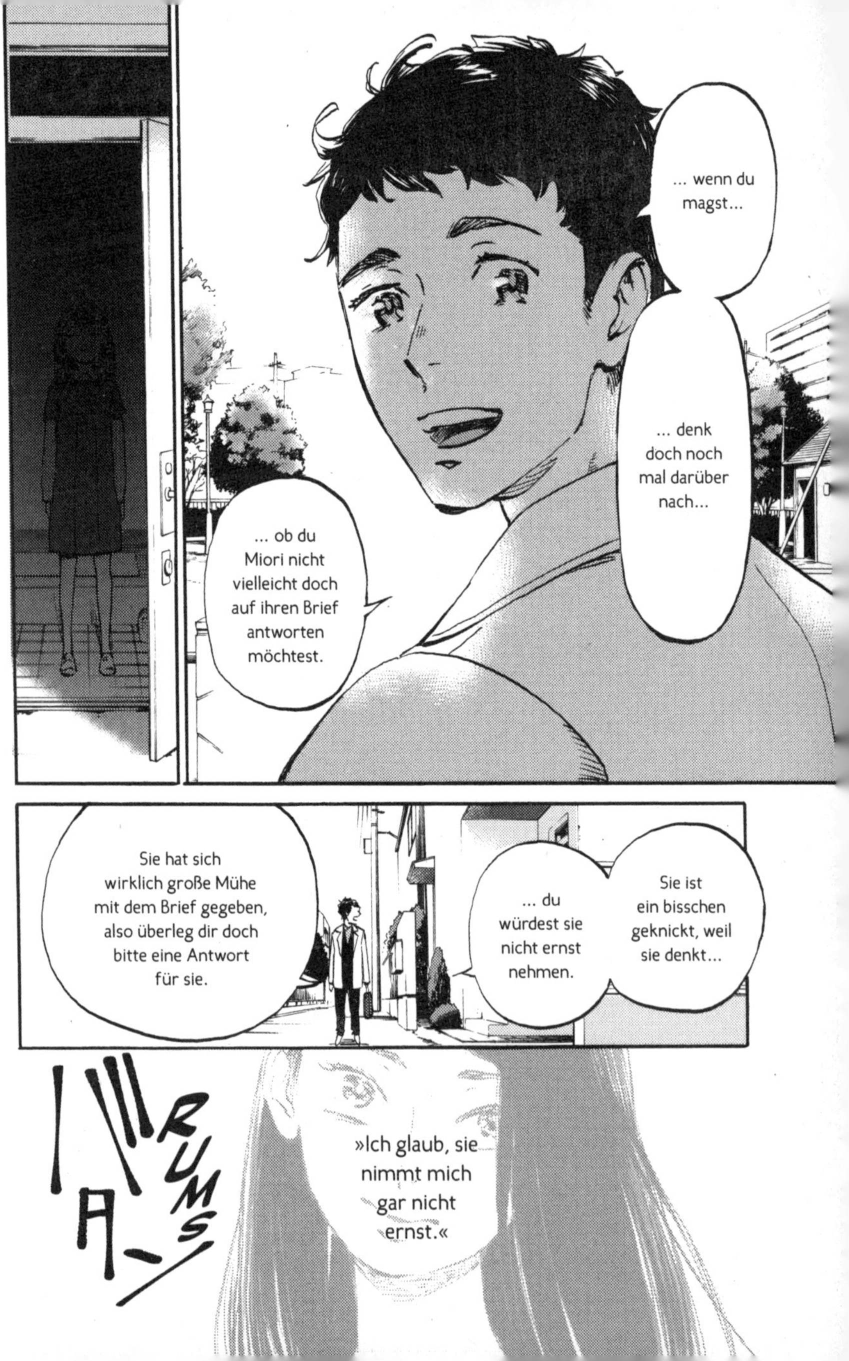
... wenn du magst...
... denk doch noch mal darüber nach...
... ob du Miori nicht vielleicht doch auf ihren Brief antworten möchtest.
Sie ist ein bisschen geknickt, weil sie denkt...
... du würdest sie nicht ernst nehmen.
Sie hat sich wirklich große Mühe mit dem Brief gegeben, also überleg dir doch bitte eine Antwort für sie.
»Ich glaub, sie nimmt mich gar nicht ernst.«
RUMS

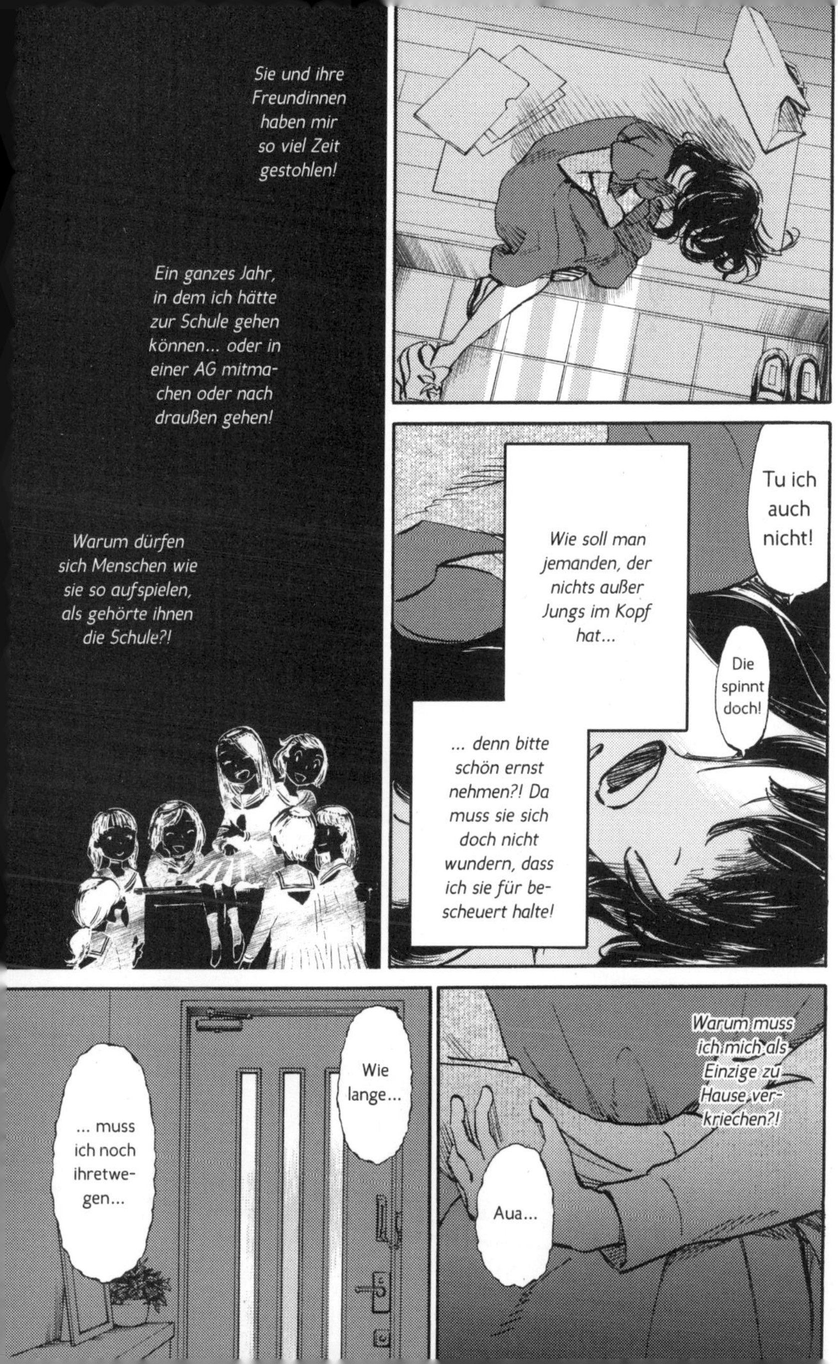
Tu ich auch nicht!
Wie soll man jemanden, der nichts außer Jungs im Kopf hat...
Die spinnt doch!
... denn bitte schön ernst nehmen?! Da muss sie sich doch nicht wundern, dass ich sie für bescheuert halte!
Sie und ihre Freundinnen haben mir so viel Zeit gestohlen!
Ein ganzes Jahr, in dem ich hätte zur Schule gehen können... oder in einer AG mitmachen oder nach draußen gehen!
Warum dürfen sich Menschen wie sie so aufspielen, als gehörte ihnen die Schule?!
Warum muss ich mich als Einzige zu Hause verkriechen?!
Aua...
Wie lange...
... muss ich noch ihretwegen...

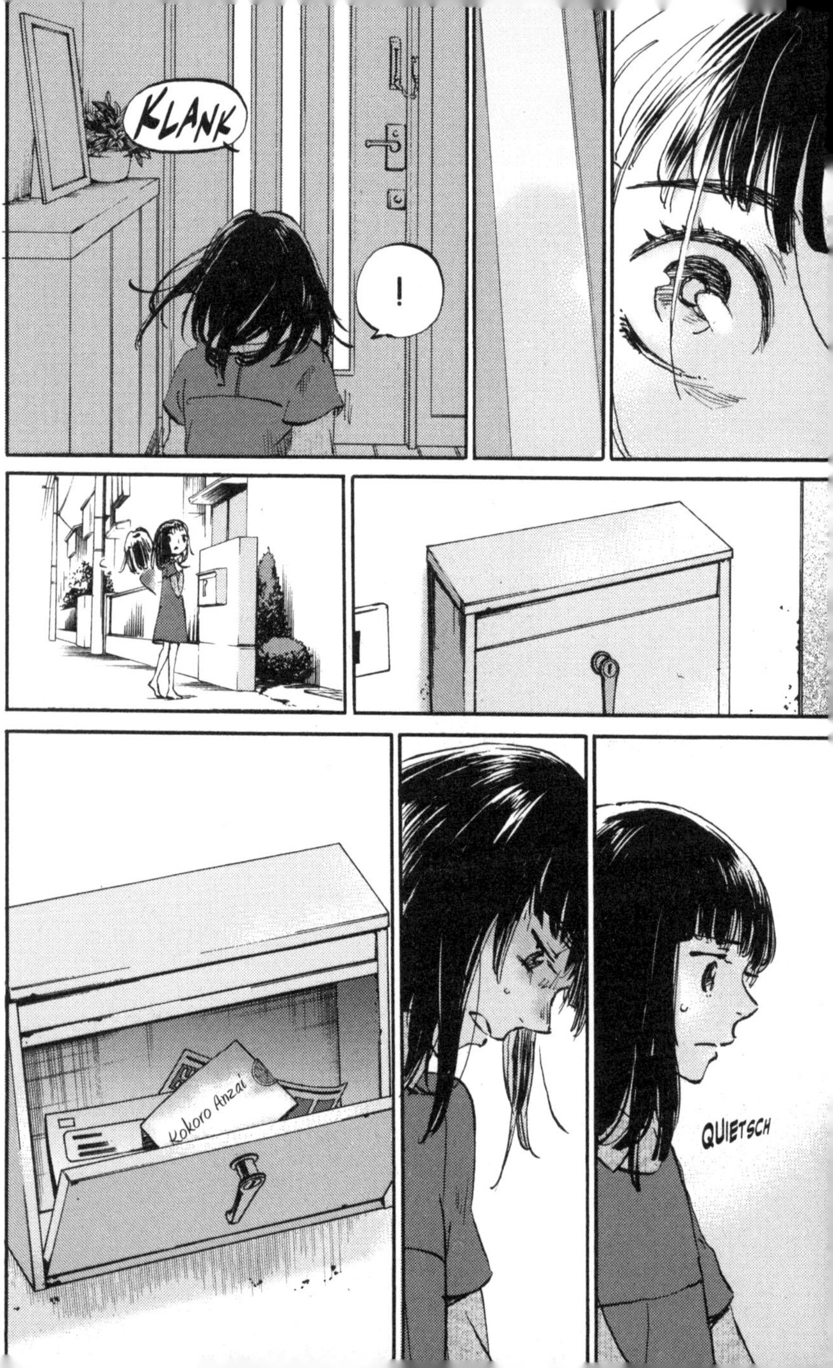
KLANK
!
Kokoro Anzai
QUIETSCH

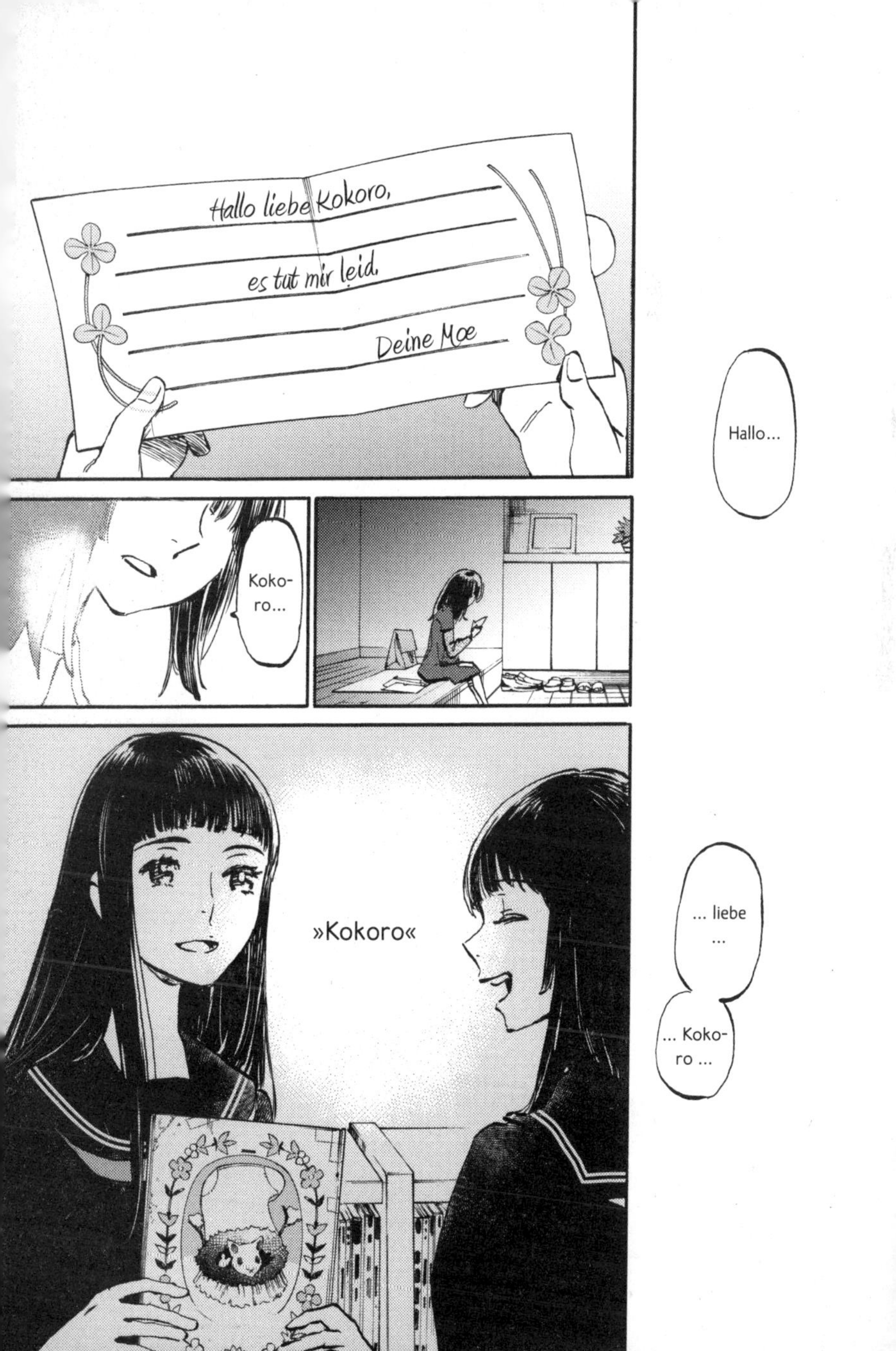
Hallo liebe Kokoro,
es tut mir leid.
Deine Moe
Hallo...
Koko-ro...
»Kokoro«
... liebe ...
... Koko-ro ...

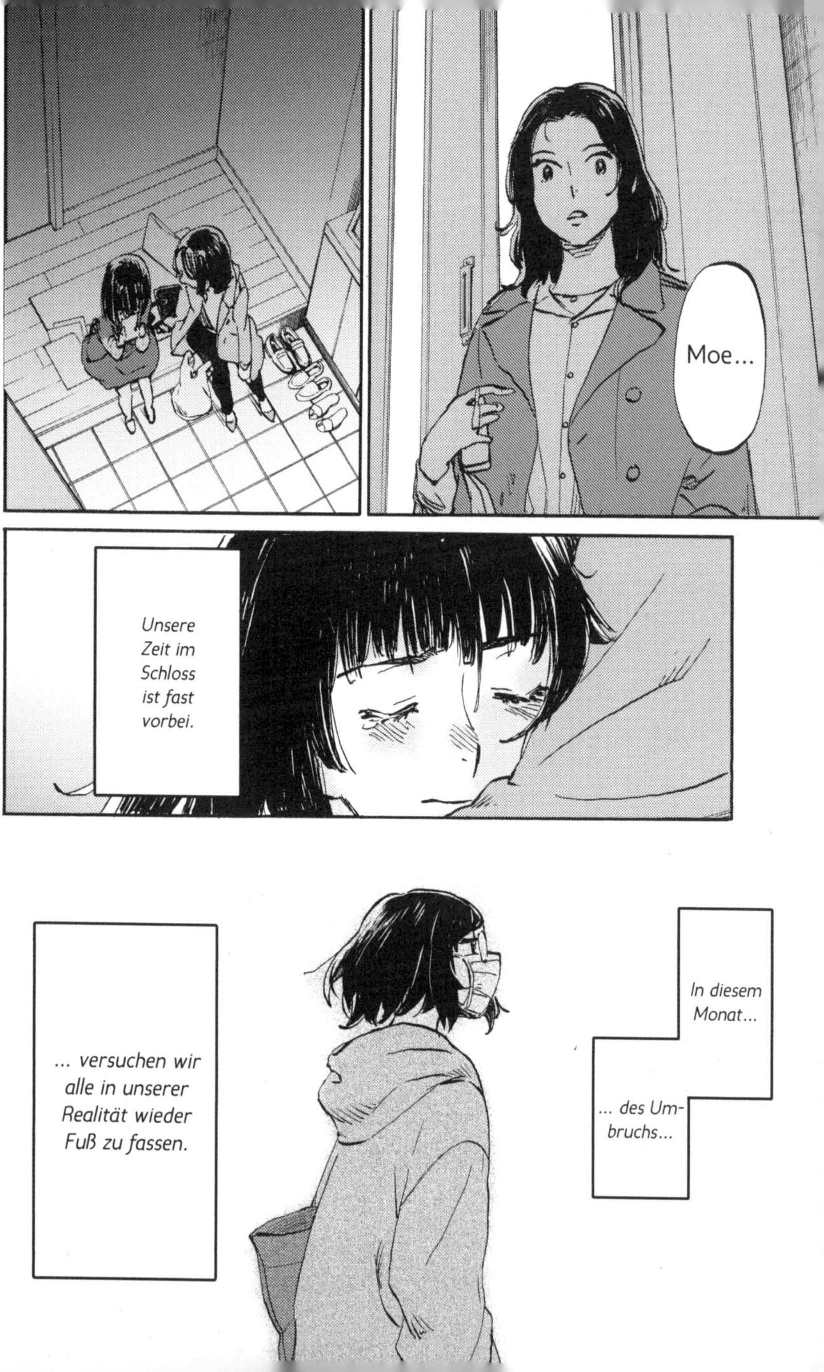
Moe…
Unsere Zeit im Schloss ist fast vorbei.
In diesem Monat…
… des Umbruchs…
… versuchen wir alle in unserer Realität wieder Fuß zu fassen.

Kapitel 20

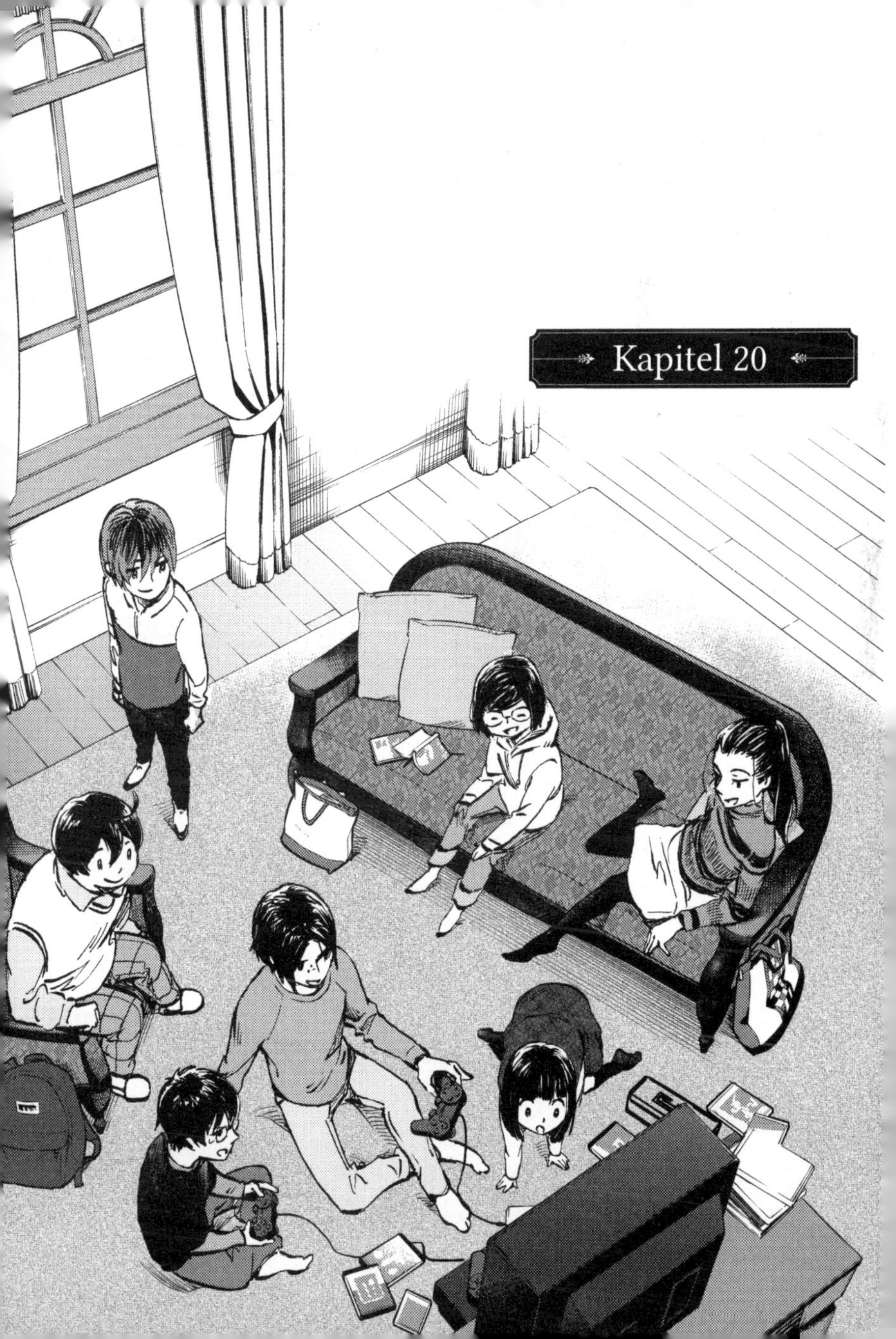

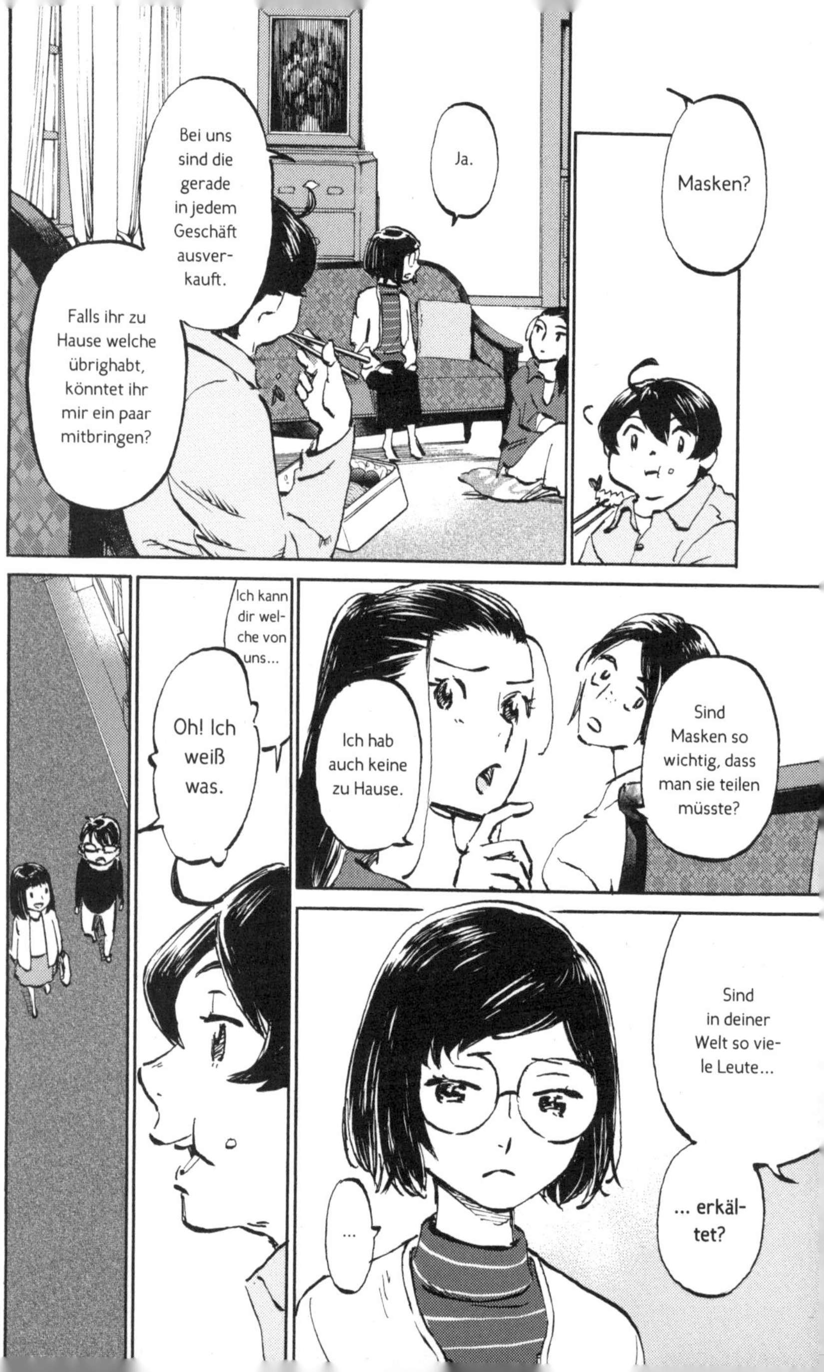
Ja.
Bei uns sind die gerade in jedem Geschäft ausverkauft.
Falls ihr zu Hause welche übrighabt, könntet ihr mir ein paar mitbringen?
Masken?
Sind Masken so wichtig, dass man sie teilen müsste?
Ich hab auch keine zu Hause.
Ich kann dir welche von uns...
Oh! Ich weiß was.
Sind in deiner Welt so viele Leute...
... erkältet?
...

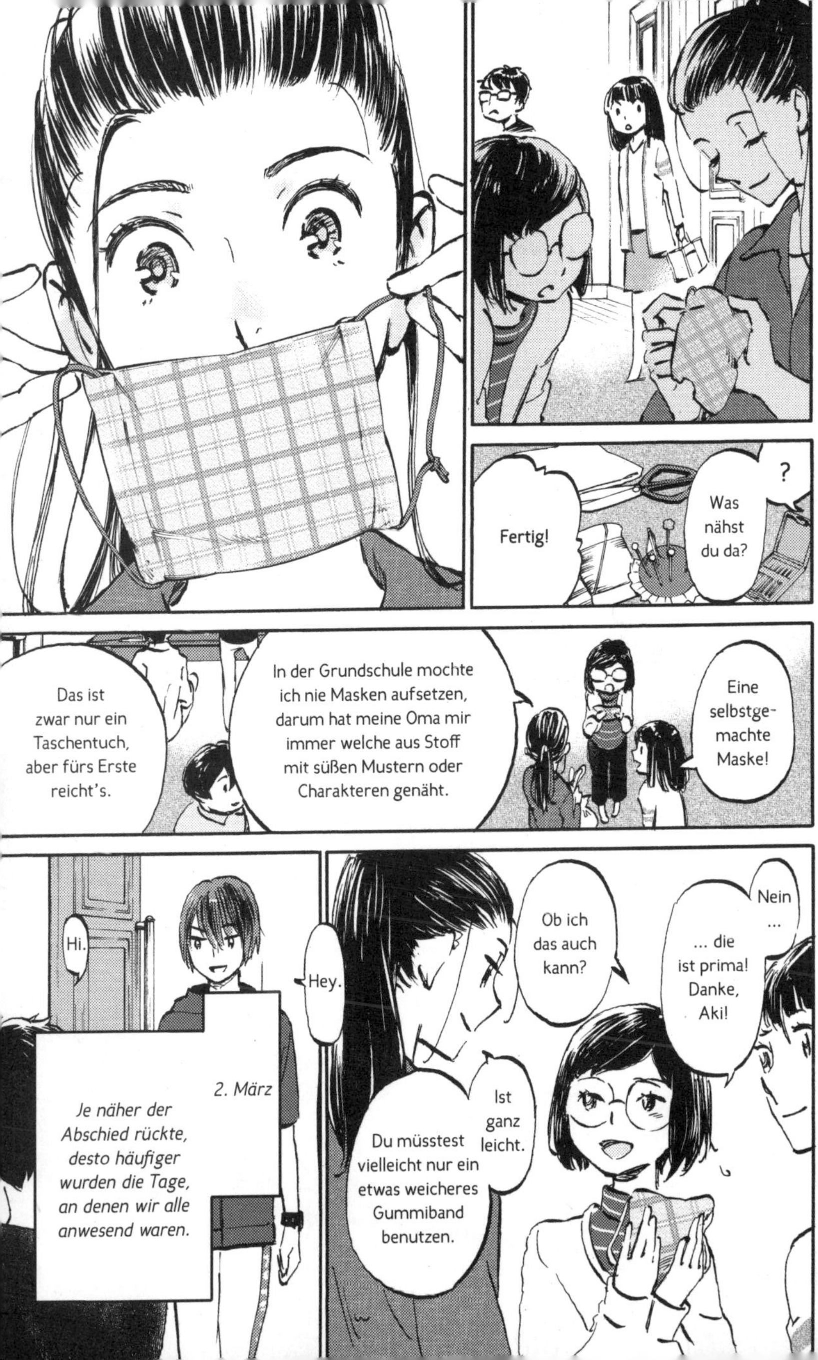
?
Was nähst du da?
Fertig!
Eine selbstgemachte Maske!
In der Grundschule mochte ich nie Masken aufsetzen, darum hat meine Oma mir immer welche aus Stoff mit süßen Mustern oder Charakteren genäht.
Das ist zwar nur ein Taschentuch, aber fürs Erste reicht's.
Nein ...
... die ist prima! Danke, Aki!
Ob ich das auch kann?
Ist ganz leicht.
Du müsstest vielleicht nur ein etwas weicheres Gummiband benutzen.
Hey.
Hi.
2. März
Je näher der Abschied rückte, desto häufiger wurden die Tage, an denen wir alle anwesend waren.

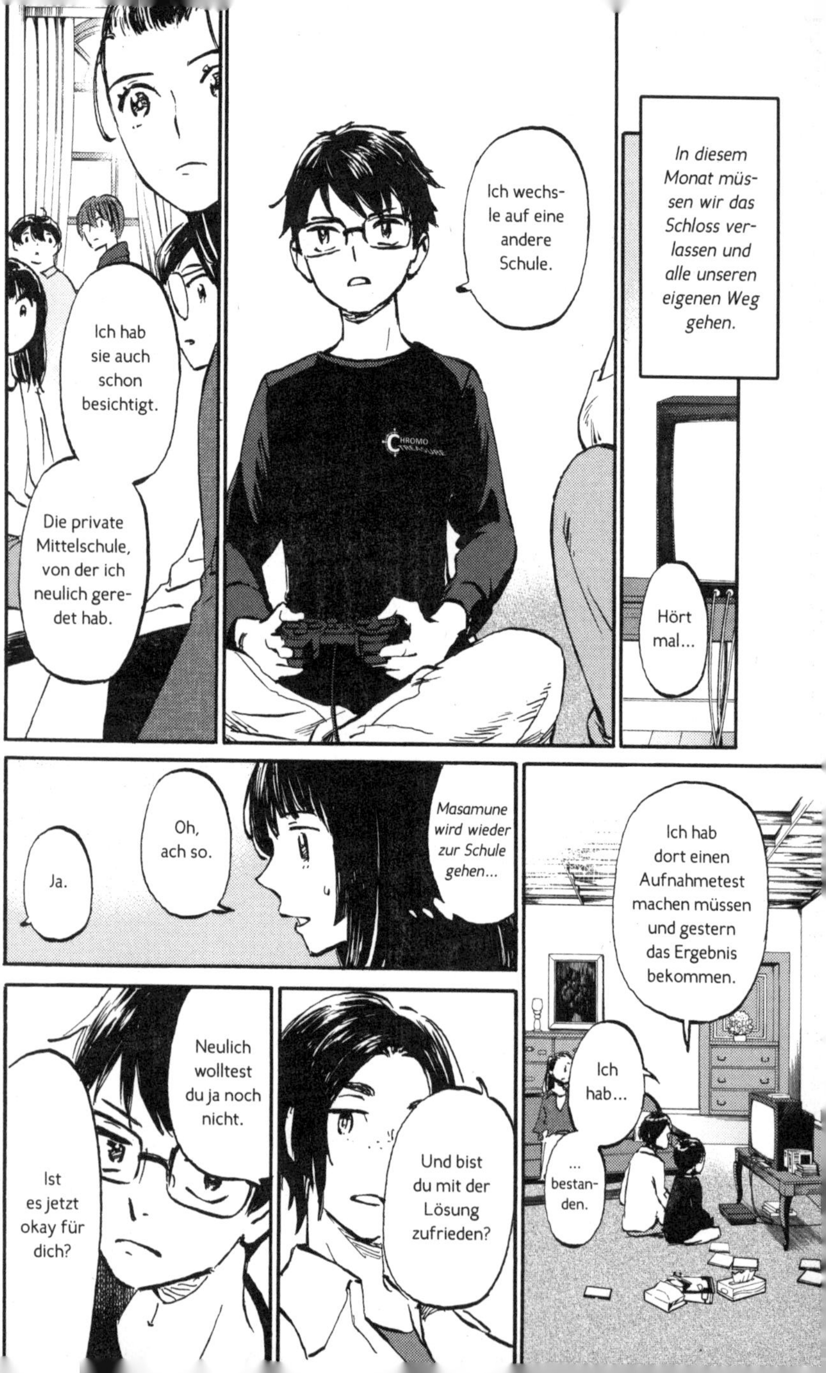
In diesem Monat müssen wir das Schloss verlassen und alle unseren eigenen Weg gehen.
Hört mal...
Ich wechsle auf eine andere Schule.
Ich hab sie auch schon besichtigt.
Die private Mittelschule, von der ich neulich geredet hab.
Ich hab dort einen Aufnahmetest machen müssen und gestern das Ergebnis bekommen.
Ich hab...
... bestanden.
Masamune wird wieder zur Schule gehen...
Oh, ach so.
Ja.
Und bist du mit der Lösung zufrieden?
Neulich wolltest du ja noch nicht.
Ist es jetzt okay für dich?

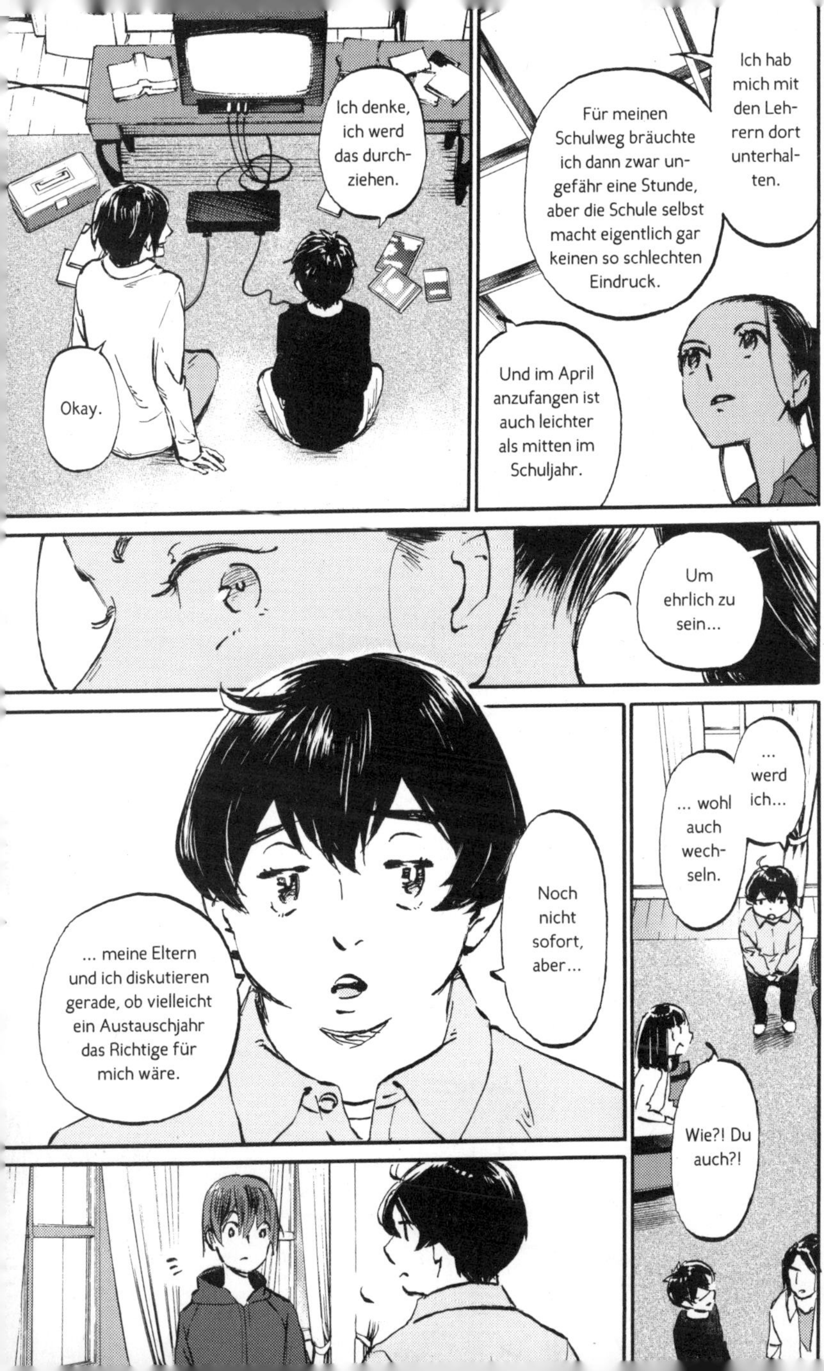
Ich hab mich mit den Lehrern dort unterhalten.
Für meinen Schulweg bräuchte ich dann zwar ungefähr eine Stunde, aber die Schule selbst macht eigentlich gar keinen so schlechten Eindruck.
Und im April anzufangen ist auch leichter als mitten im Schuljahr.
Ich denke, ich werd das durchziehen.
Okay.
Um ehrlich zu sein…
… werd ich…
… wohl auch wechseln.
Noch nicht sofort, aber…
… meine Eltern und ich diskutieren gerade, ob vielleicht ein Austauschjahr das Richtige für mich wäre.
Wie?! Du auch?!

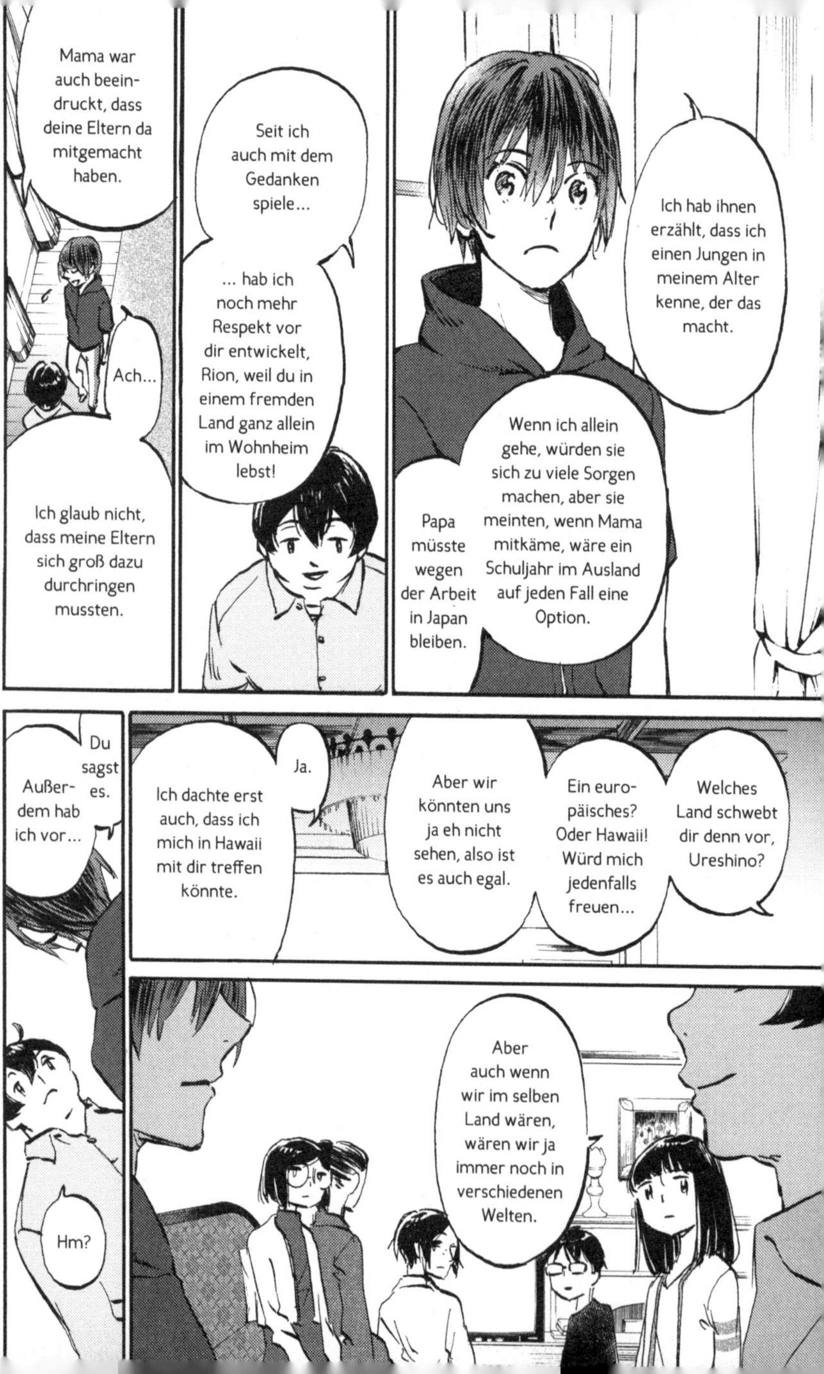
Ich hab ihnen erzählt, dass ich einen Jungen in meinem Alter kenne, der das macht.
Wenn ich allein gehe, würden sie sich zu viele Sorgen machen, aber sie meinten, wenn Mama mitkäme, wäre ein Schuljahr im Ausland auf jeden Fall eine Option.
Papa müsste wegen der Arbeit in Japan bleiben.
Seit ich auch mit dem Gedanken spiele…
… hab ich noch mehr Respekt vor dir entwickelt, Rion, weil du in einem fremden Land ganz allein im Wohnheim lebst!
Mama war auch beeindruckt, dass deine Eltern da mitgemacht haben.
Ach…
Ich glaub nicht, dass meine Eltern sich groß dazu durchringen mussten.
Welches Land schwebt dir denn vor, Ureshino?
Ein europäisches? Oder Hawaii! Würd mich jedenfalls freuen…
Aber wir könnten uns ja eh nicht sehen, also ist es auch egal.
Ja.
Ich dachte erst auch, dass ich mich in Hawaii mit dir treffen könnte.
Du sagst es.
Außerdem hab ich vor…
Hm?
Aber auch wenn wir im selben Land wären, wären wir ja immer noch in verschiedenen Welten.

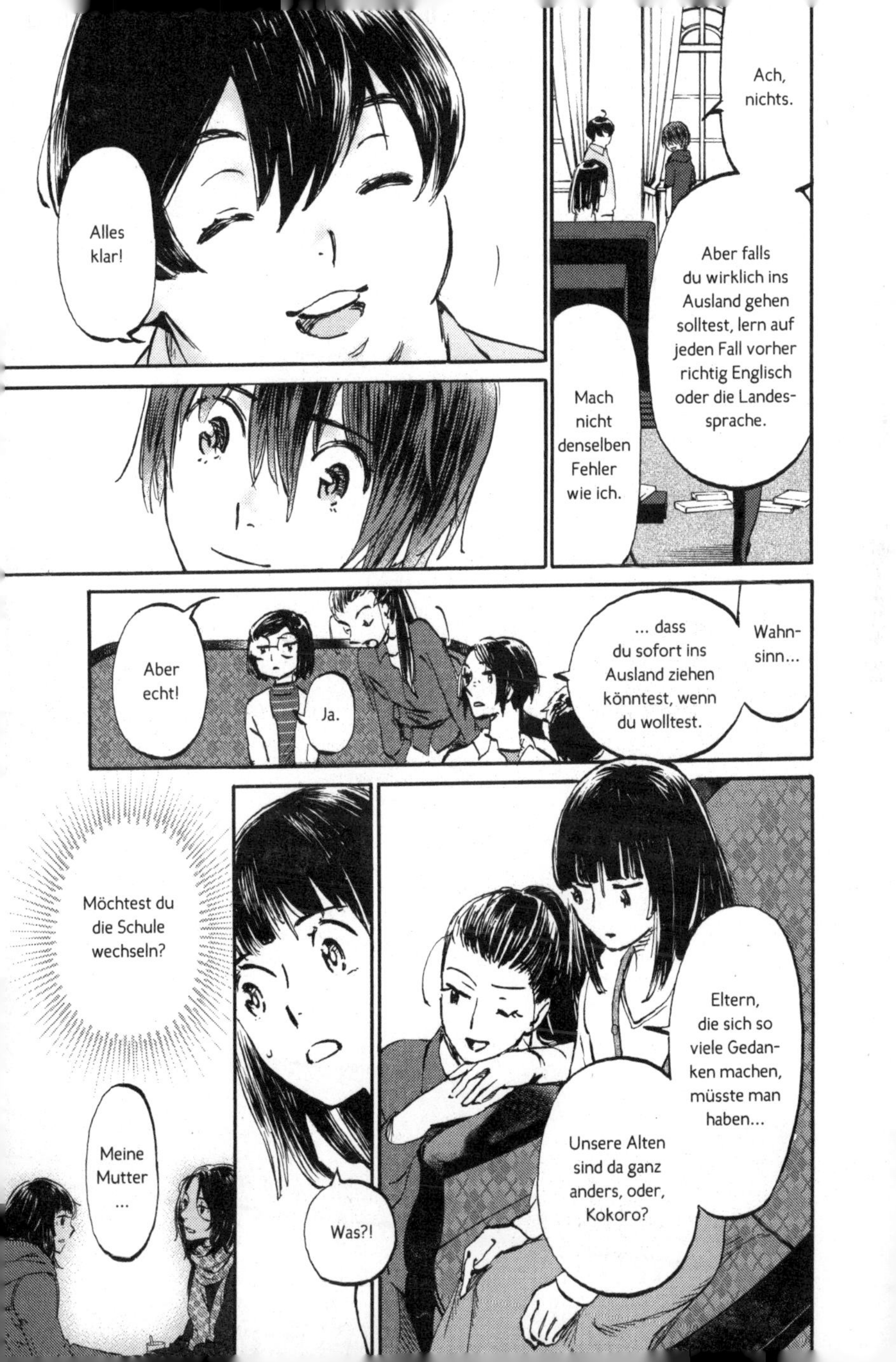
Ach, nichts.
Aber falls du wirklich ins Ausland gehen solltest, lern auf jeden Fall vorher richtig Englisch oder die Landessprache.
Mach nicht denselben Fehler wie ich.
Alles klar!
Wahnsinn…
… dass du sofort ins Ausland ziehen könntest, wenn du wolltest.
Ja.
Aber echt!
Eltern, die sich so viele Gedanken machen, müsste man haben…
Unsere Alten sind da ganz anders, oder, Kokoro?
Was?!
Möchtest du die Schule wechseln?
Meine Mutter …

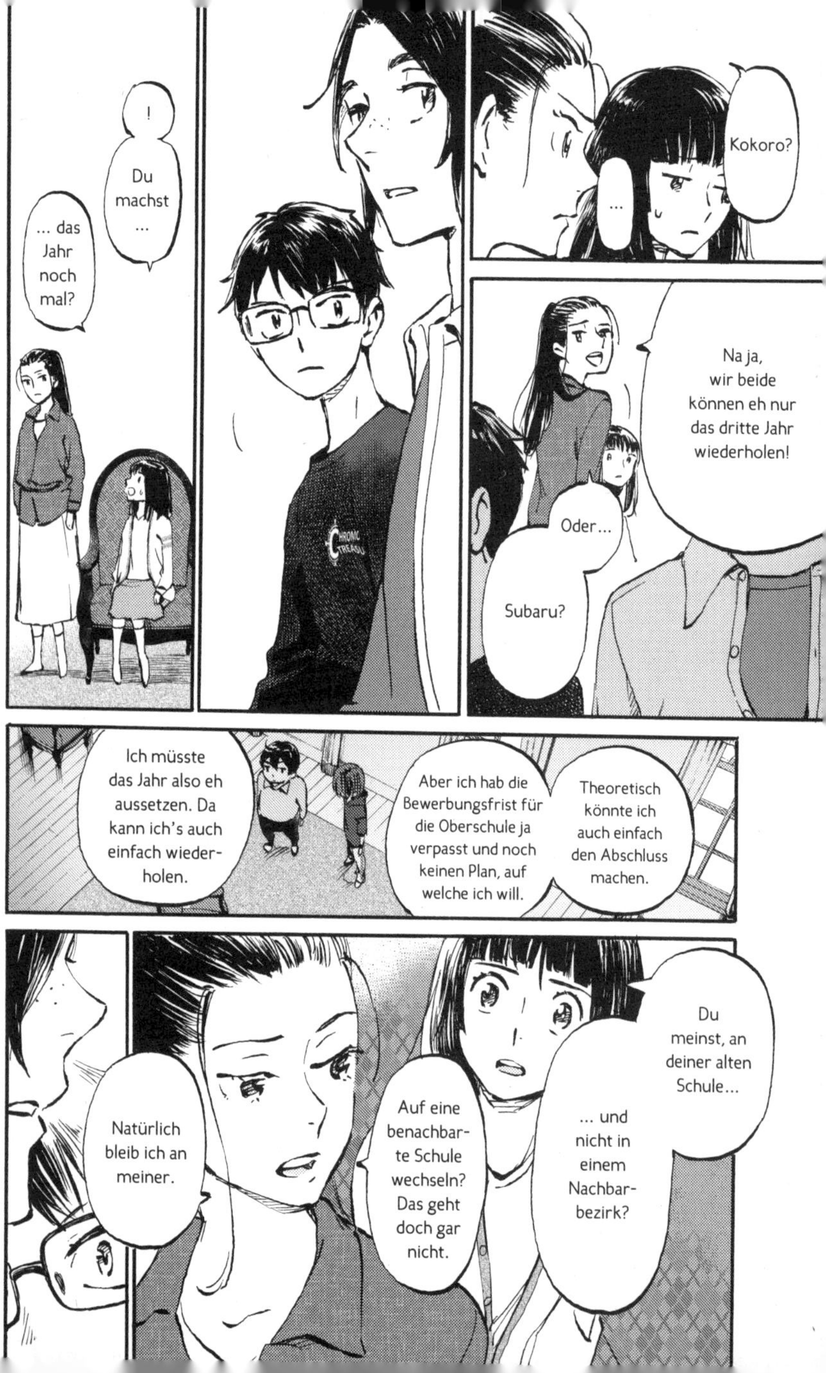
Kokoro?
…
Na ja, wir beide können eh nur das dritte Jahr wiederholen!
Oder … Subaru?
!
Du machst …
… das Jahr noch mal?
Theoretisch könnte ich auch einfach den Abschluss machen.
Aber ich hab die Bewerbungsfrist für die Oberschule ja verpasst und noch keinen Plan, auf welche ich will.
Ich müsste das Jahr also eh aussetzen. Da kann ich's auch einfach wiederholen.
Du meinst, an deiner alten Schule …
… und nicht in einem Nachbarbezirk?
Auf eine benachbarte Schule wechseln? Das geht doch gar nicht.
Natürlich bleib ich an meiner.

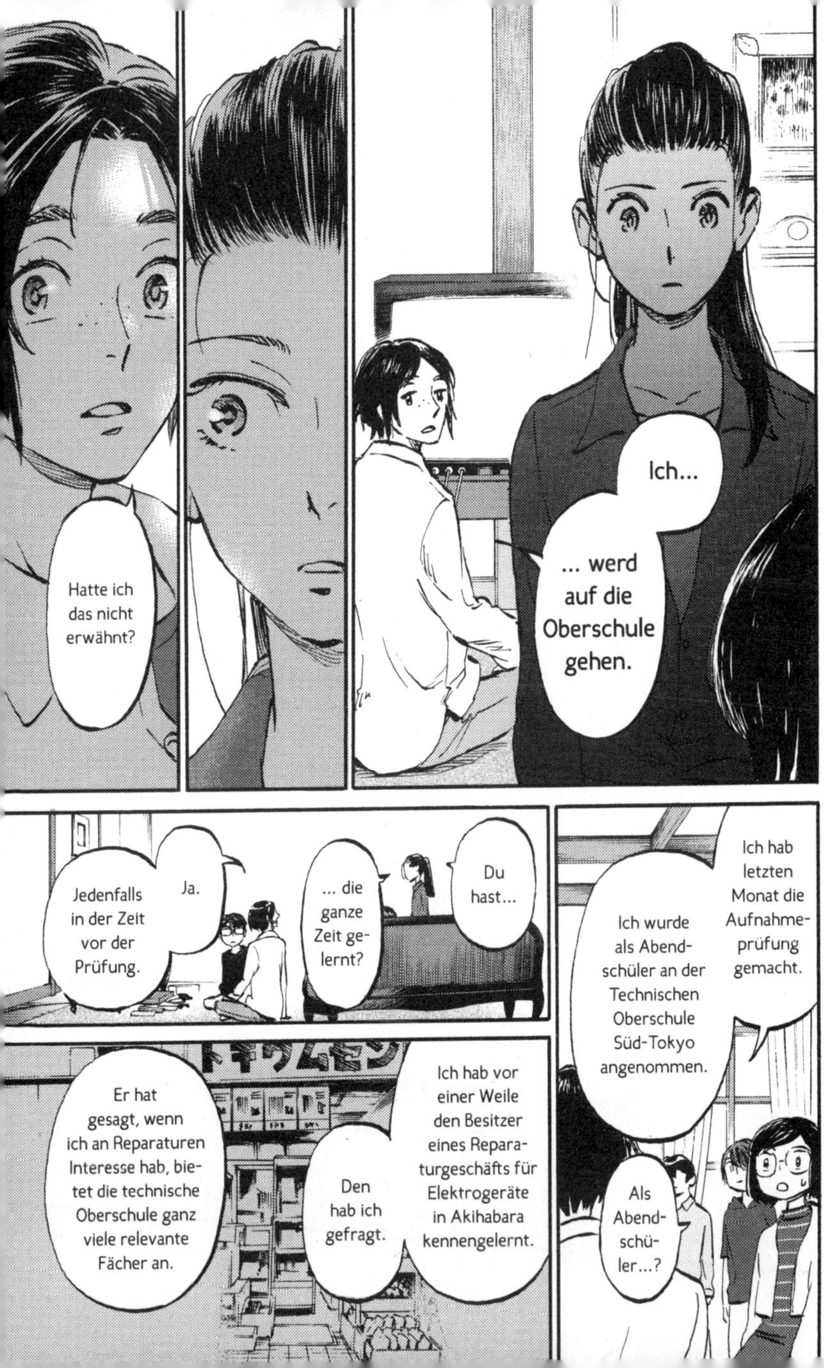
Ich...
... werd auf die Oberschule gehen.
Hatte ich das nicht erwähnt?
Ich hab letzten Monat die Aufnahmeprüfung gemacht.
Ich wurde als Abendschüler an der Technischen Oberschule Süd-Tokyo angenommen.
Als Abendschüler...?
Du hast...
... die ganze Zeit gelernt?
Ja.
Jedenfalls in der Zeit vor der Prüfung.
Ich hab vor einer Weile den Besitzer eines Reparaturgeschäfts für Elektrogeräte in Akihabara kennengelernt.
Den hab ich gefragt.
Er hat gesagt, wenn ich an Reparaturen Interesse hab, bietet die technische Oberschule ganz viele relevante Fächer an.

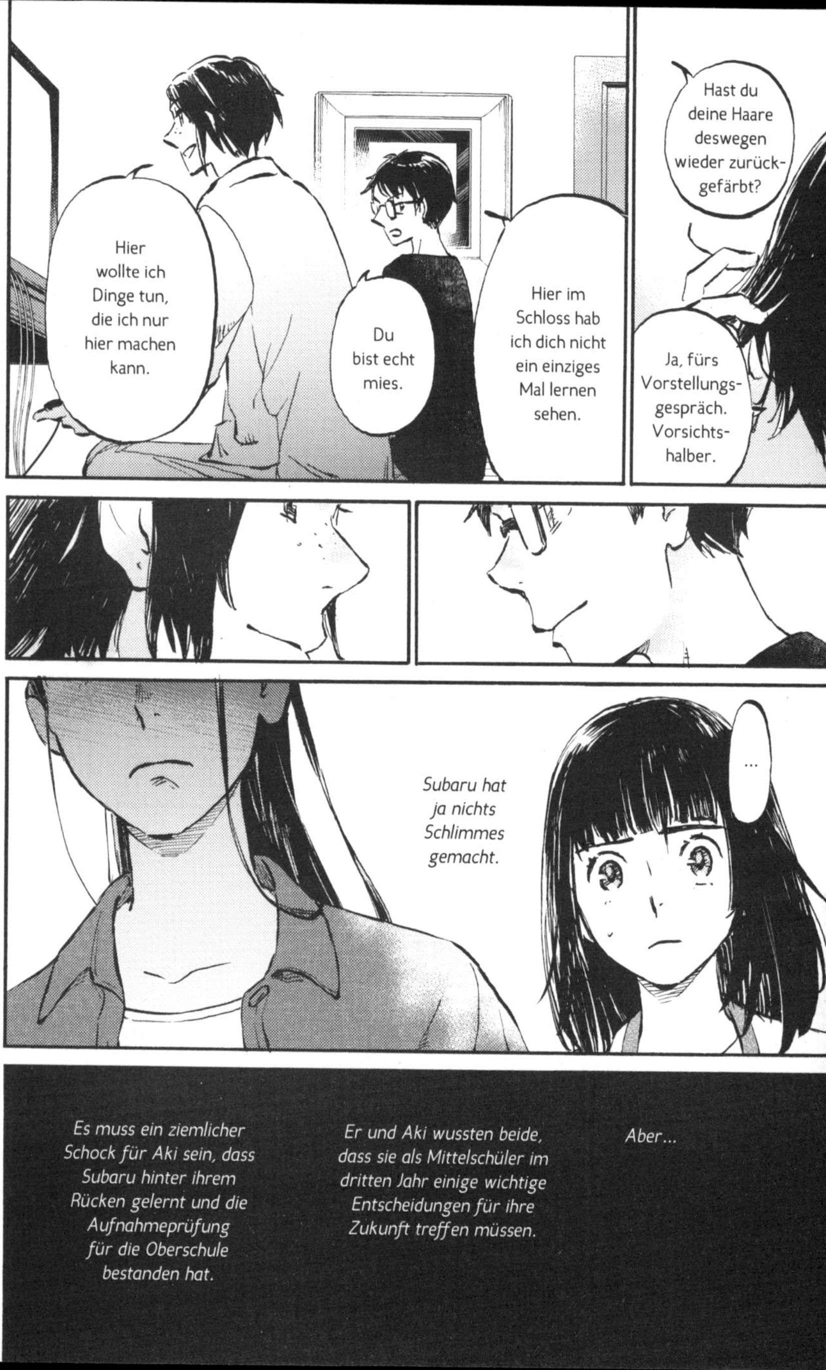
Hast du deine Haare deswegen wieder zurückgefärbt?
Ja, fürs Vorstellungsgespräch. Vorsichtshalber.
Hier im Schloss hab ich dich nicht ein einziges Mal lernen sehen.
Du bist echt mies.
Hier wollte ich Dinge tun, die ich nur hier machen kann.
…
Subaru hat ja nichts Schlimmes gemacht.
Es muss ein ziemlicher Schock für Aki sein, dass Subaru hinter ihrem Rücken gelernt und die Aufnahmeprüfung für die Oberschule bestanden hat.
Er und Aki wussten beide, dass sie als Mittelschüler im dritten Jahr einige wichtige Entscheidungen für ihre Zukunft treffen müssen.
Aber…

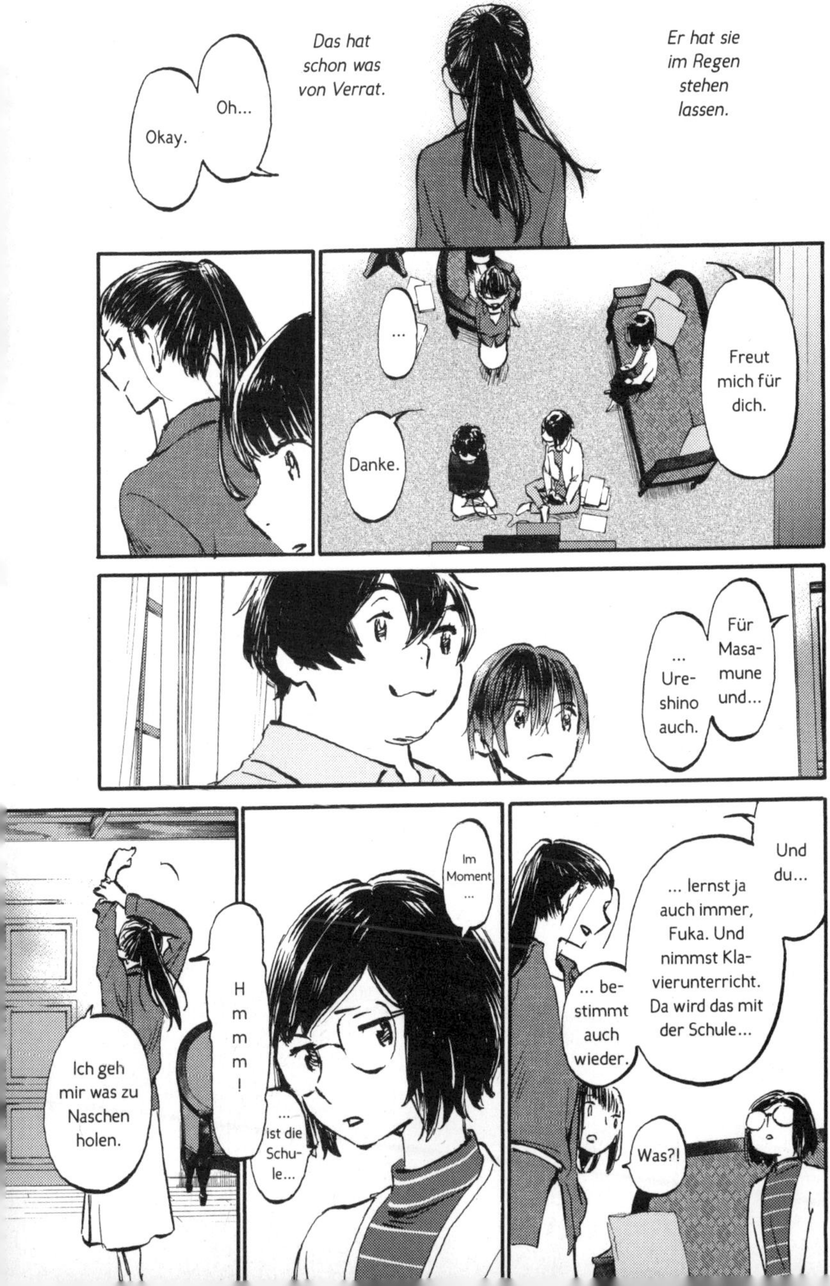
Er hat sie im Regen stehen lassen.
Das hat schon was von Verrat.
Oh... Okay.
Freut mich für dich.
...
Danke.
Für Masamune und...
... Ureshino auch.
Und du...
... lernst ja auch immer, Fuka. Und nimmst Klavierunterricht. Da wird das mit der Schule...
... bestimmt auch wieder.
Was?!
Im Moment ...
... ist die Schule...
Hmmm!
Ich geh mir was zu Naschen holen.

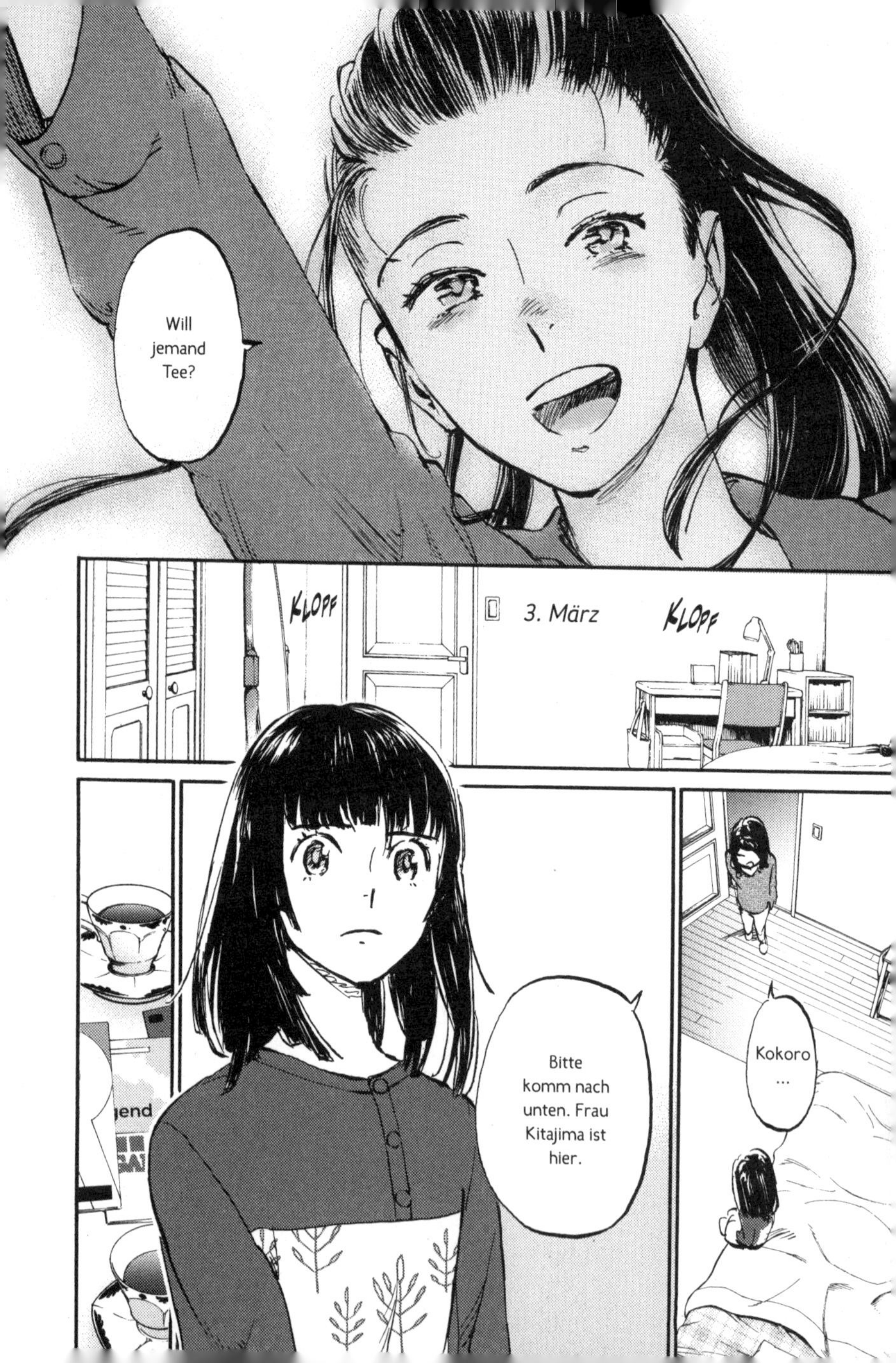
Will jemand Tee?
KLOPF
3. März
KLOPF
Kokoro …
Bitte komm nach unten. Frau Kitajima ist hier.
gend

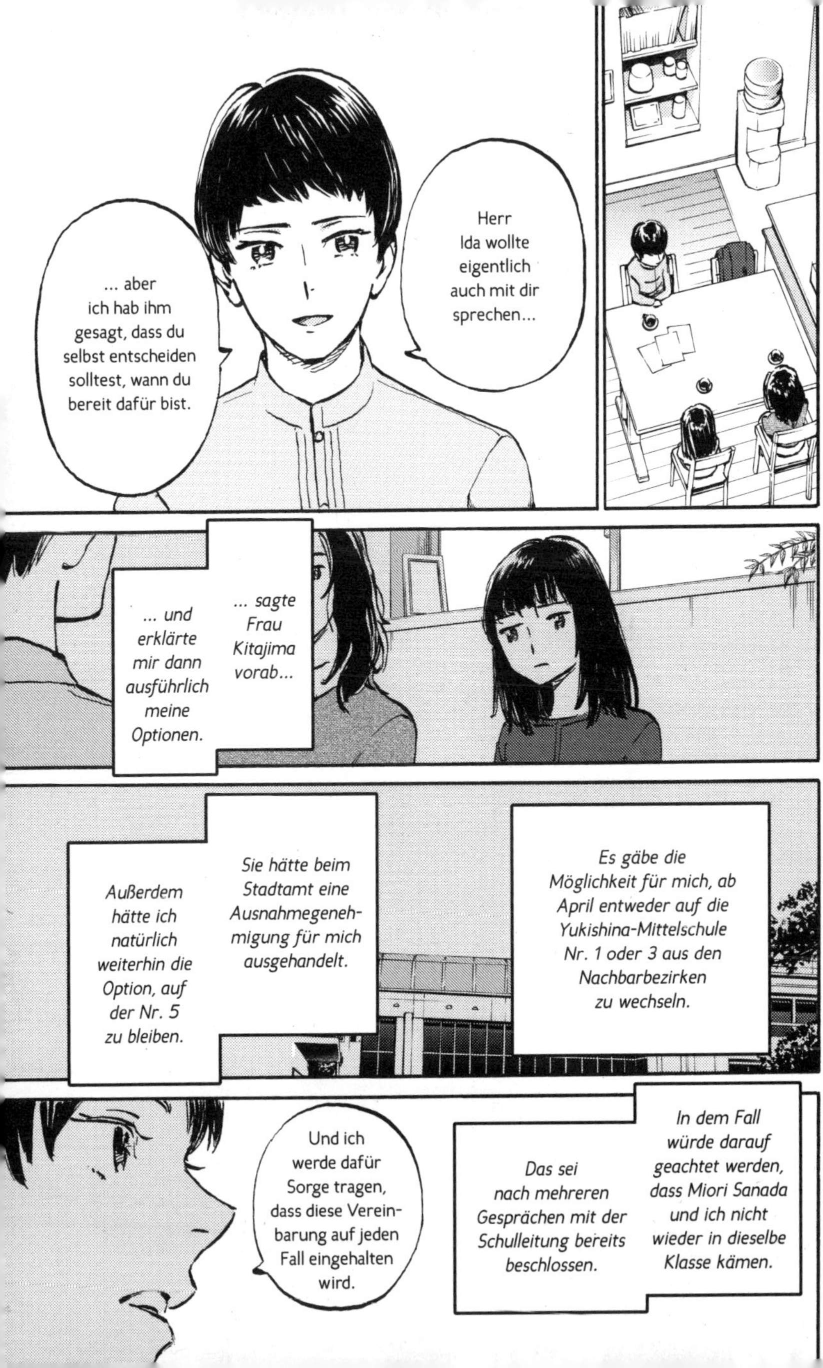
Herr Ida wollte eigentlich auch mit dir sprechen...
... aber ich hab ihm gesagt, dass du selbst entscheiden solltest, wann du bereit dafür bist.
... sagte Frau Kitajima vorab...
... und erklärte mir dann ausführlich meine Optionen.
Es gäbe die Möglichkeit für mich, ab April entweder auf die Yukishina-Mittelschule Nr. 1 oder 3 aus den Nachbarbezirken zu wechseln.
Sie hätte beim Stadtamt eine Ausnahmegenehmigung für mich ausgehandelt.
Außerdem hätte ich natürlich weiterhin die Option, auf der Nr. 5 zu bleiben.
In dem Fall würde darauf geachtet werden, dass Miori Sanada und ich nicht wieder in dieselbe Klasse kämen.
Das sei nach mehreren Gesprächen mit der Schulleitung bereits beschlossen.
Und ich werde dafür Sorge tragen, dass diese Vereinbarung auf jeden Fall eingehalten wird.

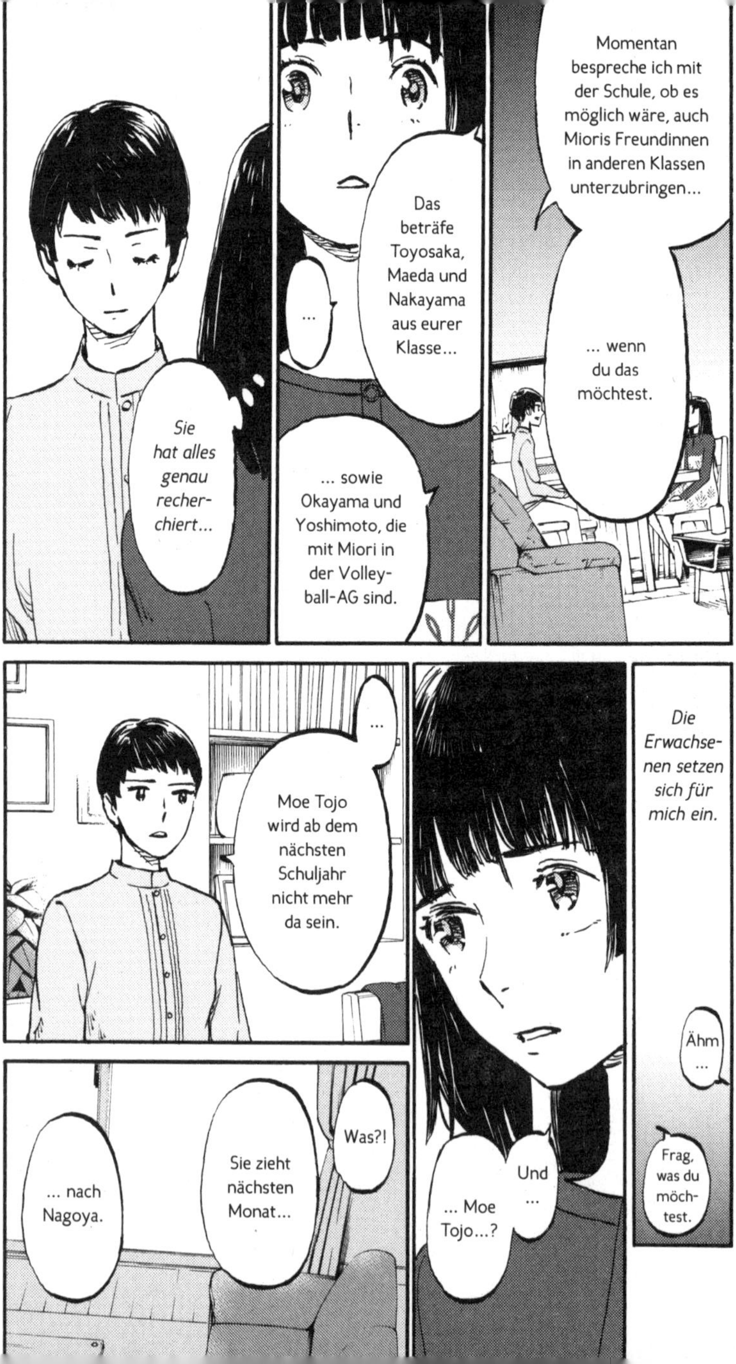
Momentan bespreche ich mit der Schule, ob es möglich wäre, auch Mioris Freundinnen in anderen Klassen unterzubringen...
... wenn du das möchtest.
Das beträfe Toyosaka, Maeda und Nakayama aus eurer Klasse...
...
... sowie Okayama und Yoshimoto, die mit Miori in der Volley-ball-AG sind.
Sie hat alles genau recher-chiert...
Die Erwachse-nen setzen sich für mich ein.
Ähm ...
Frag, was du möch-test.
Und ...
... Moe Tojo...?
...
Moe Tojo wird ab dem nächsten Schuljahr nicht mehr da sein.
Was?!
Sie zieht nächsten Monat...
... nach Nagoya.

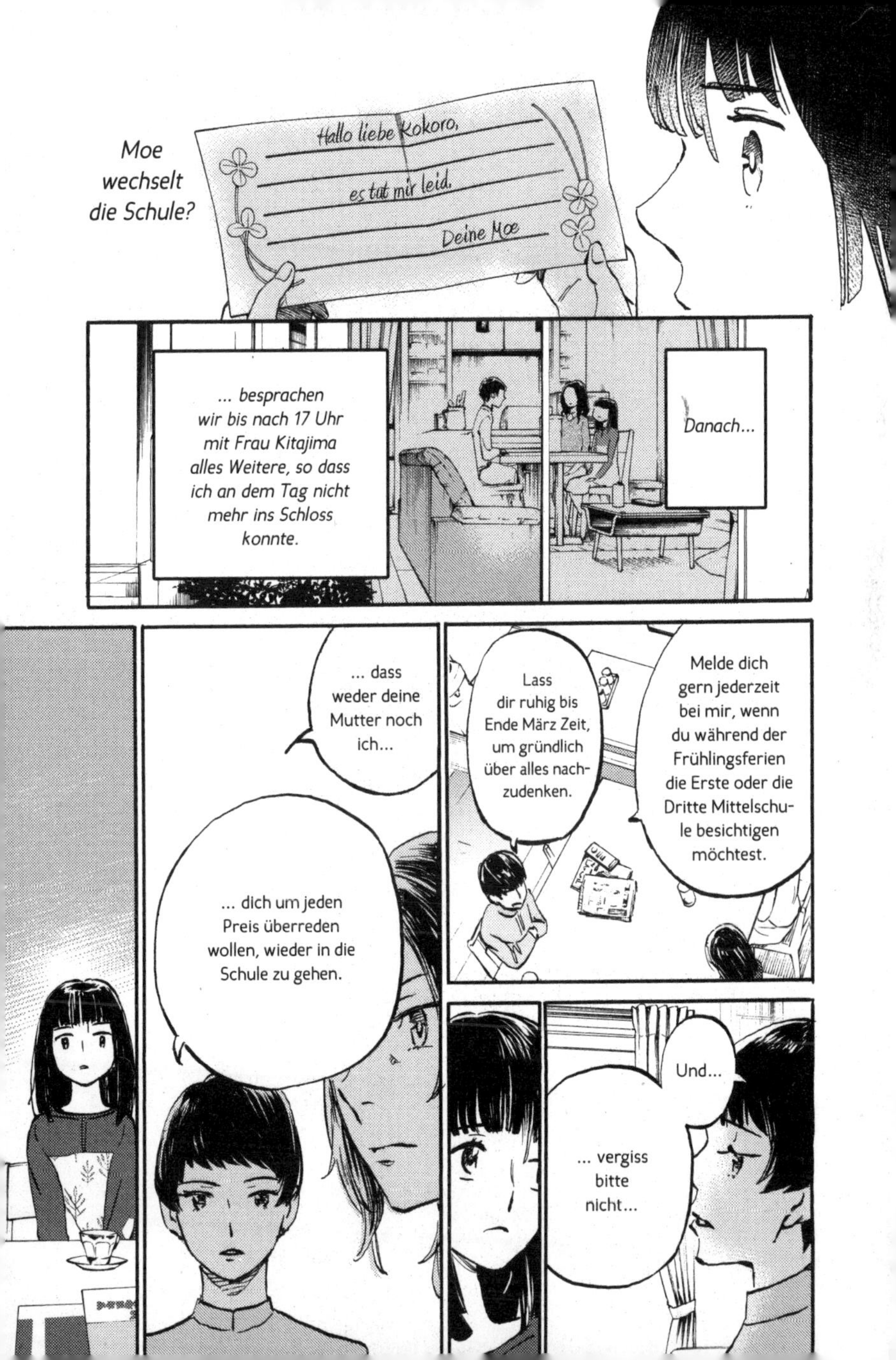
Moe wechselt die Schule?
Hallo liebe Kokoro,
es tut mir leid.
Deine Moe
Danach...
... besprachen wir bis nach 17 Uhr mit Frau Kitajima alles Weitere, so dass ich an dem Tag nicht mehr ins Schloss konnte.
Melde dich gern jederzeit bei mir, wenn du während der Frühlingsferien die Erste oder die Dritte Mittelschule besichtigen möchtest.
Lass dir ruhig bis Ende März Zeit, um gründlich über alles nachzudenken.
... dass weder deine Mutter noch ich...
... dich um jeden Preis überreden wollen, wieder in die Schule zu gehen.
Und...
... vergiss bitte nicht...

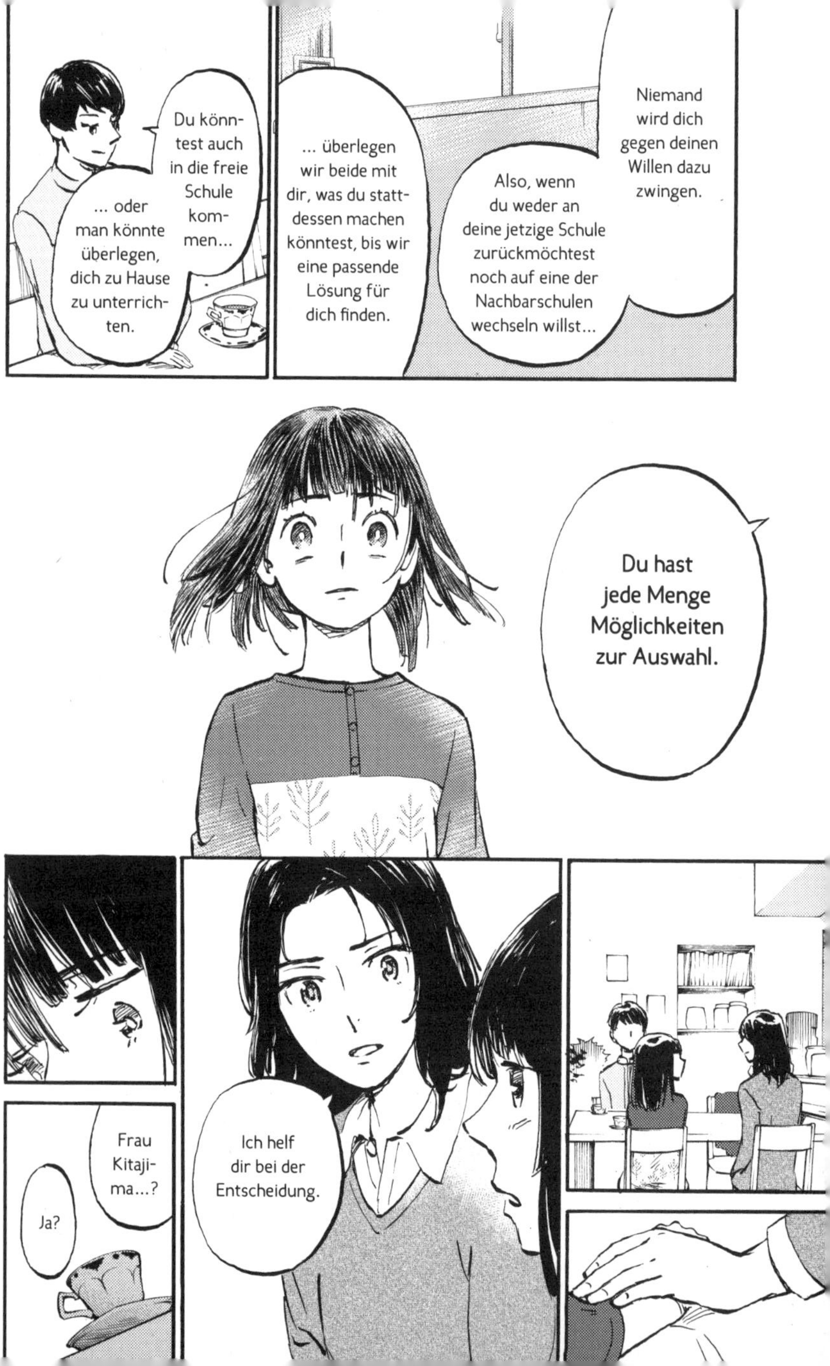

Niemand wird dich gegen deinen Willen dazu zwingen.
Also, wenn du weder an deine jetzige Schule zurückmöchtest noch auf eine der Nachbarschulen wechseln willst...
... überlegen wir beide mit dir, was du stattdessen machen könntest, bis wir eine passende Lösung für dich finden.
Du könntest auch in die freie Schule kommen...
... oder man könnte überlegen, dich zu Hause zu unterrichten.
Du hast jede Menge Möglichkeiten zur Auswahl.
Ich helf dir bei der Entscheidung.
Frau Kitajima...?
Ja?

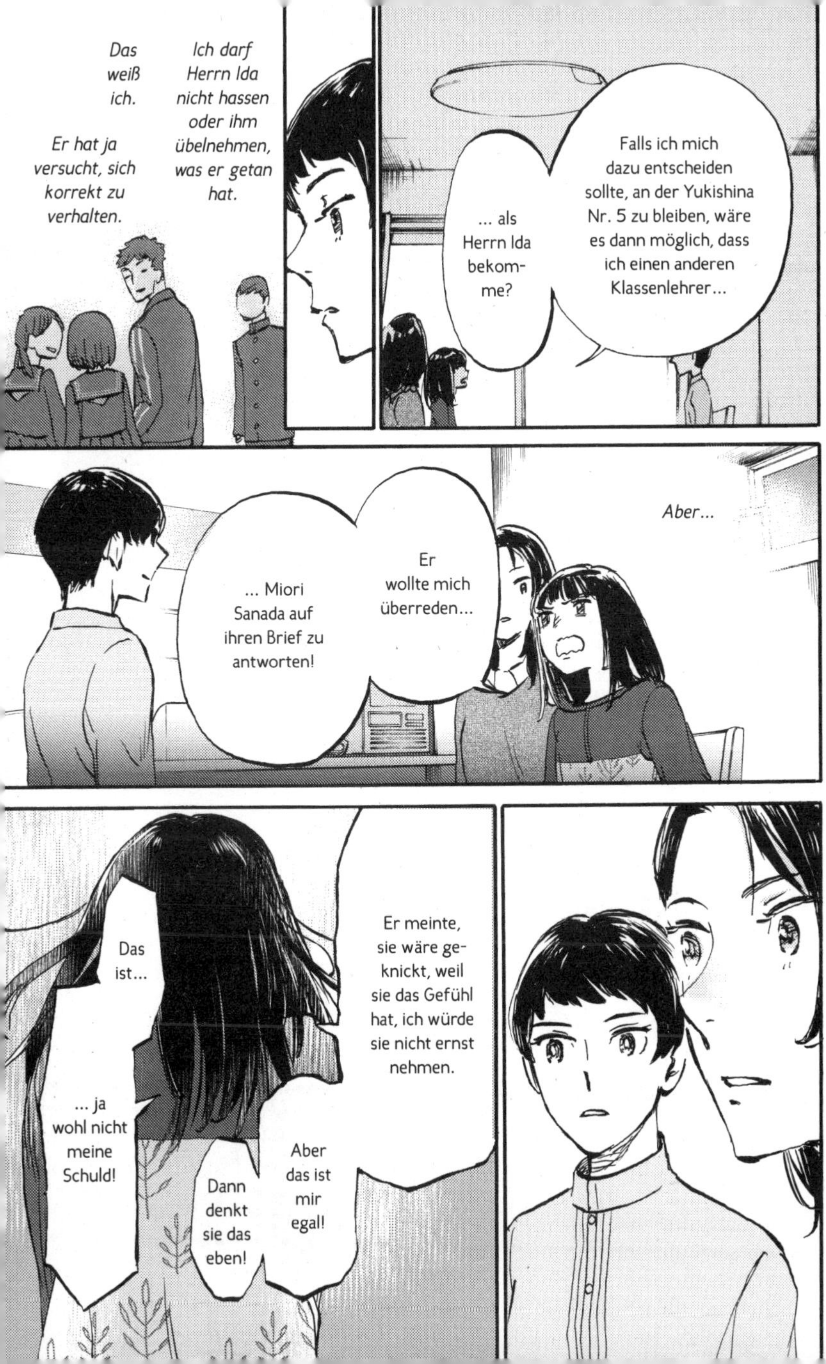
Falls ich mich dazu entscheiden sollte, an der Yukishina Nr. 5 zu bleiben, wäre es dann möglich, dass ich einen anderen Klassenlehrer ...
... als Herrn Ida bekomme?
Ich darf Herrn Ida nicht hassen oder ihm übelnehmen, was er getan hat.
Das weiß ich.
Er hat ja versucht, sich korrekt zu verhalten.
Aber ...
Er wollte mich überreden ...
... Miori Sanada auf ihren Brief zu antworten!
Er meinte, sie wäre geknickt, weil sie das Gefühl hat, ich würde sie nicht ernst nehmen.
Aber das ist mir egal!
Dann denkt sie das eben!
Das ist ...
... ja wohl nicht meine Schuld!

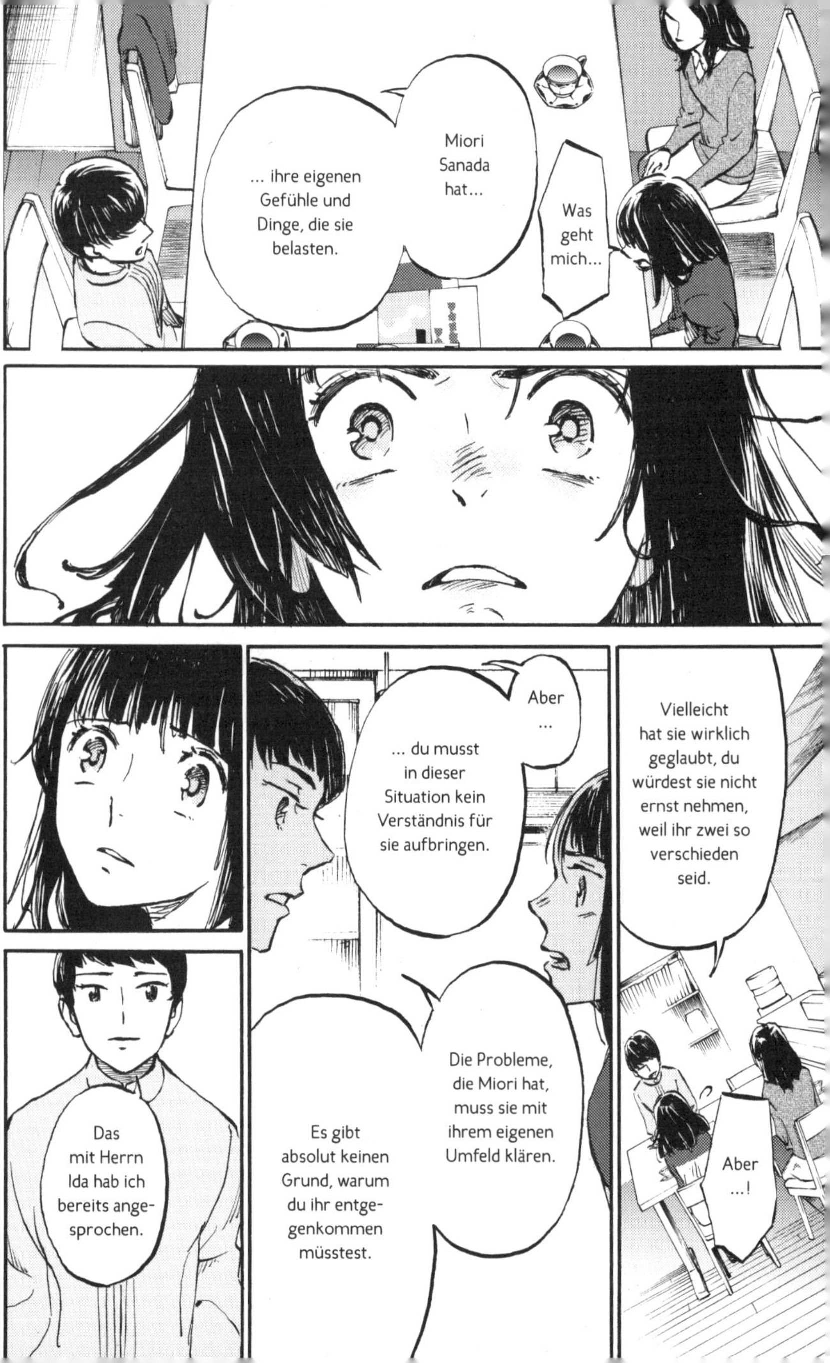
Was geht mich...
Miori Sanada hat...
... ihre eigenen Gefühle und Dinge, die sie belasten.
Vielleicht hat sie wirklich geglaubt, du würdest sie nicht ernst nehmen, weil ihr zwei so verschieden seid.
Aber ...
... du musst in dieser Situation kein Verständnis für sie aufbringen.
Aber ...!
Die Probleme, die Miori hat, muss sie mit ihrem eigenen Umfeld klären.
Es gibt absolut keinen Grund, warum du ihr entgegenkommen müsstest.
Das mit Herrn Ida hab ich bereits angesprochen.

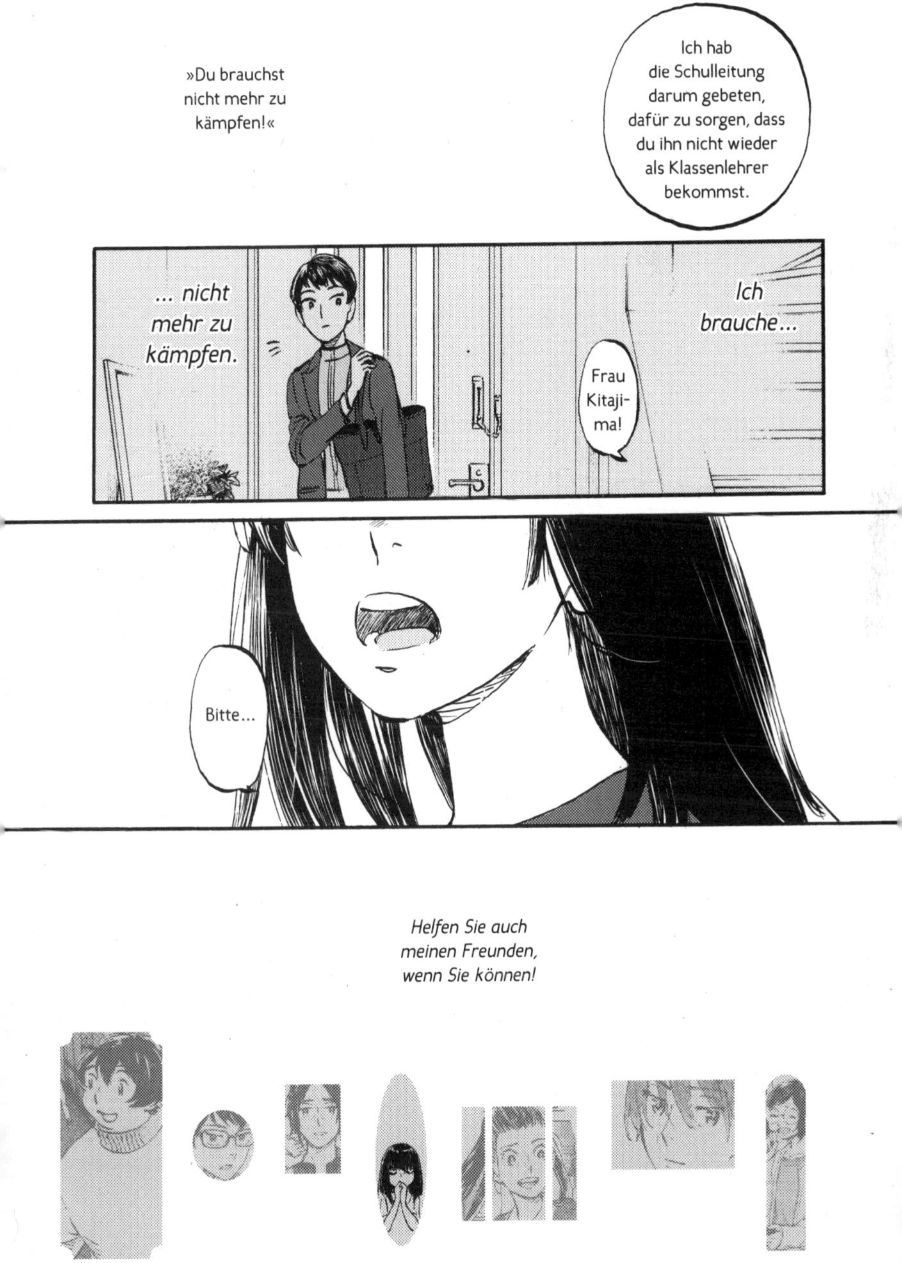
Ich hab die Schulleitung darum gebeten, dafür zu sorgen, dass du ihn nicht wieder als Klassenlehrer bekommst.
»Du brauchst nicht mehr zu kämpfen!«
Ich brauche...
Frau Kitaji-ma!
... nicht mehr zu kämpfen.
Bitte...
Helfen Sie auch meinen Freunden, wenn Sie können!

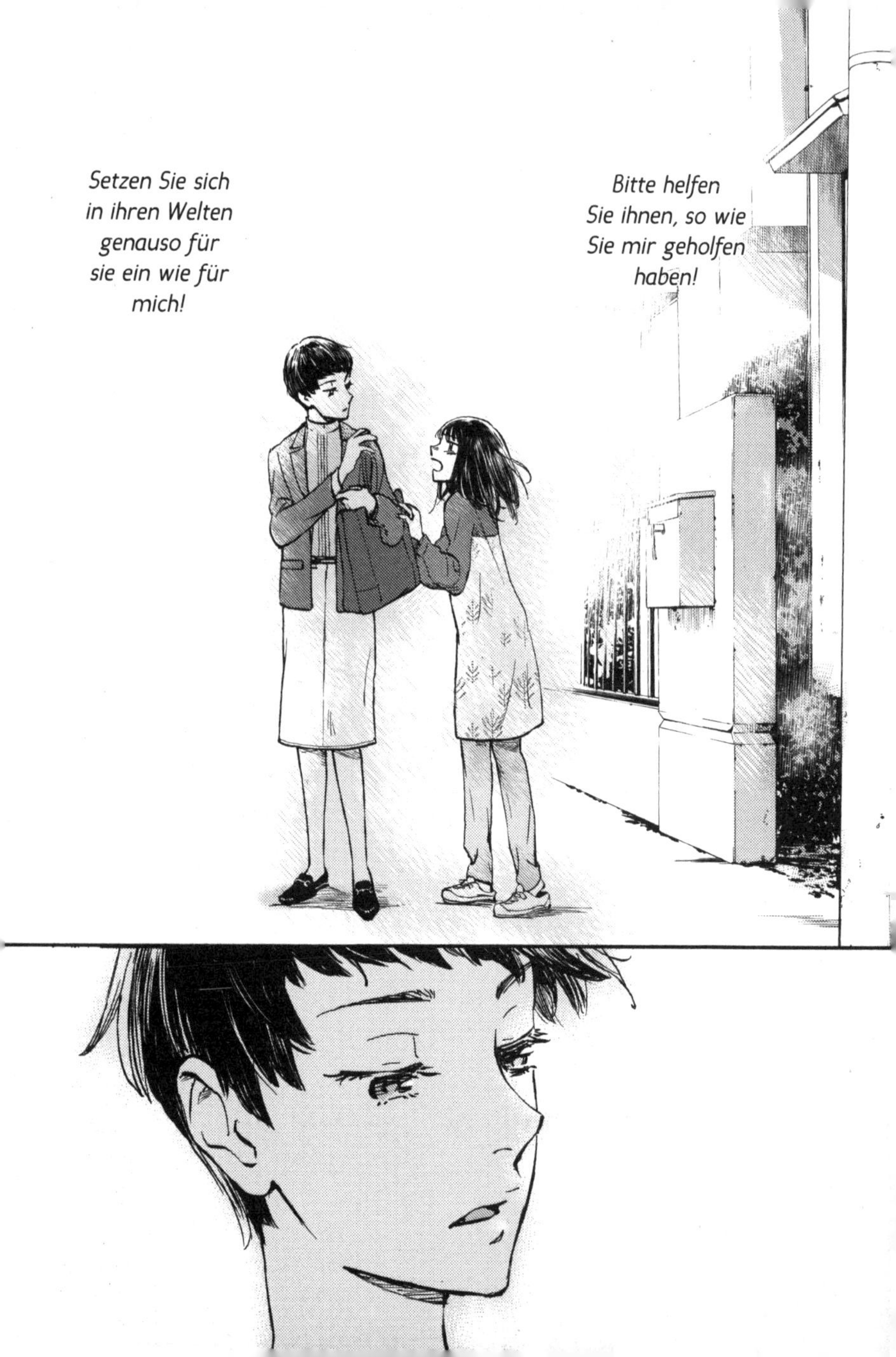
Bitte helfen Sie ihnen, so wie Sie mir geholfen haben!
Setzen Sie sich in ihren Welten genauso für sie ein wie für mich!

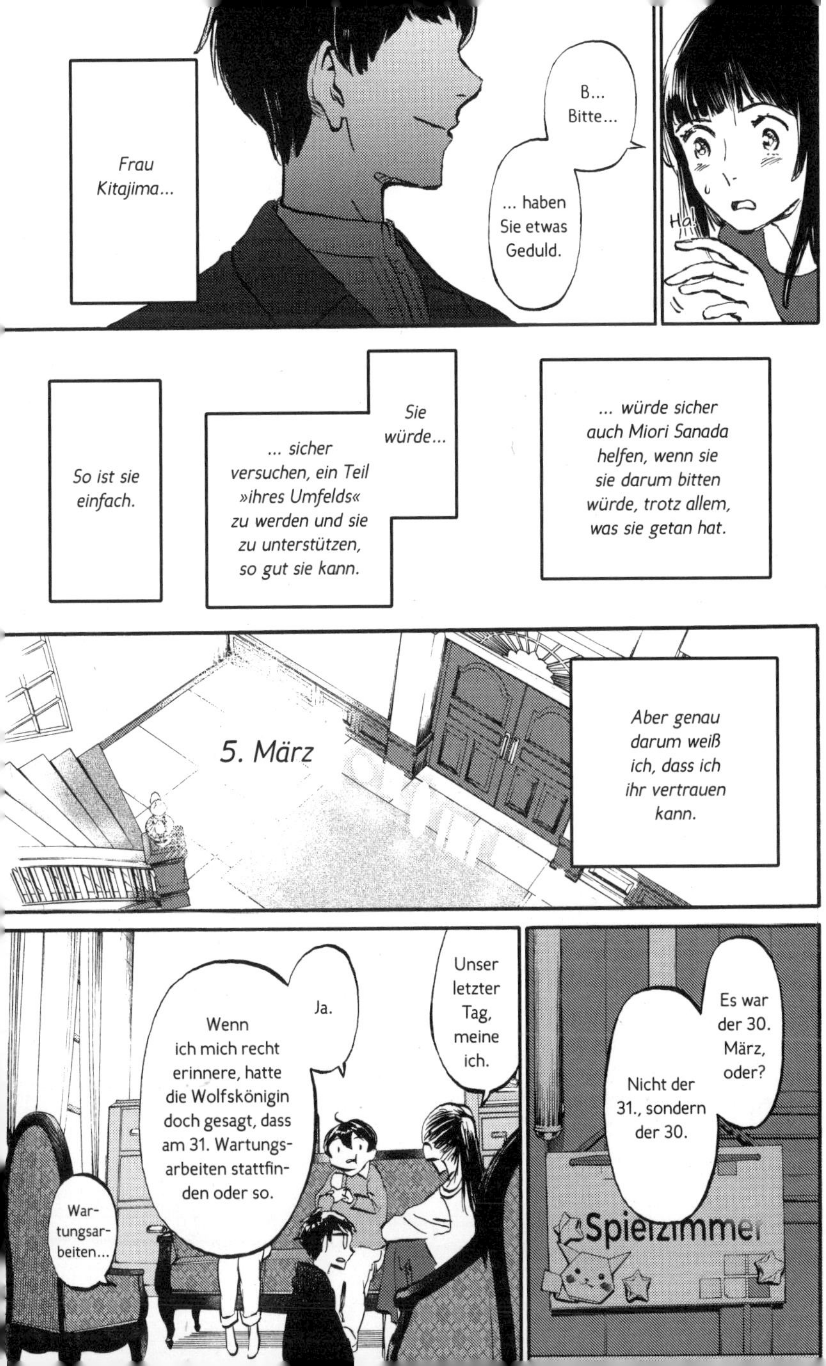

Ha!
B... Bitte...
... haben Sie etwas Geduld.
Frau Kitajima...
... würde sicher auch Miori Sanada helfen, wenn sie sie darum bitten würde, trotz allem, was sie getan hat.
Sie würde...
... sicher versuchen, ein Teil »ihres Umfelds« zu werden und sie zu unterstützen, so gut sie kann.
So ist sie einfach.
Aber genau darum weiß ich, dass ich ihr vertrauen kann.
5. März
Es war der 30. März, oder?
Nicht der 31., sondern der 30.
Spielzimmer
Unser letzter Tag, meine ich.
Ja.
Wenn ich mich recht erinnere, hatte die Wolfskönigin doch gesagt, dass am 31. Wartungsarbeiten stattfinden oder so.
Wartungsarbeiten...

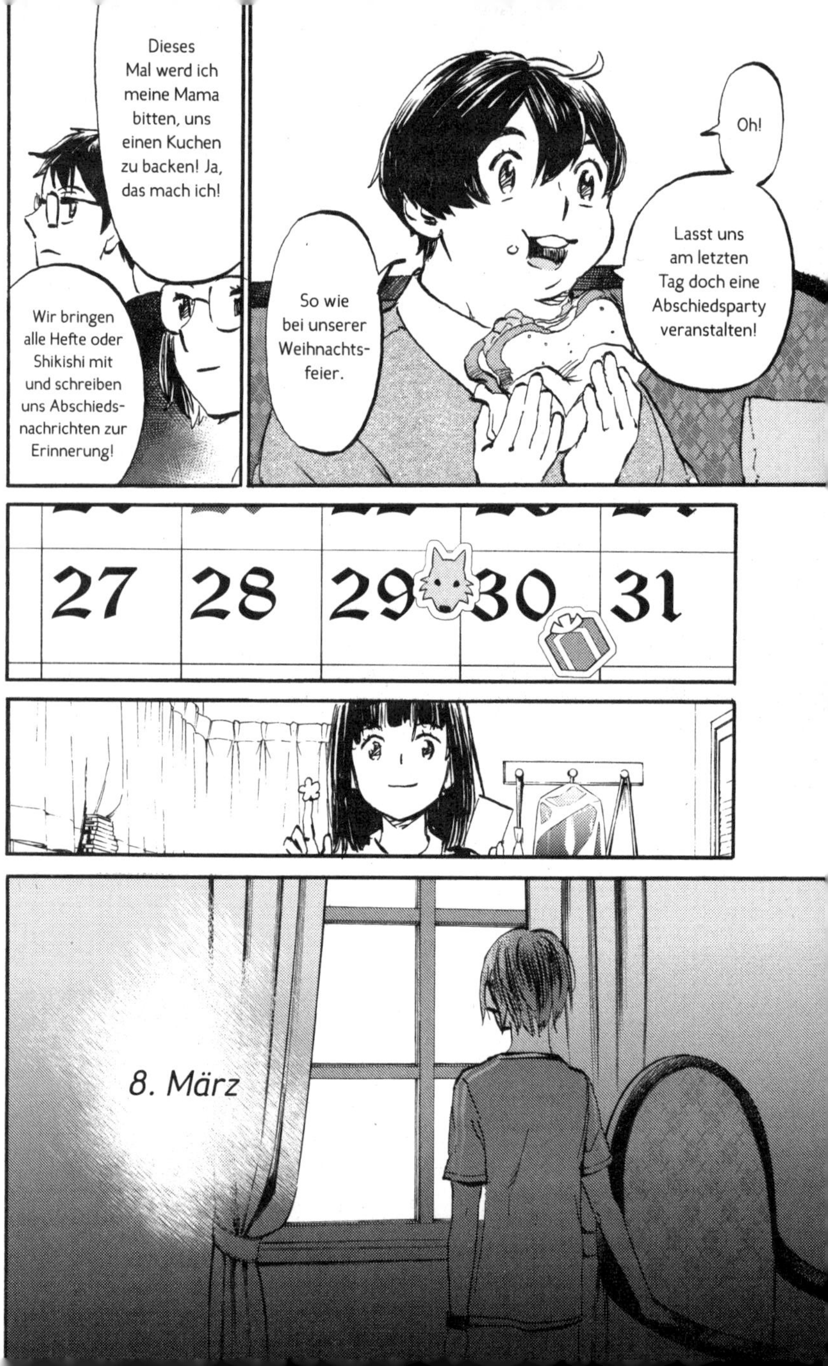
Oh!
Lasst uns am letzten Tag doch eine Abschiedsparty veranstalten!
So wie bei unserer Weihnachtsfeier.
Dieses Mal werd ich meine Mama bitten, uns einen Kuchen zu backen! Ja, das mach ich!
Wir bringen alle Hefte oder Shikishi mit und schreiben uns Abschiedsnachrichten zur Erinnerung!
27 28 29 30 31
8. März

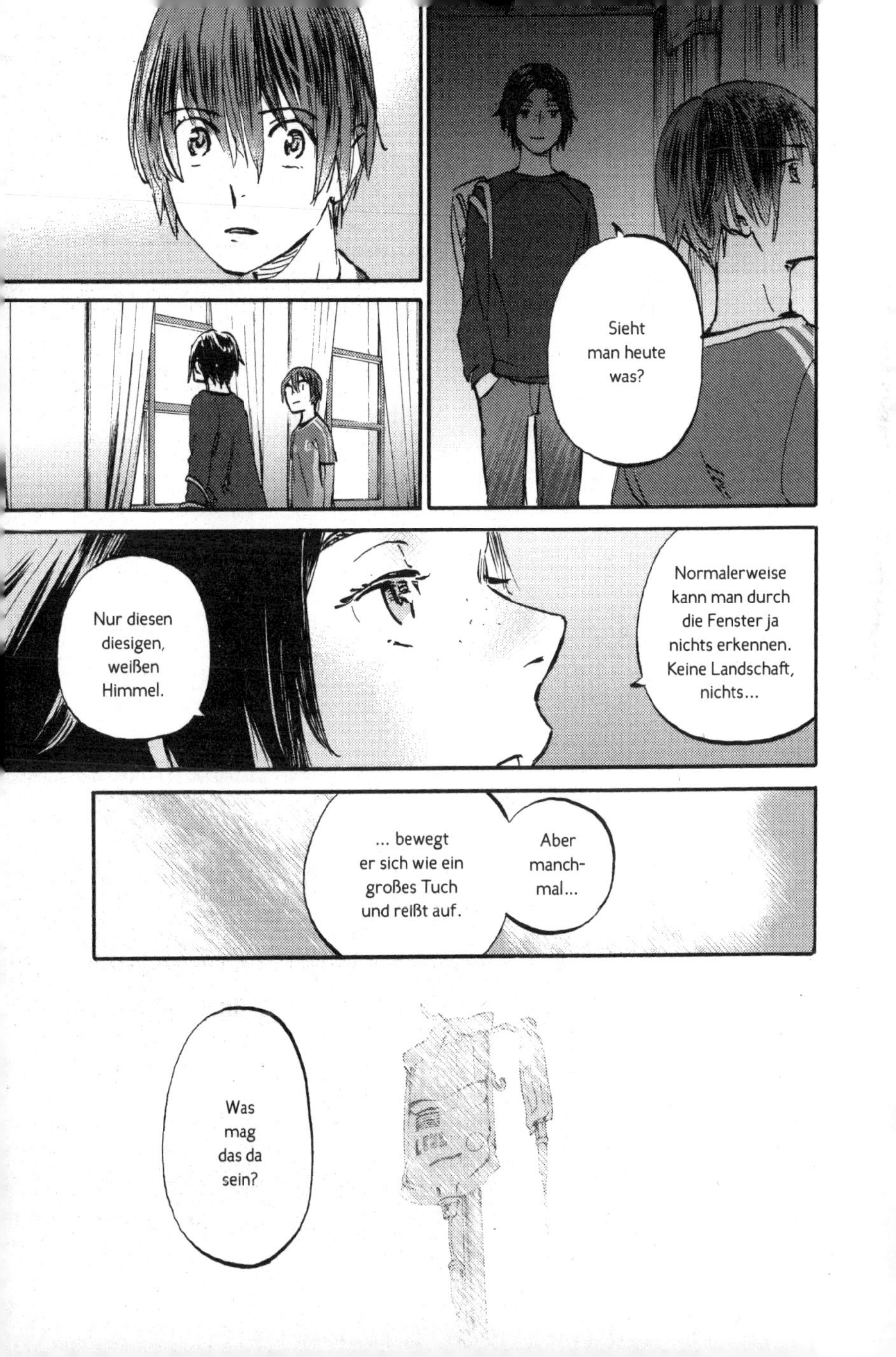
Sieht man heute was?
Normalerweise kann man durch die Fenster ja nichts erkennen. Keine Landschaft, nichts...
Nur diesen diesigen, weißen Himmel.
Aber manchmal...
... bewegt er sich wie ein großes Tuch und reißt auf.
Was mag das da sein?

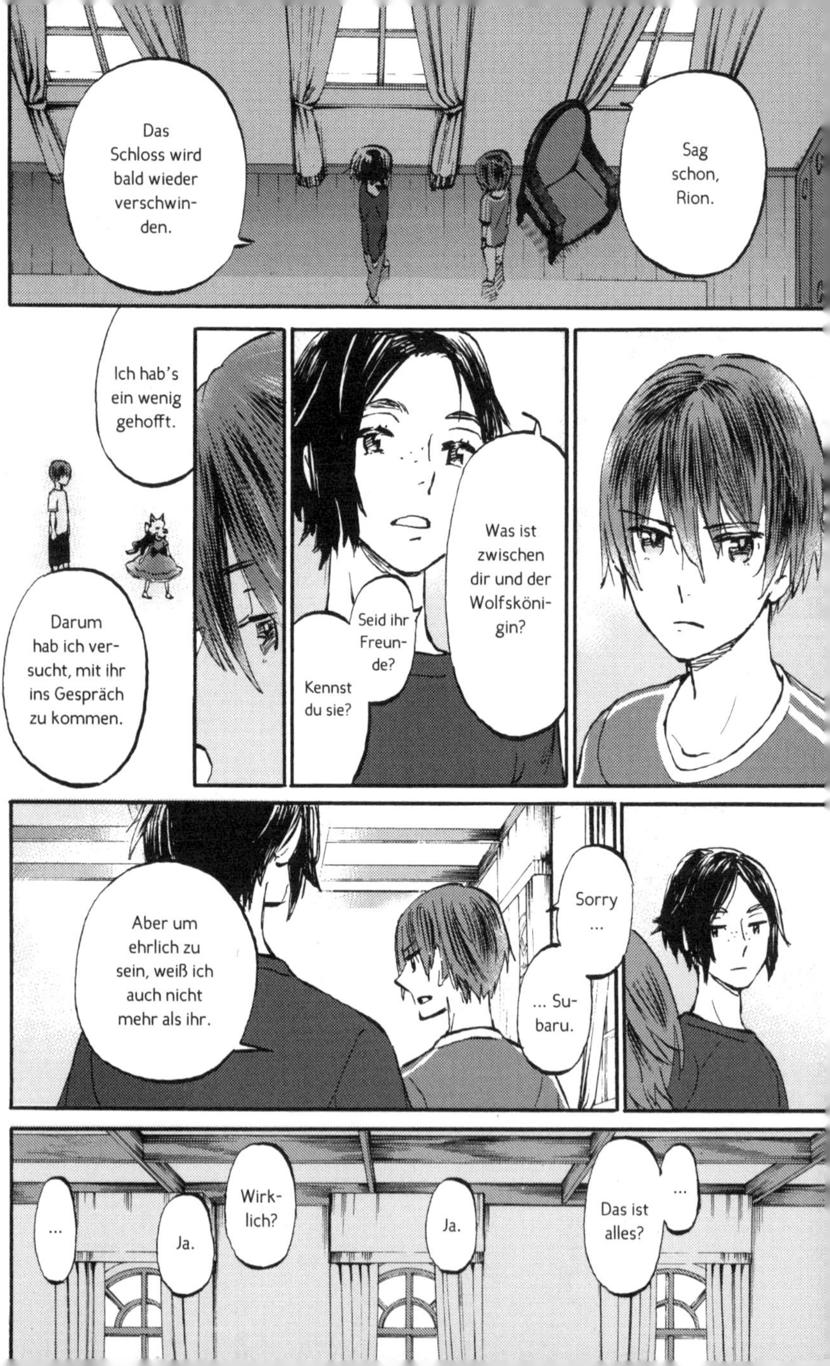

Sag schon, Rion.
Das Schloss wird bald wieder verschwinden.
Was ist zwischen dir und der Wolfskönigin?
Seid ihr Freunde?
Kennst du sie?
Ich hab's ein wenig gehofft.
Darum hab ich versucht, mit ihr ins Gespräch zu kommen.
Sorry …
… Subaru.
Aber um ehrlich zu sein, weiß ich auch nicht mehr als ihr.
…
Das ist alles?
Ja.
Wirklich?
Ja.
…

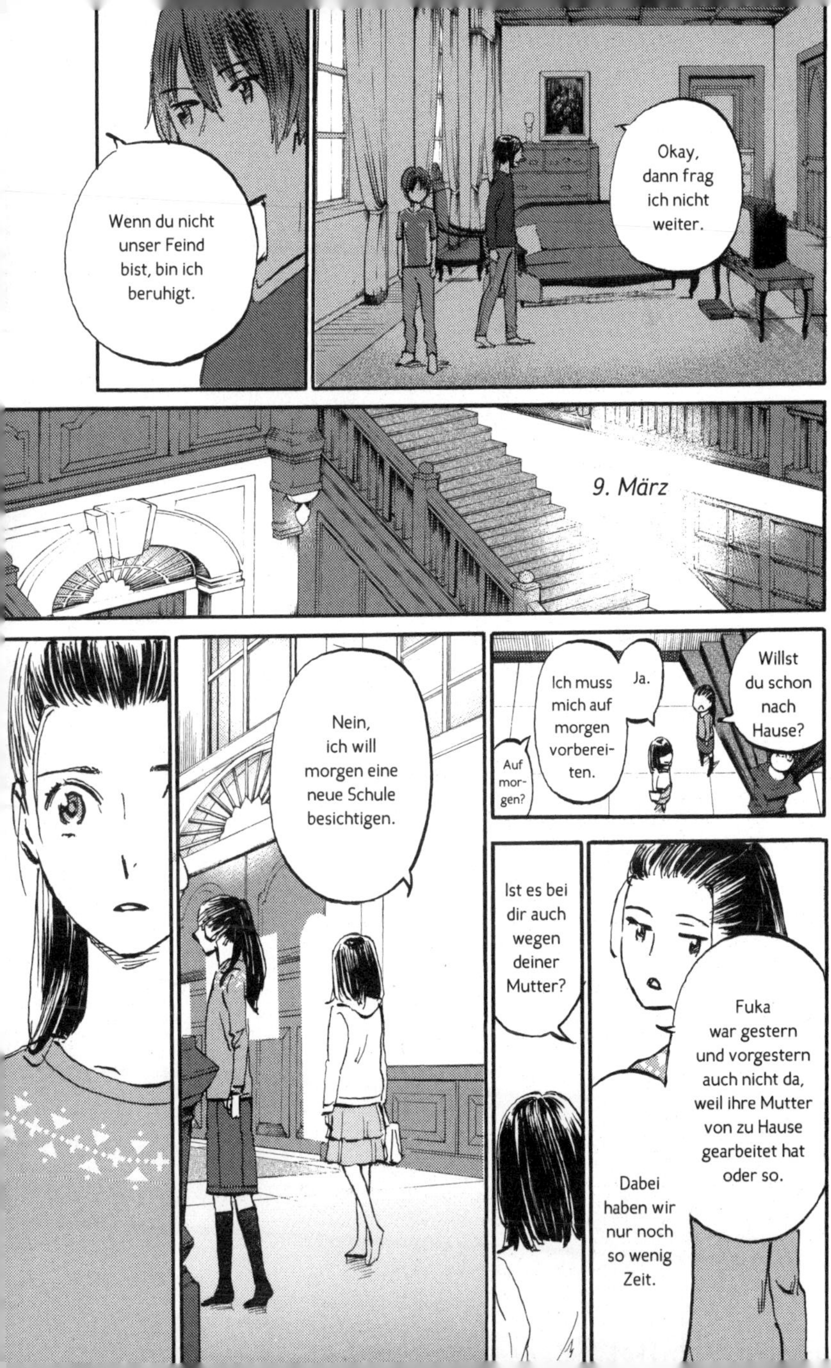

Okay, dann frag ich nicht weiter.
Wenn du nicht unser Feind bist, bin ich beruhigt.
9. März
Willst du schon nach Hause?
Ja.
Ich muss mich auf morgen vorberei-ten.
Auf mor-gen?
Nein, ich will morgen eine neue Schule besichtigen.
Fuka war gestern und vorgestern auch nicht da, weil ihre Mutter von zu Hause gearbeitet hat oder so.
Dabei haben wir nur noch so wenig Zeit.
Ist es bei dir auch wegen deiner Mutter?

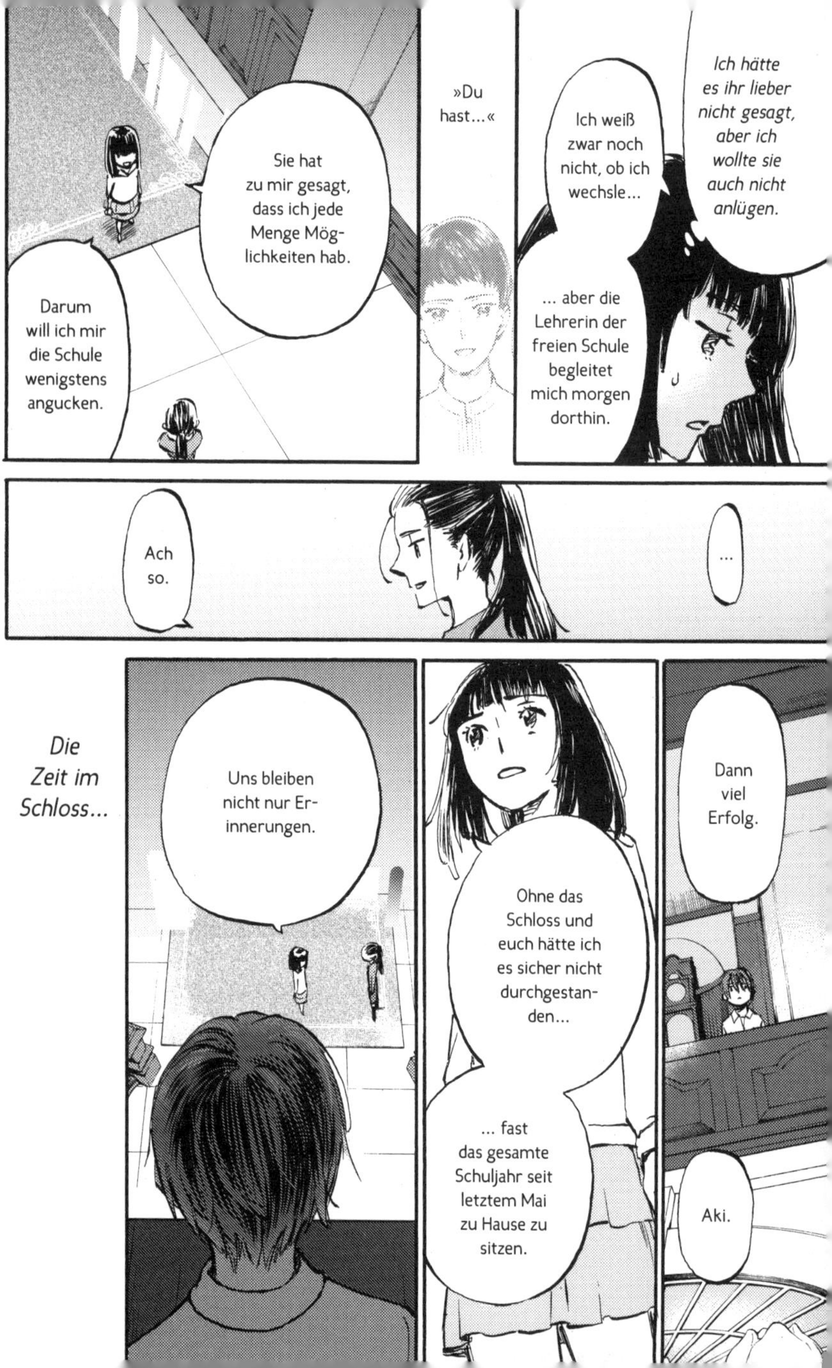
Ich hätte es ihr lieber nicht gesagt, aber ich wollte sie auch nicht anlügen.
Ich weiß zwar noch nicht, ob ich wechsle …
… aber die Lehrerin der freien Schule begleitet mich morgen dorthin.
»Du hast …«
Sie hat zu mir gesagt, dass ich jede Menge Möglichkeiten hab.
Darum will ich mir die Schule wenigstens angucken.
…
Ach so.
Dann viel Erfolg.
Aki.
Ohne das Schloss und euch hätte ich es sicher nicht durchgestanden …
… fast das gesamte Schuljahr seit letztem Mai zu Hause zu sitzen.
Uns bleiben nicht nur Erinnerungen.
Die Zeit im Schloss …

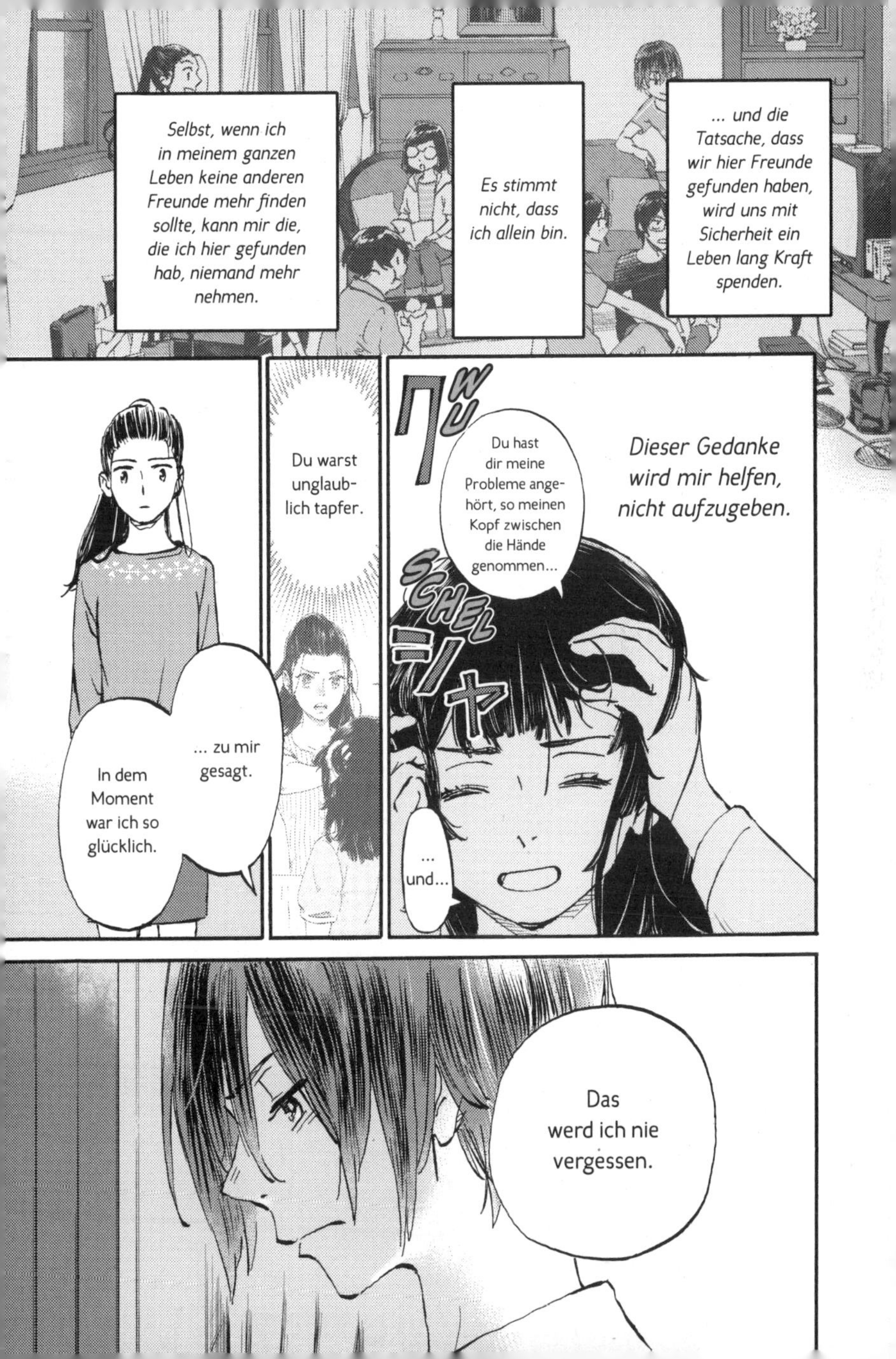

... und die Tatsache, dass wir hier Freunde gefunden haben, wird uns mit Sicherheit ein Leben lang Kraft spenden.
Es stimmt nicht, dass ich allein bin.
Selbst, wenn ich in meinem ganzen Leben keine anderen Freunde mehr finden sollte, kann mir die, die ich hier gefunden hab, niemand mehr nehmen.
Dieser Gedanke wird mir helfen, nicht aufzugeben.
WUU
Du hast dir meine Probleme angehört, so meinen Kopf zwischen die Hände genommen...
SCHEL
... und...
Du warst unglaublich tapfer.
... zu mir gesagt.
In dem Moment war ich so glücklich.
Das werd ich nie vergessen.

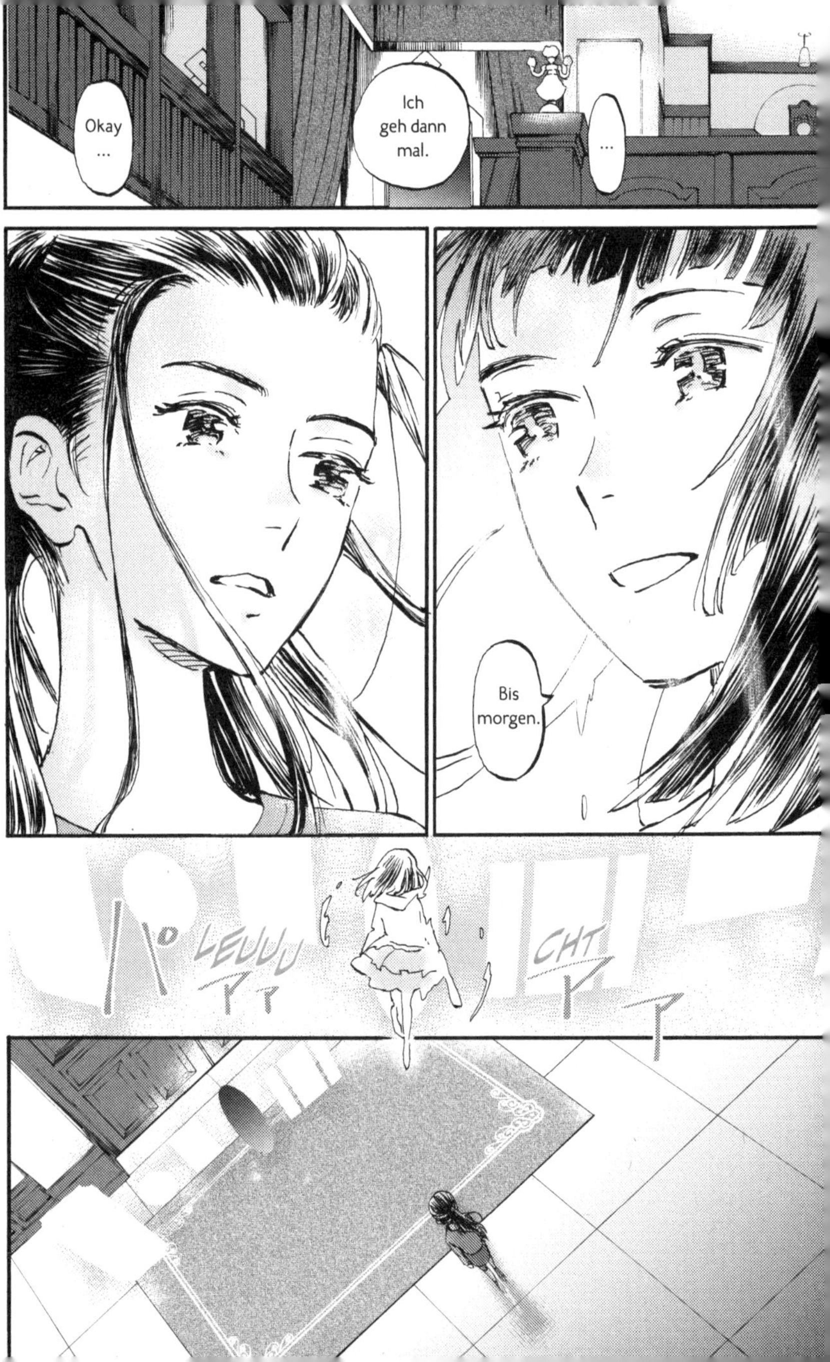
…
Ich geh dann mal.
Okay …
Bis morgen.
LEUUU
CHT

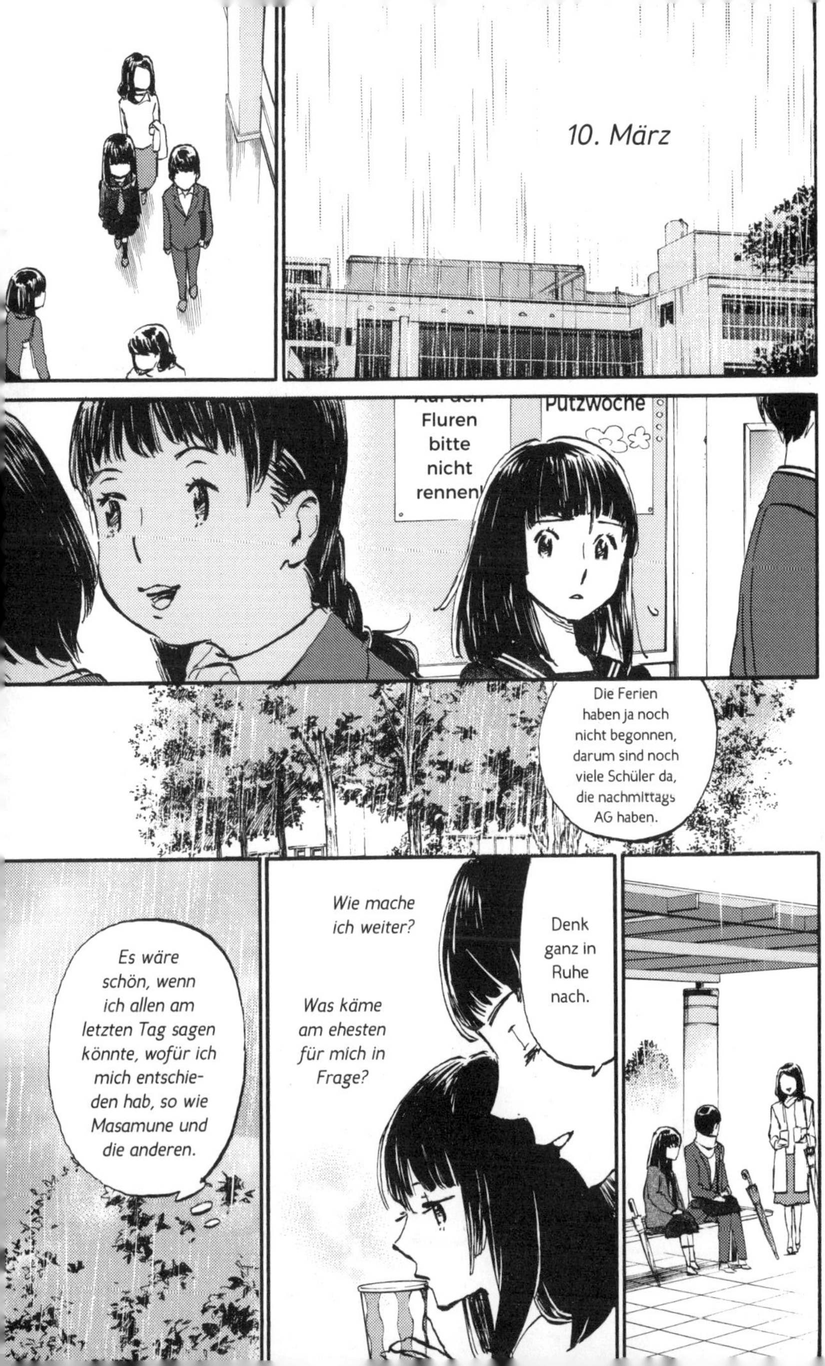
10. März
Fluren bitte nicht rennen!
Putzwoche
Die Ferien haben ja noch nicht begonnen, darum sind noch viele Schüler da, die nachmittags AG haben.
Denk ganz in Ruhe nach.
Wie mache ich weiter?
Was käme am ehesten für mich in Frage?
Es wäre schön, wenn ich allen am letzten Tag sagen könnte, wofür ich mich entschieden hab, so wie Masamune und die anderen.

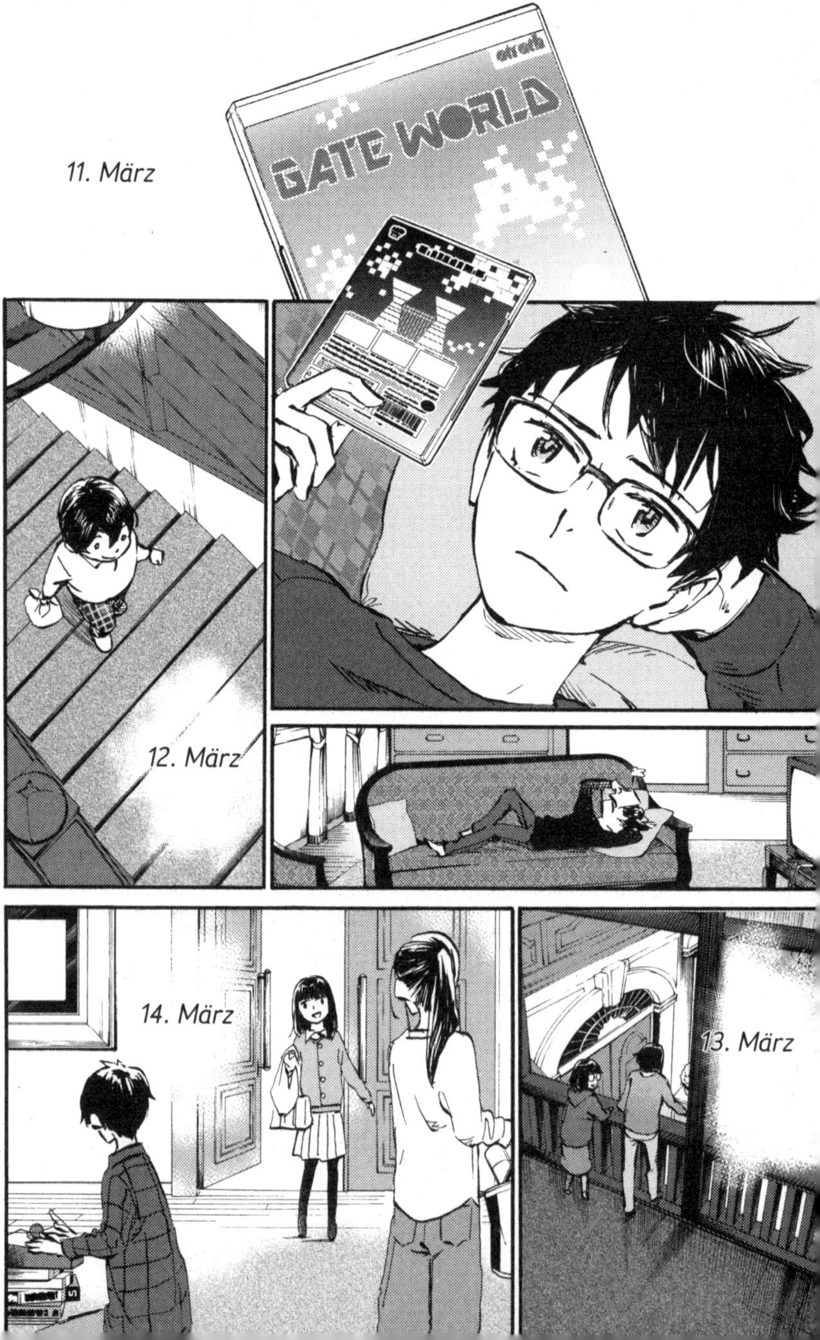
11. März
GATE WORLD
12. März
13. März
14. März

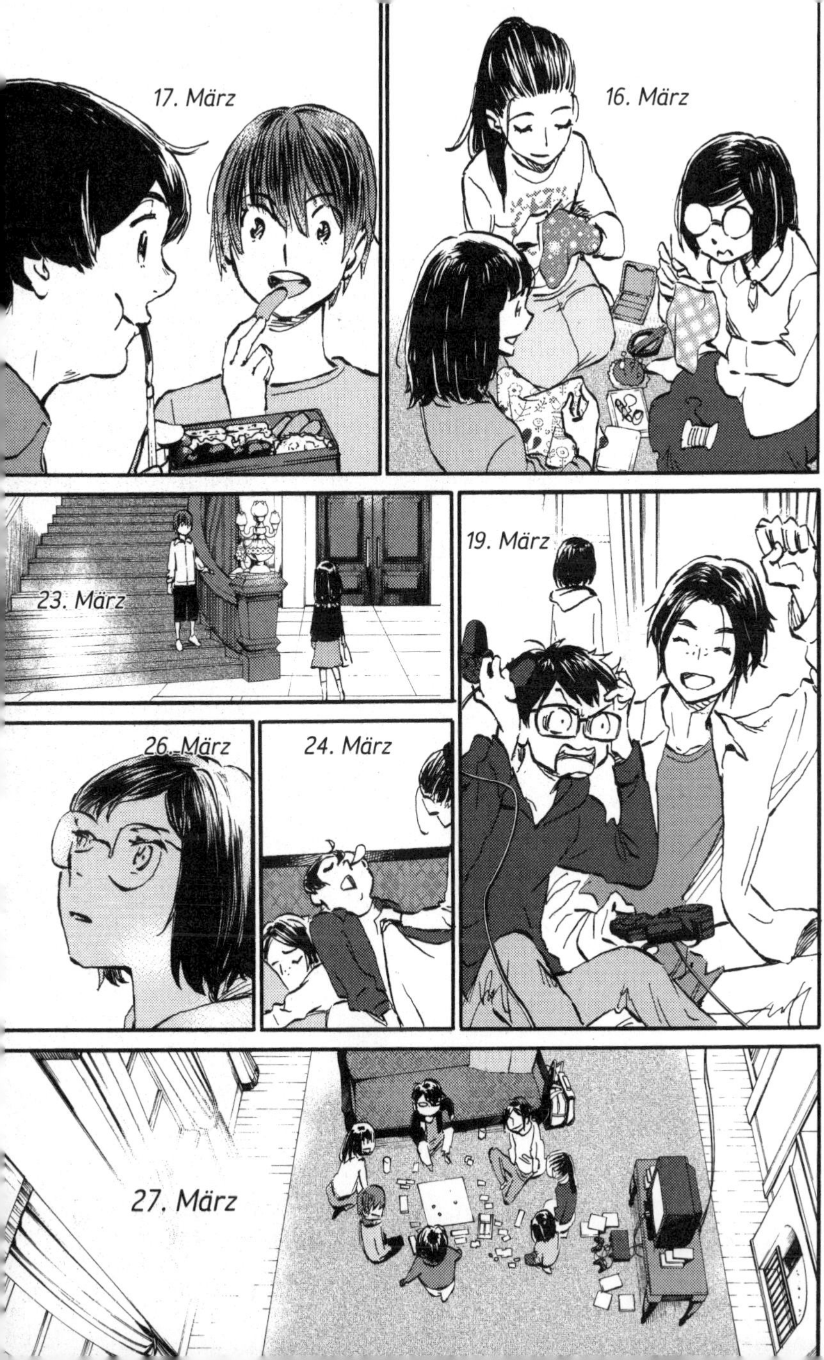

16. März
17. März
19. März
23. März
24. März
26. März
27. März

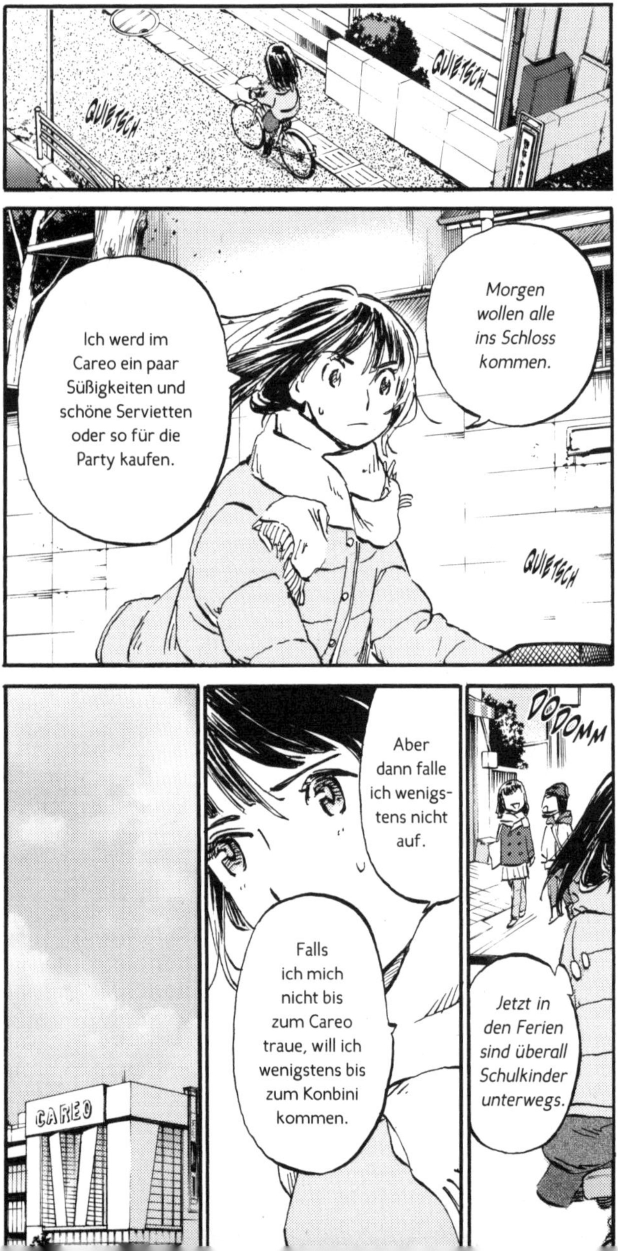

29. März
Der Tag vor der Abschiedsparty

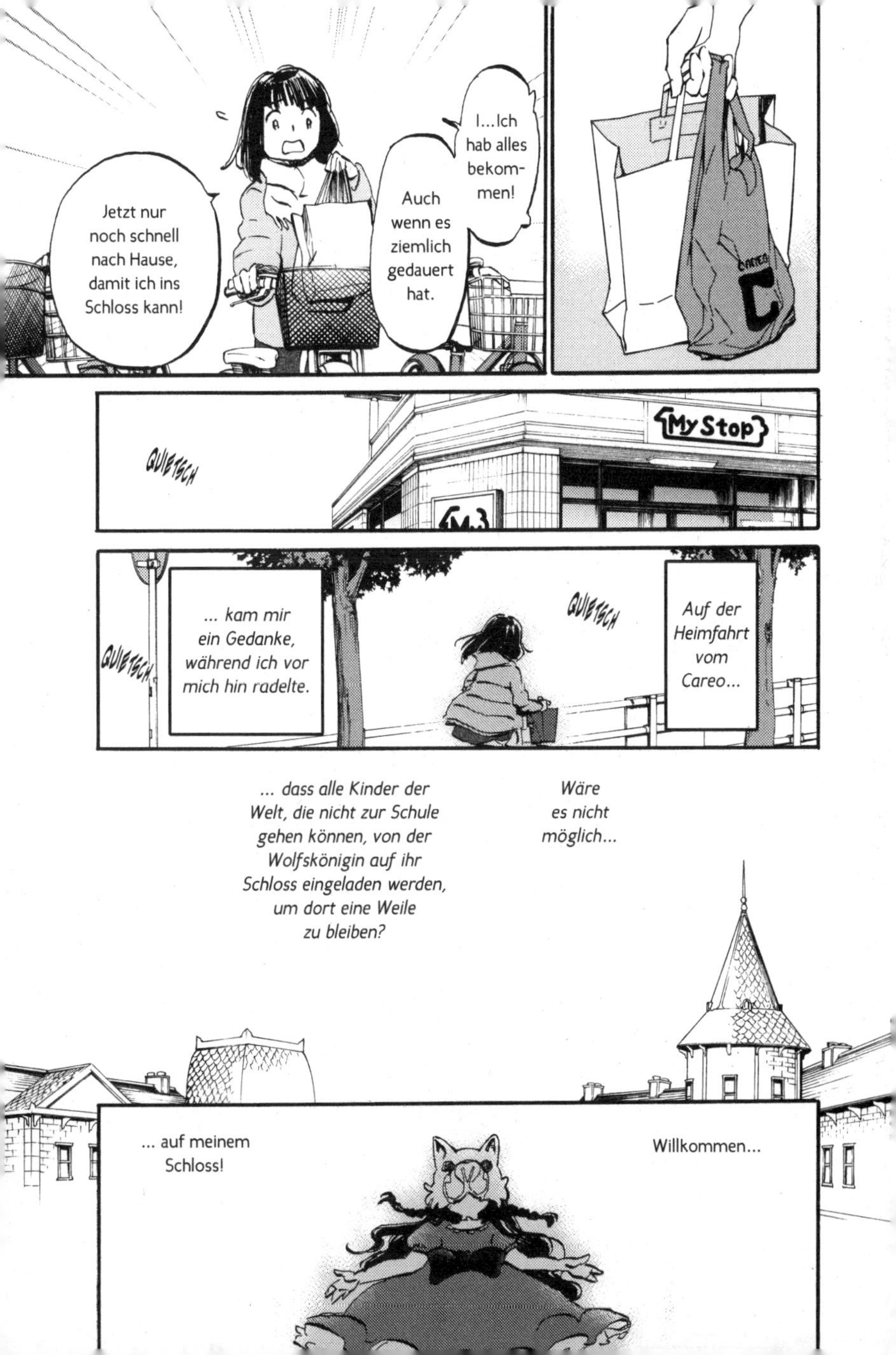

I...Ich hab alles bekommen!
Auch wenn es ziemlich gedauert hat.
Jetzt nur noch schnell nach Hause, damit ich ins Schloss kann!
My Stop
QUIETSCH
Auf der Heimfahrt vom Careo...
QUIETSCH
... kam mir ein Gedanke, während ich vor mich hin radelte.
QUIETSCH
Wäre es nicht möglich...
... dass alle Kinder der Welt, die nicht zur Schule gehen können, von der Wolfskönigin auf ihr Schloss eingeladen werden, um dort eine Weile zu bleiben?
Willkommen...
... auf meinem Schloss!

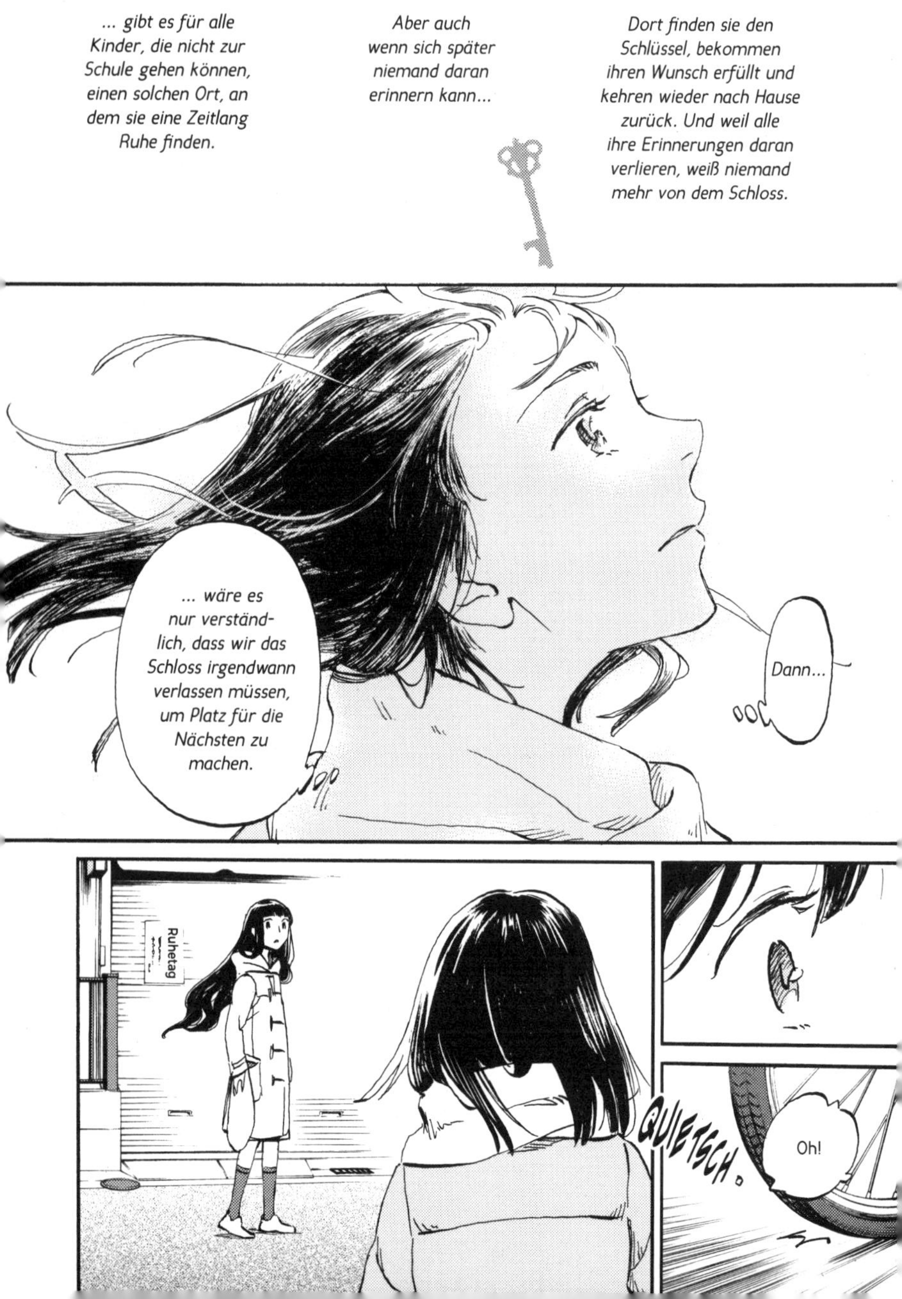
... gibt es für alle Kinder, die nicht zur Schule gehen können, einen solchen Ort, an dem sie eine Zeitlang Ruhe finden.
Dort finden sie den Schlüssel, bekommen ihren Wunsch erfüllt und kehren wieder nach Hause zurück. Und weil alle ihre Erinnerungen daran verlieren, weiß niemand mehr von dem Schloss.
Aber auch wenn sich später niemand daran erinnern kann...
Dann...
... wäre es nur verständlich, dass wir das Schloss irgendwann verlassen müssen, um Platz für die Nächsten zu machen.
Oh!
QUIETSCH
Ruhetag

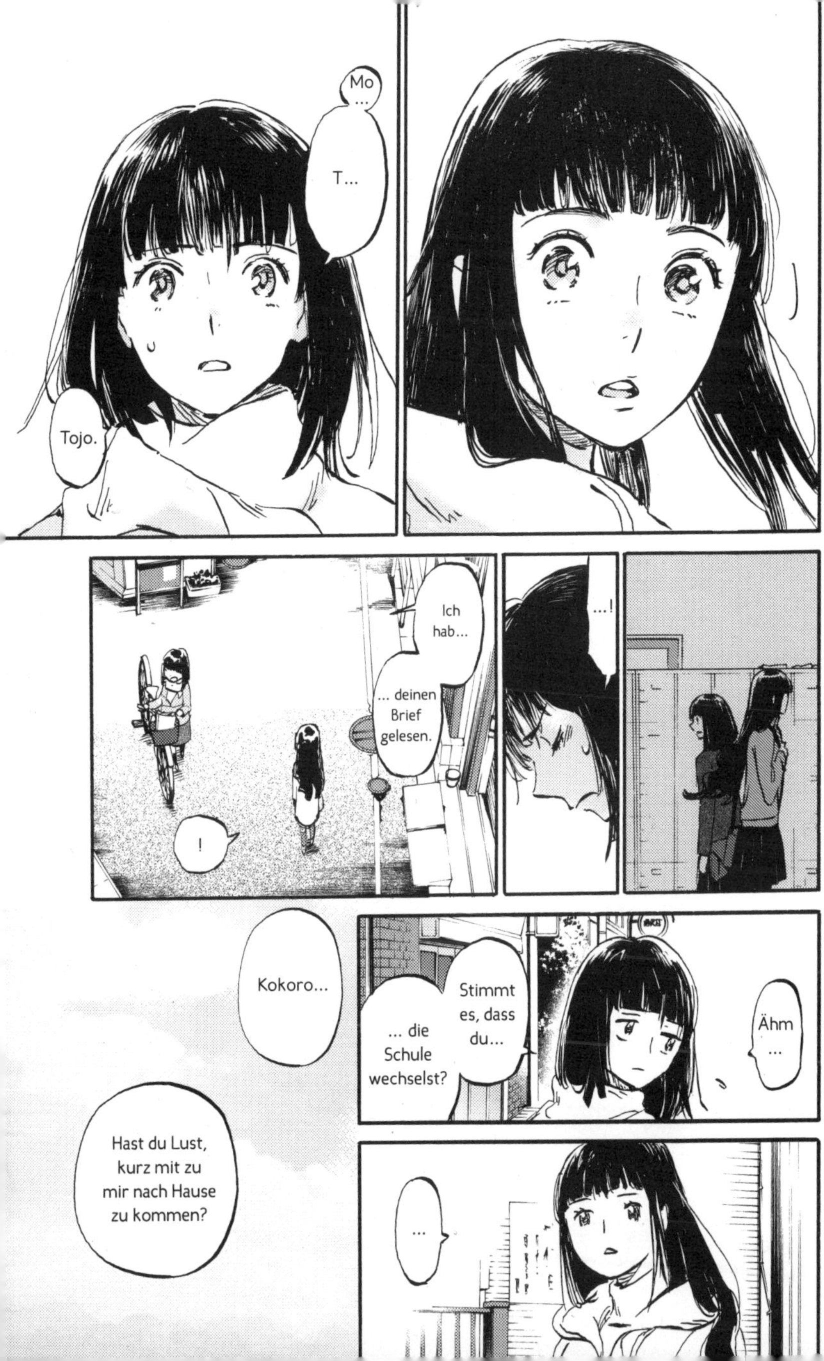
Mo ...
T...
Tojo.
...!
Ich hab...
... deinen Brief gelesen.
!
Ähm ...
Stimmt es, dass du...
... die Schule wechselst?
Kokoro...
...
Hast du Lust, kurz mit zu mir nach Hause zu kommen?

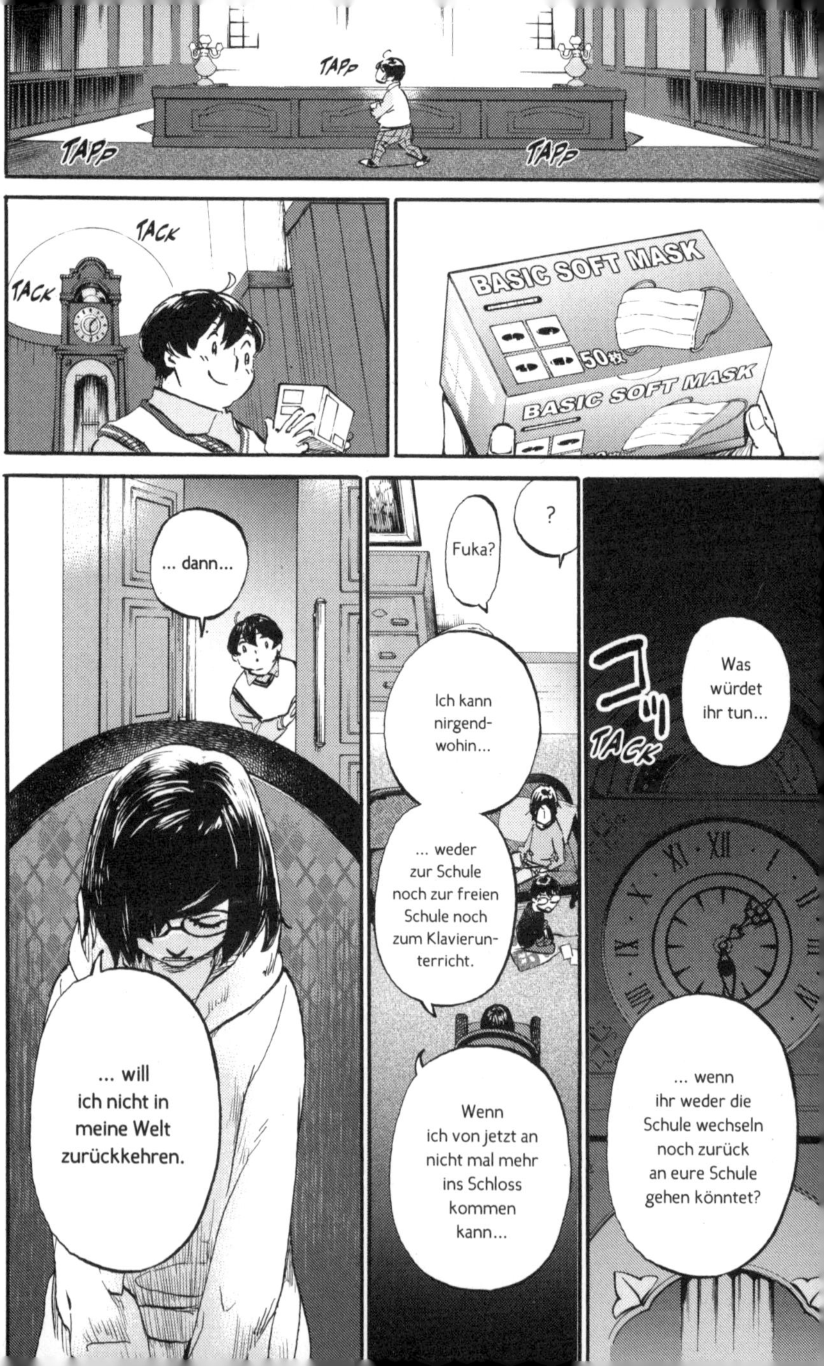
TAPP
TAPP
TAPP
BASIC SOFT MASK
50枚
BASIC SOFT MASK
TACK
TACK
Was würdet ihr tun...
TACK
... wenn ihr weder die Schule wechseln noch zurück an eure Schule gehen könntet?
?
Fuka?
Ich kann nirgendwohin...
... weder zur Schule noch zur freien Schule noch zum Klavierunterricht.
Wenn ich von jetzt an nicht mal mehr ins Schloss kommen kann...
... dann...
... will ich nicht in meine Welt zurückkehren.

Kapitel 21

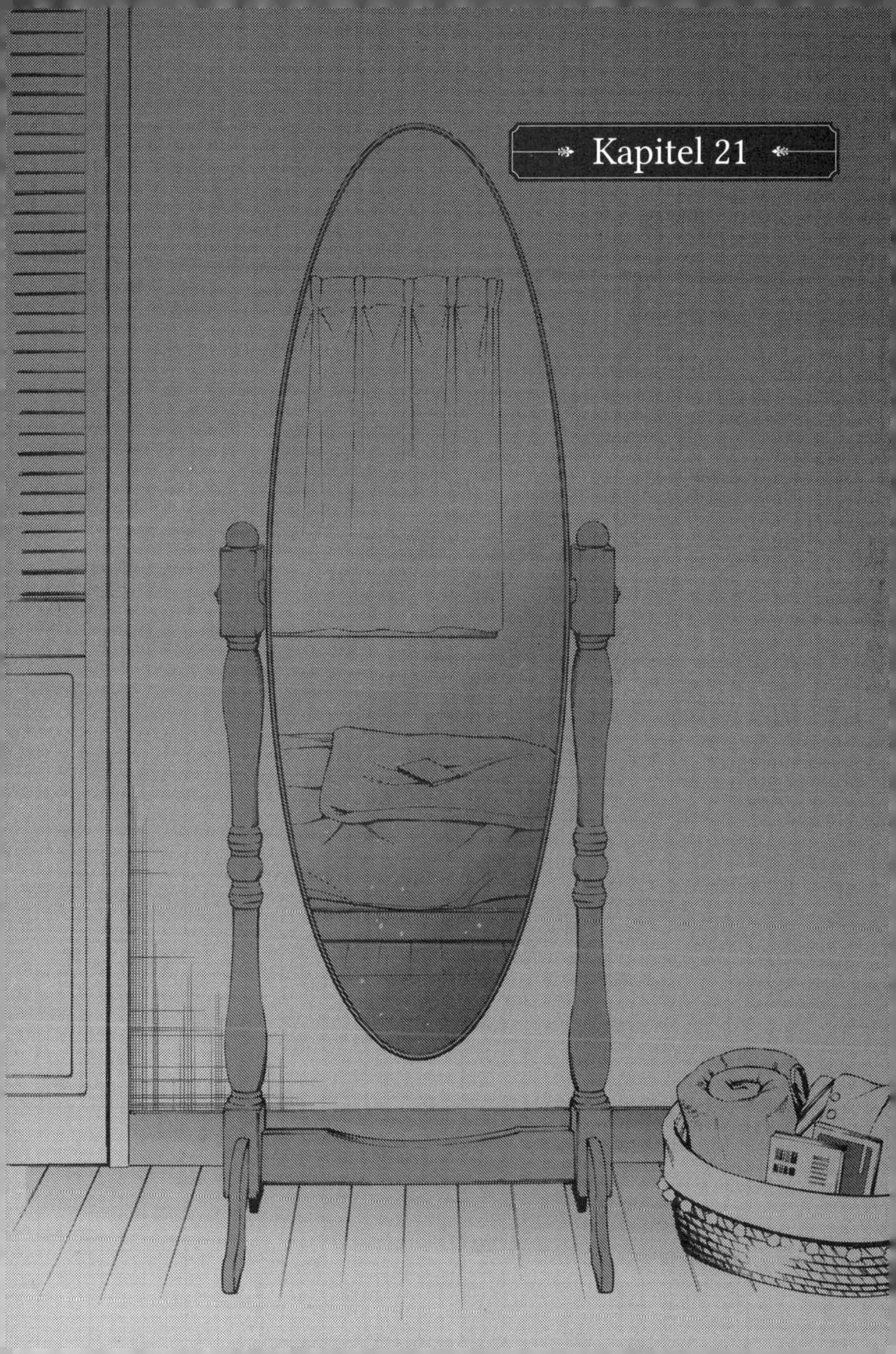

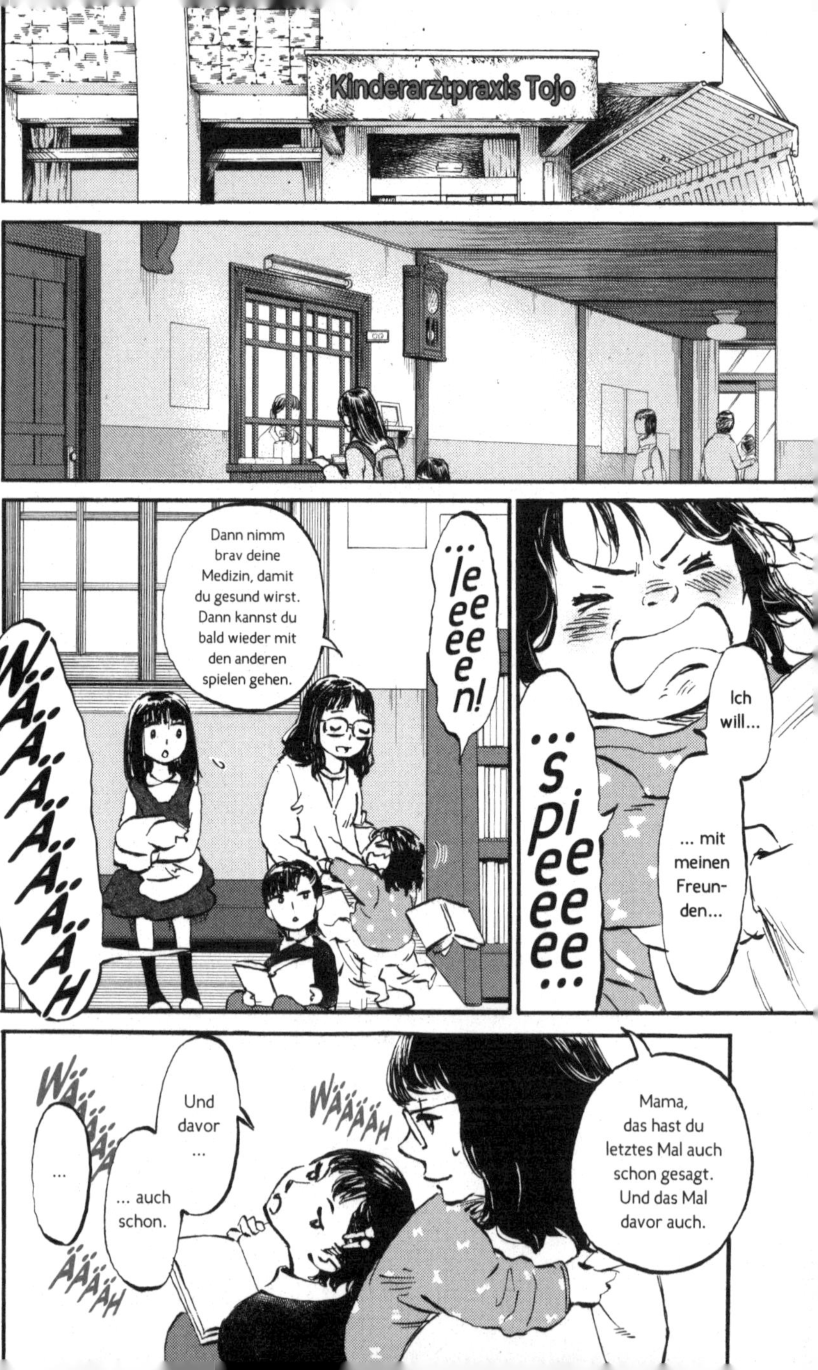

Kinderarztpraxis Tojo
Ich will...
... mit meinen Freunden...
...spieeeeee...
...Ieeeeeen!
Dann nimm brav deine Medizin, damit du gesund wirst. Dann kannst du bald wieder mit den anderen spielen gehen.
WÄÄÄÄÄÄÄÄÄÄH
Mama, das hast du letztes Mal auch schon gesagt. Und das Mal davor auch.
WÄÄÄÄH
Und davor ...
... auch schon.
...
WÄÄÄÄÄÄ
ÄÄÄÄH

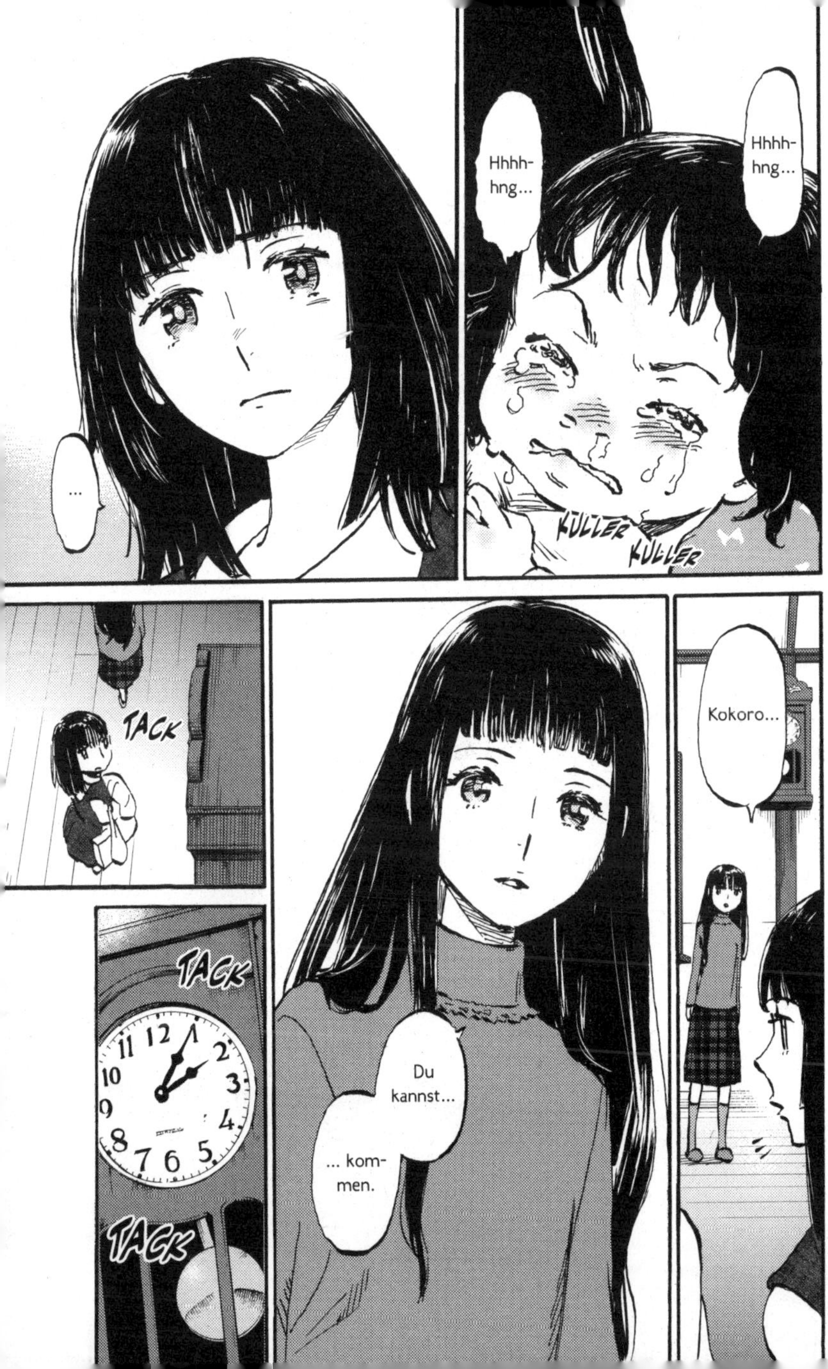

Hhhh-
hng...
Hhhh-
hng...
KULLER KULLER
...
TACK
Kokoro...
Du kannst...
... kom-
men.
TACK
TACK

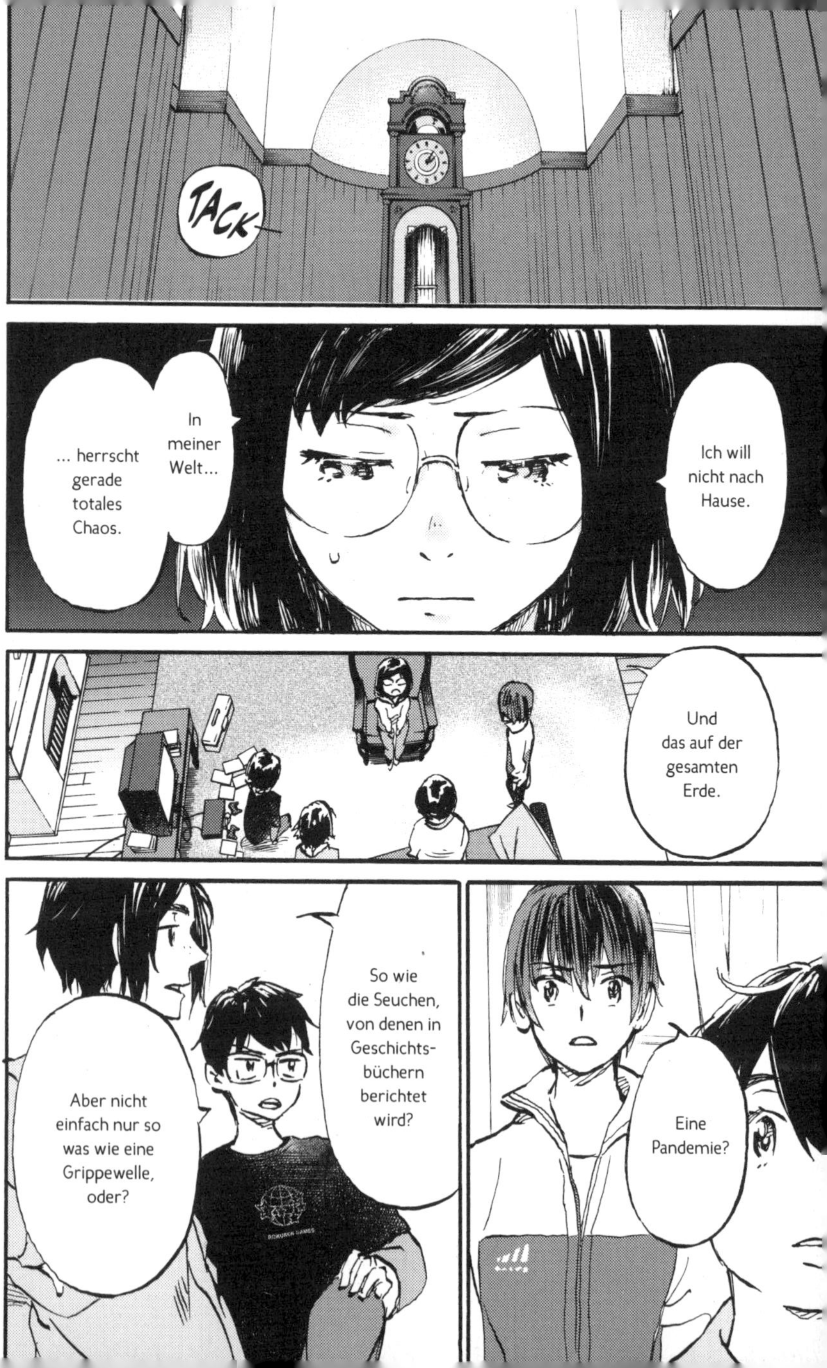
TACK
Ich will nicht nach Hause.
In meiner Welt …
… herrscht gerade totales Chaos.
Und das auf der gesamten Erde.
Eine Pandemie?
So wie die Seuchen, von denen in Geschichtsbüchern berichtet wird?
Aber nicht einfach nur so was wie eine Grippewelle, oder?

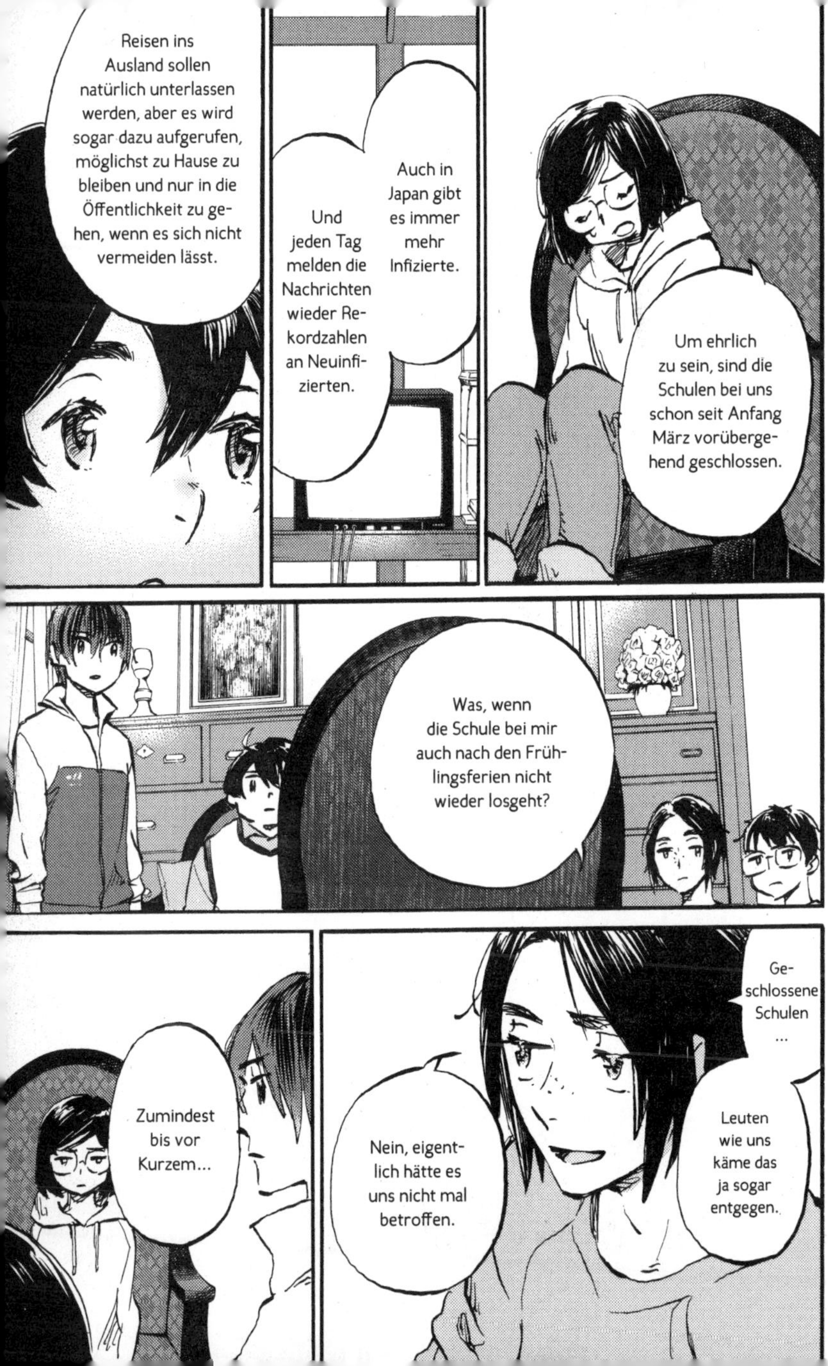

Um ehrlich zu sein, sind die Schulen bei uns schon seit Anfang März vorübergehend geschlossen.
Auch in Japan gibt es immer mehr Infizierte.
Und jeden Tag melden die Nachrichten wieder Rekordzahlen an Neuinfizierten.
Reisen ins Ausland sollen natürlich unterlassen werden, aber es wird sogar dazu aufgerufen, möglichst zu Hause zu bleiben und nur in die Öffentlichkeit zu gehen, wenn es sich nicht vermeiden lässt.
Was, wenn die Schule bei mir auch nach den Frühlingsferien nicht wieder losgeht?
Geschlossene Schulen …
Leuten wie uns käme das ja sogar entgegen.
Nein, eigentlich hätte es uns nicht mal betroffen.
Zumindest bis vor Kurzem …

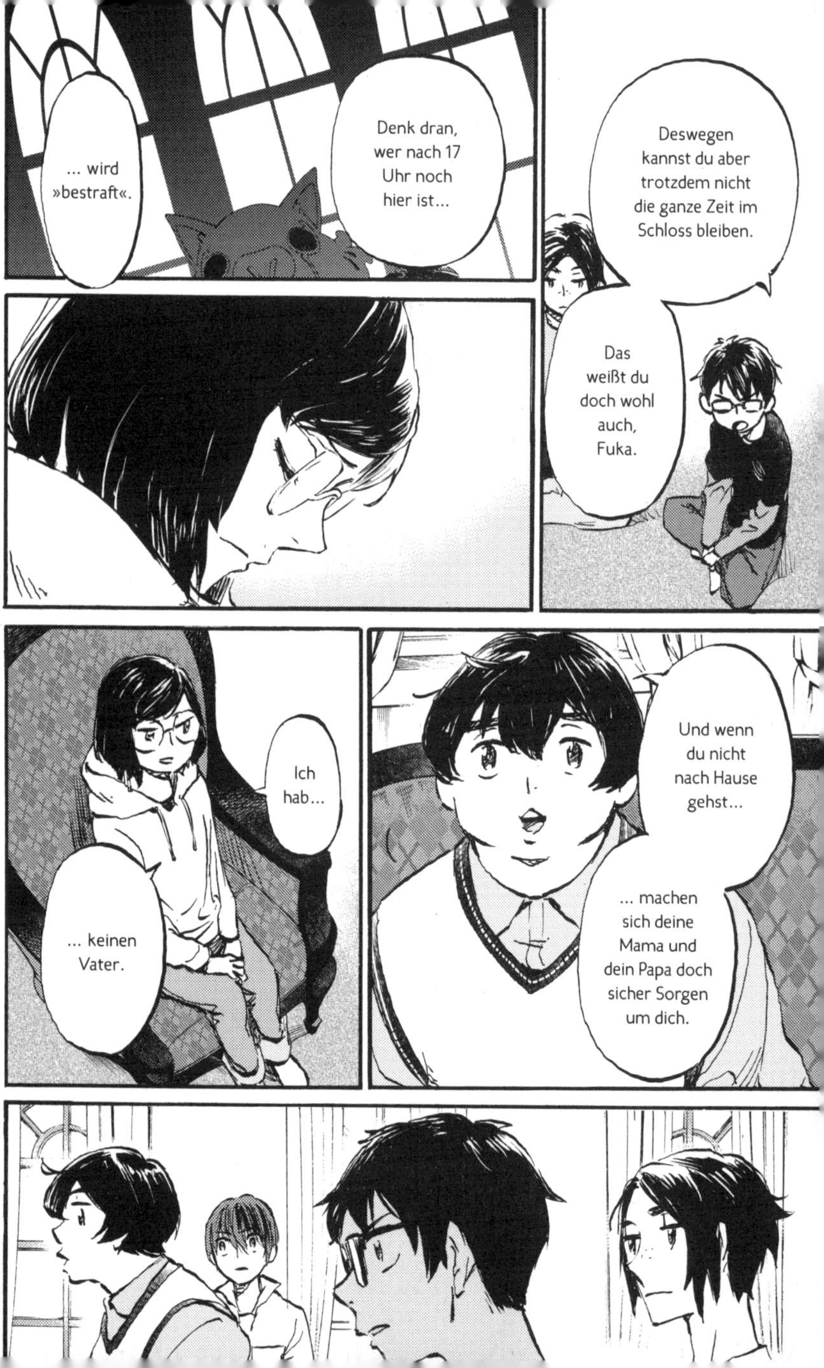
Deswegen kannst du aber trotzdem nicht die ganze Zeit im Schloss bleiben.
Das weißt du doch wohl auch, Fuka.
Denk dran, wer nach 17 Uhr noch hier ist...
... wird »bestraft«.
Und wenn du nicht nach Hause gehst...
... machen sich deine Mama und dein Papa doch sicher Sorgen um dich.
Ich hab...
... keinen Vater.

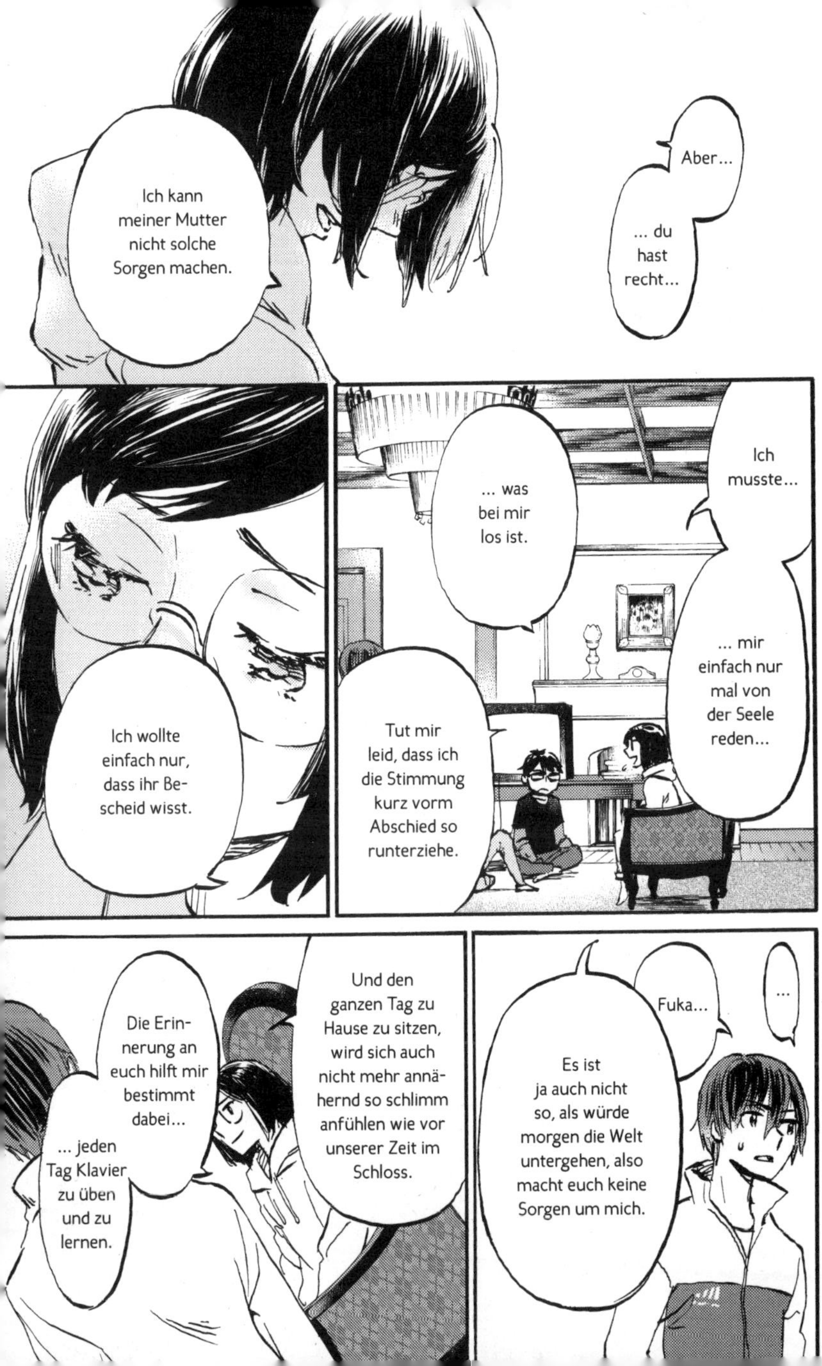
Aber...
... du hast recht...
Ich kann meiner Mutter nicht solche Sorgen machen.
Ich musste...
... mir einfach nur mal von der Seele reden...
... was bei mir los ist.
Tut mir leid, dass ich die Stimmung kurz vorm Abschied so runterziehe.
Ich wollte einfach nur, dass ihr Bescheid wisst.
...
Fuka...
Es ist ja auch nicht so, als würde morgen die Welt untergehen, also macht euch keine Sorgen um mich.
Und den ganzen Tag zu Hause zu sitzen, wird sich auch nicht mehr annähernd so schlimm anfühlen wie vor unserer Zeit im Schloss.
Die Erinnerung an euch hilft mir bestimmt dabei...
... jeden Tag Klavier zu üben und zu lernen.

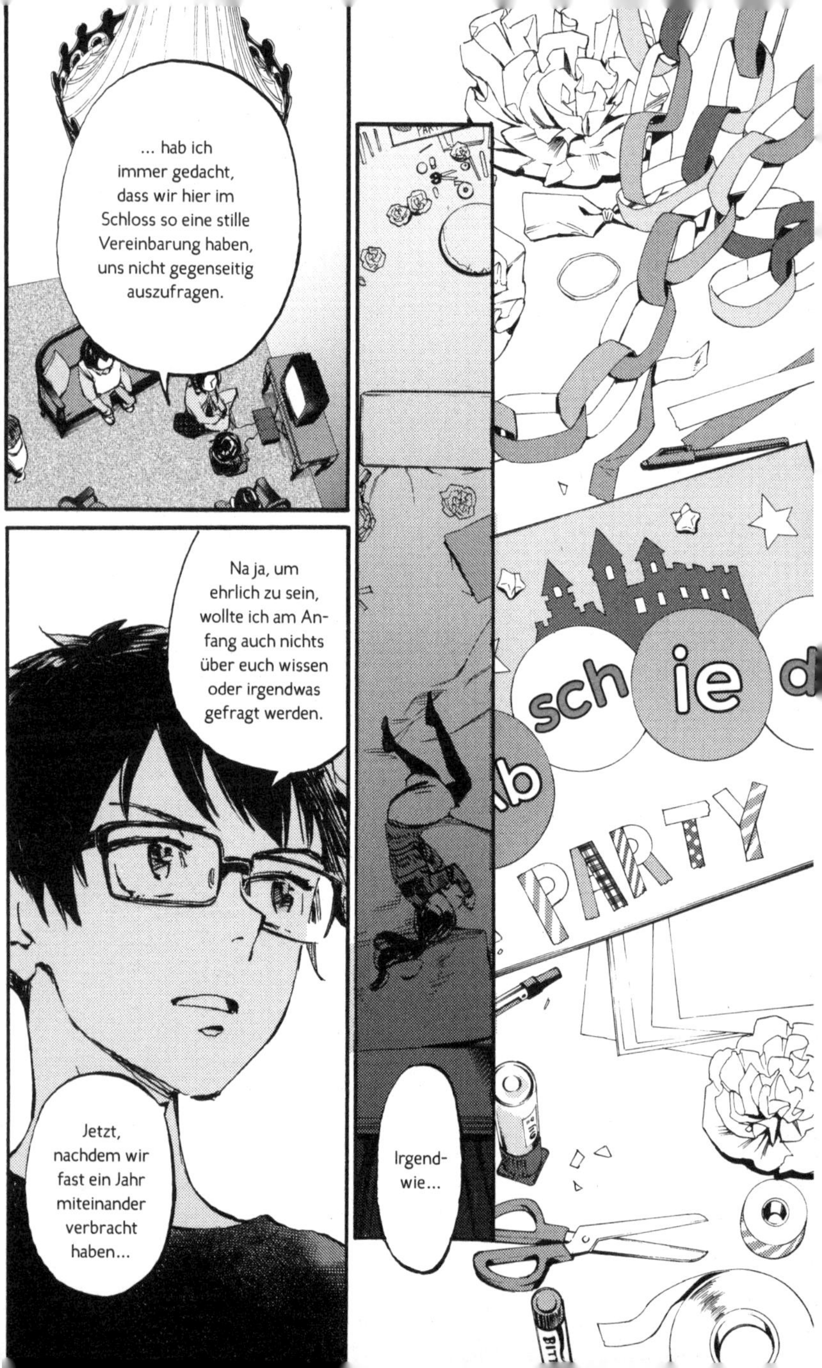
PARTY
Irgendwie...
... hab ich immer gedacht, dass wir hier im Schloss so eine stille Vereinbarung haben, uns nicht gegenseitig auszufragen.
Na ja, um ehrlich zu sein, wollte ich am Anfang auch nichts über euch wissen oder irgendwas gefragt werden.
Jetzt, nachdem wir fast ein Jahr miteinander verbracht haben...

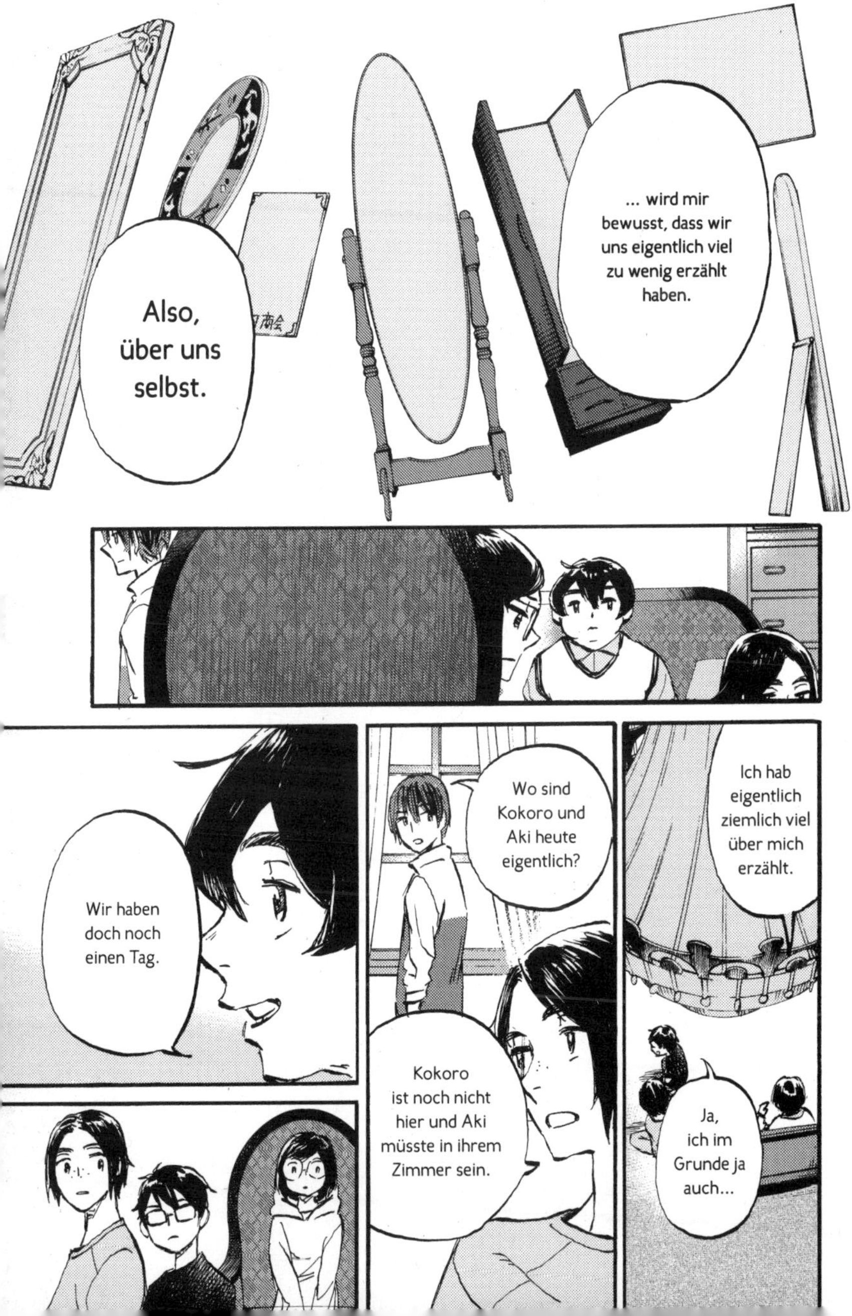
... wird mir bewusst, dass wir uns eigentlich viel zu wenig erzählt haben.
Also, über uns selbst.
Ich hab eigentlich ziemlich viel über mich erzählt.
Ja, ich im Grunde ja auch...
Wo sind Kokoro und Aki heute eigentlich?
Kokoro ist noch nicht hier und Aki müsste in ihrem Zimmer sein.
Wir haben doch noch einen Tag.

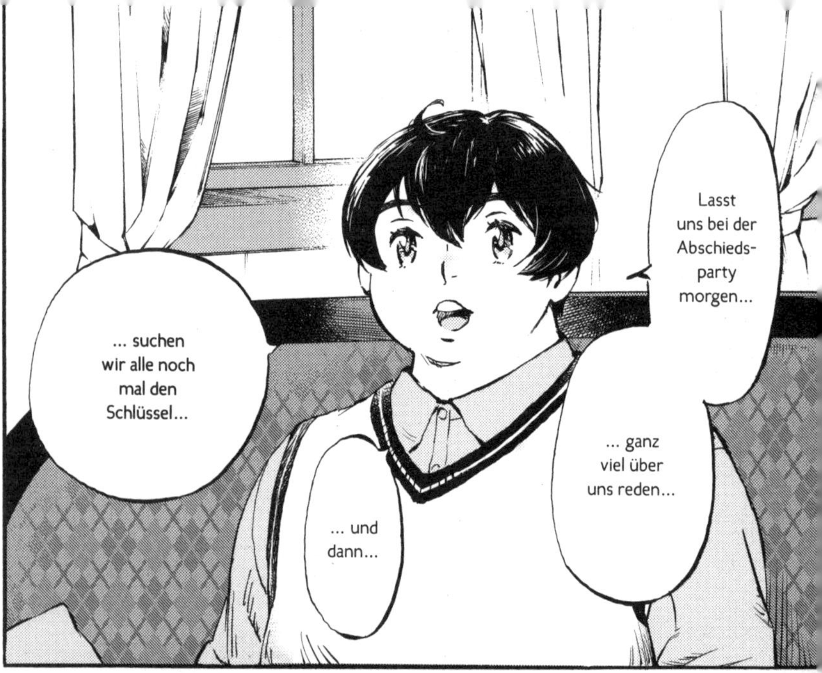
Lasst uns bei der Abschieds-party morgen...
... ganz viel über uns reden...
... und dann...
... suchen wir alle noch mal den Schlüssel...

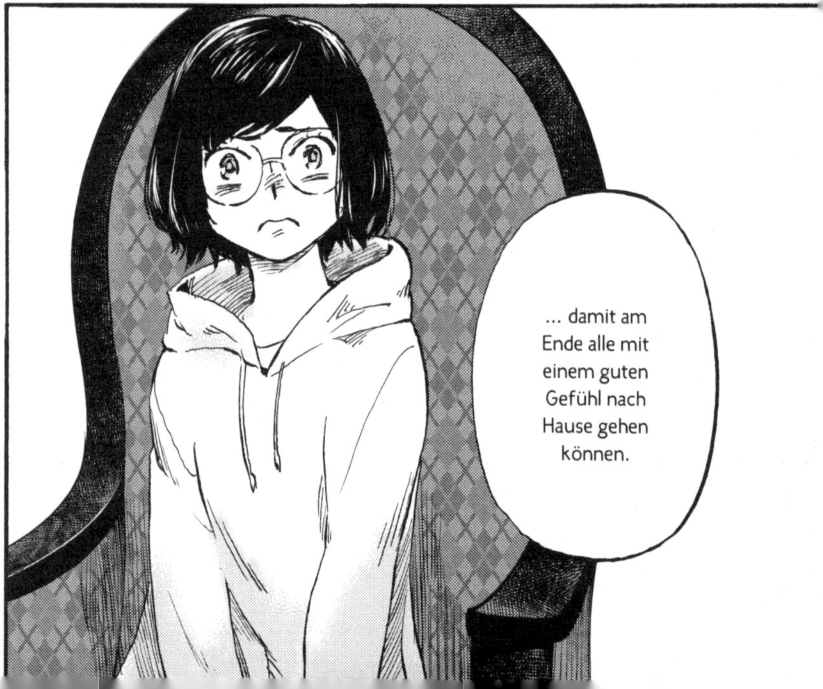
... damit am Ende alle mit einem guten Gefühl nach Hause gehen können.

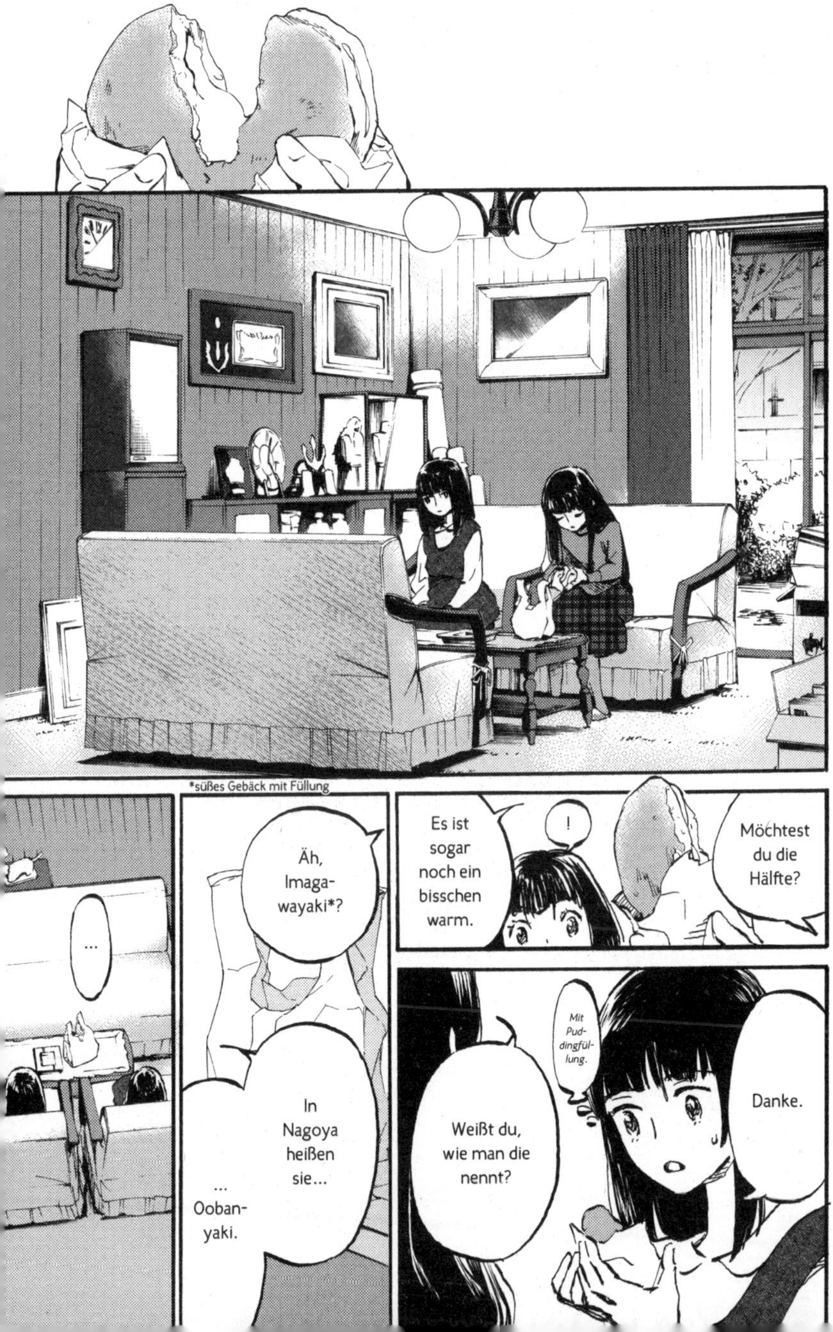

*süßes Gebäck mit Füllung

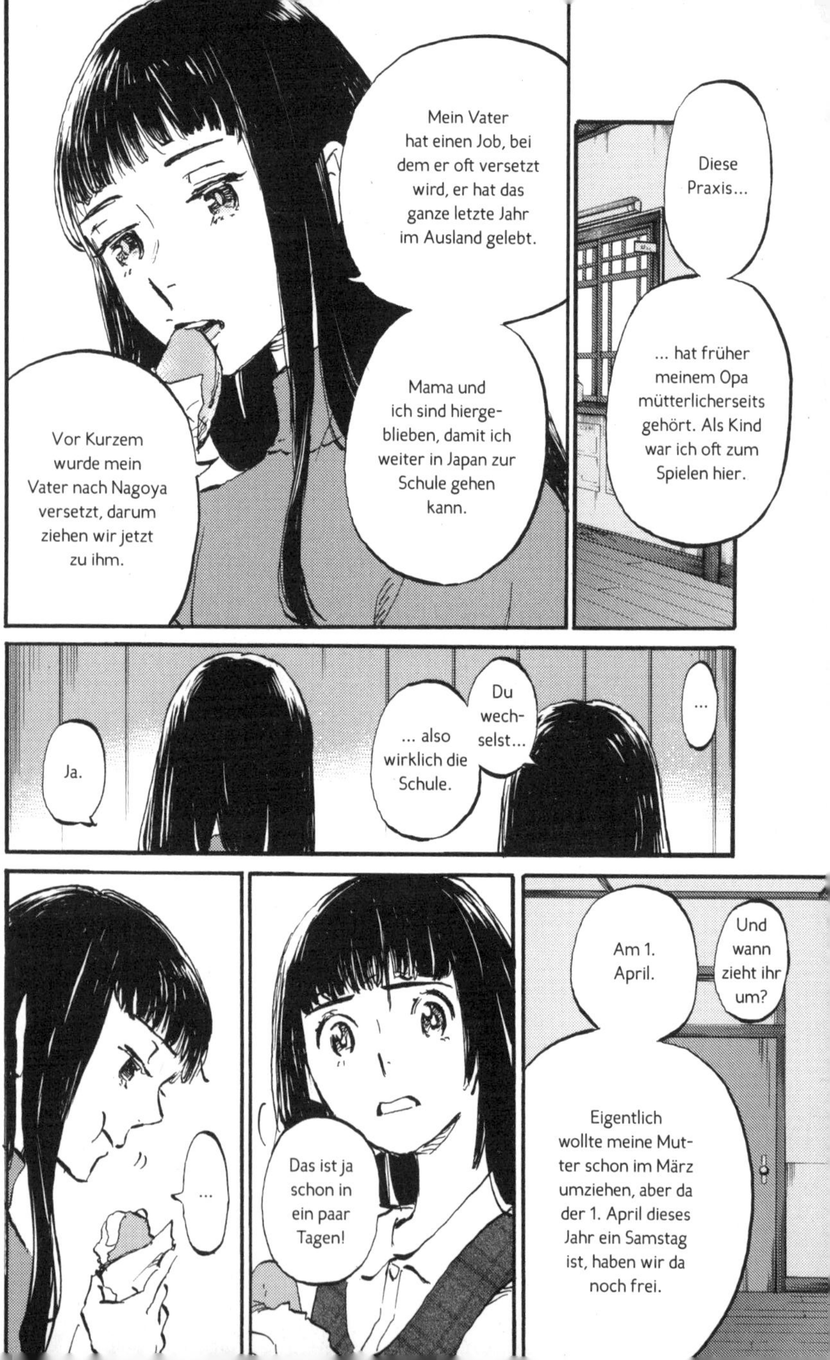
Diese Praxis...
... hat früher meinem Opa mütterlicherseits gehört. Als Kind war ich oft zum Spielen hier.
Mein Vater hat einen Job, bei dem er oft versetzt wird, er hat das ganze letzte Jahr im Ausland gelebt.
Mama und ich sind hiergeblieben, damit ich weiter in Japan zur Schule gehen kann.
Vor Kurzem wurde mein Vater nach Nagoya versetzt, darum ziehen wir jetzt zu ihm.
...
Du wechselst...
... also wirklich die Schule.
Ja.
Und wann zieht ihr um?
Am 1. April.
Eigentlich wollte meine Mutter schon im März umziehen, aber da der 1. April dieses Jahr ein Samstag ist, haben wir da noch frei.
Das ist ja schon in ein paar Tagen!
...

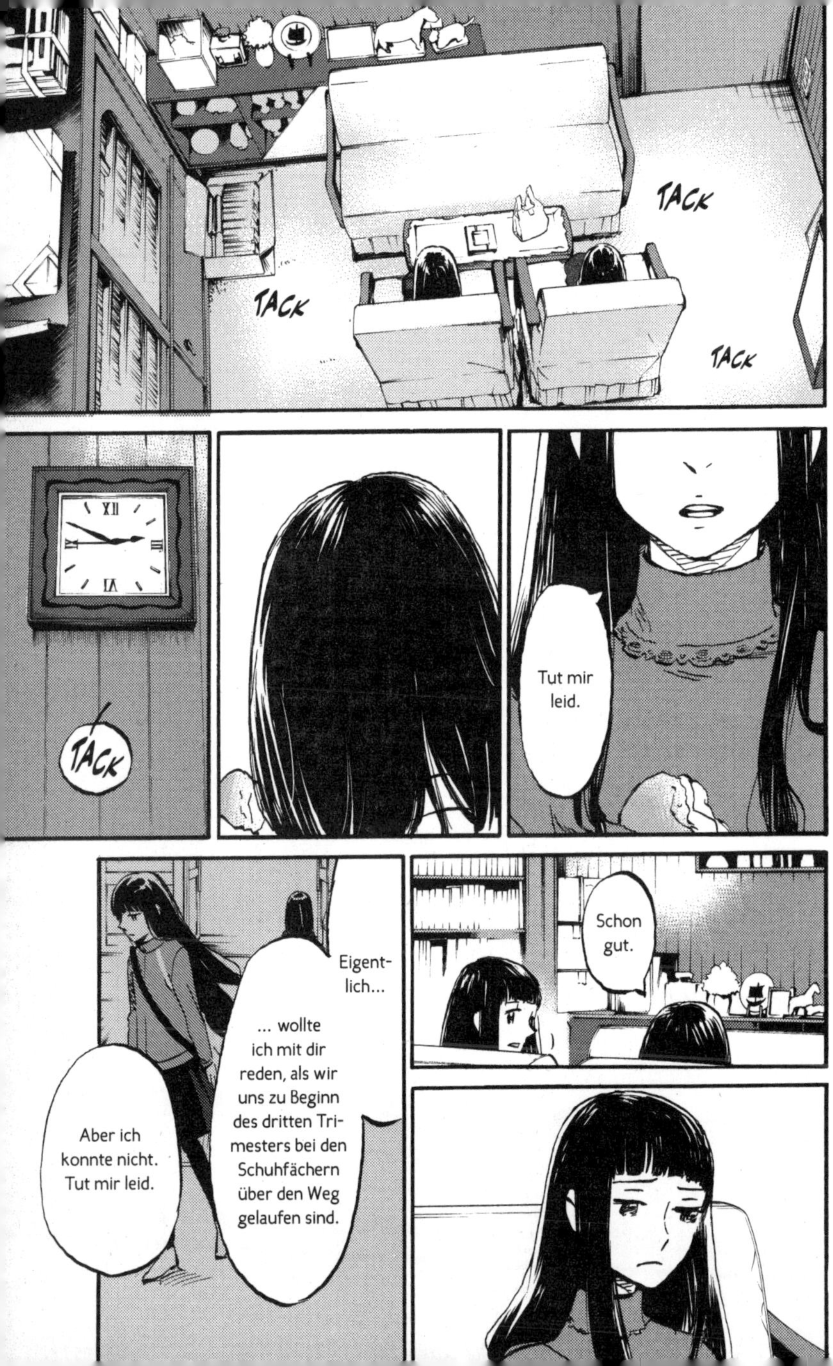
TACK
TACK
TACK
Tut mir leid.
TACK
Schon gut.
Eigent- lich…
… wollte ich mit dir reden, als wir uns zu Beginn des dritten Tri- mesters bei den Schuhfächern über den Weg gelaufen sind.
Aber ich konnte nicht. Tut mir leid.

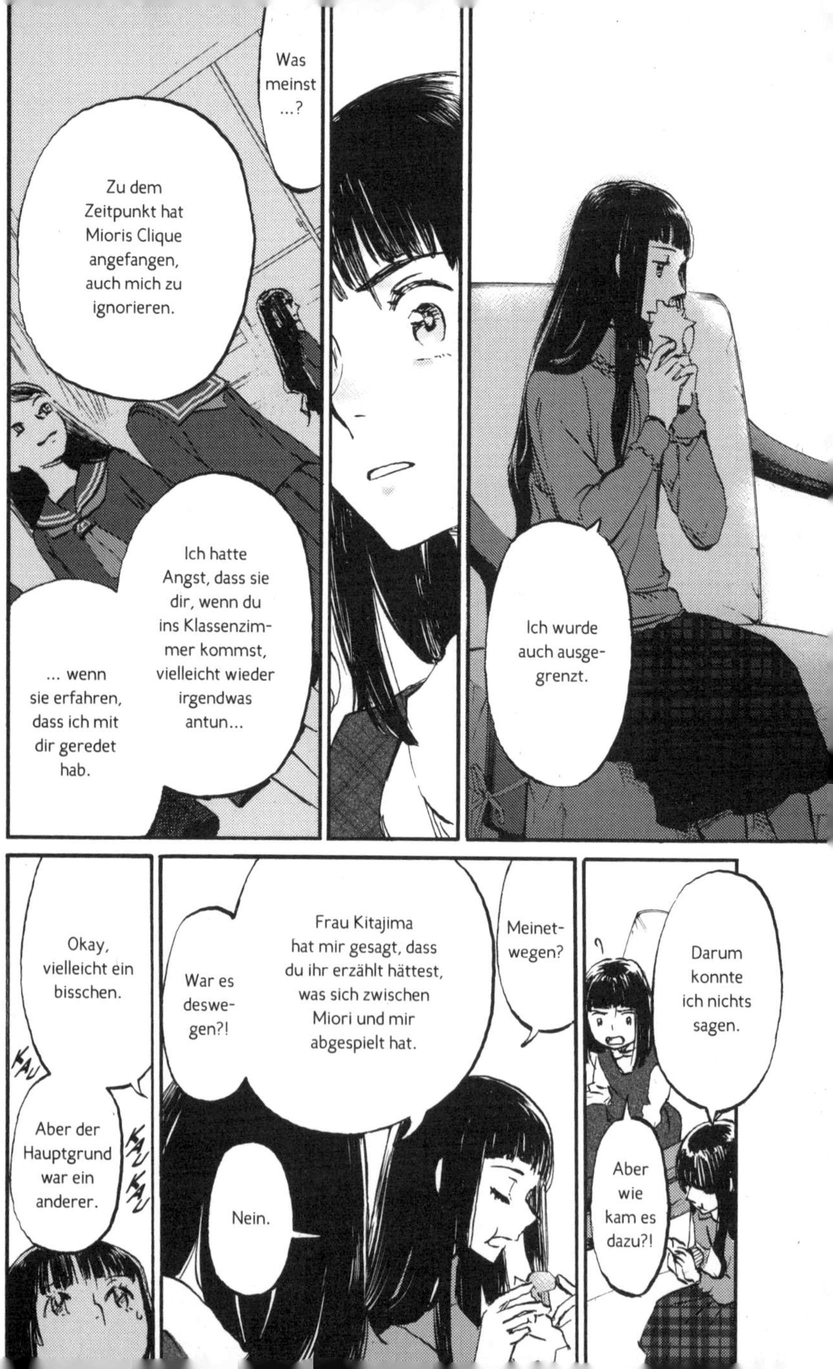
Ich wurde auch ausgegrenzt.
Was meinst …?
Zu dem Zeitpunkt hat Mioris Clique angefangen, auch mich zu ignorieren.
Ich hatte Angst, dass sie dir, wenn du ins Klassenzimmer kommst, vielleicht wieder irgendwas antun…
… wenn sie erfahren, dass ich mit dir geredet hab.
Darum konnte ich nichts sagen.
Aber wie kam es dazu?!
Meinetwegen?
Frau Kitajima hat mir gesagt, dass du ihr erzählt hättest, was sich zwischen Miori und mir abgespielt hat.
War es deswegen?!
Nein.
Okay, vielleicht ein bisschen.
KAU
Aber der Hauptgrund war ein anderer.
KAU KAU KAU

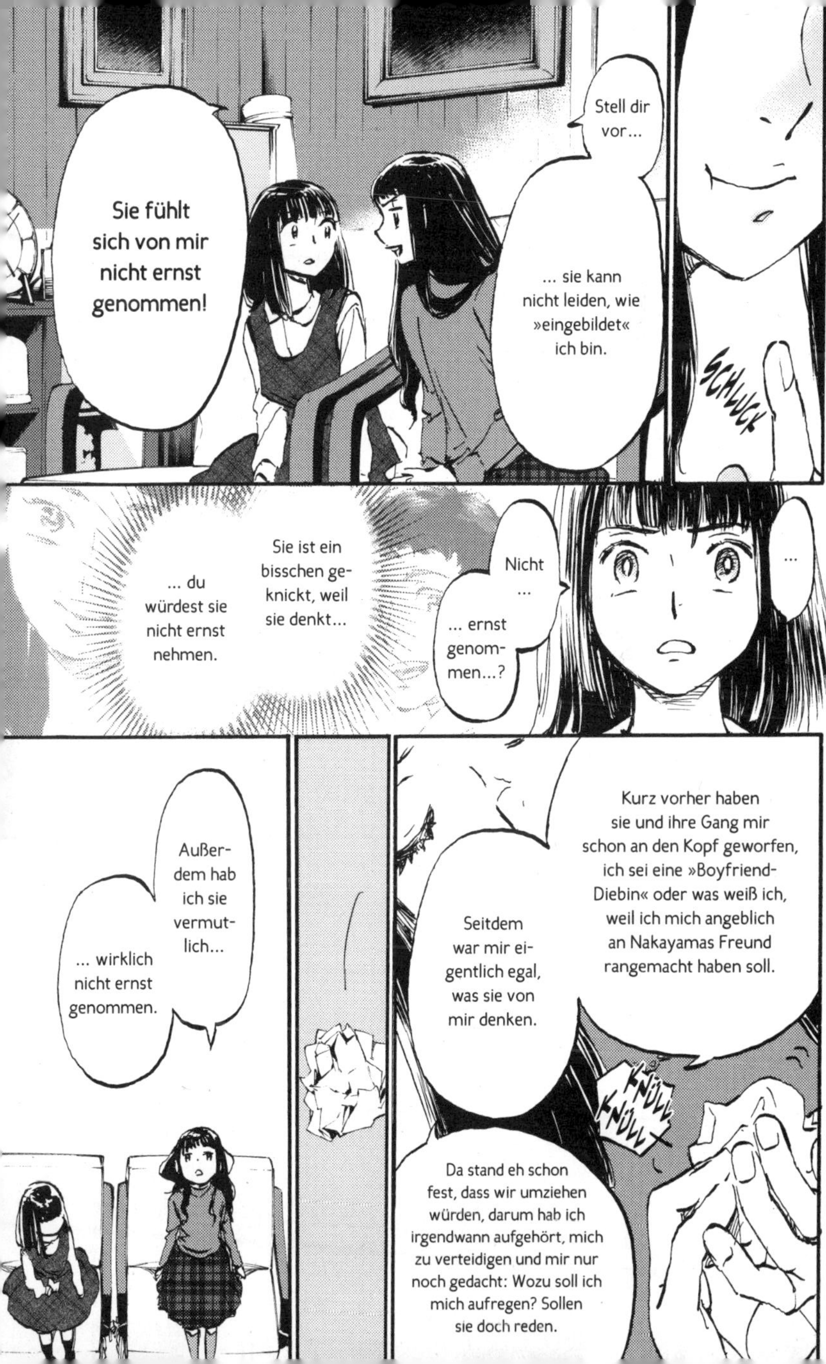
SCHLUCK
Stell dir vor…
… sie kann nicht leiden, wie »eingebildet« ich bin.
Sie fühlt sich von mir nicht ernst genommen!
…
Nicht …
… ernst genom-men…?
Sie ist ein bisschen ge-knickt, weil sie denkt…
… du würdest sie nicht ernst nehmen.
Kurz vorher haben sie und ihre Gang mir schon an den Kopf geworfen, ich sei eine »Boyfriend-Diebin« oder was weiß ich, weil ich mich angeblich an Nakayamas Freund rangemacht haben soll.
Seitdem war mir ei-gentlich egal, was sie von mir denken.
KNÜLL KNÜLL
Da stand eh schon fest, dass wir umziehen würden, darum hab ich irgendwann aufgehört, mich zu verteidigen und mir nur noch gedacht: Wozu soll ich mich aufregen? Sollen sie doch reden.
Außer-dem hab ich sie vermut-lich…
… wirklich nicht ernst genommen.

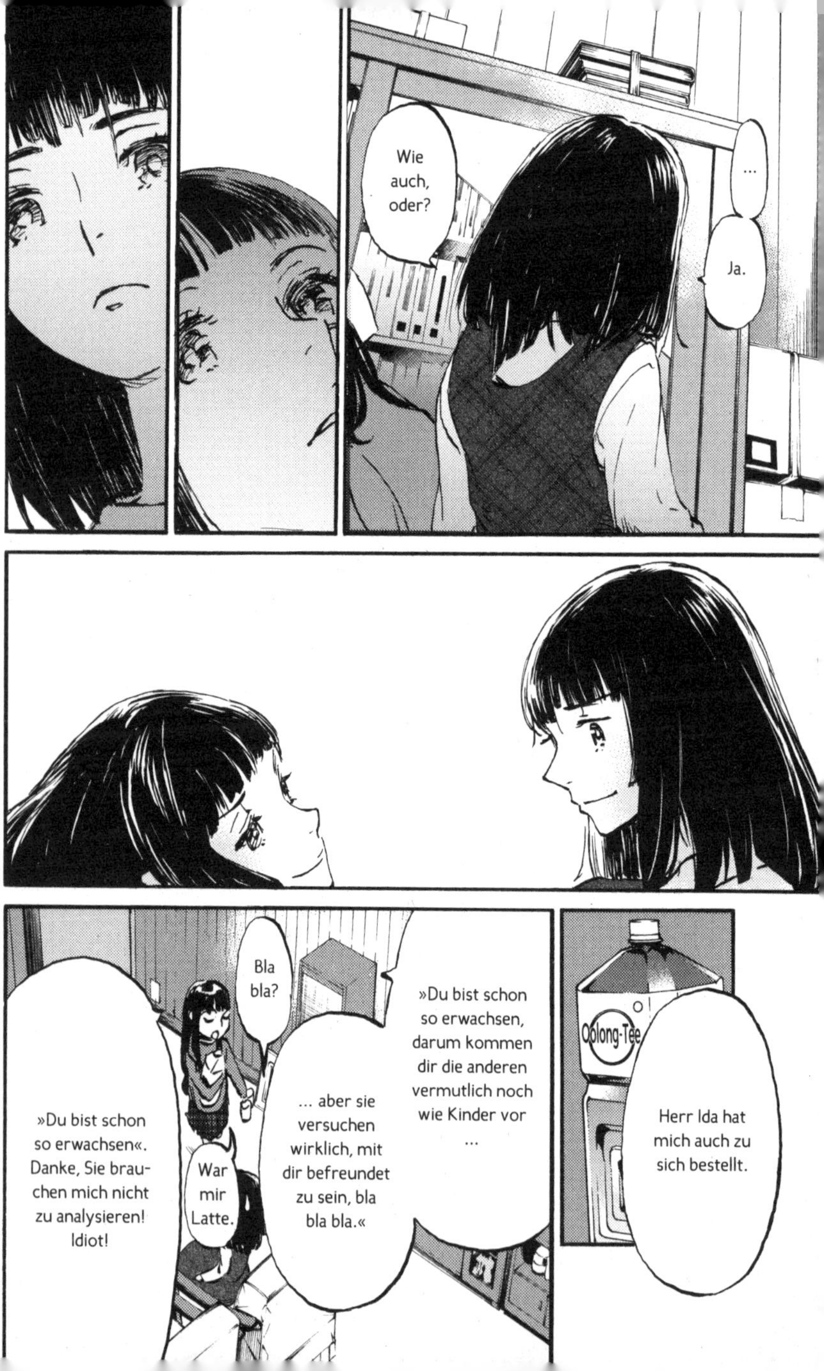
…
Ja.
Wie auch, oder?
Herr Ida hat mich auch zu sich bestellt.
Oolong-Tee
»Du bist schon so erwachsen, darum kommen dir die anderen vermutlich noch wie Kinder vor …
… aber sie versuchen wirklich, mit dir befreundet zu sein, bla bla bla.«
Bla bla?
War mir Latte.
»Du bist schon so erwachsen«. Danke, Sie brauchen mich nicht zu analysieren! Idiot!

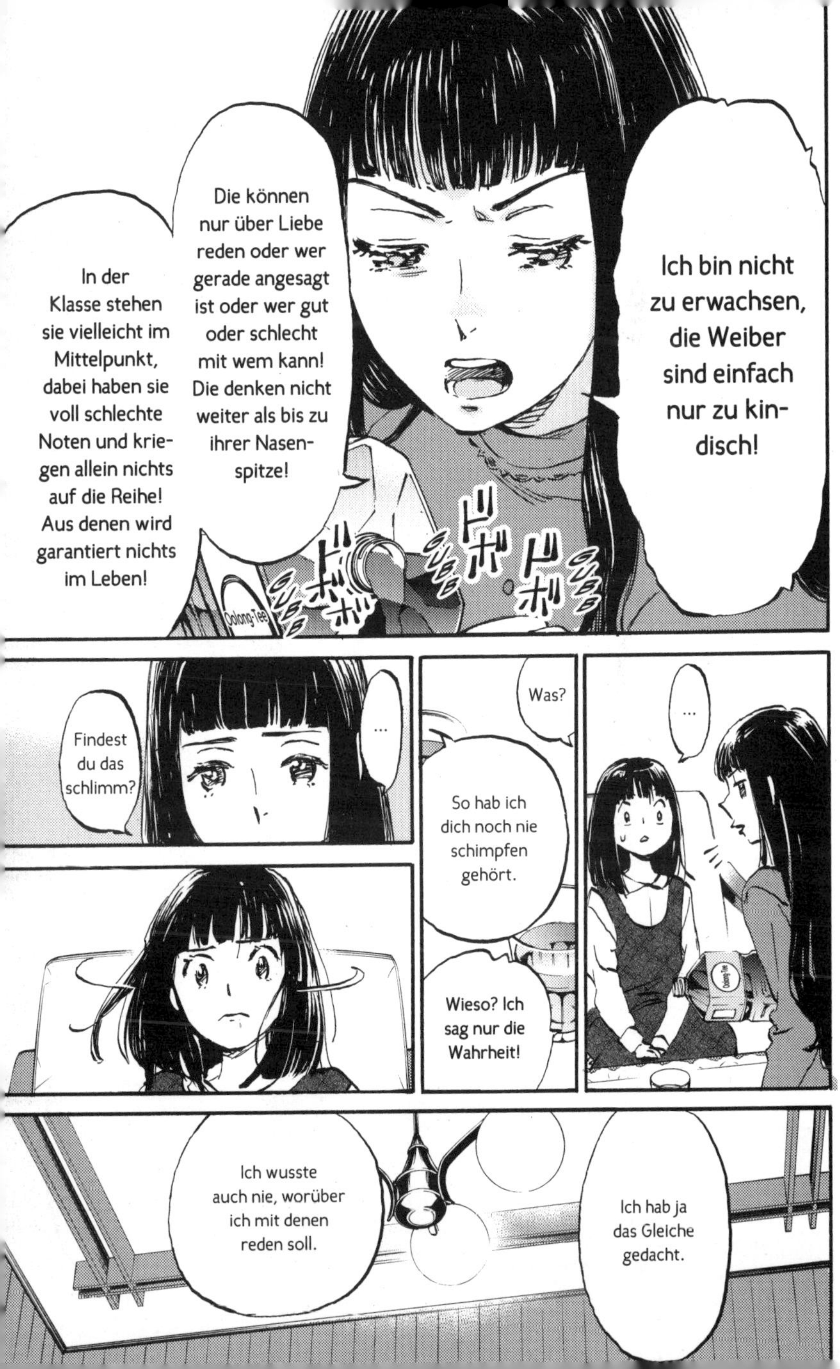
Ich bin nicht zu erwachsen, die Weiber sind einfach nur zu kindisch!
Die können nur über Liebe reden oder wer gerade angesagt ist oder wer gut oder schlecht mit wem kann! Die denken nicht weiter als bis zu ihrer Nasenspitze!
In der Klasse stehen sie vielleicht im Mittelpunkt, dabei haben sie voll schlechte Noten und kriegen allein nichts auf die Reihe! Aus denen wird garantiert nichts im Leben!
Oolong-Tee
…
Was?
So hab ich dich noch nie schimpfen gehört.
Wieso? Ich sag nur die Wahrheit!
…
Findest du das schlimm?
Oolong-Tee
Ich hab ja das Gleiche gedacht.
Ich wusste auch nie, worüber ich mit denen reden soll.

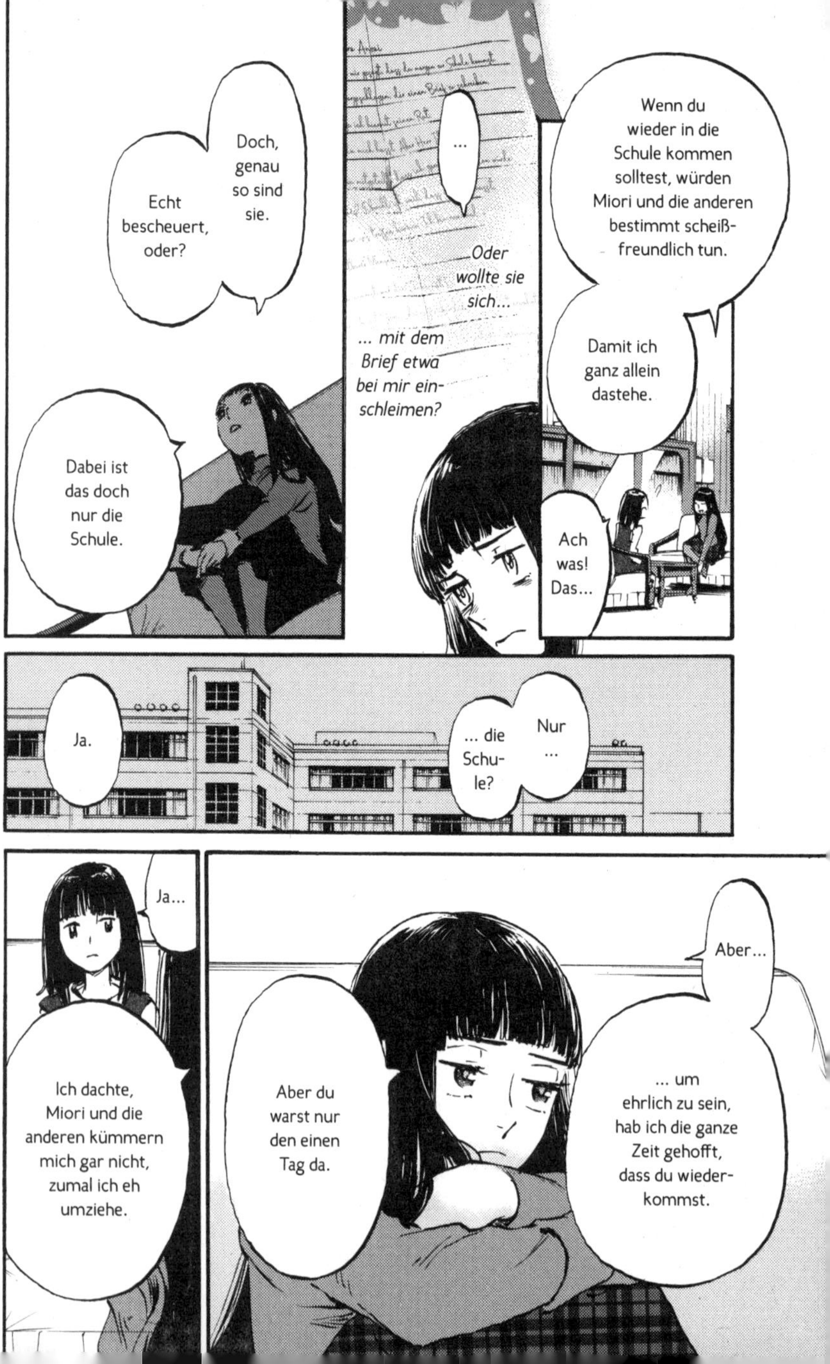

Wenn du wieder in die Schule kommen solltest, würden Miori und die anderen bestimmt scheiß-freundlich tun.
Damit ich ganz allein dastehe.
Ach was! Das...
...
Oder wollte sie sich...
... mit dem Brief etwa bei mir einschleimen?
Doch, genau so sind sie.
Echt bescheuert, oder?
Dabei ist das doch nur die Schule.
Nur ...
... die Schule?
Ja.
Aber...
... um ehrlich zu sein, hab ich die ganze Zeit gehofft, dass du wiederkommst.
Aber du warst nur den einen Tag da.
Ja...
Ich dachte, Miori und die anderen kümmern mich gar nicht, zumal ich eh umziehe.

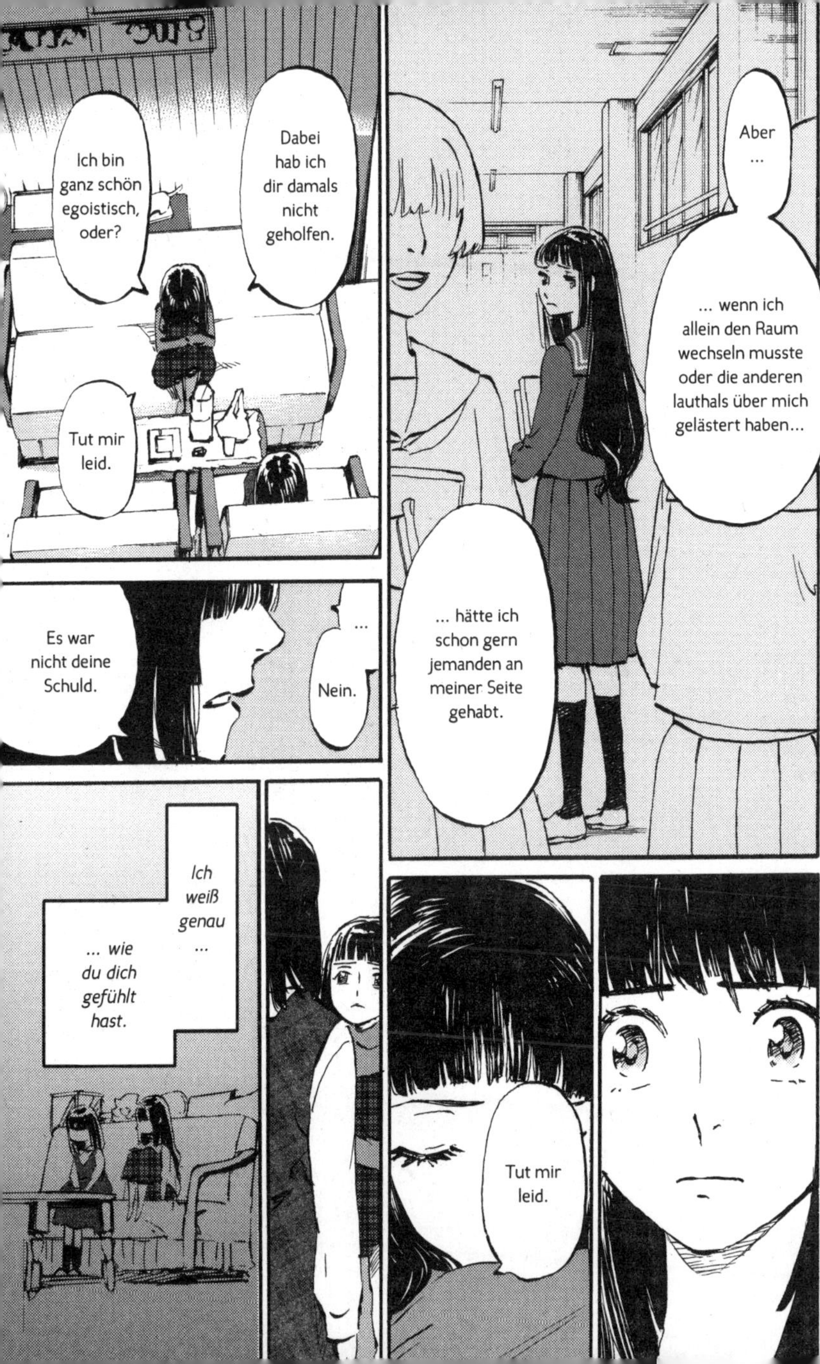
Aber ...
... wenn ich allein den Raum wechseln musste oder die anderen lauthals über mich gelästert haben...
... hätte ich schon gern jemanden an meiner Seite gehabt.
Dabei hab ich dir damals nicht geholfen.
Ich bin ganz schön egoistisch, oder?
Tut mir leid.
... Nein.
Es war nicht deine Schuld.
Tut mir leid.
Ich weiß genau ...
... wie du dich gefühlt hast.

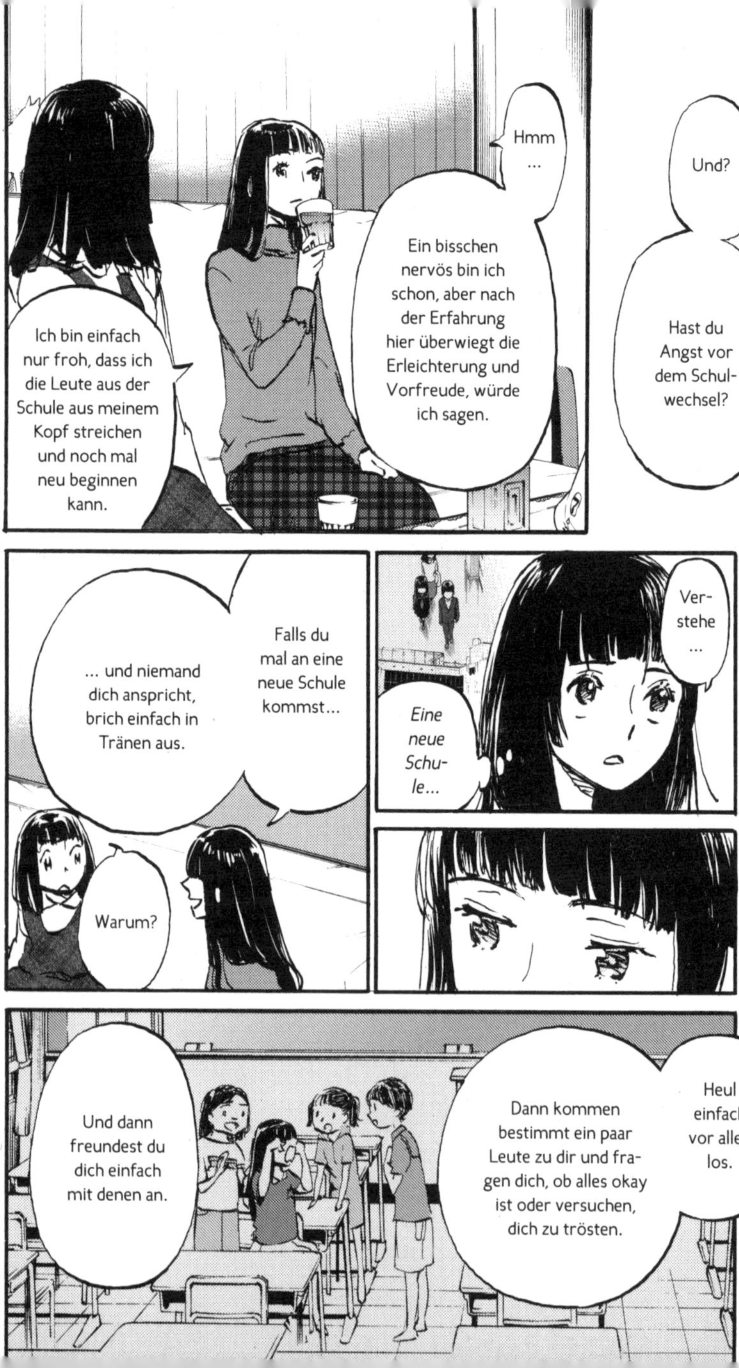
Und?
Hast du Angst vor dem Schulwechsel?
Hmm ...
Ein bisschen nervös bin ich schon, aber nach der Erfahrung hier überwiegt die Erleichterung und Vorfreude, würde ich sagen.
Ich bin einfach nur froh, dass ich die Leute aus der Schule aus meinem Kopf streichen und noch mal neu beginnen kann.
Ver-stehe ...
Eine neue Schu-le...
Falls du mal an eine neue Schule kommst...
... und niemand dich anspricht, brich einfach in Tränen aus.
Warum?
Heul einfach vor allen los.
Dann kommen bestimmt ein paar Leute zu dir und fra-gen dich, ob alles okay ist oder versuchen, dich zu trösten.
Und dann freundest du dich einfach mit denen an.

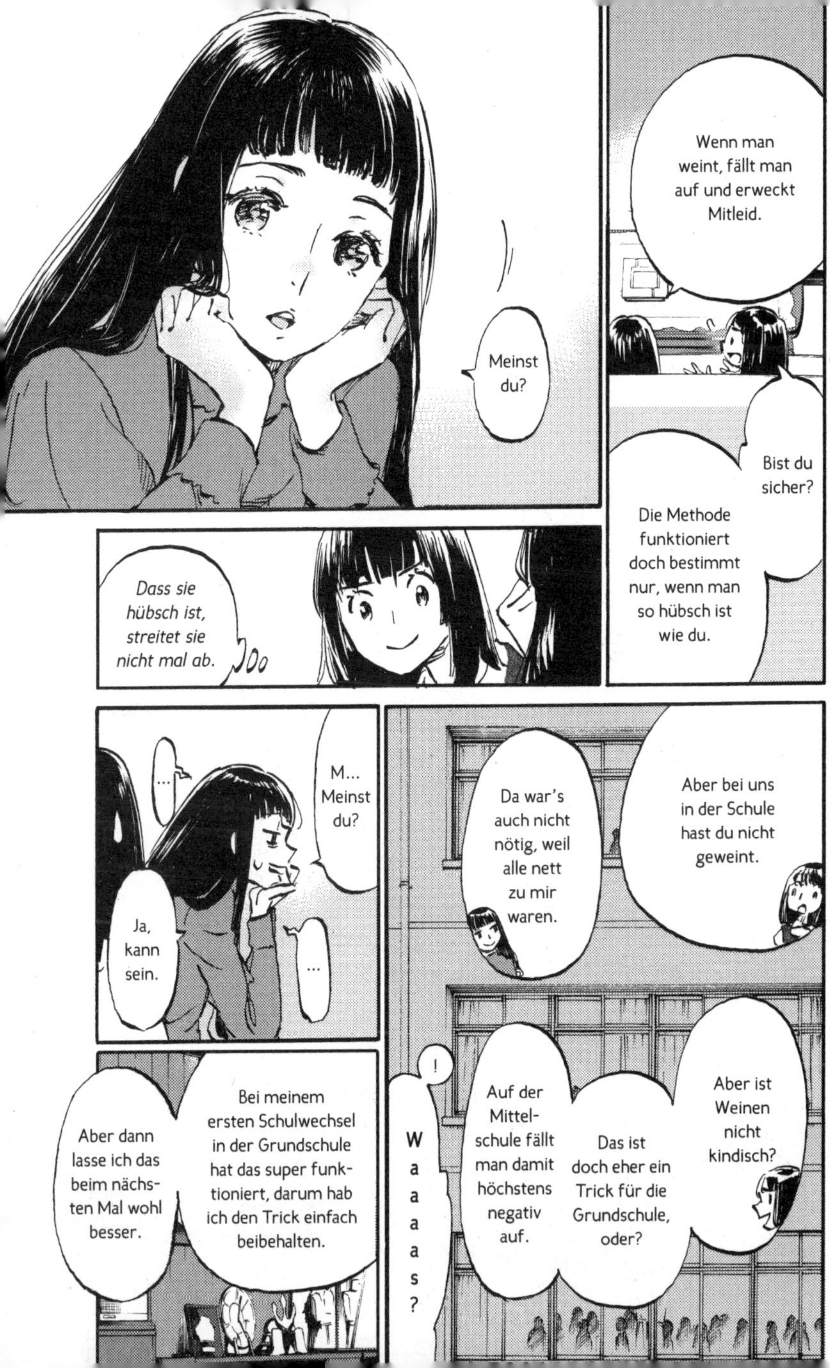
Wenn man weint, fällt man auf und erweckt Mitleid.
Meinst du?
Bist du sicher?
Die Methode funktioniert doch bestimmt nur, wenn man so hübsch ist wie du.
Dass sie hübsch ist, streitet sie nicht mal ab.
Aber bei uns in der Schule hast du nicht geweint.
Da war's auch nicht nötig, weil alle nett zu mir waren.
M… Meinst du?
…
Ja, kann sein.
…
Aber ist Weinen nicht kindisch?
Das ist doch eher ein Trick für die Grundschule, oder?
Auf der Mittelschule fällt man damit höchstens negativ auf.
!
Waaaas?
Bei meinem ersten Schulwechsel in der Grundschule hat das super funktioniert, darum hab ich den Trick einfach beibehalten.
Aber dann lasse ich das beim nächsten Mal wohl besser.

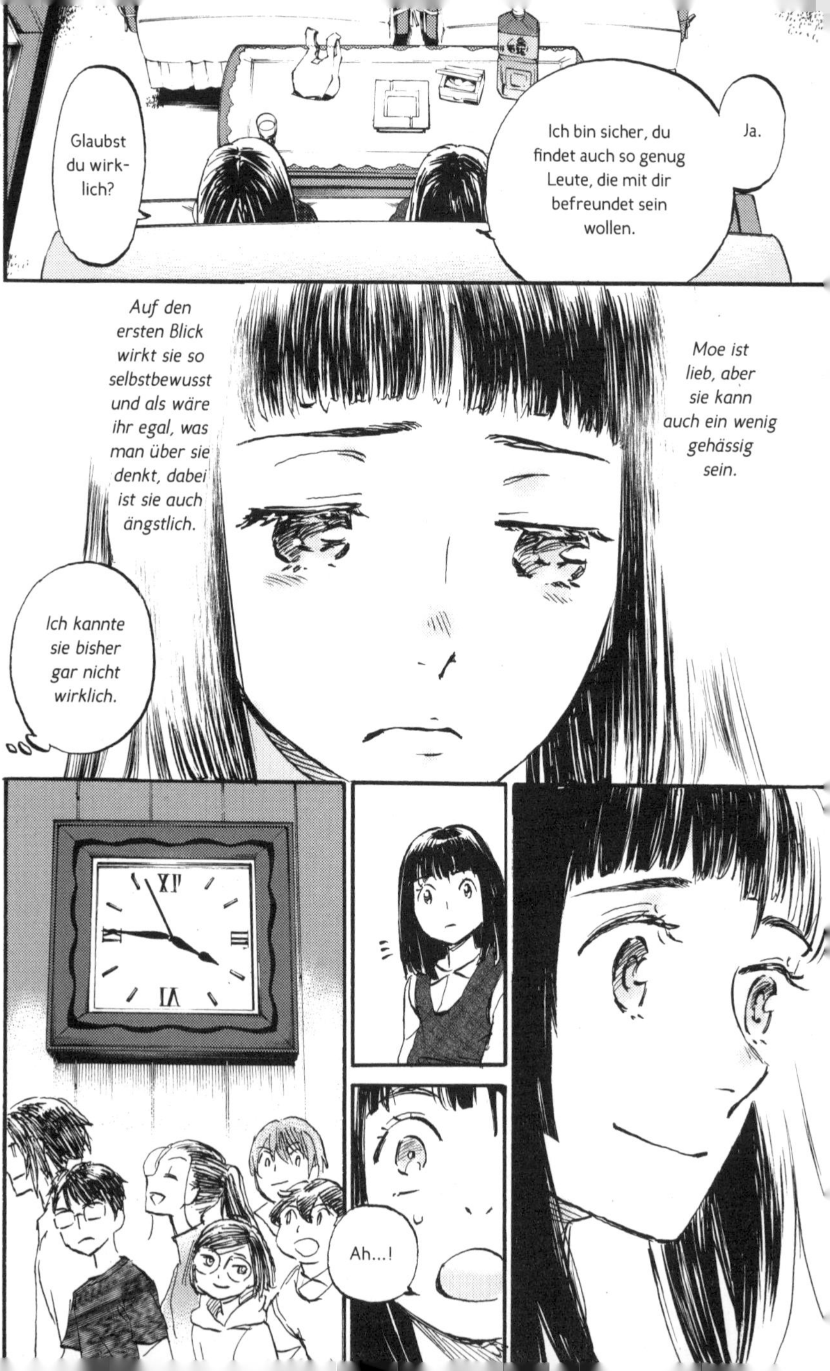
Ja.
Ich bin sicher, du findet auch so genug Leute, die mit dir befreundet sein wollen.
Glaubst du wirklich?
Moe ist lieb, aber sie kann auch ein wenig gehässig sein.
Auf den ersten Blick wirkt sie so selbstbewusst und als wäre ihr egal, was man über sie denkt, dabei ist sie auch ängstlich.
Ich kannte sie bisher gar nicht wirklich.
Ah...!

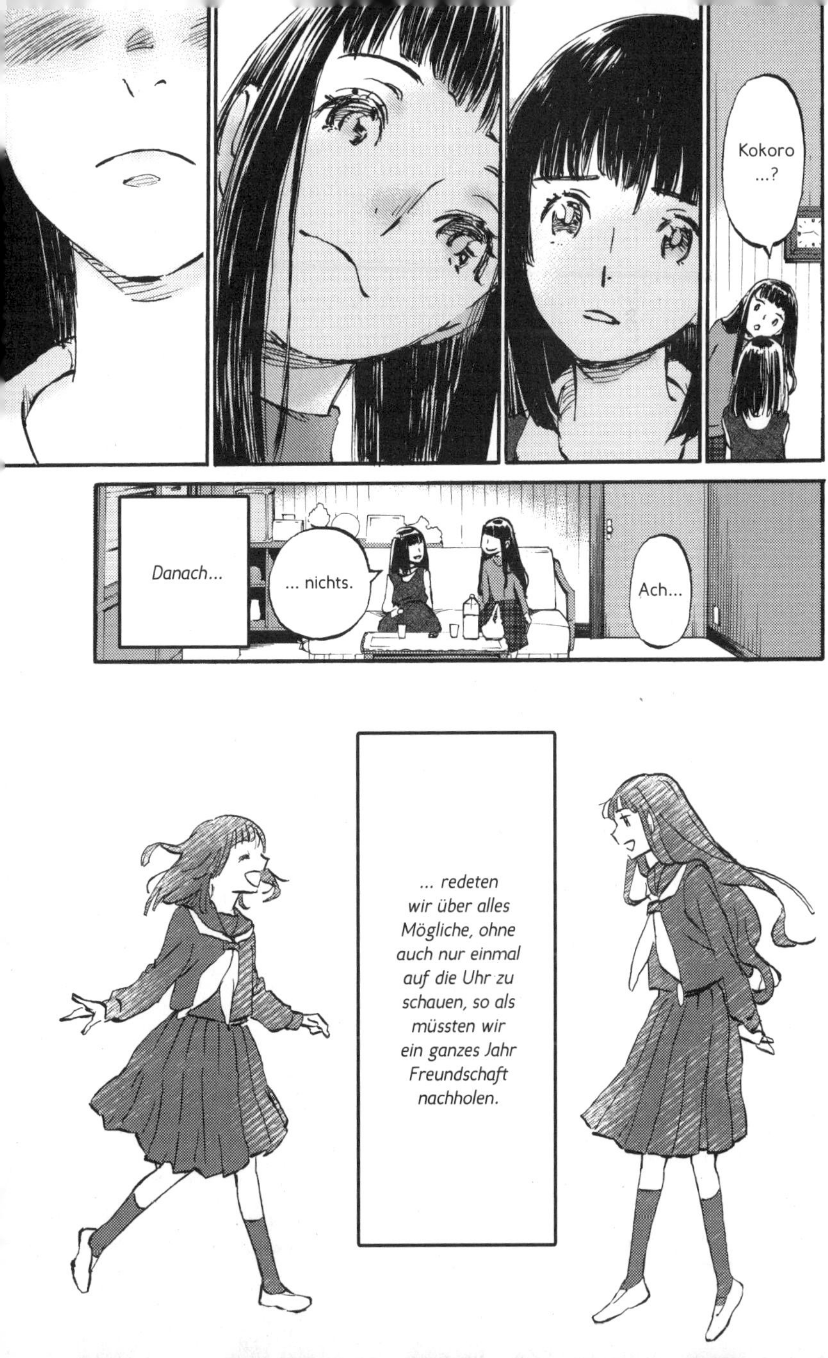
Kokoro ...?
Ach...
... nichts.
Danach...
... redeten wir über alles Mögliche, ohne auch nur einmal auf die Uhr zu schauen, so als müssten wir ein ganzes Jahr Freundschaft nachholen.

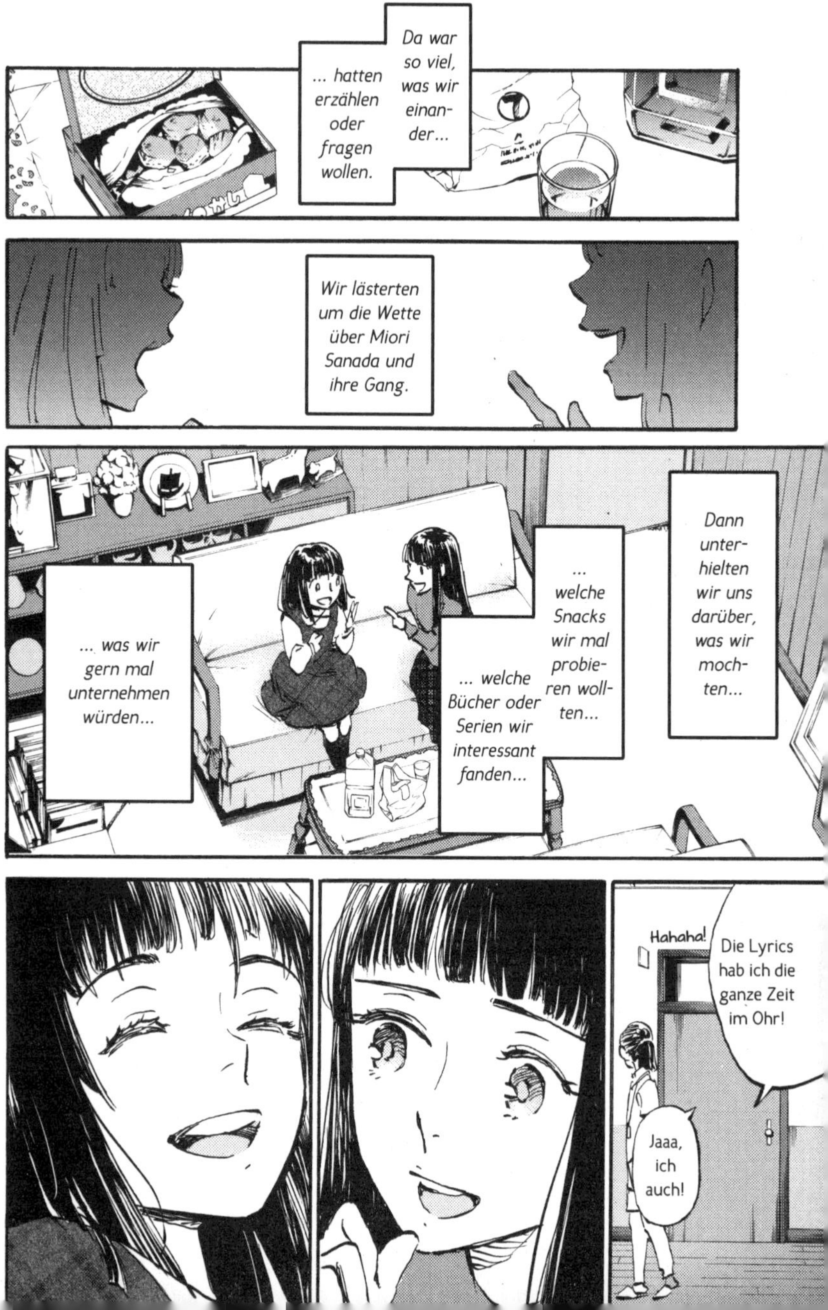

Da war so viel, was wir einander...
... hatten erzählen oder fragen wollen.
Wir lästerten um die Wette über Miori Sanada und ihre Gang.
Dann unterhielten wir uns darüber, was wir mochten...
... welche Snacks wir mal probieren wollten...
... welche Bücher oder Serien wir interessant fanden...
... was wir gern mal unternehmen würden...
Hahaha!
Die Lyrics hab ich die ganze Zeit im Ohr!
Jaaa, ich auch!

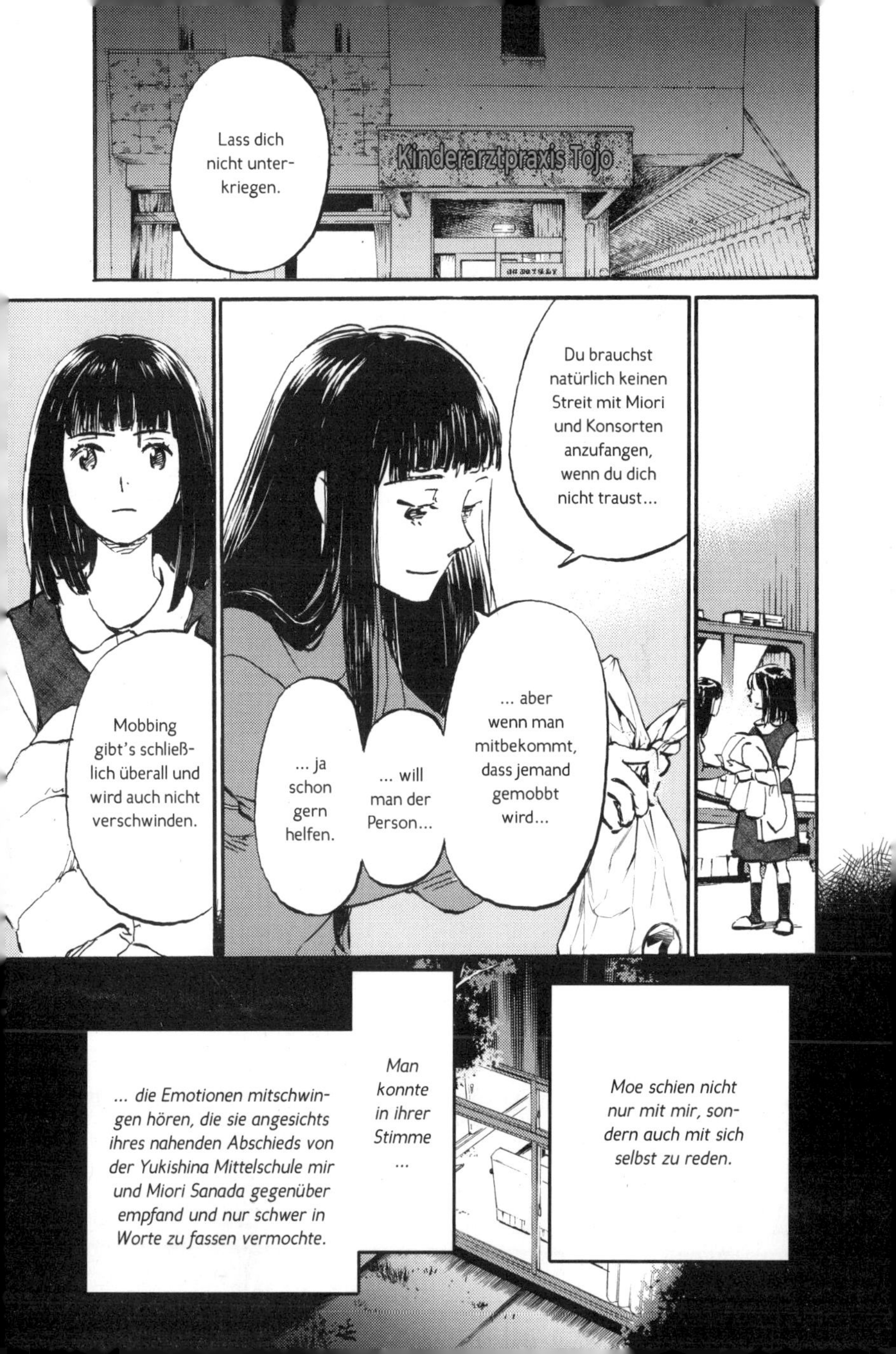
Kinderarztpraxis Tojo
Lass dich nicht unterkriegen.
Du brauchst natürlich keinen Streit mit Miori und Konsorten anzufangen, wenn du dich nicht traust…
… aber wenn man mitbekommt, dass jemand gemobbt wird…
… will man der Person…
… ja schon gern helfen.
Mobbing gibt's schließlich überall und wird auch nicht verschwinden.
Moe schien nicht nur mit mir, sondern auch mit sich selbst zu reden.
Man konnte in ihrer Stimme …
… die Emotionen mitschwingen hören, die sie angesichts ihres nahenden Abschieds von der Yukishina Mittelschule mir und Miori Sanada gegenüber empfand und nur schwer in Worte zu fassen vermochte.

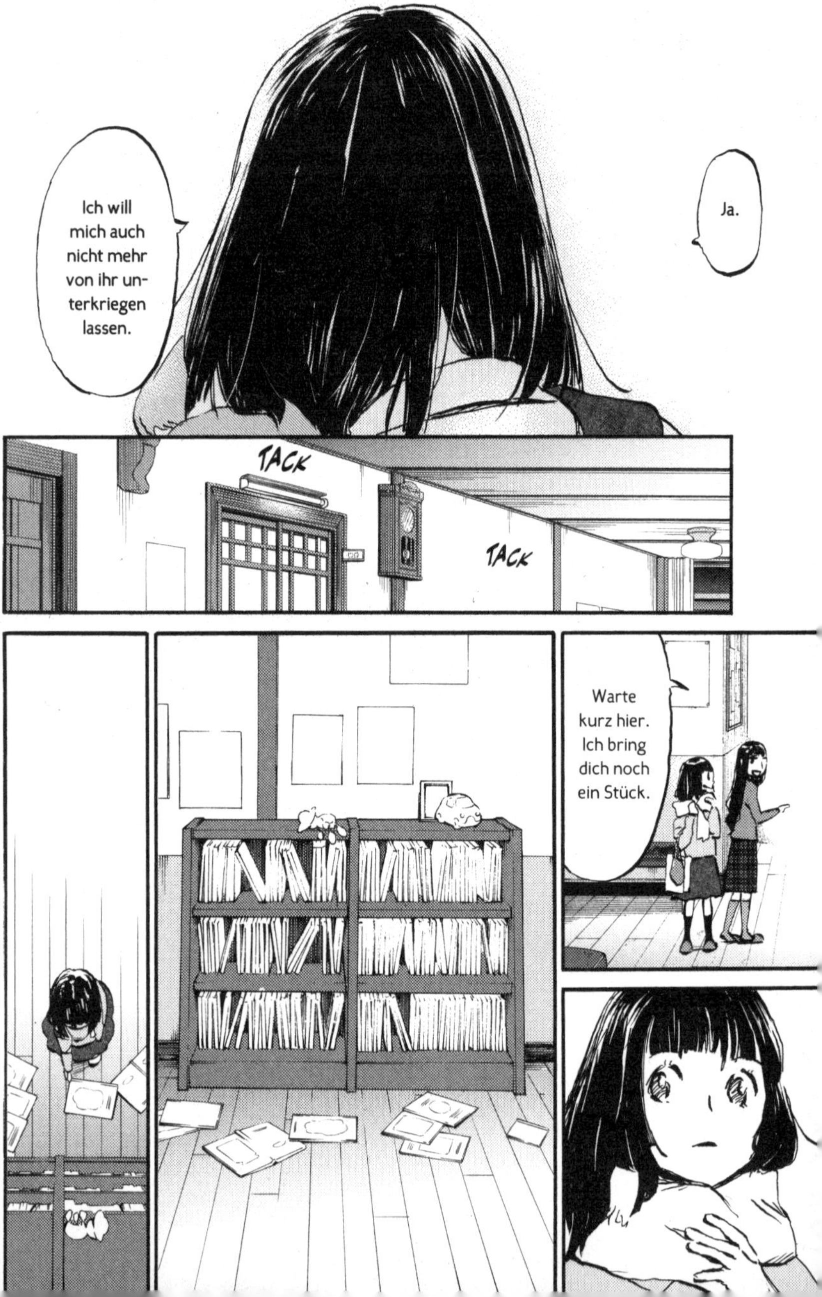
Ja.
Ich will mich auch nicht mehr von ihr unterkriegen lassen.
TACK
TACK
Warte kurz hier. Ich bring dich noch ein Stück.

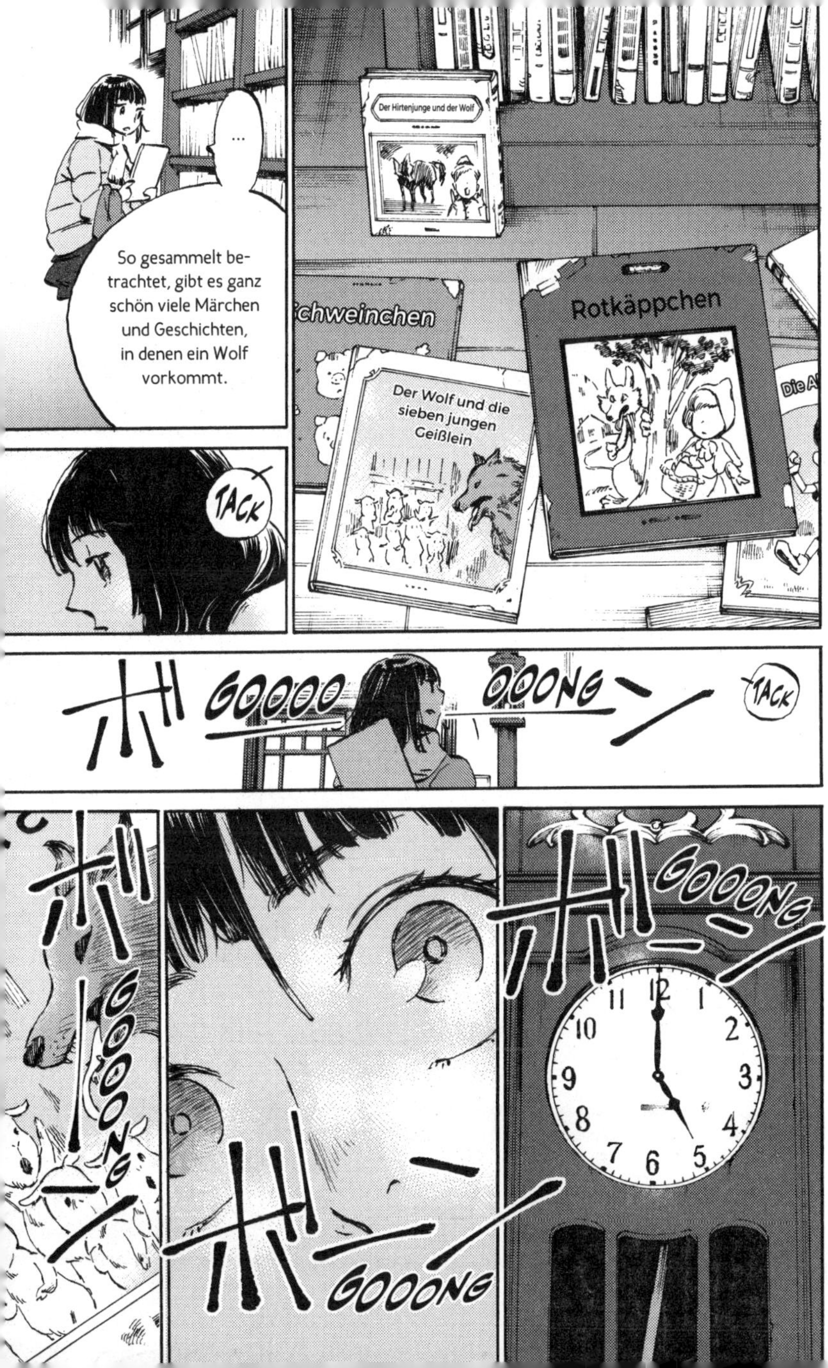
…
So gesammelt betrachtet, gibt es ganz schön viele Märchen und Geschichten, in denen ein Wolf vorkommt.
Der Hirtenjunge und der Wolf
Schweinchen
Der Wolf und die sieben jungen Geißlein
Rotkäppchen
TACK
GOOOO OOONG
TACK
GOOOONG
GOOOONG
GOOONG

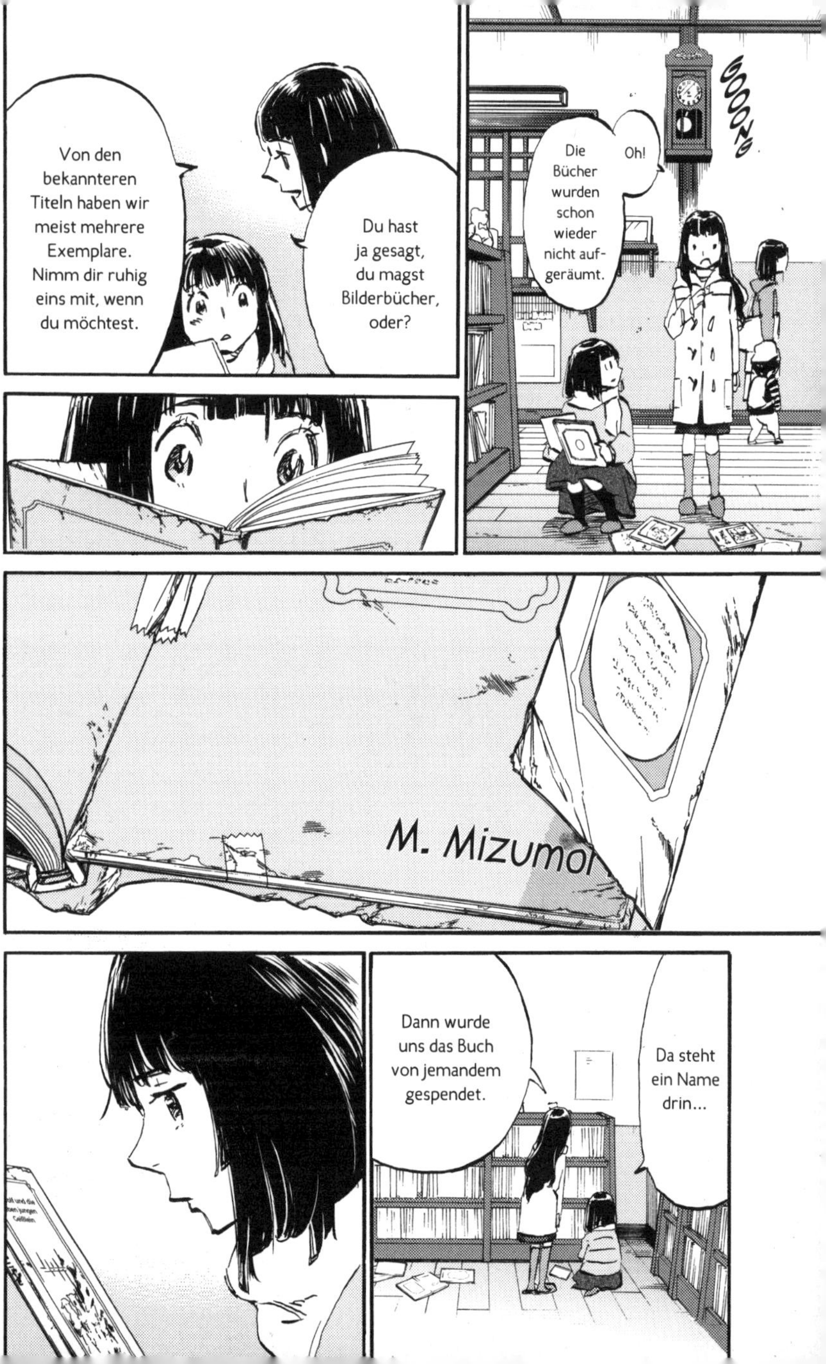
GOOONG
Oh!
Die Bücher wurden schon wieder nicht aufgeräumt.
Du hast ja gesagt, du magst Bilderbücher, oder?
Von den bekannteren Titeln haben wir meist mehrere Exemplare. Nimm dir ruhig eins mit, wenn du möchtest.
M. Mizumor
Da steht ein Name drin...
Dann wurde uns das Buch von jemandem gespendet.

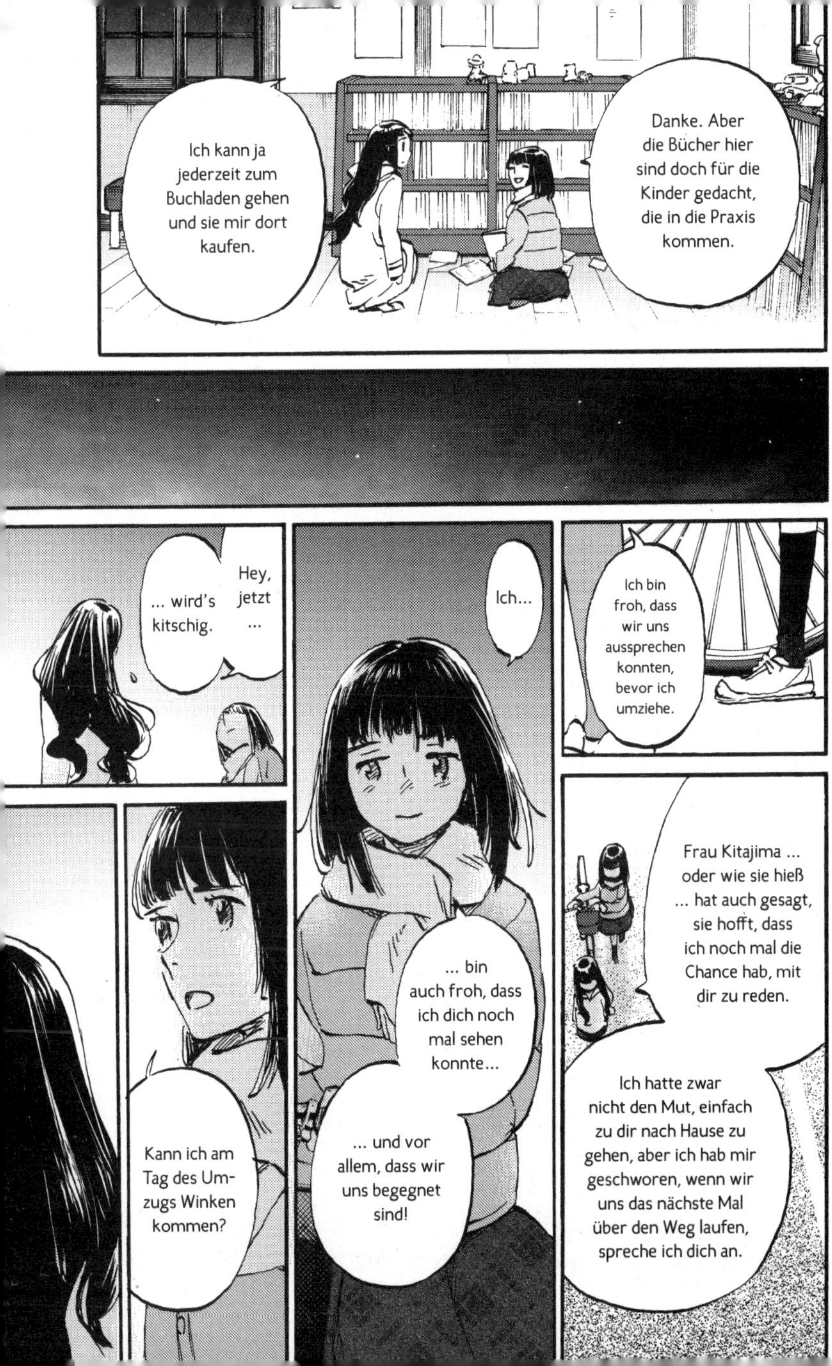
Danke. Aber die Bücher hier sind doch für die Kinder gedacht, die in die Praxis kommen.
Ich kann ja jederzeit zum Buchladen gehen und sie mir dort kaufen.
Ich bin froh, dass wir uns aussprechen konnten, bevor ich umziehe.
Ich...
Hey, jetzt ...
... wird's kitschig.
Frau Kitajima ... oder wie sie hieß ... hat auch gesagt, sie hofft, dass ich noch mal die Chance hab, mit dir zu reden.
Ich hatte zwar nicht den Mut, einfach zu dir nach Hause zu gehen, aber ich hab mir geschworen, wenn wir uns das nächste Mal über den Weg laufen, spreche ich dich an.
... bin auch froh, dass ich dich noch mal sehen konnte...
... und vor allem, dass wir uns begegnet sind!
Kann ich am Tag des Umzugs Winken kommen?

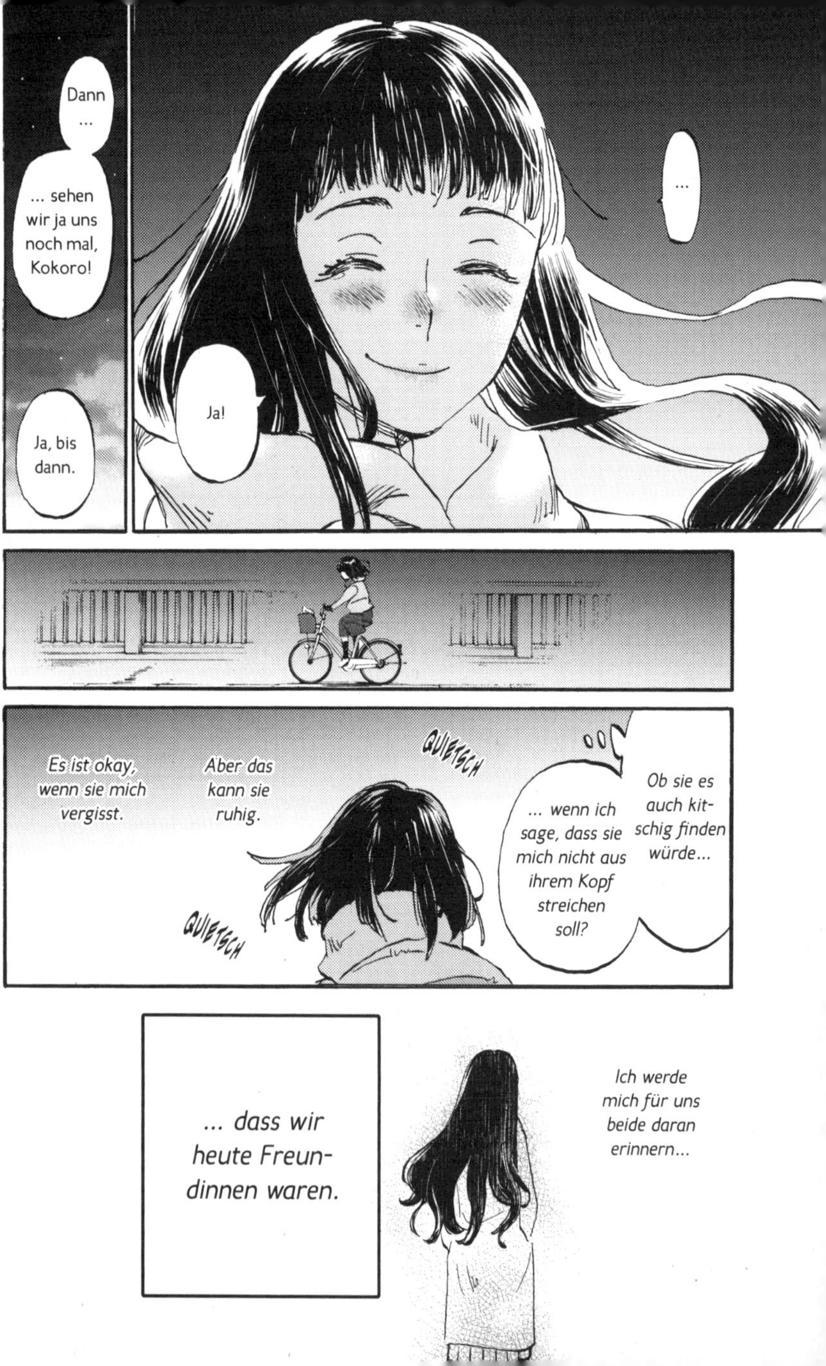
...
Dann ...
... sehen wir ja uns noch mal, Kokoro!
Ja!
Ja, bis dann.
Ob sie es auch kitschig finden würde...
... wenn ich sage, dass sie mich nicht aus ihrem Kopf streichen soll?
QUIETSCH
Aber das kann sie ruhig.
Es ist okay, wenn sie mich vergisst.
QUIETSCH
Ich werde mich für uns beide daran erinnern...
... dass wir heute Freundinnen waren.

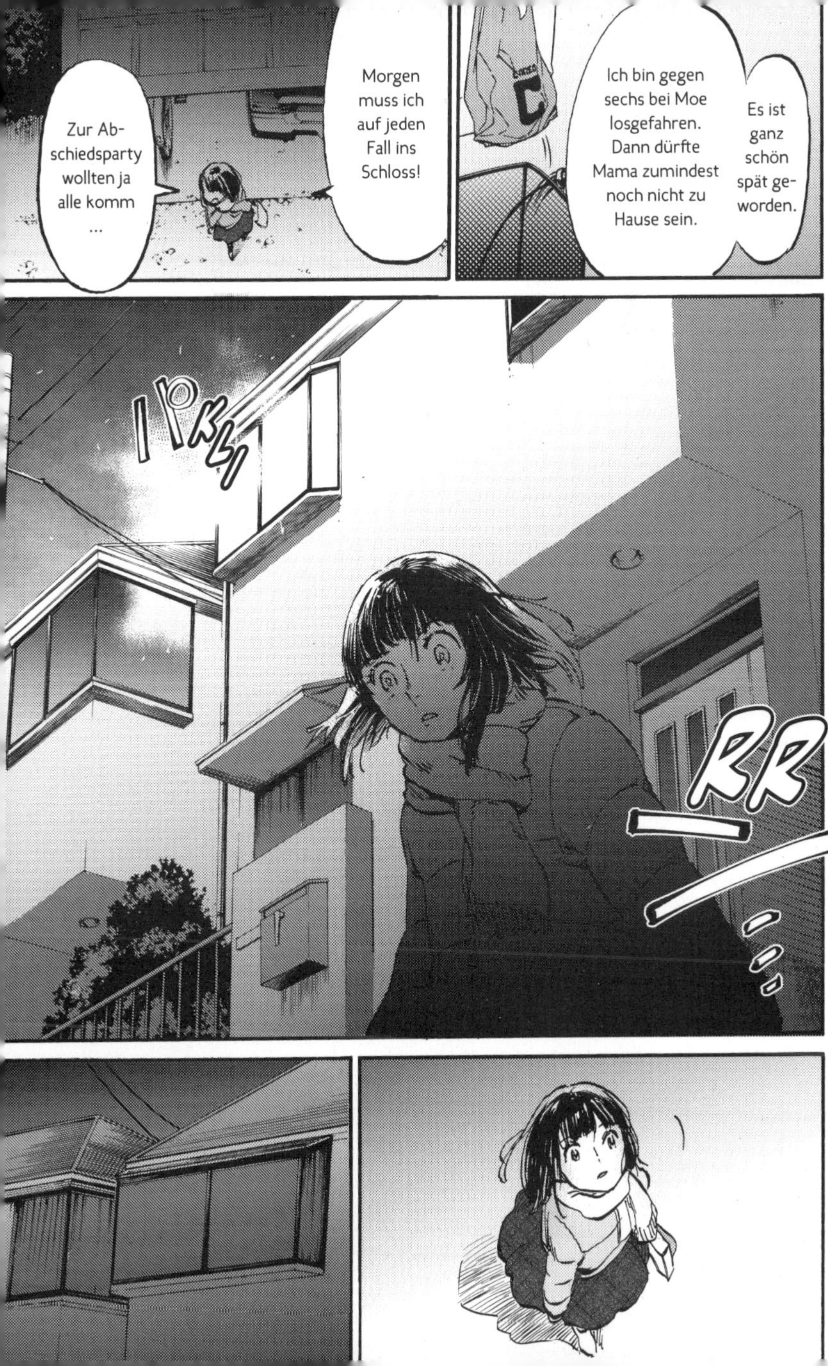

Es ist ganz schön spät geworden.
Ich bin gegen sechs bei Moe losgefahren. Dann dürfte Mama zumindest noch nicht zu Hause sein.
Morgen muss ich auf jeden Fall ins Schloss!
Zur Abschiedsparty wollten ja alle komm …
RR

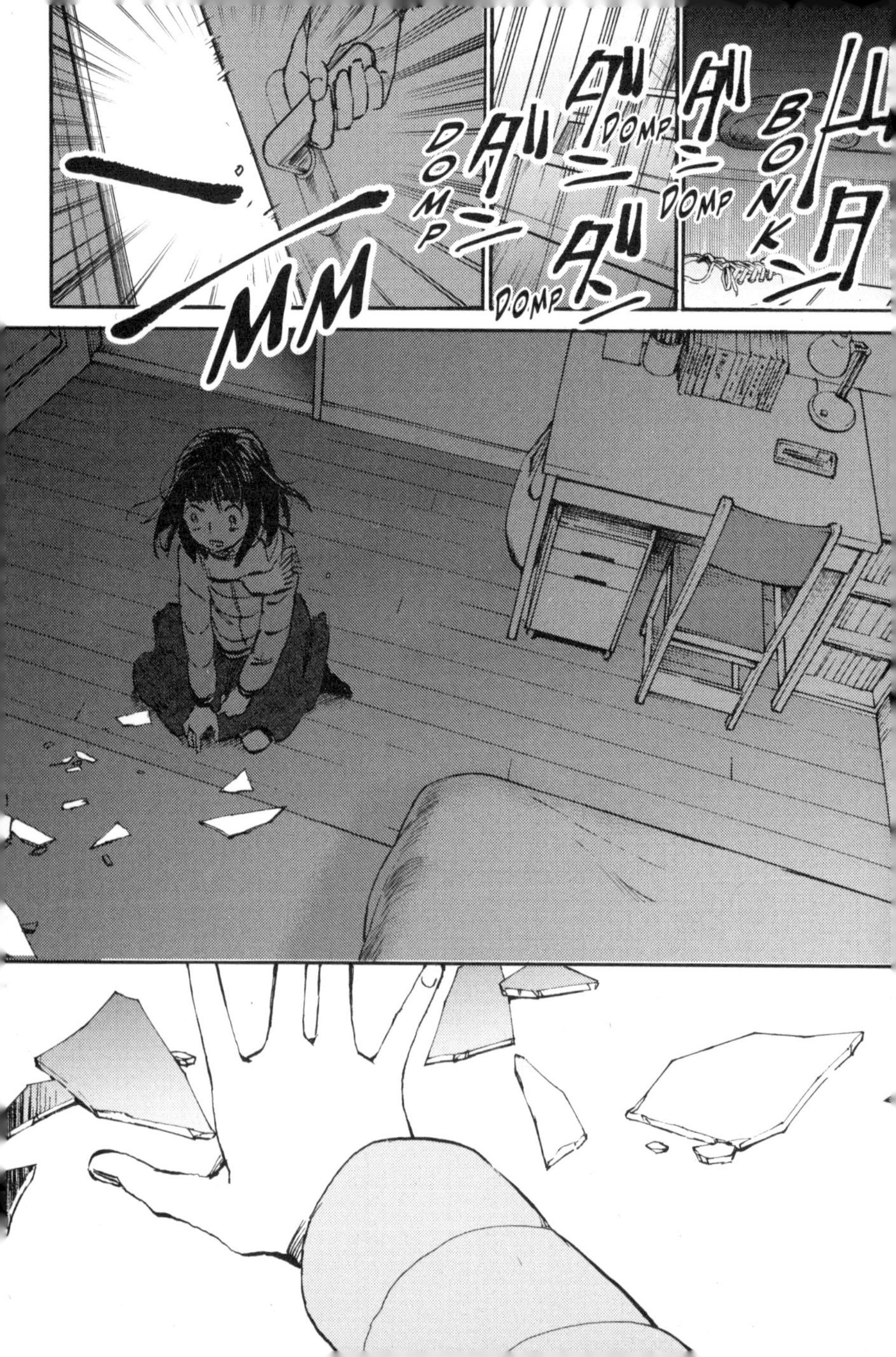
BONK
DOMP
DOMP
DOMP
DOMP
DOMP
MM

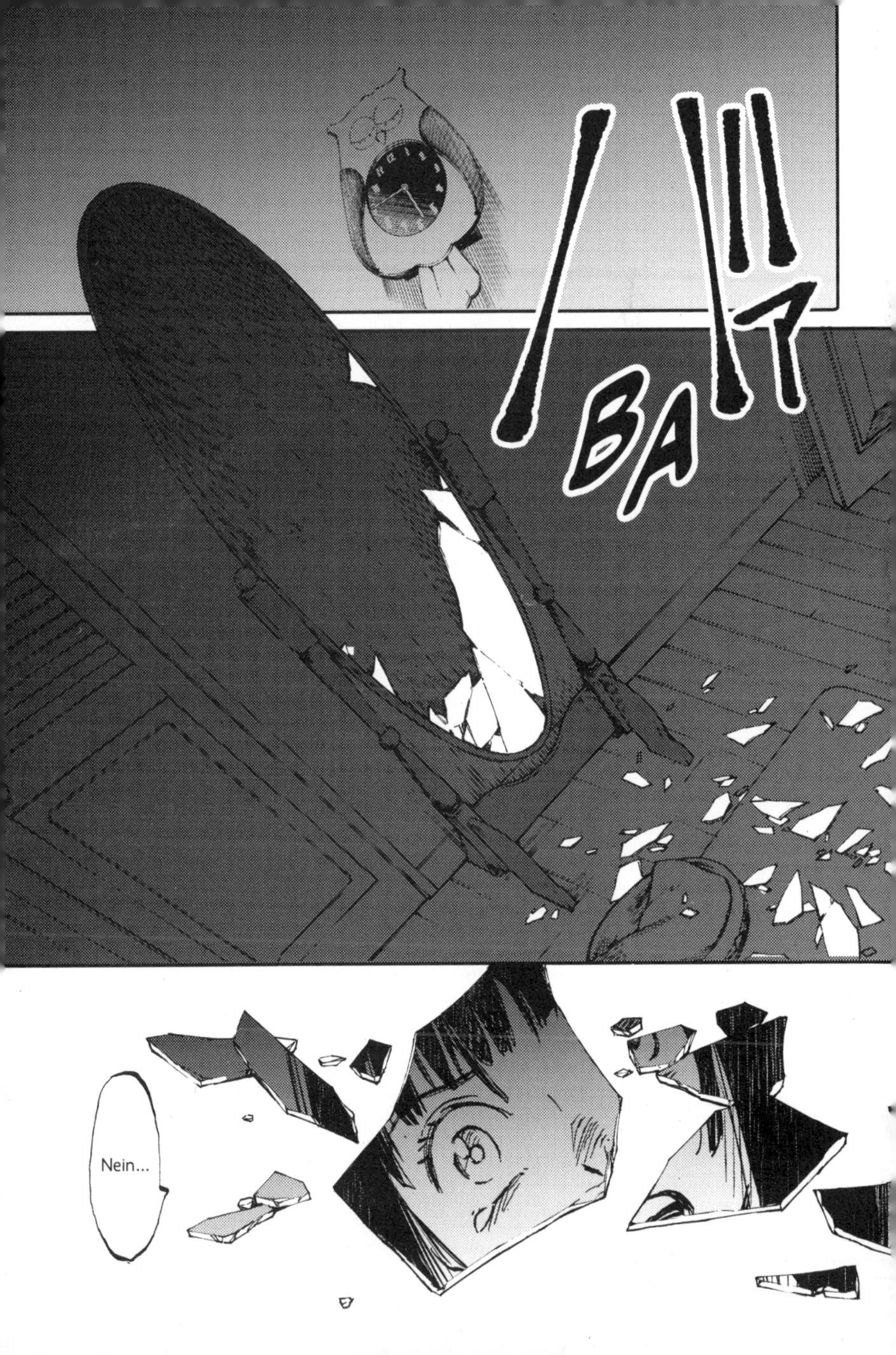
BA
Nein...

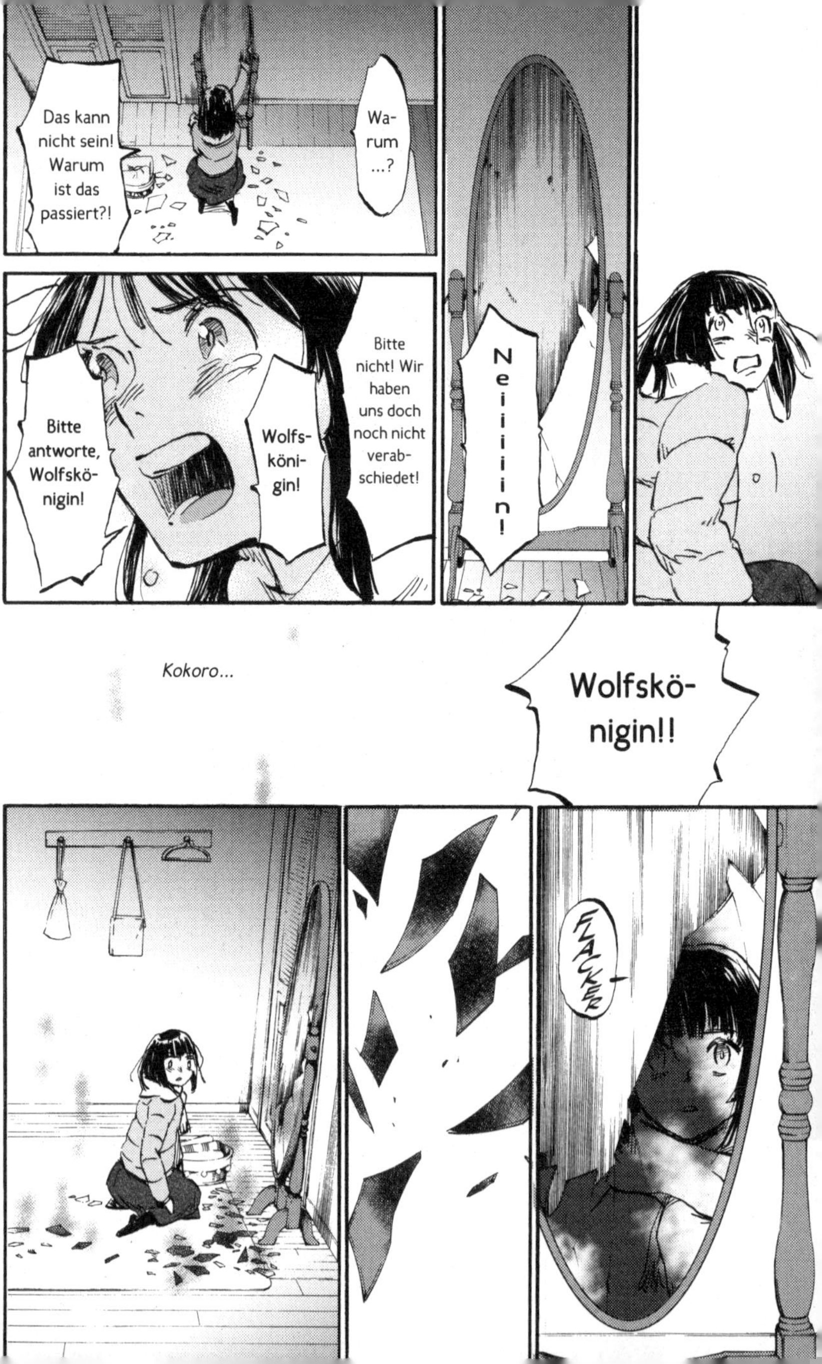
Wa-rum ...?
Das kann nicht sein! Warum ist das passiert?!
Neiiiiiin!
Bitte nicht! Wir haben uns doch noch nicht verab-schiedet!
Wolfs-köni-gin!
Bitte antworte, Wolfskö-nigin!
Wolfskö-nigin!!
Kokoro...
FLACKER

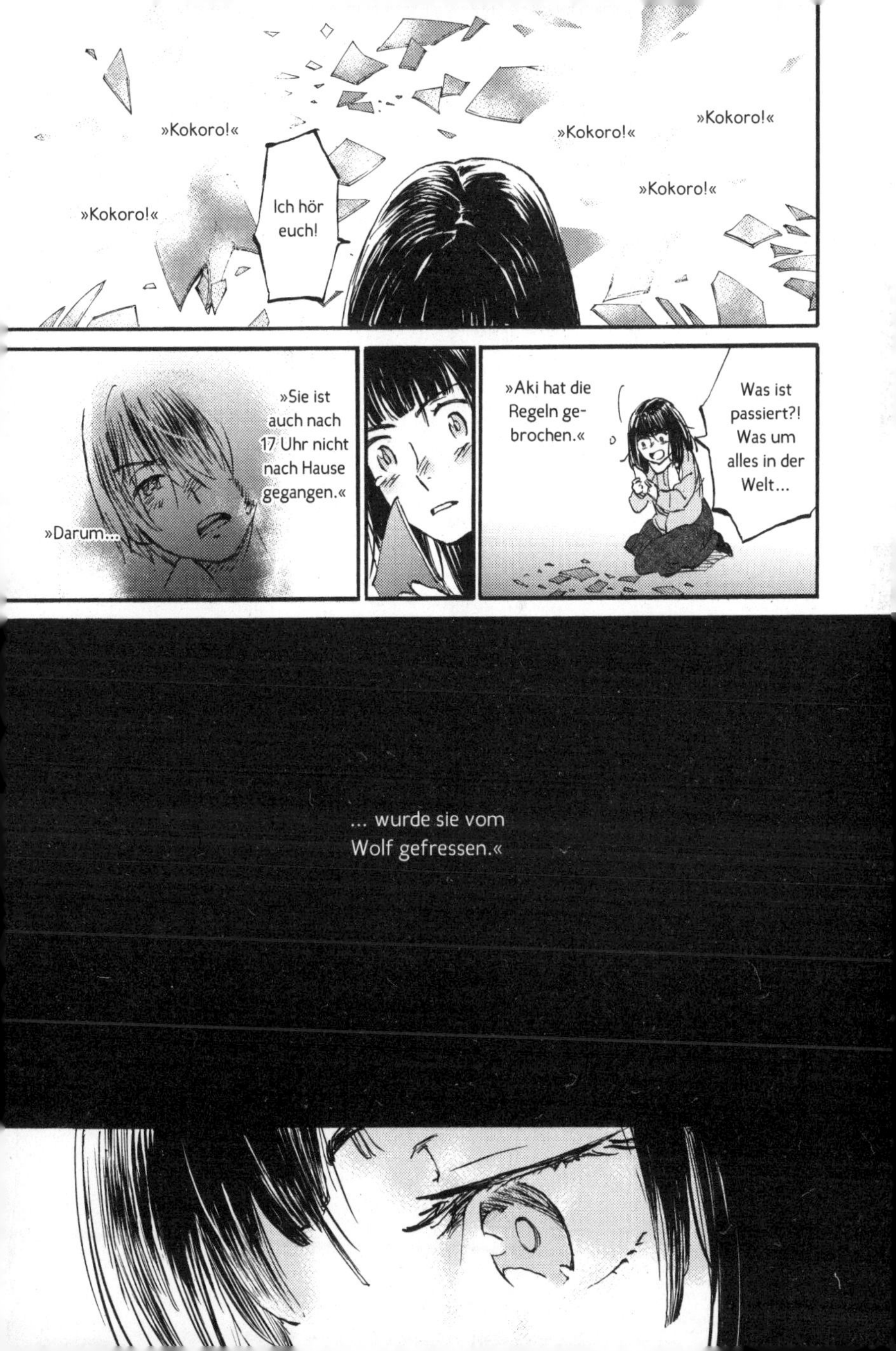
»Kokoro!«
»Kokoro!«
»Kokoro!«
»Kokoro!«
Ich hör euch!
»Kokoro!«
Was ist passiert?! Was um alles in der Welt...
»Aki hat die Regeln gebrochen.«
»Sie ist auch nach 17 Uhr nicht nach Hause gegangen.«
»Darum...
... wurde sie vom Wolf gefressen.«

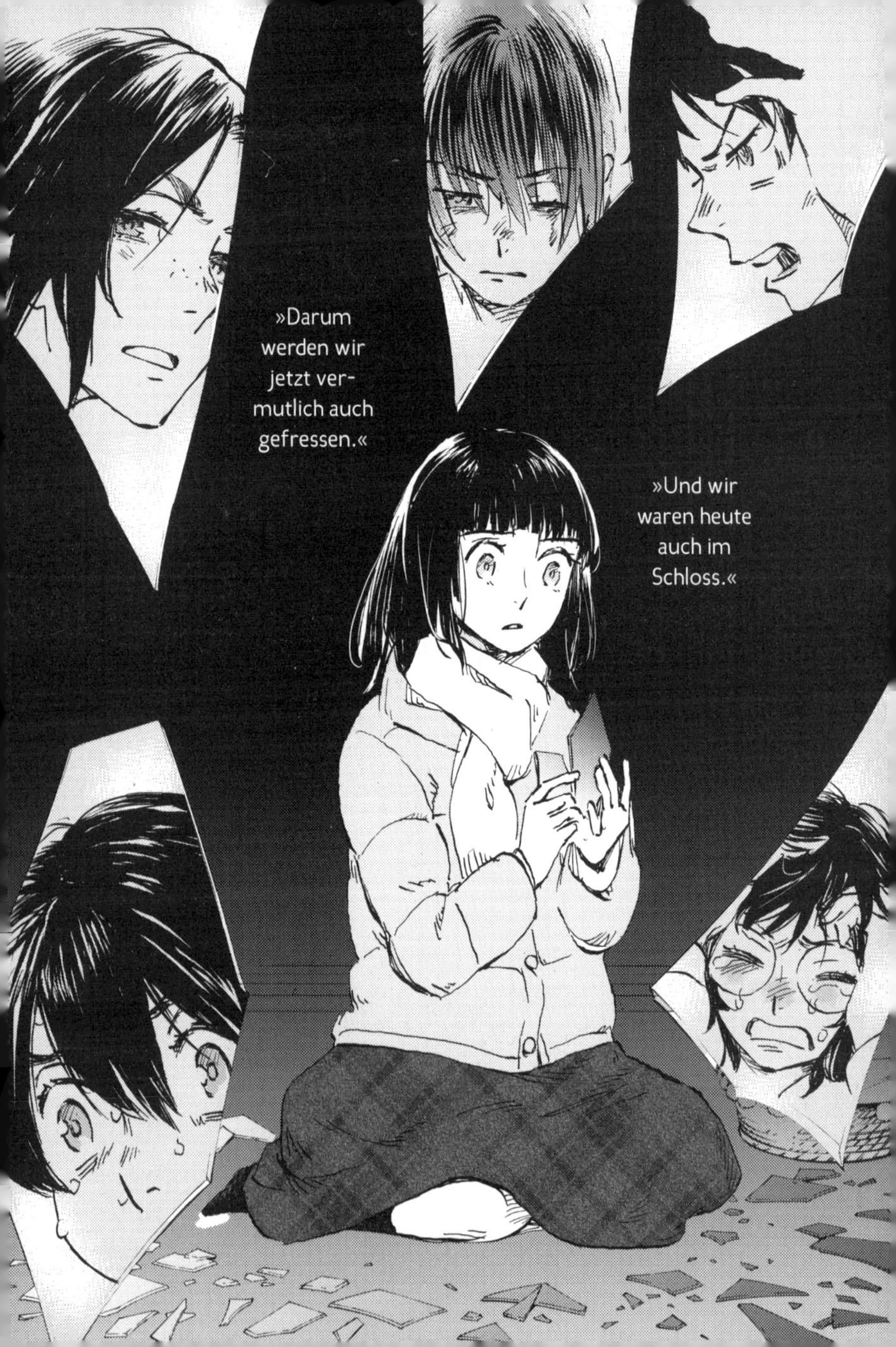
»Und wir
waren heute
auch im
Schloss.«
»Darum
werden wir
jetzt ver-
mutlich auch
gefressen.«

Kapitel 22

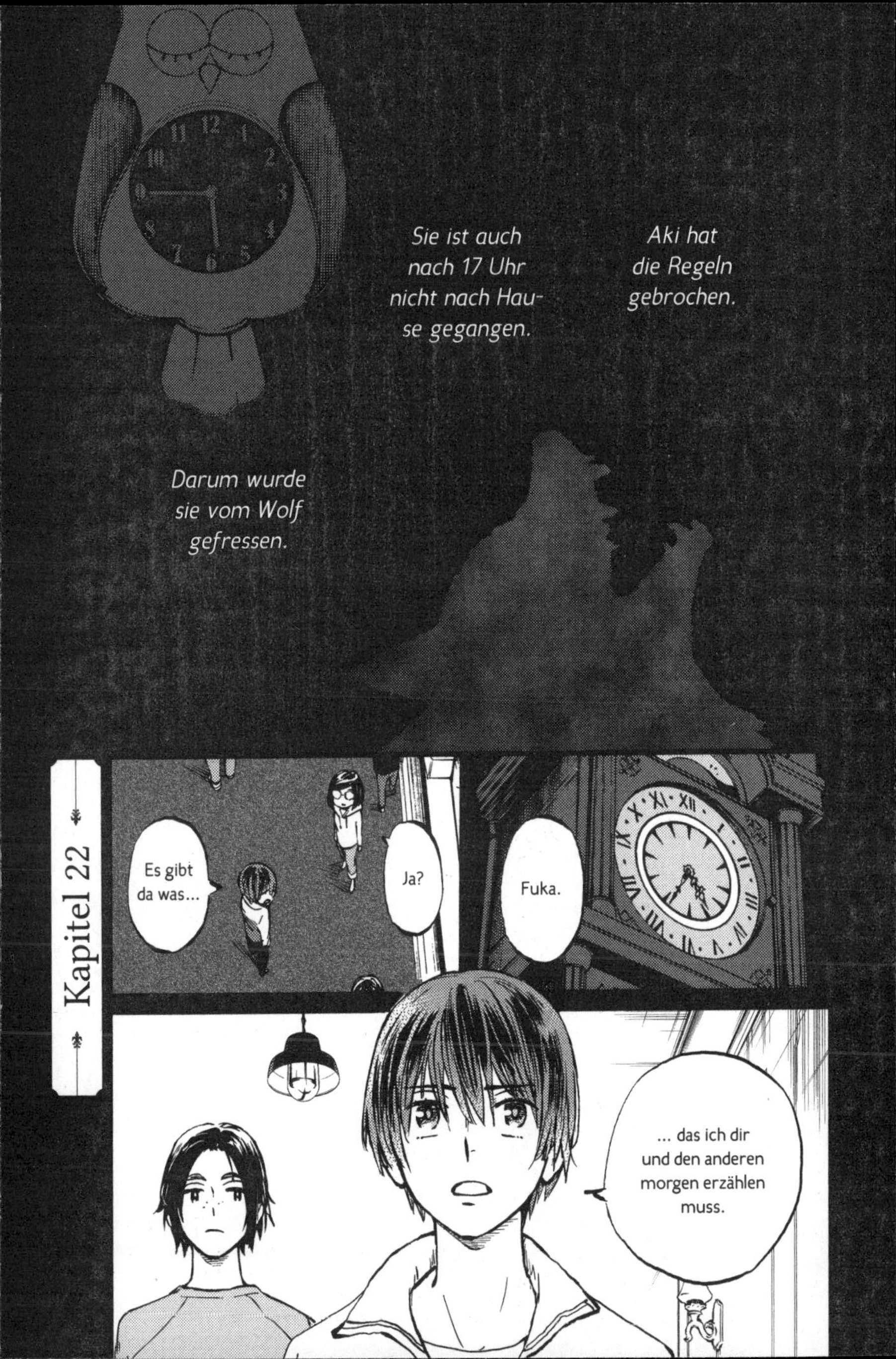
Aki hat die Regeln gebrochen.
Sie ist auch nach 17 Uhr nicht nach Hause gegangen.
Darum wurde sie vom Wolf gefressen.
Fuka.
Ja?
Es gibt da was...
... das ich dir und den anderen morgen erzählen muss.

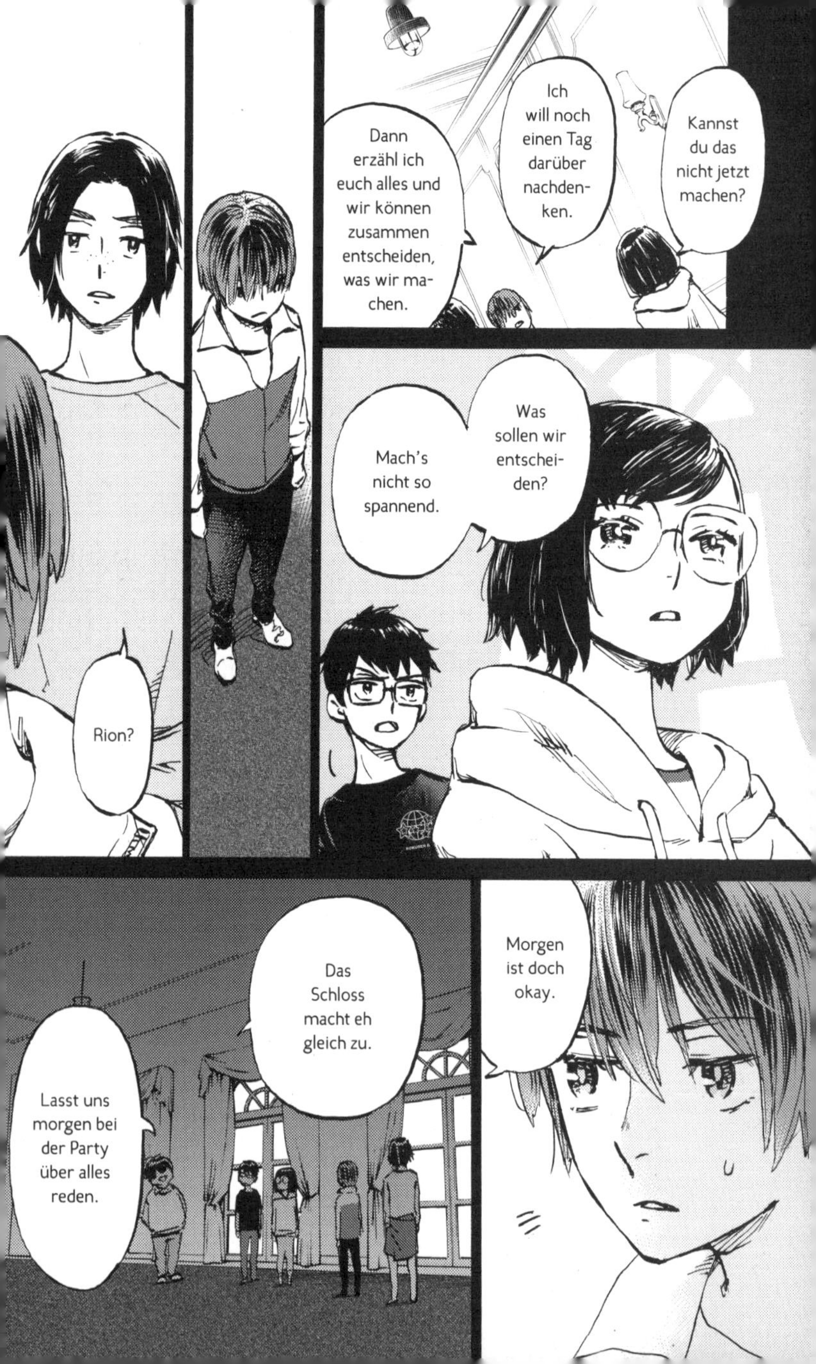
Kannst du das nicht jetzt machen?
Ich will noch einen Tag darüber nachdenken.
Dann erzähl ich euch alles und wir können zusammen entscheiden, was wir machen.
Was sollen wir entscheiden?
Mach's nicht so spannend.
Rion?
Morgen ist doch okay.
Das Schloss macht eh gleich zu.
Lasst uns morgen bei der Party über alles reden.

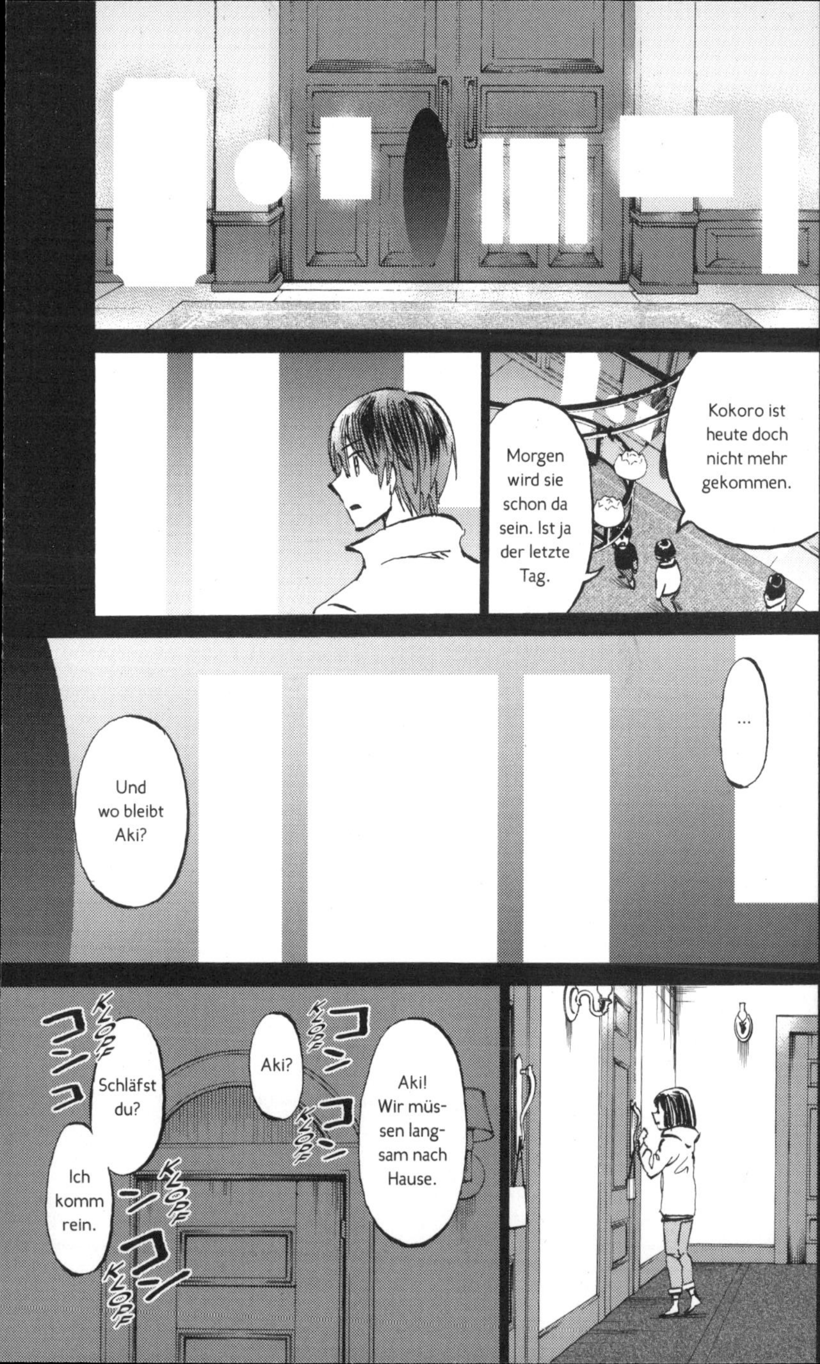
Kokoro ist heute doch nicht mehr gekommen.
Morgen wird sie schon da sein. Ist ja der letzte Tag.
...
Und wo bleibt Aki?
KLOPF
Aki! Wir müs-sen lang-sam nach Hause.
KLOPF
Aki?
KLOPF
Schläfst du?
KLOPF
Ich komm rein.
KLOPF

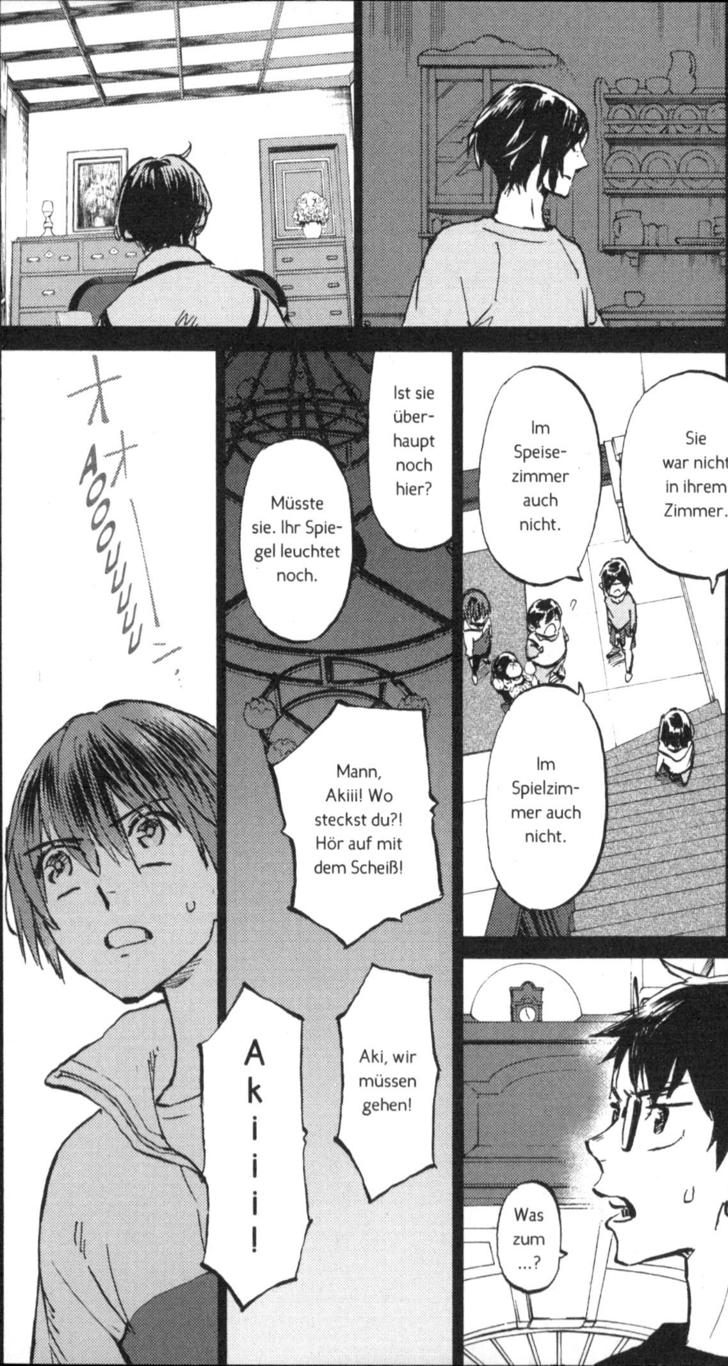
Sie war nicht in ihrem Zimmer.
Im Speisezimmer auch nicht.
Im Spielzimmer auch nicht.
Ist sie überhaupt noch hier?
Müsste sie. Ihr Spiegel leuchtet noch.
Mann, Akiii! Wo steckst du?! Hör auf mit dem Scheiß!
AOOOUUUUU
Was zum ...?
Aki, wir müssen gehen!
Akiiii!

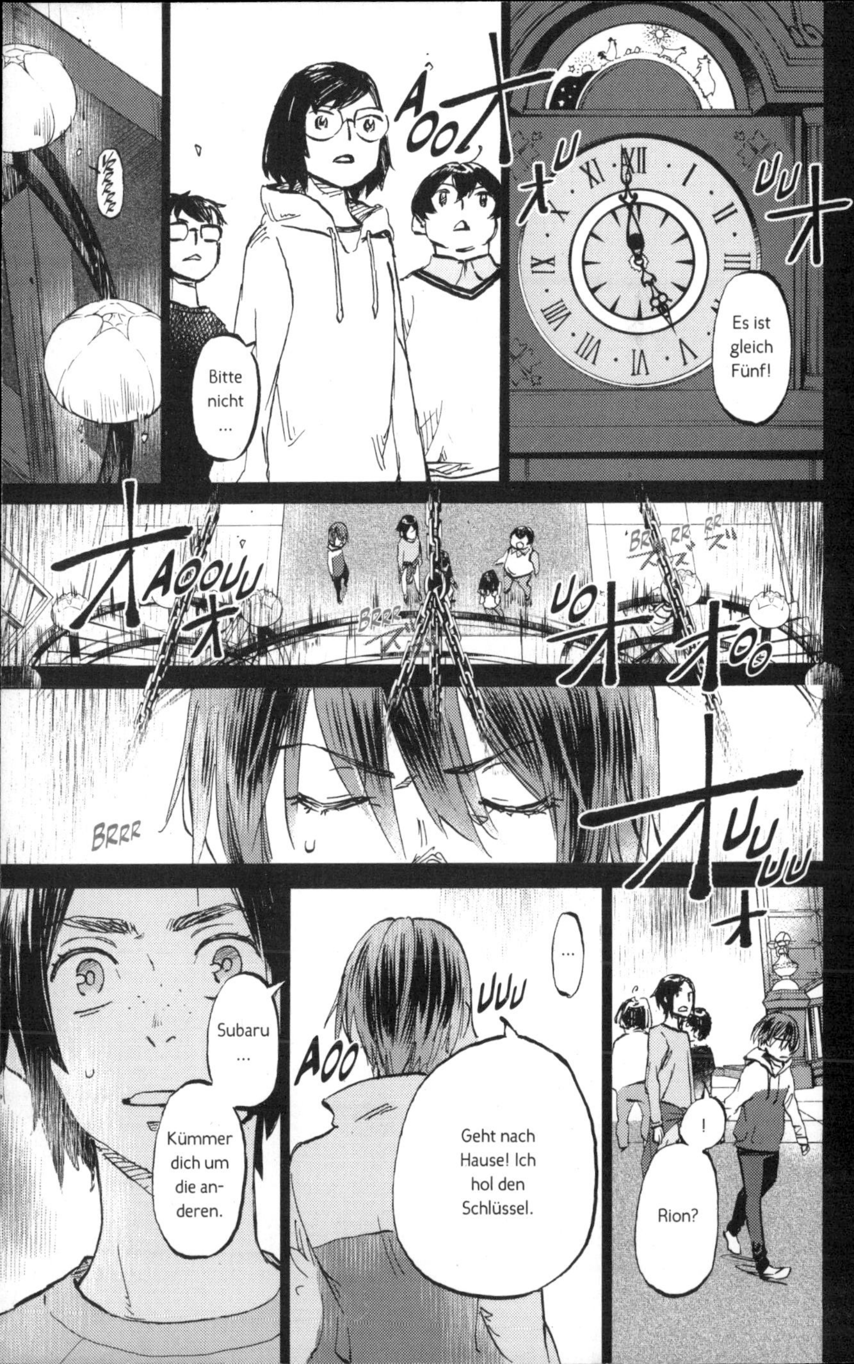
Es ist gleich Fünf!
AOOU
UUUU
Bitte nicht …
VRRRR
AOOUU
UO
OO
BRRR
UUUUU
…
AOO
UUU
Geht nach Hause! Ich hol den Schlüssel.
Subaru …
Kümmer dich um die anderen.
!
Rion?

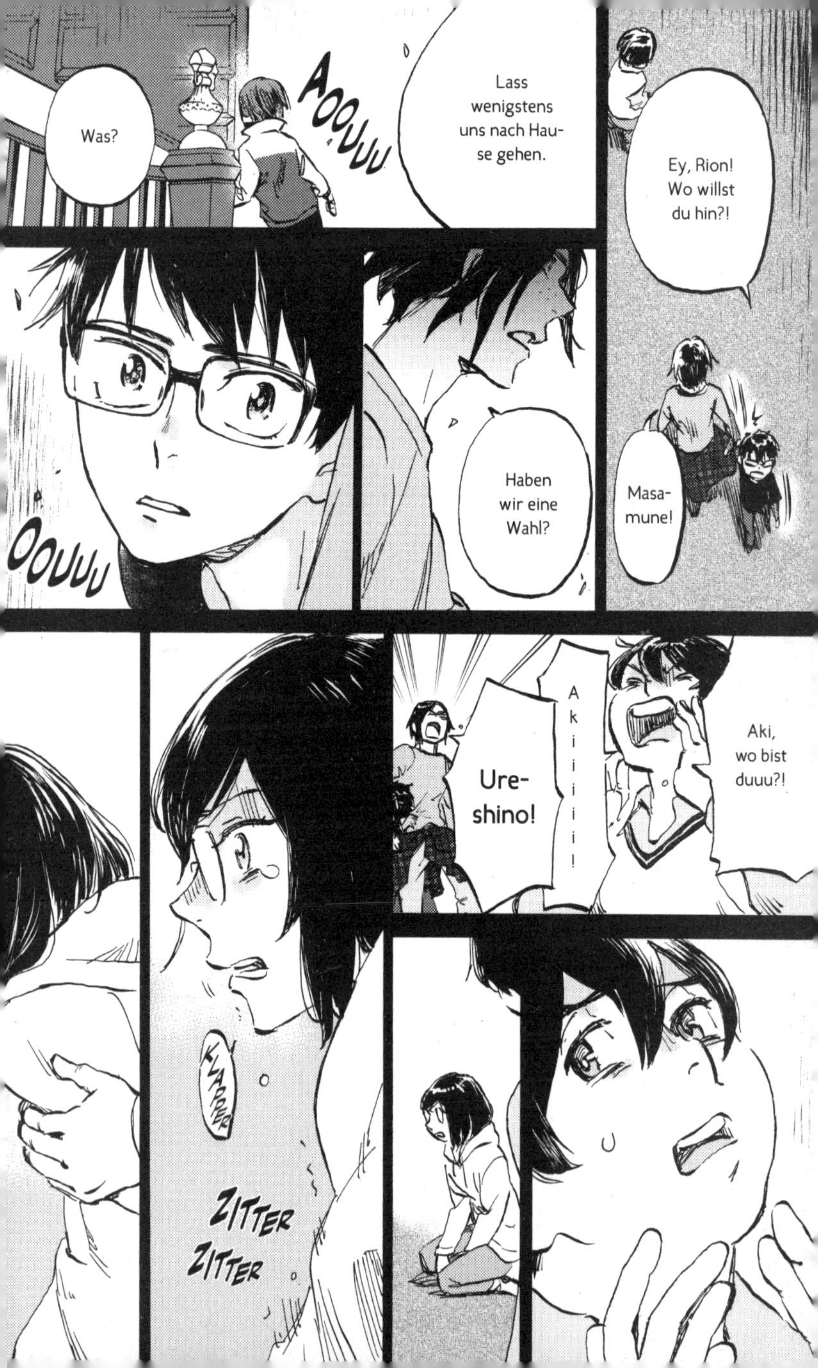

Ey, Rion! Wo willst du hin?!
Masa-mune!
Lass wenigstens uns nach Hau-se gehen.
AOOUUU
Was?
Haben wir eine Wahl?
OOUUU
Aki, wo bist duuu?!
Akiiiiii!
Ure-shino!
KLAPPER
ZITTER ZITTER

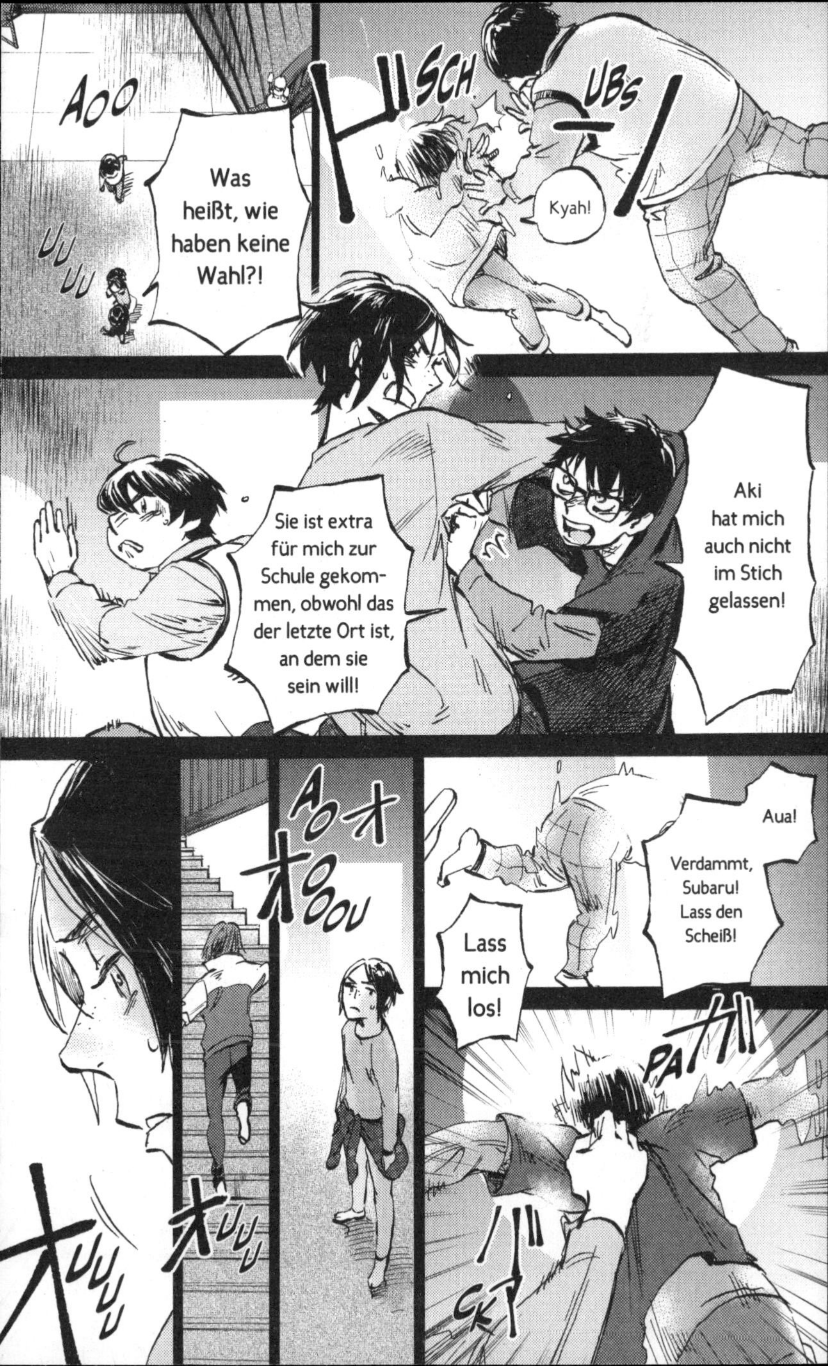

AOO
Was heißt, wie haben keine Wahl?!
UUUU
SCH
UBS
Kyah!
Aki hat mich auch nicht im Stich gelassen!
Sie ist extra für mich zur Schule gekommen, obwohl das der letzte Ort ist, an dem sie sein will!
Aua!
Verdammt, Subaru! Lass den Scheiß!
Lass mich los!
AOOOOU
UUU
UUUUU
PA
CK

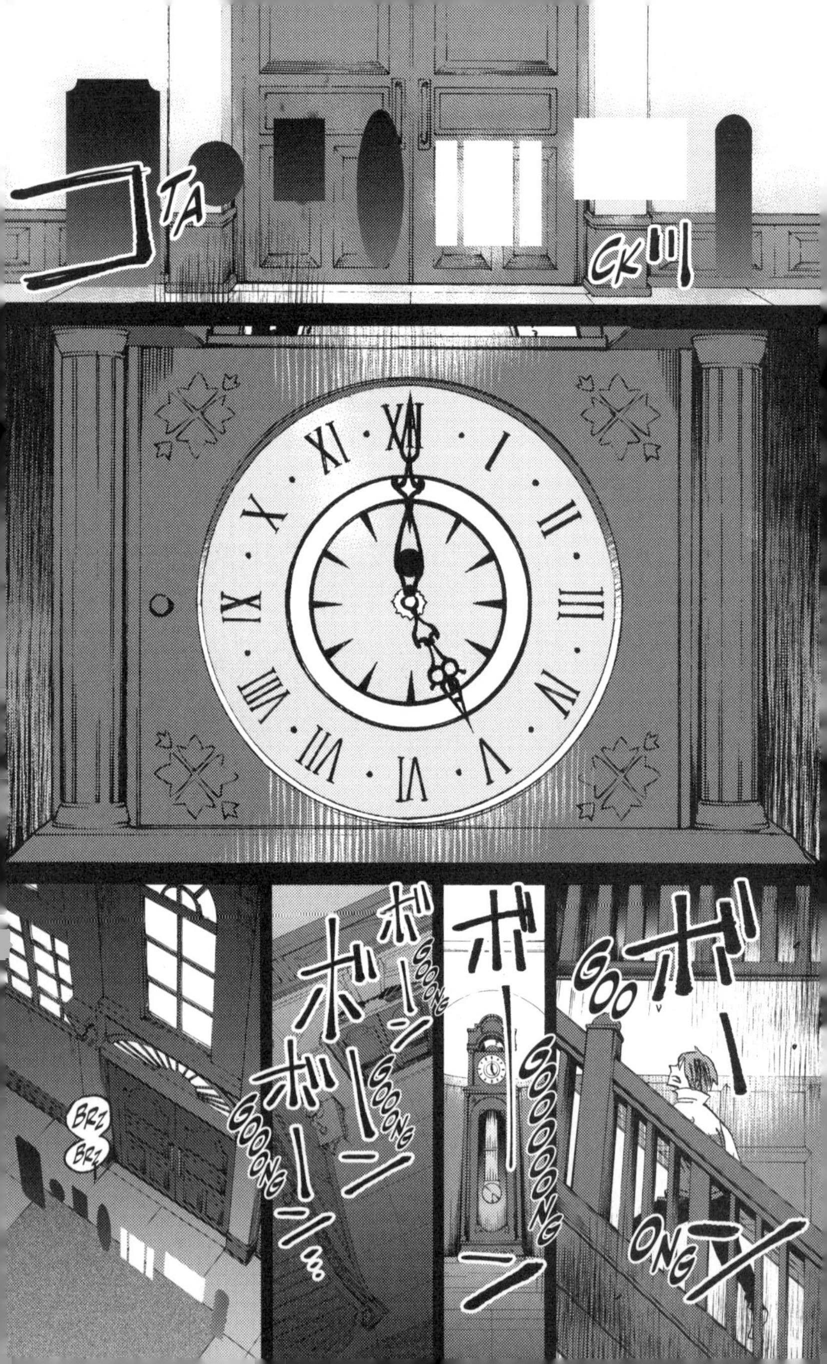

CK
TA
GOO
ONG
GOOOOOONG
GOOONG
GOOONG
GOOONG
BRZ
BRZ

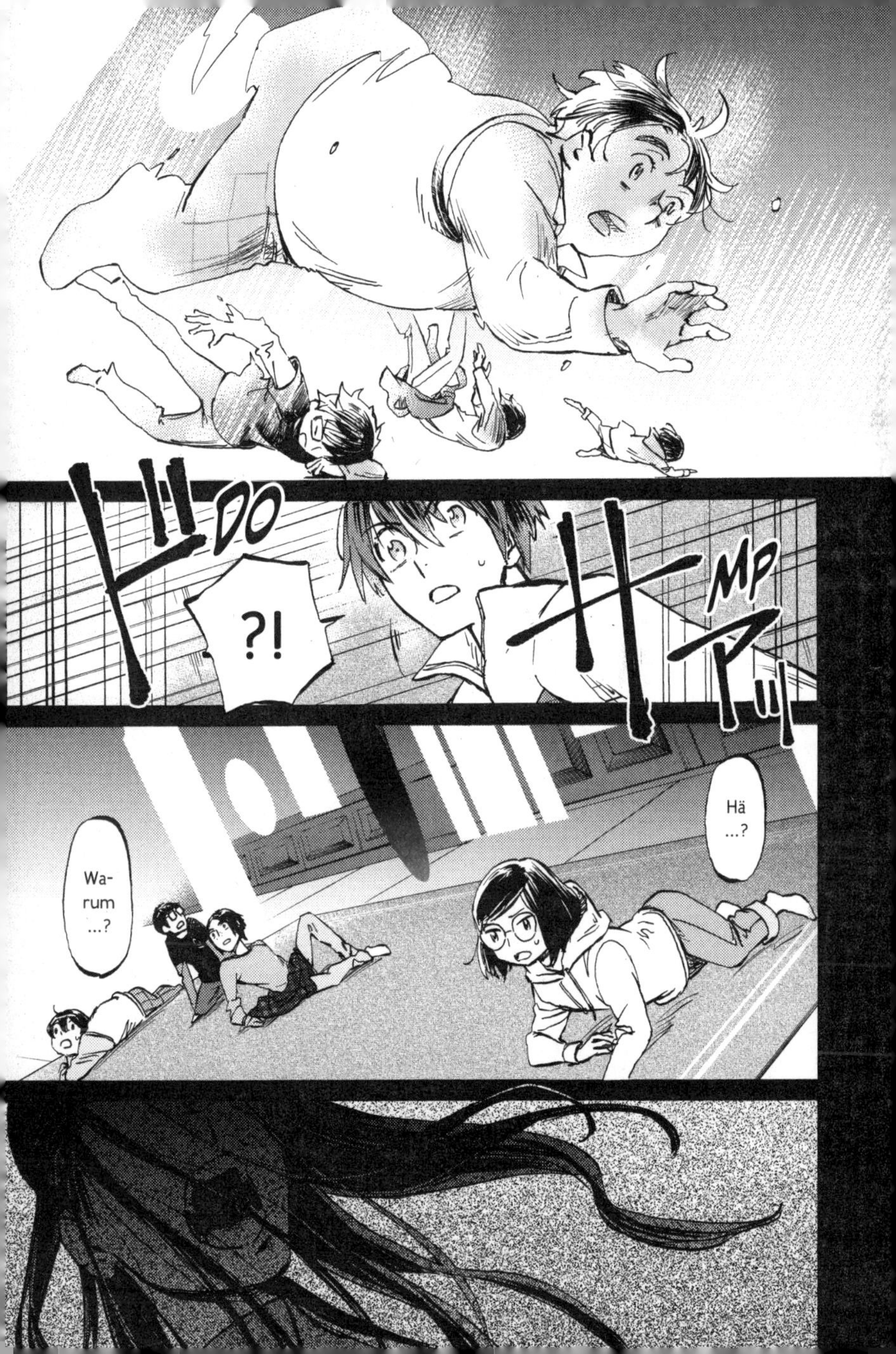
DO
MP
?!
Hä ...?
Wa- rum ...?

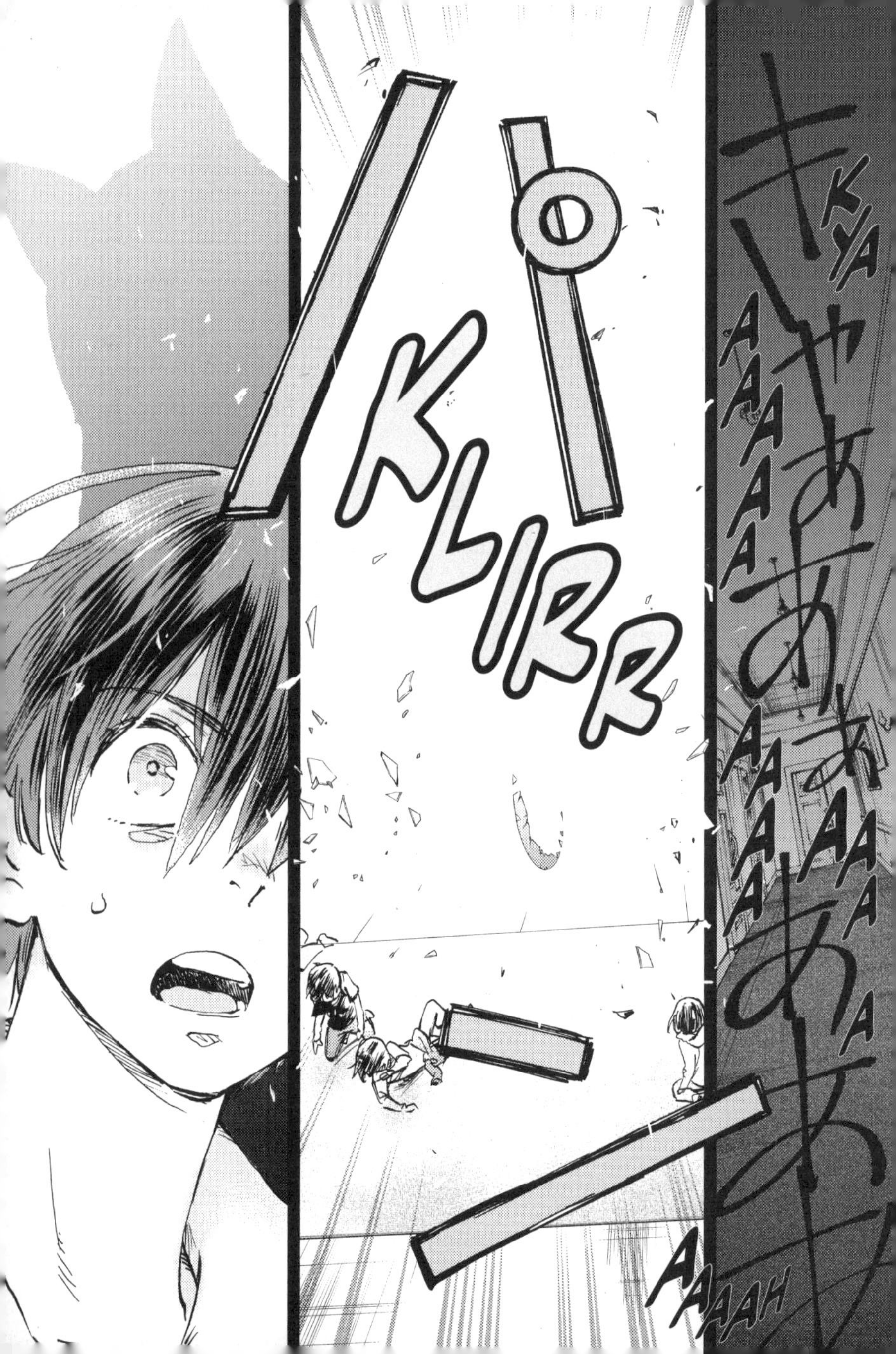

KYA
キャあああああ
AAAAAA
AAAAAA
AAAAAA
AAAAH
KLIRR

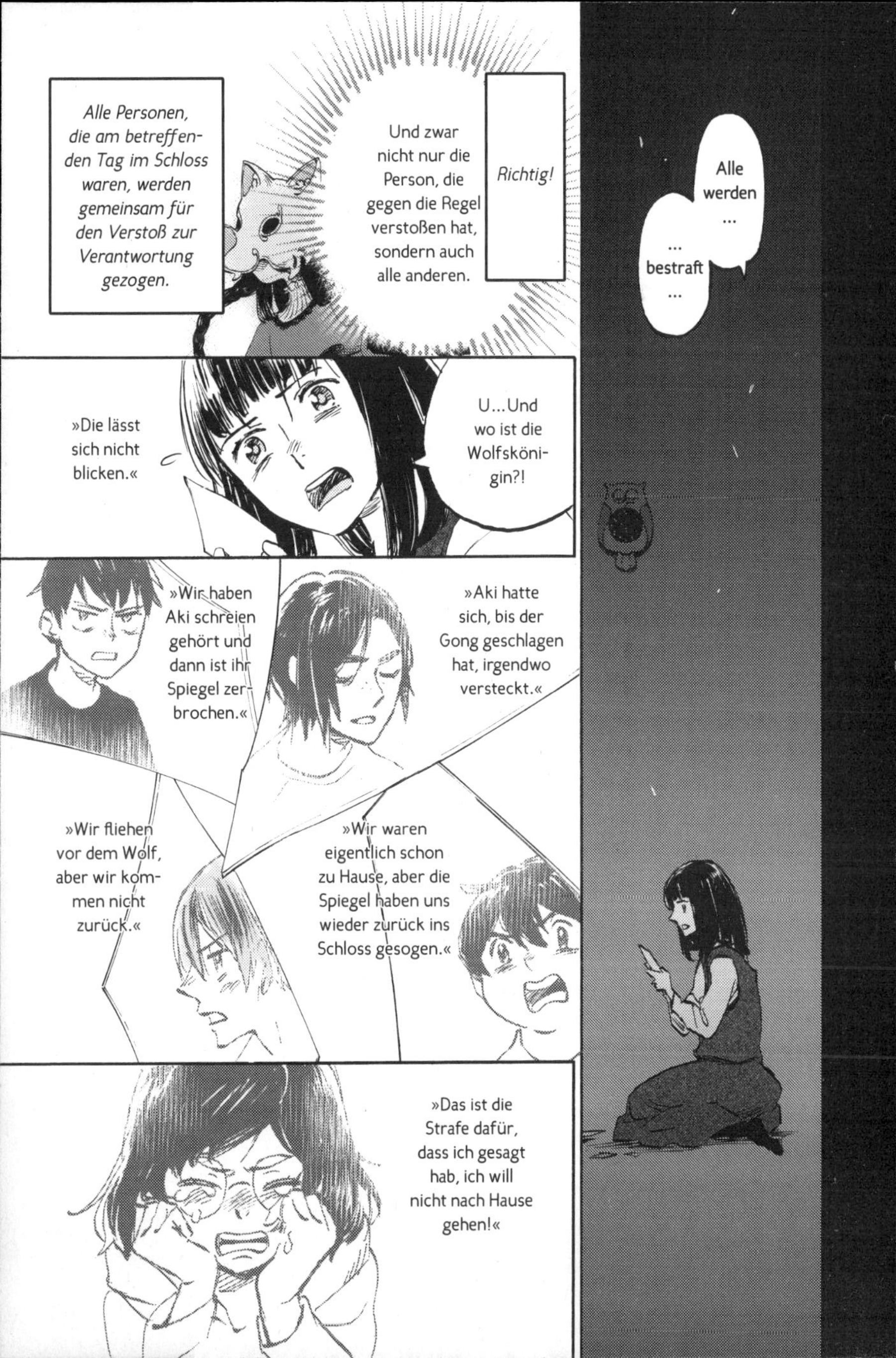

Alle werden …
… bestraft …
Richtig!
Und zwar nicht nur die Person, die gegen die Regel verstoßen hat, sondern auch alle anderen.
Alle Personen, die am betreffenden Tag im Schloss waren, werden gemeinsam für den Verstoß zur Verantwortung gezogen.
U…Und wo ist die Wolfskönigin?!
»Die lässt sich nicht blicken.«
»Aki hatte sich, bis der Gong geschlagen hat, irgendwo versteckt.«
»Wir haben Aki schreien gehört und dann ist ihr Spiegel zerbrochen.«
»Wir waren eigentlich schon zu Hause, aber die Spiegel haben uns wieder zurück ins Schloss gesogen.«
»Wir fliehen vor dem Wolf, aber wir kommen nicht zurück.«
»Das ist die Strafe dafür, dass ich gesagt hab, ich will nicht nach Hause gehen!«

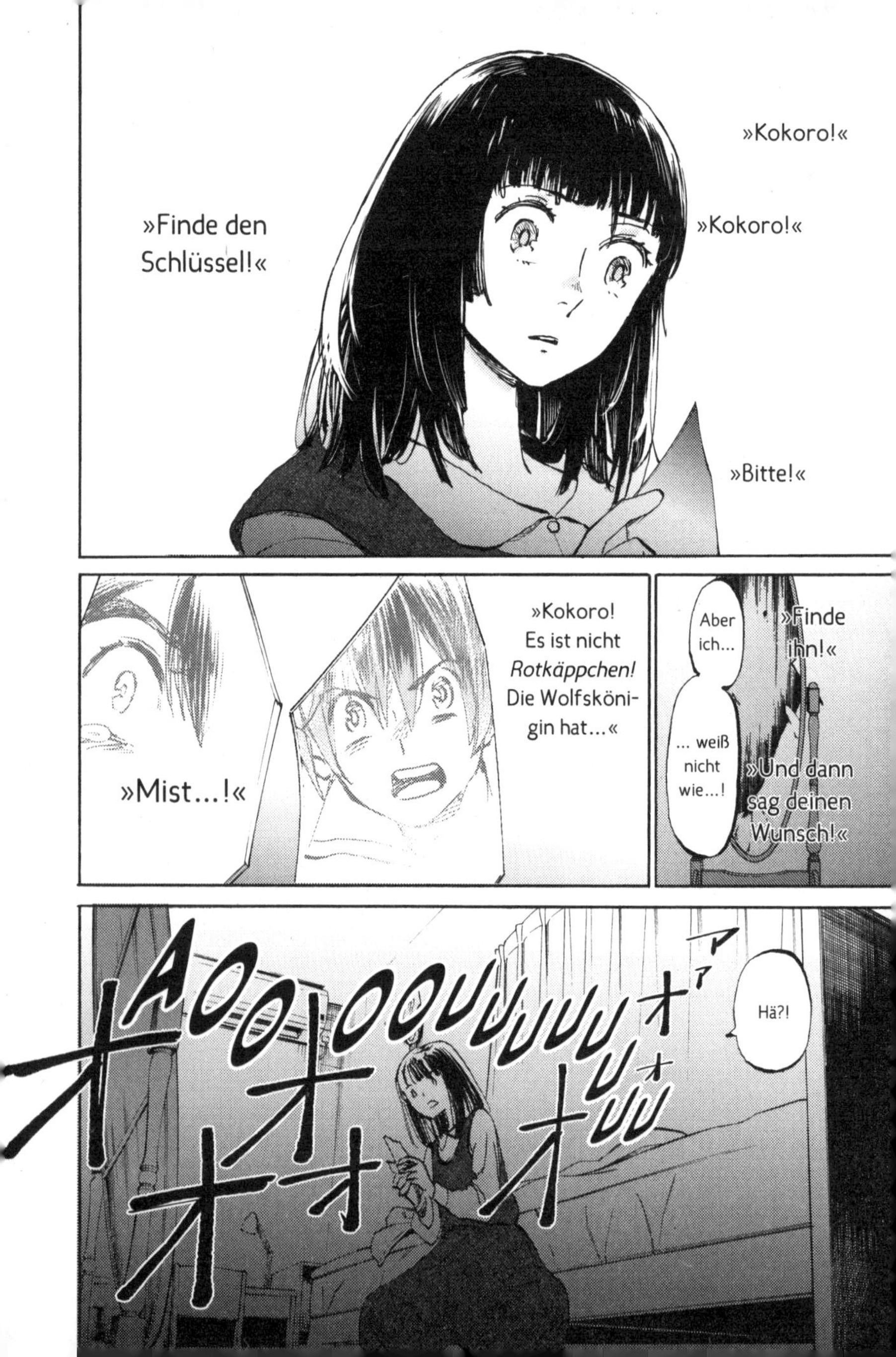
»Kokoro!«
»Kokoro!«
»Bitte!«
»Finde den Schlüssel!«
»Finde ihn!«
Aber ich...
... weiß nicht wie...!
»Und dann sag deinen Wunsch!«
»Kokoro! Es ist nicht *Rotkäppchen!* Die Wolfskönigin hat...«
»Mist...!«
Hä?!
AOOOOOUUUUUUU

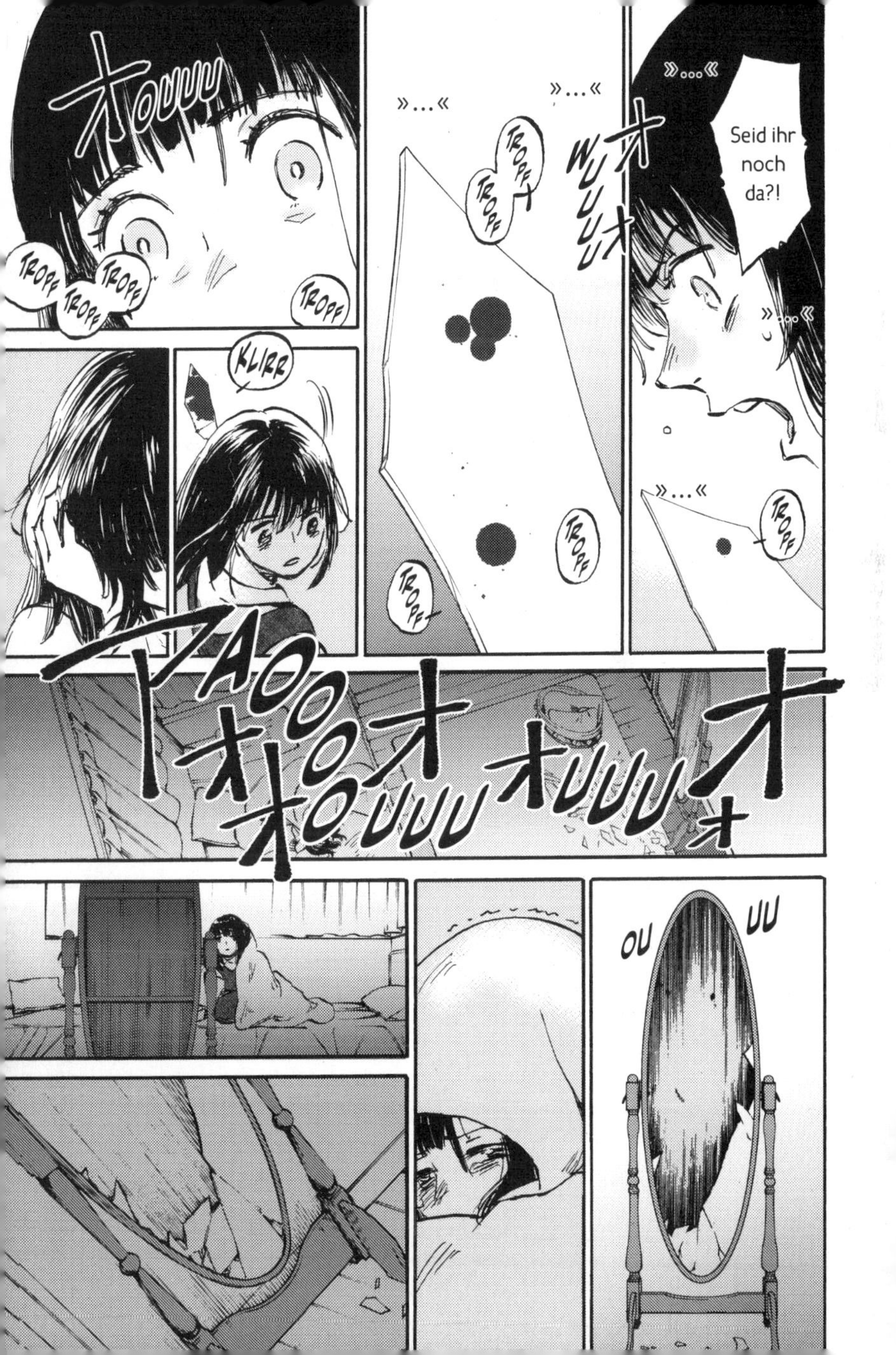

»...«
Seid ihr noch da?!
»...«
»...«
TROPF
WUUUUU
»...«
»...«
TROPF
TROPF
TROPF
TROPF
OUUU
TROPF
TROPF
TROPF
TROPF
KLIRR
AOOOOOUUUUUUU
OU
UU

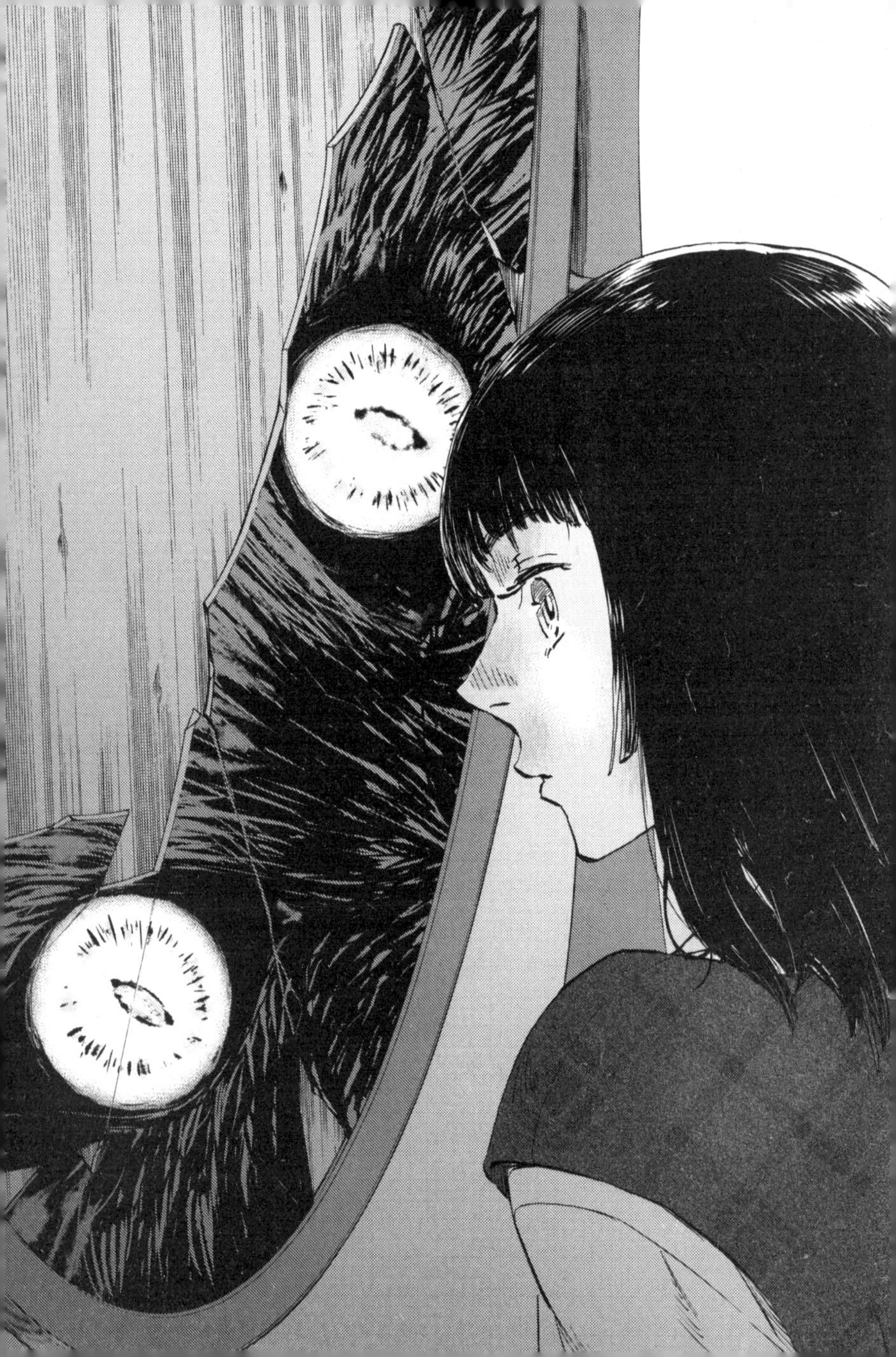

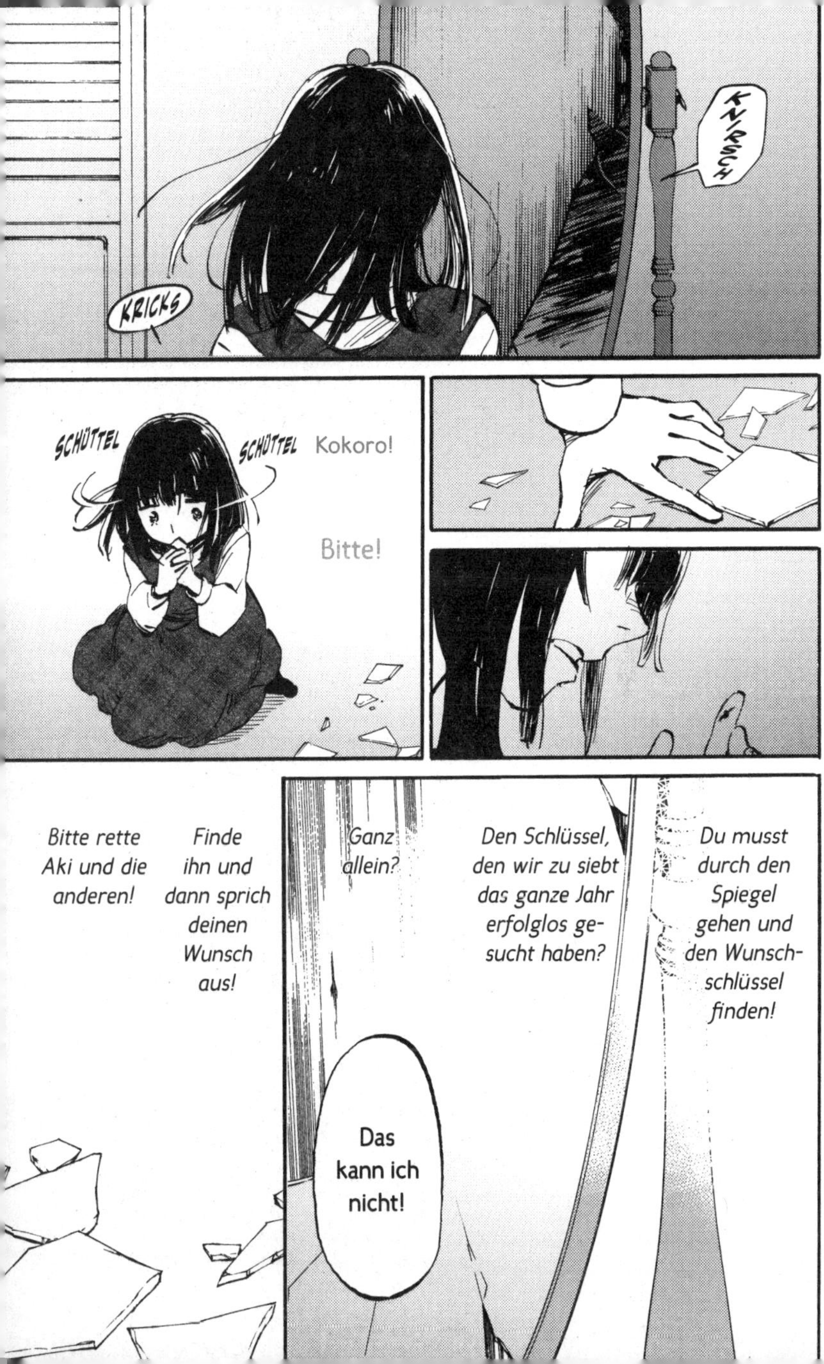
KNIRSCH
KRICKS
Kokoro!
SCHÜTTEL SCHÜTTEL
Bitte!
Du musst durch den Spiegel gehen und den Wunschschlüssel finden!
Den Schlüssel, den wir zu siebt das ganze Jahr erfolglos gesucht haben?
Ganz allein?
Das kann ich nicht!
Finde ihn und dann sprich deinen Wunsch aus!
Bitte rette Aki und die anderen!

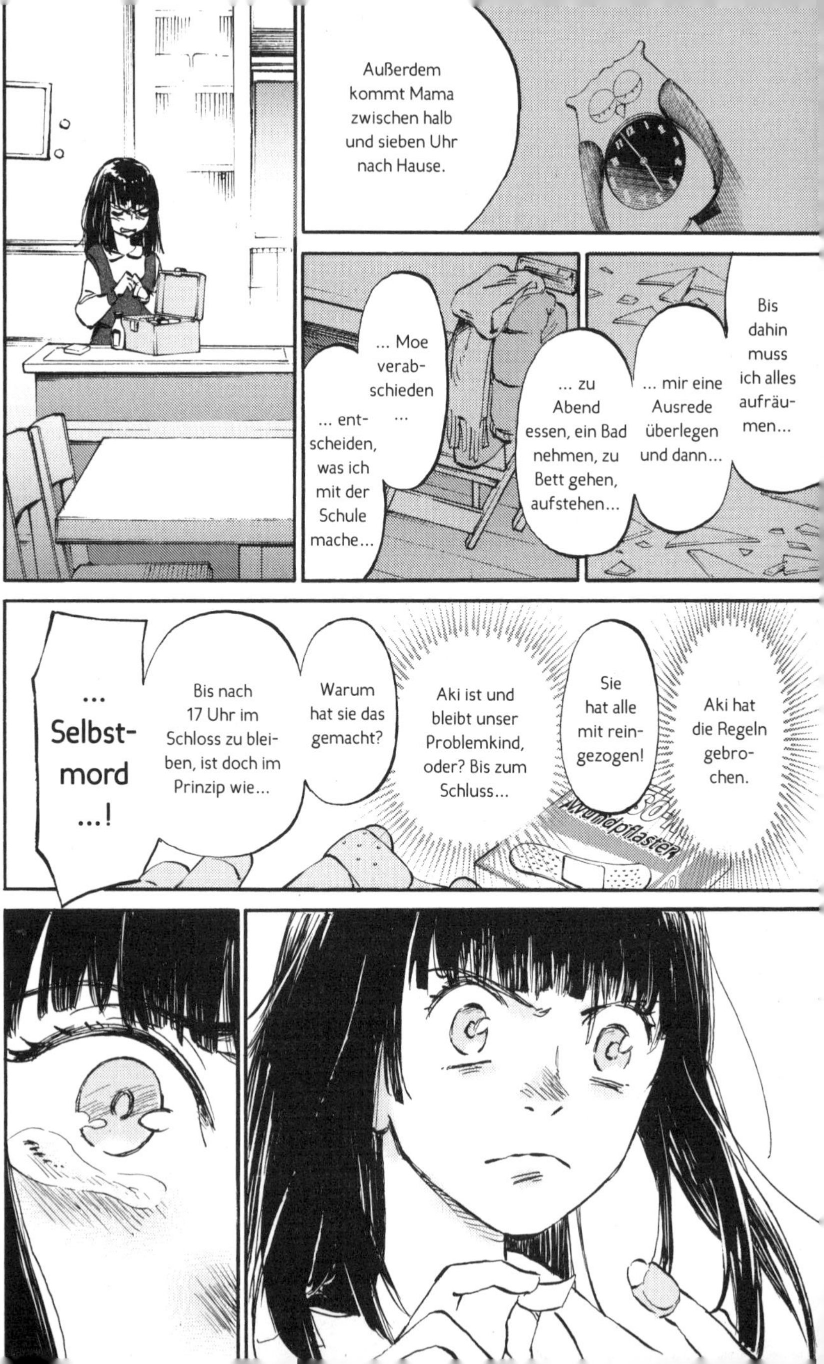
Außerdem kommt Mama zwischen halb und sieben Uhr nach Hause.
Bis dahin muss ich alles aufräumen...
... mir eine Ausrede überlegen und dann...
... zu Abend essen, ein Bad nehmen, zu Bett gehen, aufstehen...
... Moe verabschieden ...
... entscheiden, was ich mit der Schule mache...
Aki hat die Regeln gebrochen.
Sie hat alle mit reingezogen!
Aki ist und bleibt unser Problemkind, oder? Bis zum Schluss...
Wundpflaster
Warum hat sie das gemacht?
Bis nach 17 Uhr im Schloss zu bleiben, ist doch im Prinzip wie...
... Selbstmord ...!

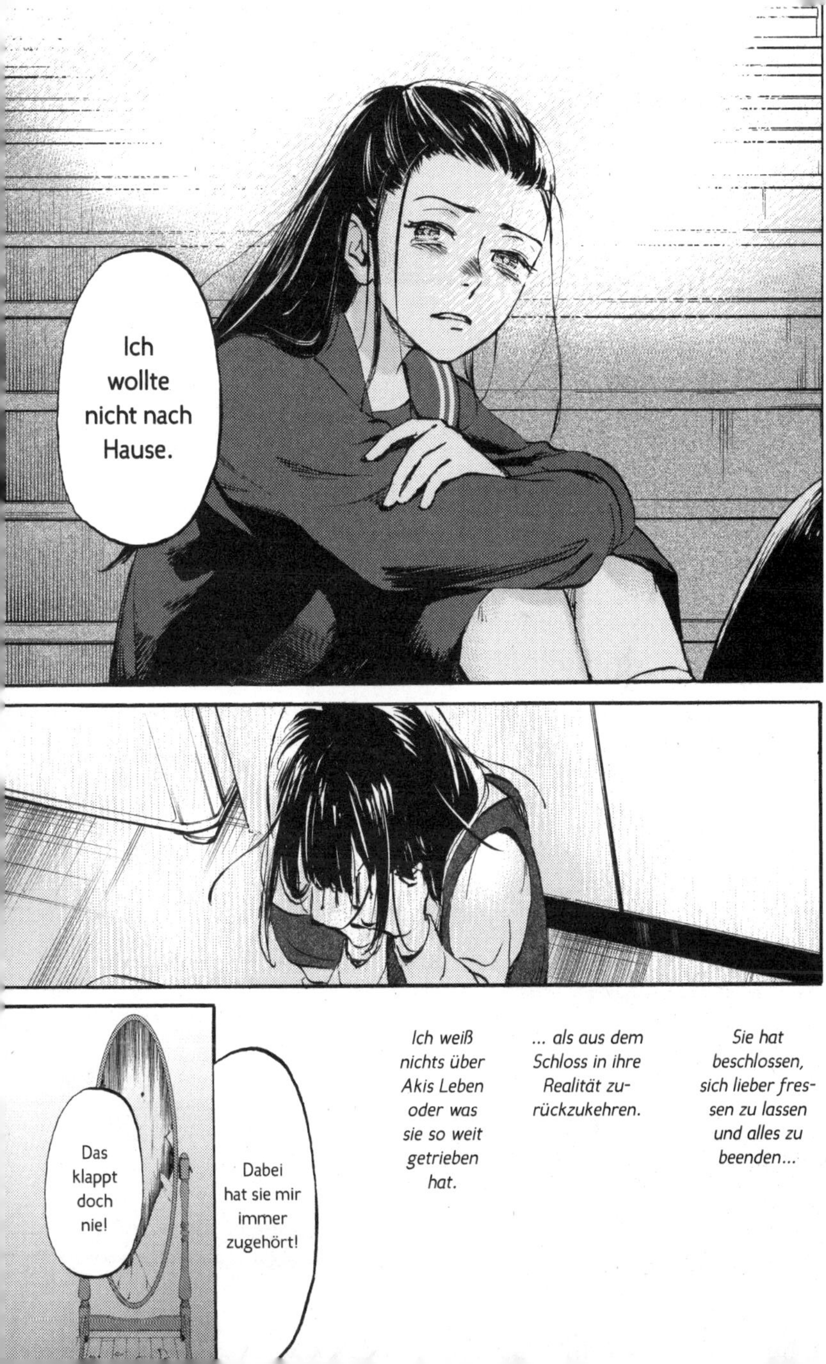
Ich wollte nicht nach Hause.
Sie hat beschlossen, sich lieber fressen zu lassen und alles zu beenden...
... als aus dem Schloss in ihre Realität zurückzukehren.
Ich weiß nichts über Akis Leben oder was sie so weit getrieben hat.
Dabei hat sie mir immer zugehört!
Das klappt doch nie!

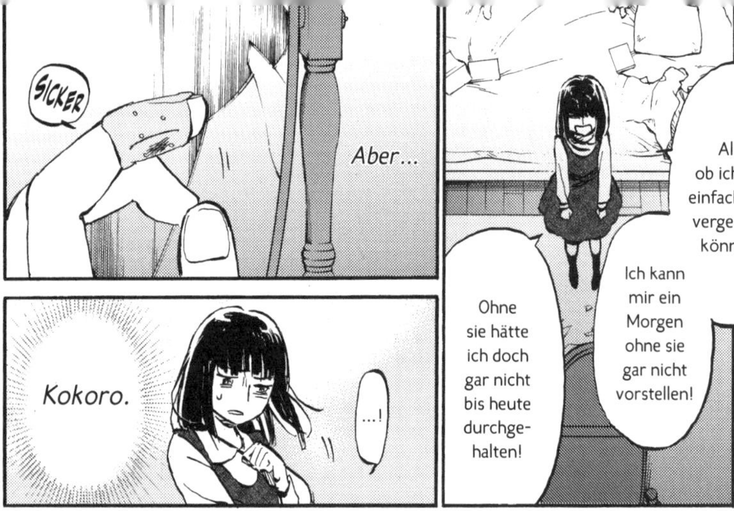

Kokoro!

Es ist nicht Rotkäppchen!

Die Wolfskönigin hat ...

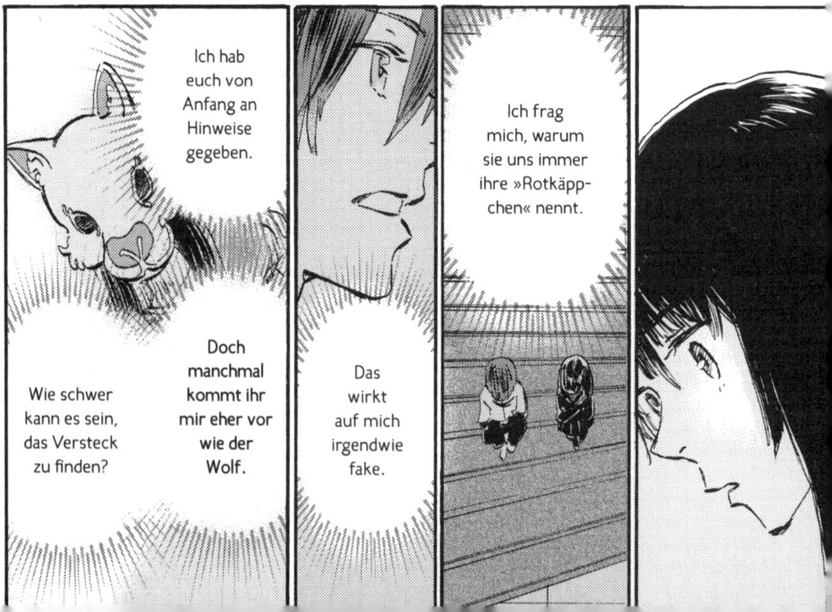

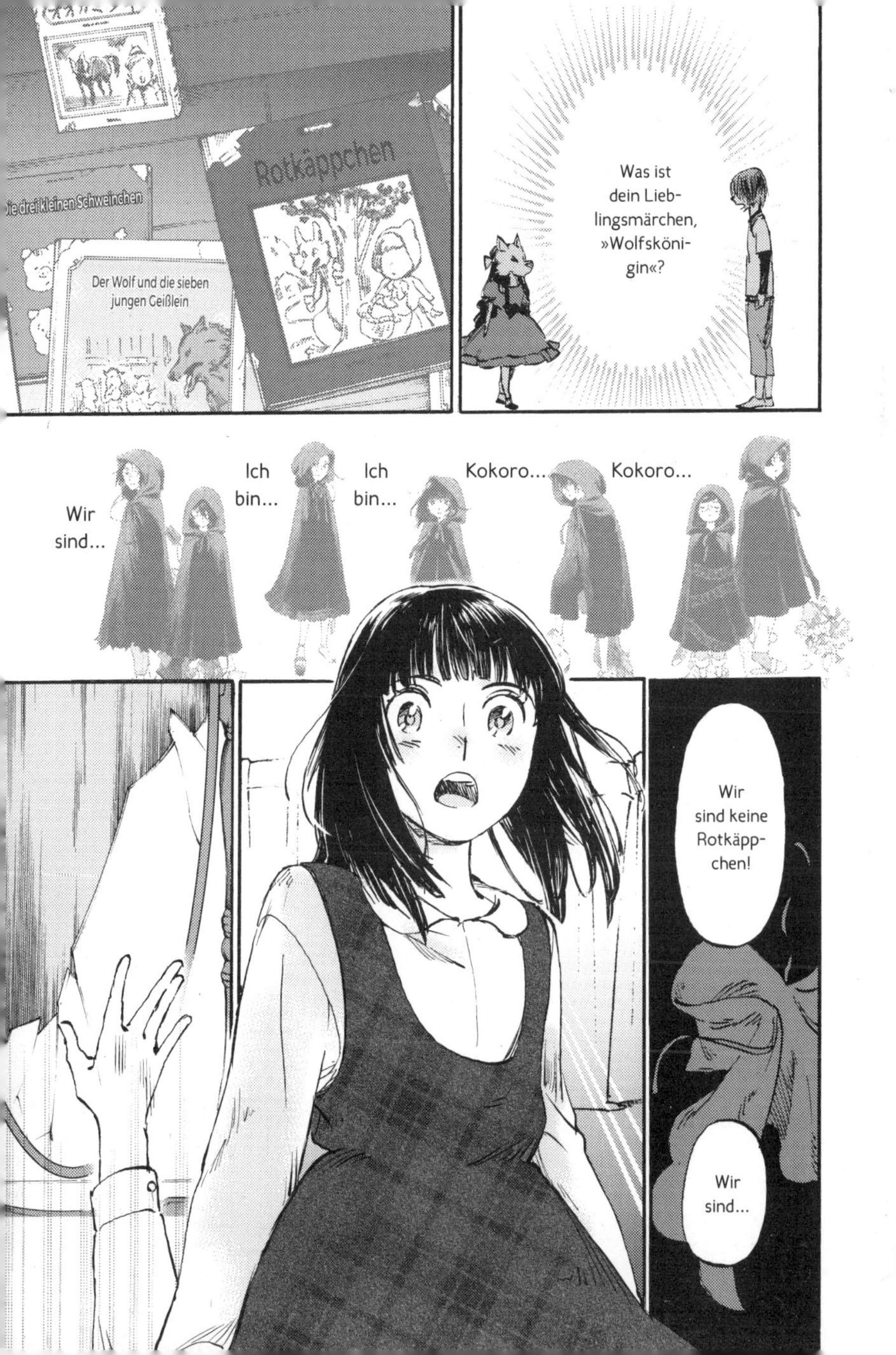
Rotkäppchen
Die drei kleinen Schweinchen
Der Wolf und die sieben jungen Geißlein
Was ist dein Lieblingsmärchen, »Wolfskönigin«?
Kokoro...
Kokoro...
Ich bin...
Ich bin...
Wir sind...
Wir sind keine Rotkäppchen!
Wir sind...

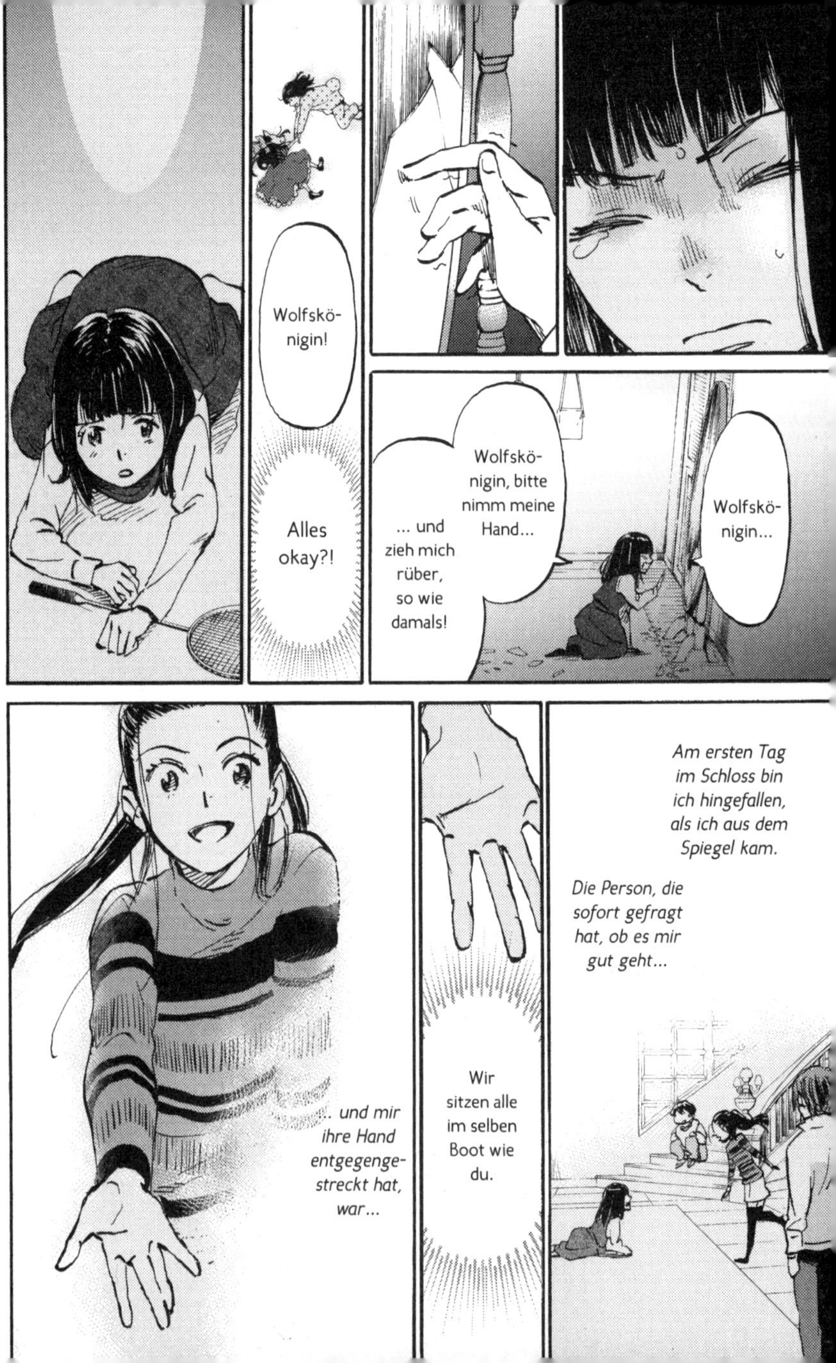
Wolfskönigin...
Wolfskönigin, bitte nimm meine Hand...
... und zieh mich rüber, so wie damals!
Wolfskönigin!
Alles okay?!
Am ersten Tag im Schloss bin ich hingefallen, als ich aus dem Spiegel kam.
Die Person, die sofort gefragt hat, ob es mir gut geht...
Wir sitzen alle im selben Boot wie du.
... und mir ihre Hand entgegengestreckt hat, war...

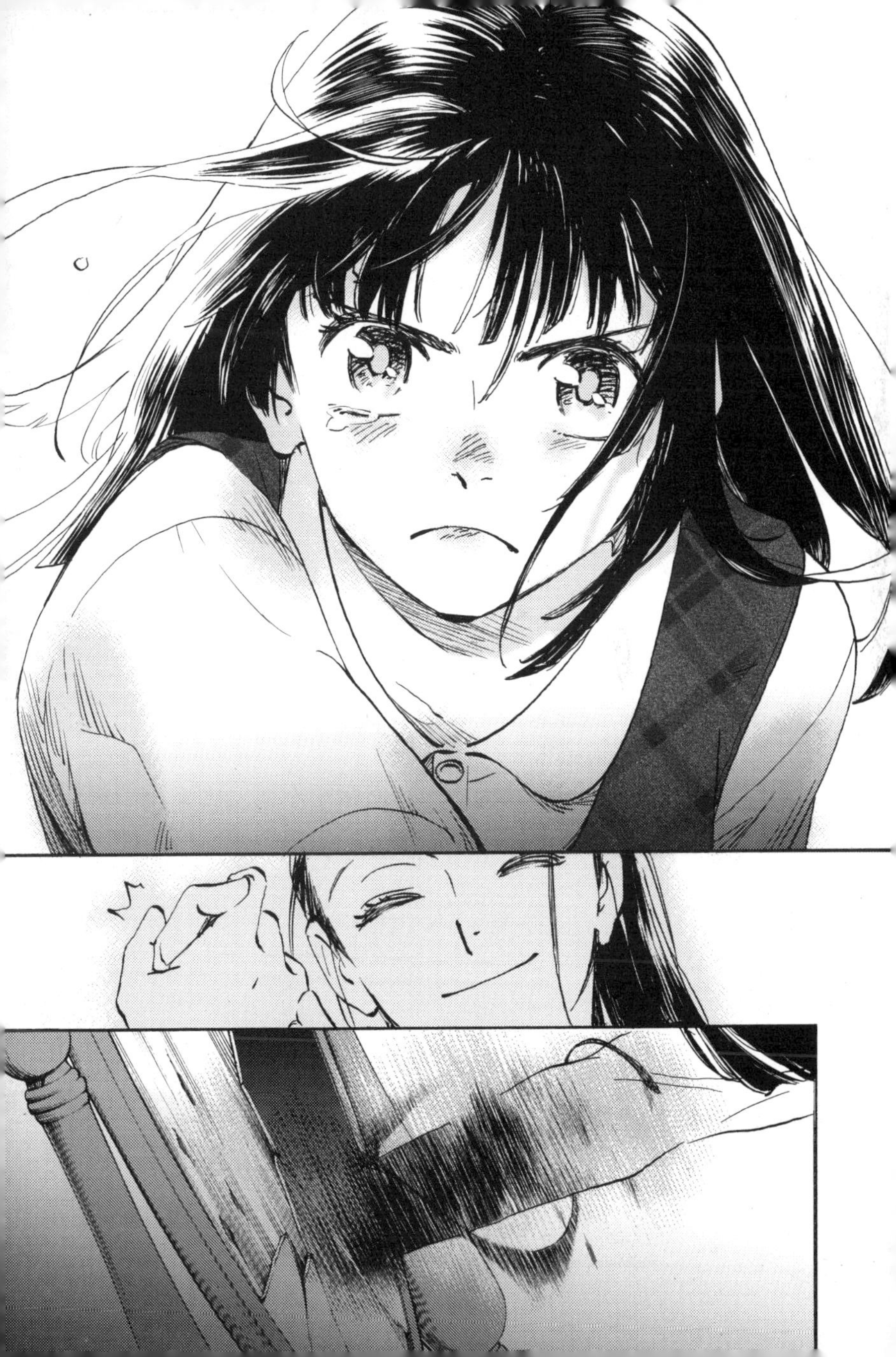

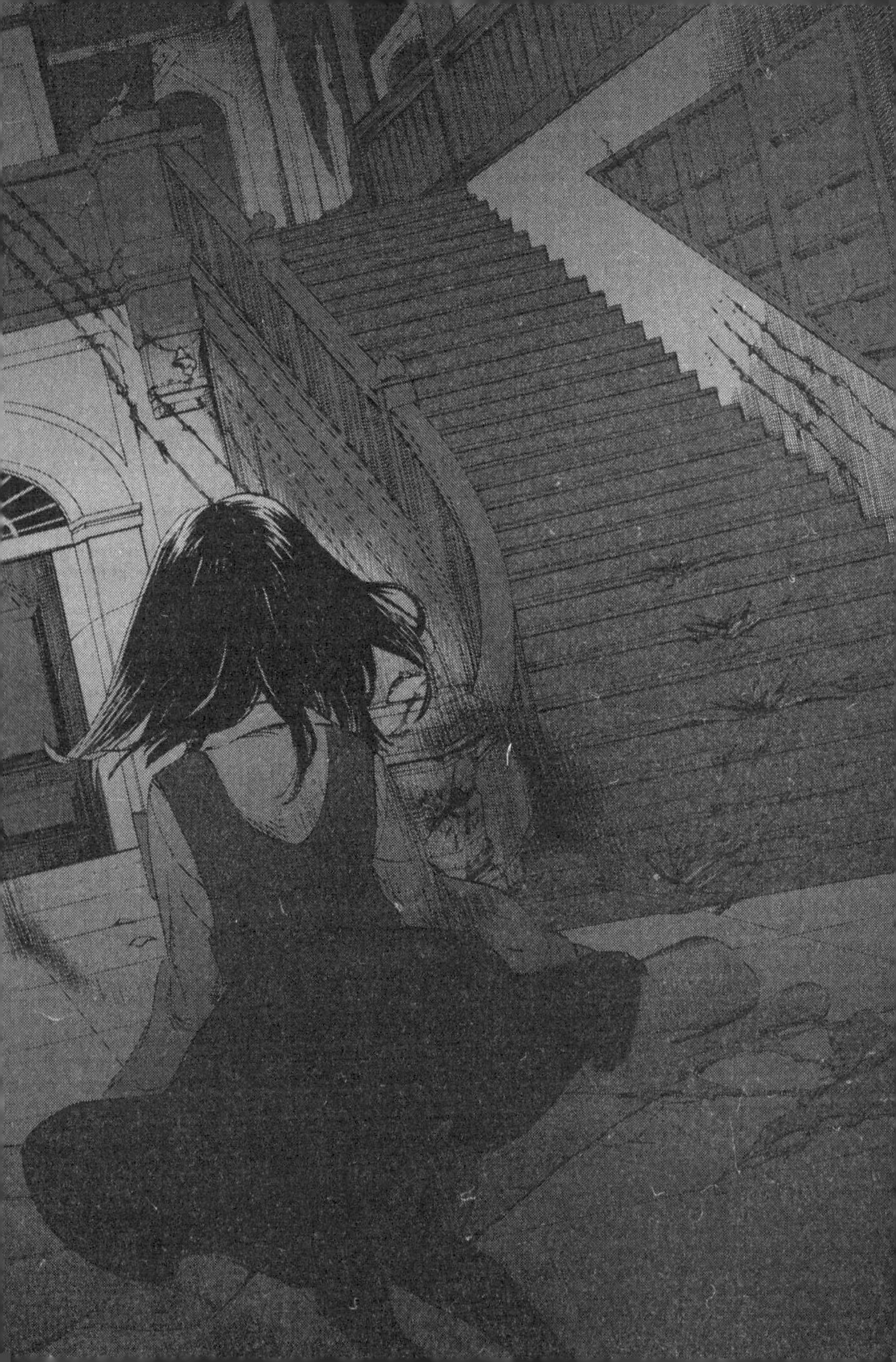

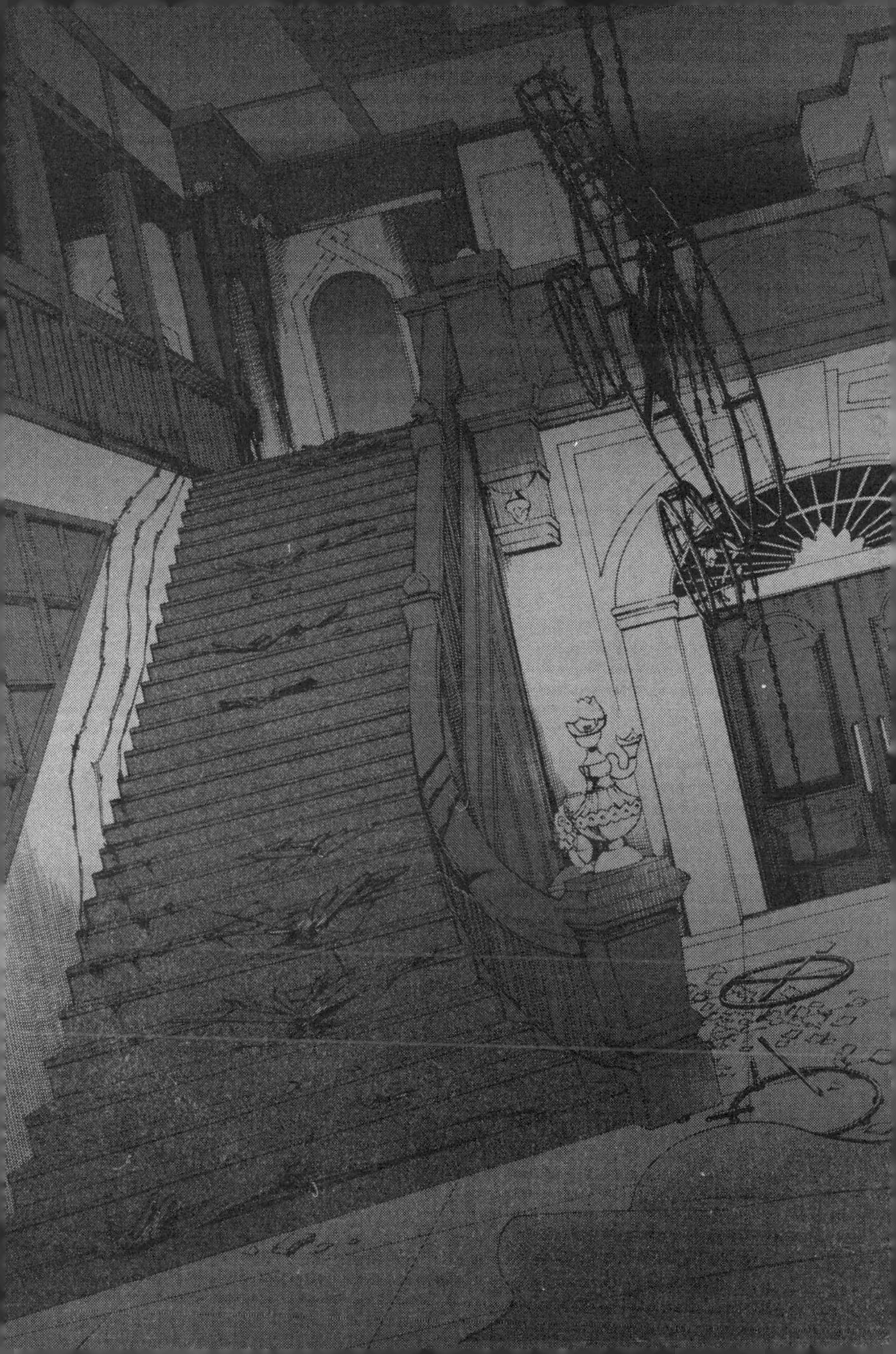

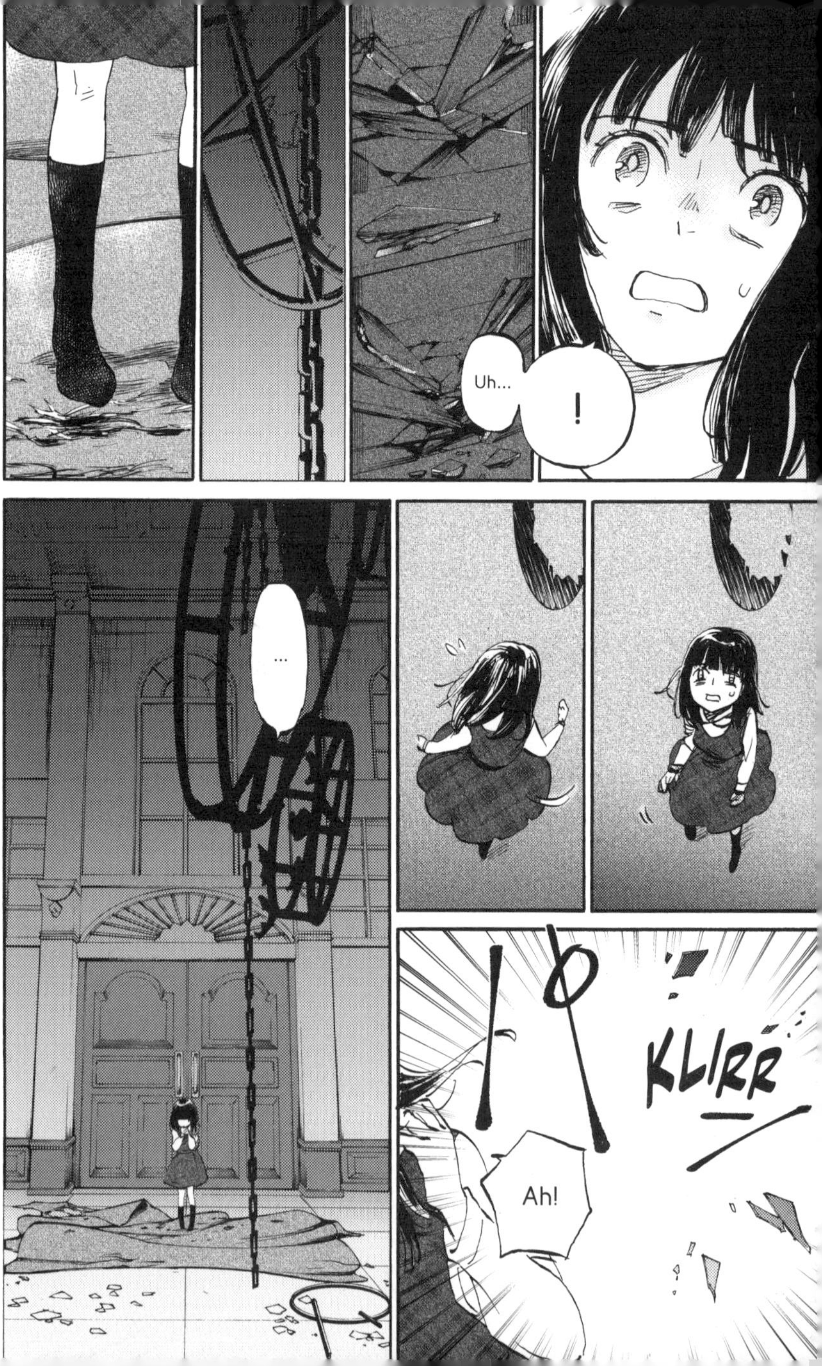

!
Uh...
...
KLIRR
Ah!

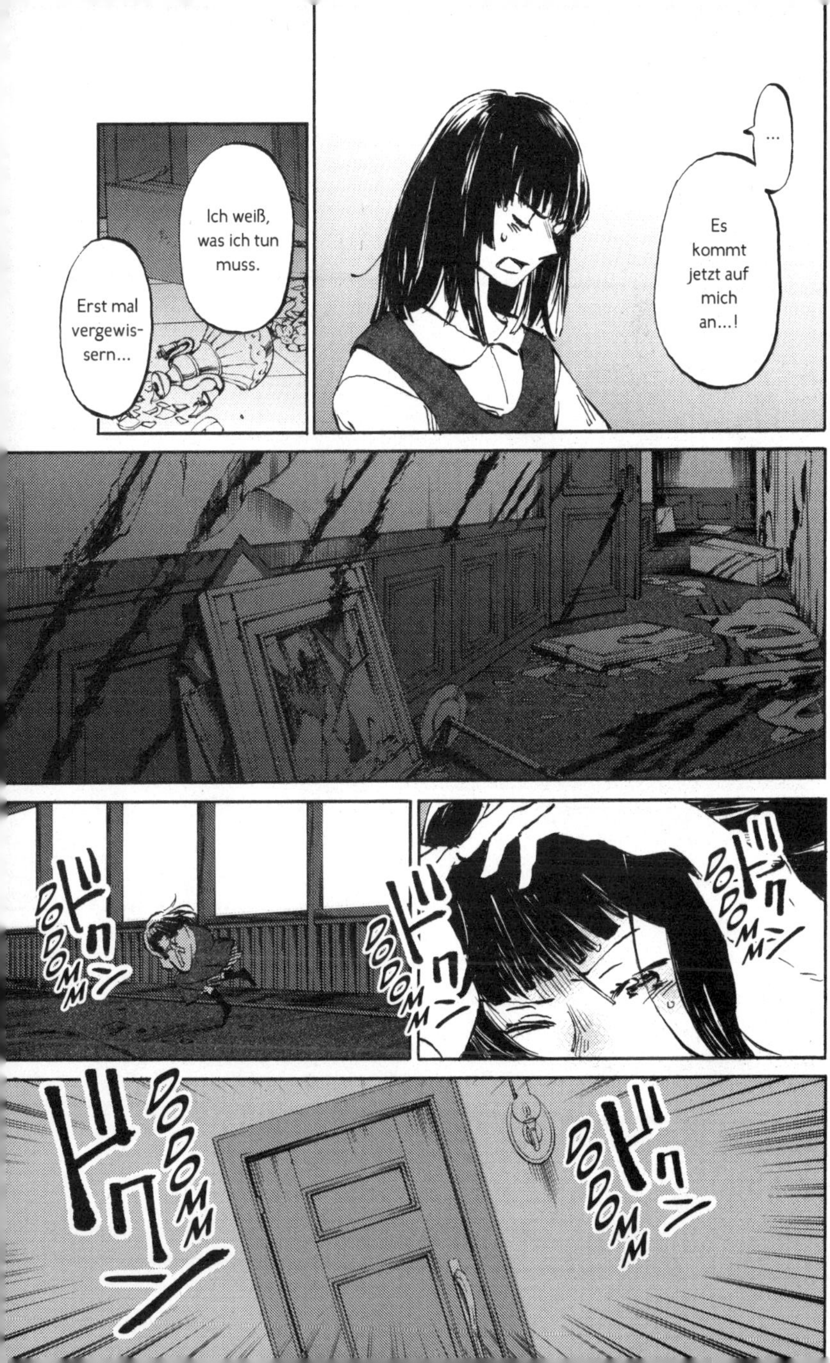
…
Es kommt jetzt auf mich an…!
Ich weiß, was ich tun muss.
Erst mal vergewissern…
DODOMM
DODOMM
DODOMM
DODOMM
DODOMM

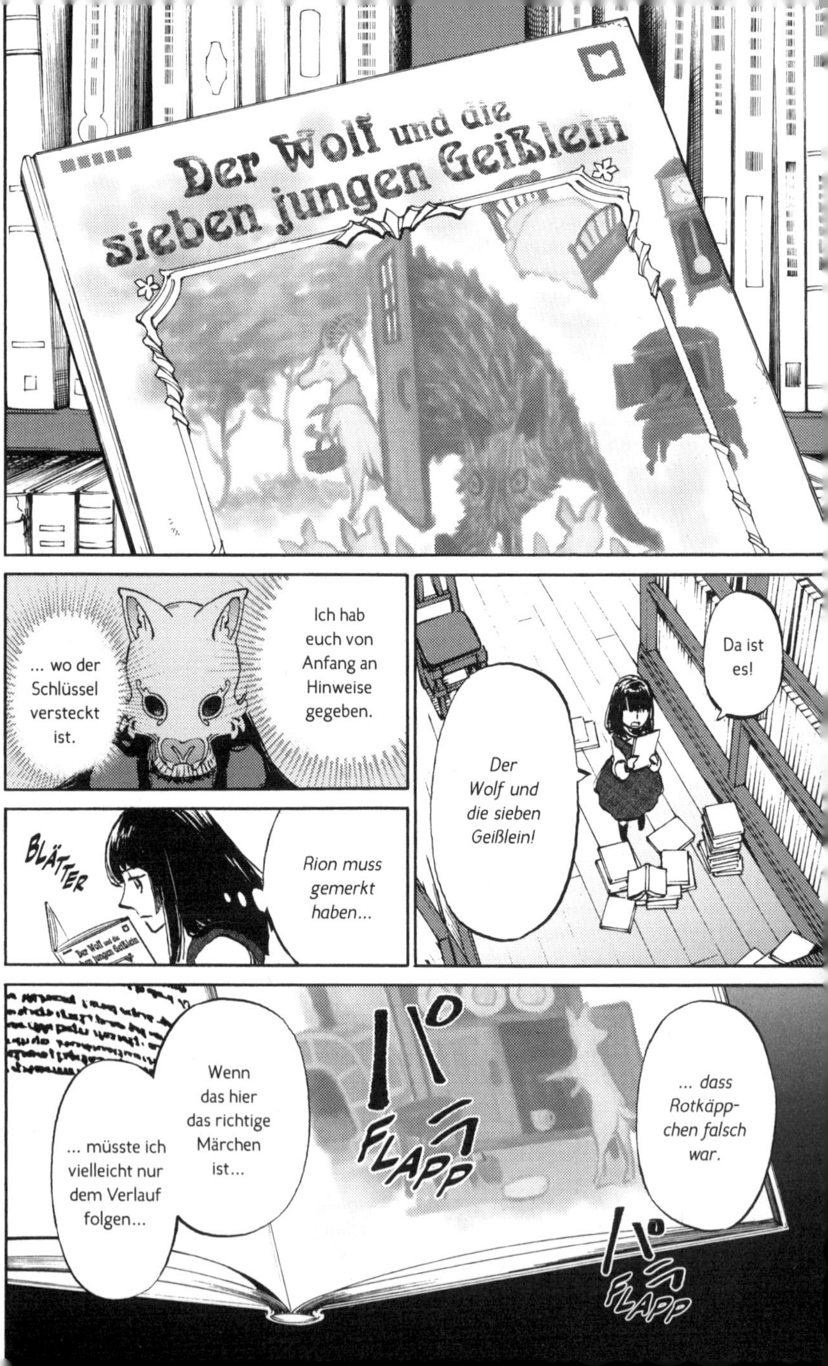
Der Wolf und die sieben jungen Geißlein
Da ist es!
Der Wolf und die sieben Geißlein!
Ich hab euch von Anfang an Hinweise gegeben.
... wo der Schlüssel versteckt ist.
Rion muss gemerkt haben...
BLÄTTER
Der Wolf und die ... jungen Geißlein
... dass Rotkäppchen falsch war.
FLAPP
Wenn das hier das richtige Märchen ist...
... müsste ich vielleicht nur dem Verlauf folgen...
FLAPP

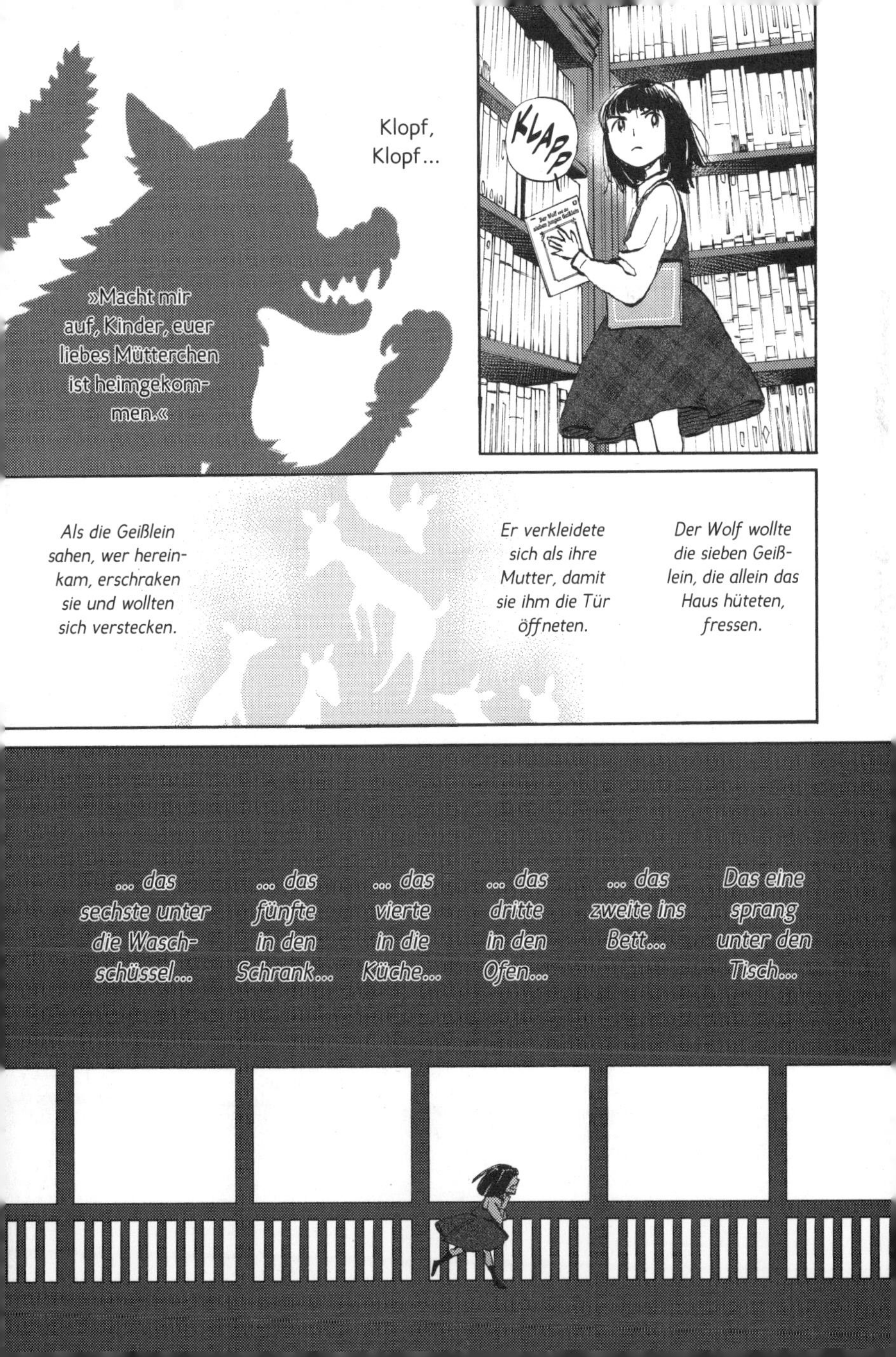
KLAPP
Klopf, Klopf…
»Macht mir auf, Kinder, euer liebes Mütterchen ist heimgekommen.«
Der Wolf wollte die sieben Geißlein, die allein das Haus hüteten, fressen.
Er verkleidete sich als ihre Mutter, damit sie ihm die Tür öffneten.
Als die Geißlein sahen, wer hereinkam, erschraken sie und wollten sich verstecken.
Das eine sprang unter den Tisch…
… das zweite ins Bett…
… das dritte in den Ofen…
… das vierte in die Küche…
… das fünfte in den Schrank…
… das sechste unter die Waschschüssel…

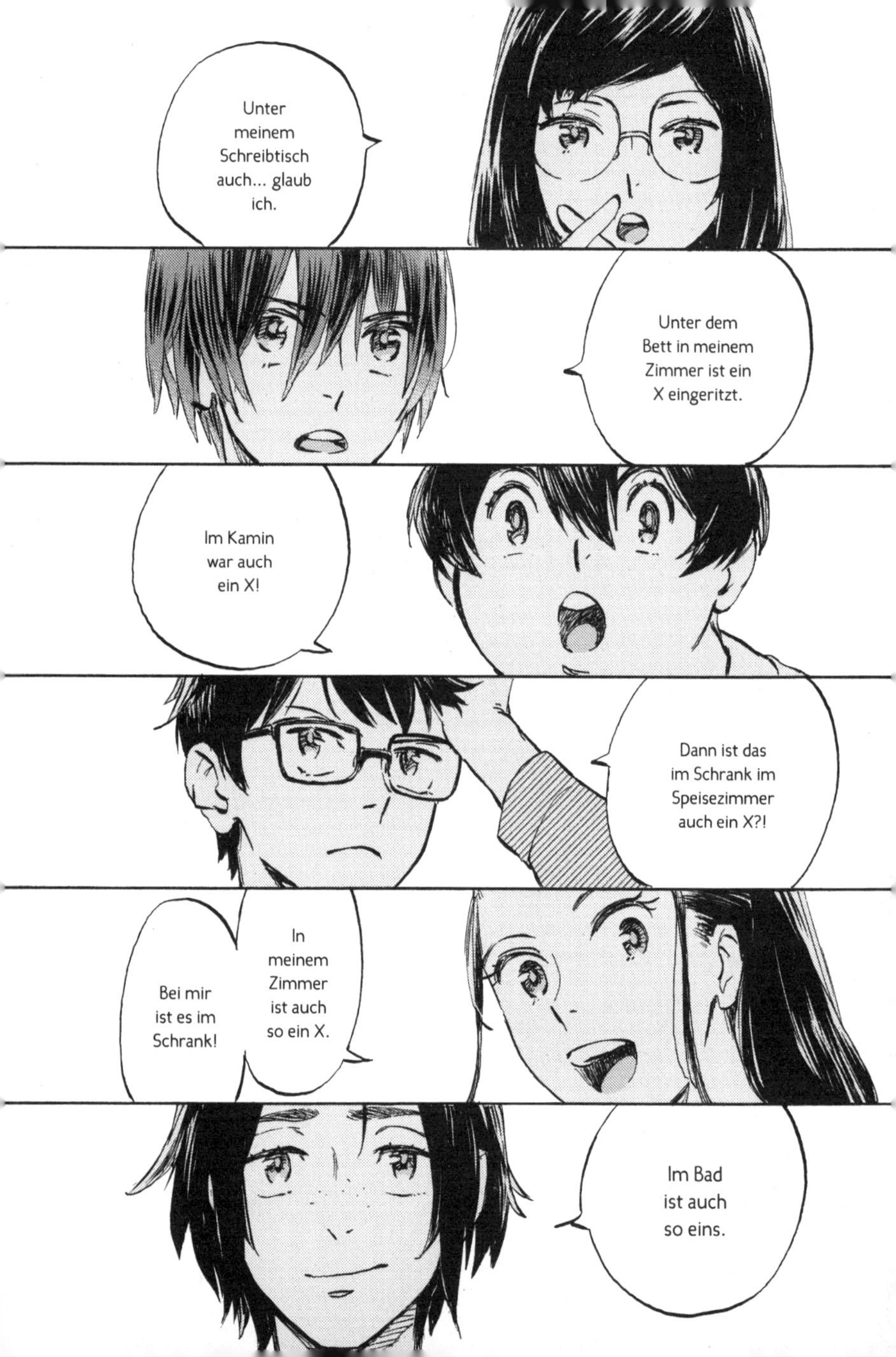
Unter meinem Schreibtisch auch... glaub ich.
Unter dem Bett in meinem Zimmer ist ein X eingeritzt.
Im Kamin war auch ein X!
Dann ist das im Schrank im Speisezimmer auch ein X?!
In meinem Zimmer ist auch so ein X.
Bei mir ist es im Schrank!
Im Bad ist auch so eins.

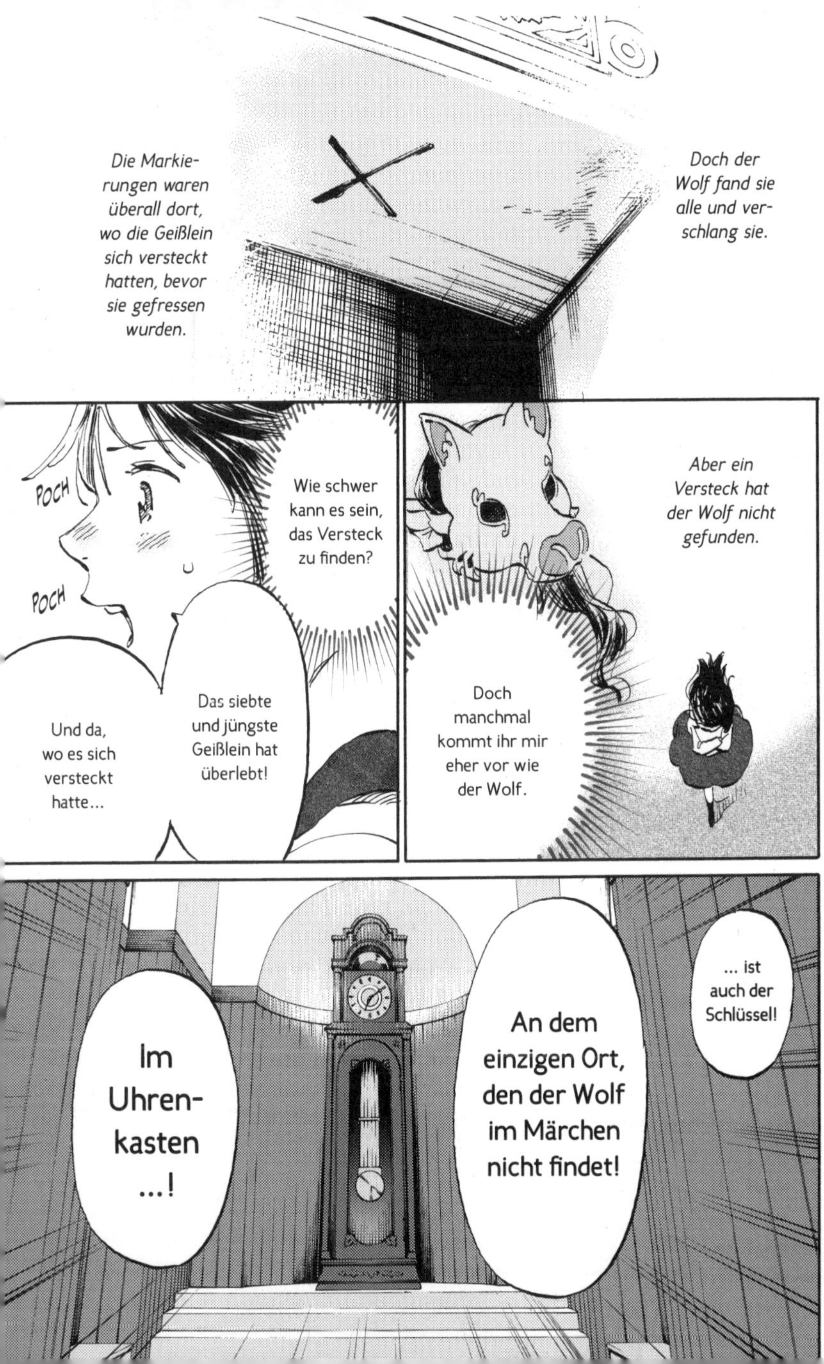
Die Markierungen waren überall dort, wo die Geißlein sich versteckt hatten, bevor sie gefressen wurden.
Doch der Wolf fand sie alle und verschlang sie.
Aber ein Versteck hat der Wolf nicht gefunden.
Doch manchmal kommt ihr mir eher vor wie der Wolf.
Wie schwer kann es sein, das Versteck zu finden?
POCH
POCH
Das siebte und jüngste Geißlein hat überlebt!
Und da, wo es sich versteckt hatte...
... ist auch der Schlüssel!
An dem einzigen Ort, den der Wolf im Märchen nicht findet!
Im Uhrenkasten ...!

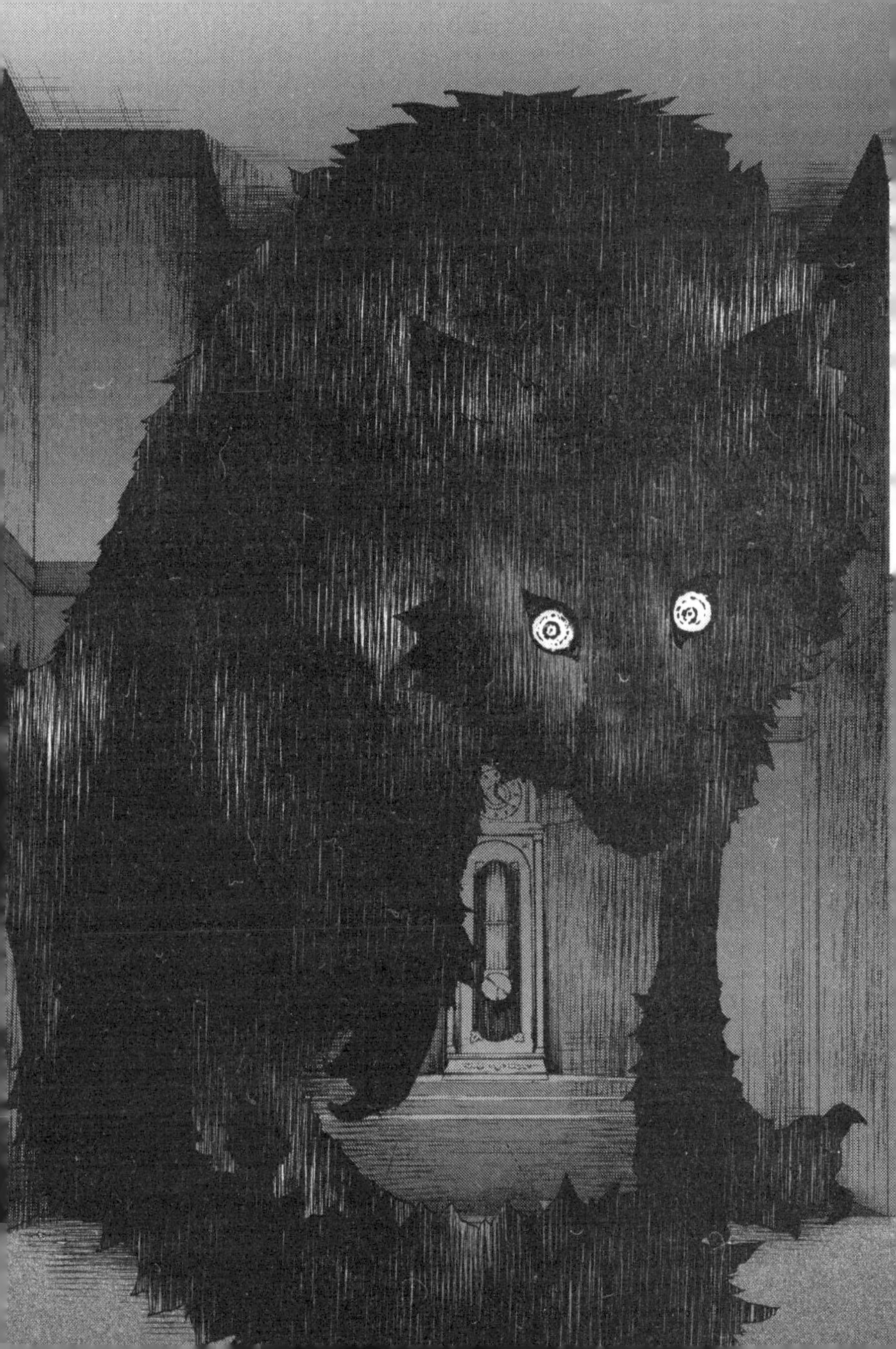

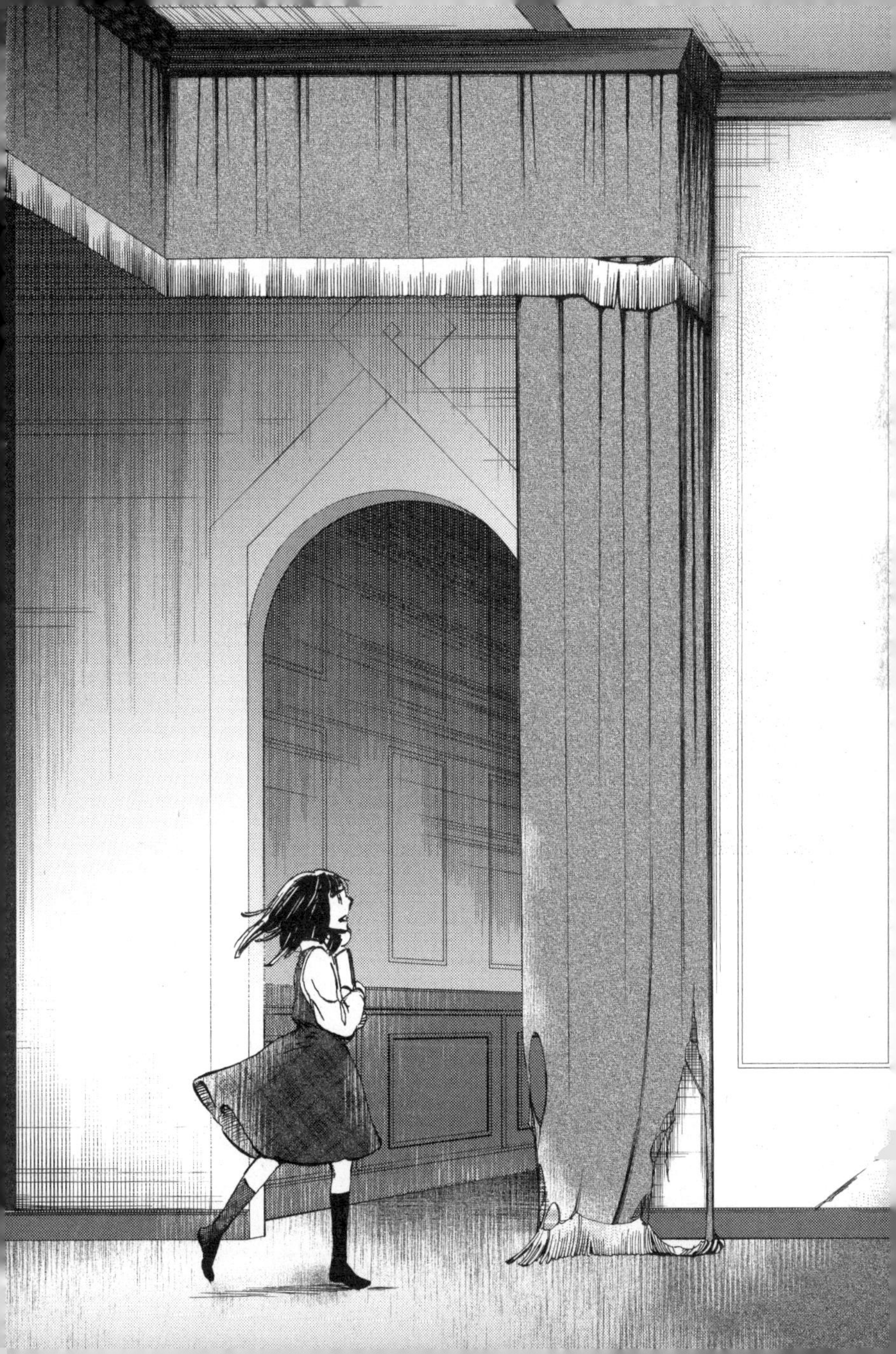

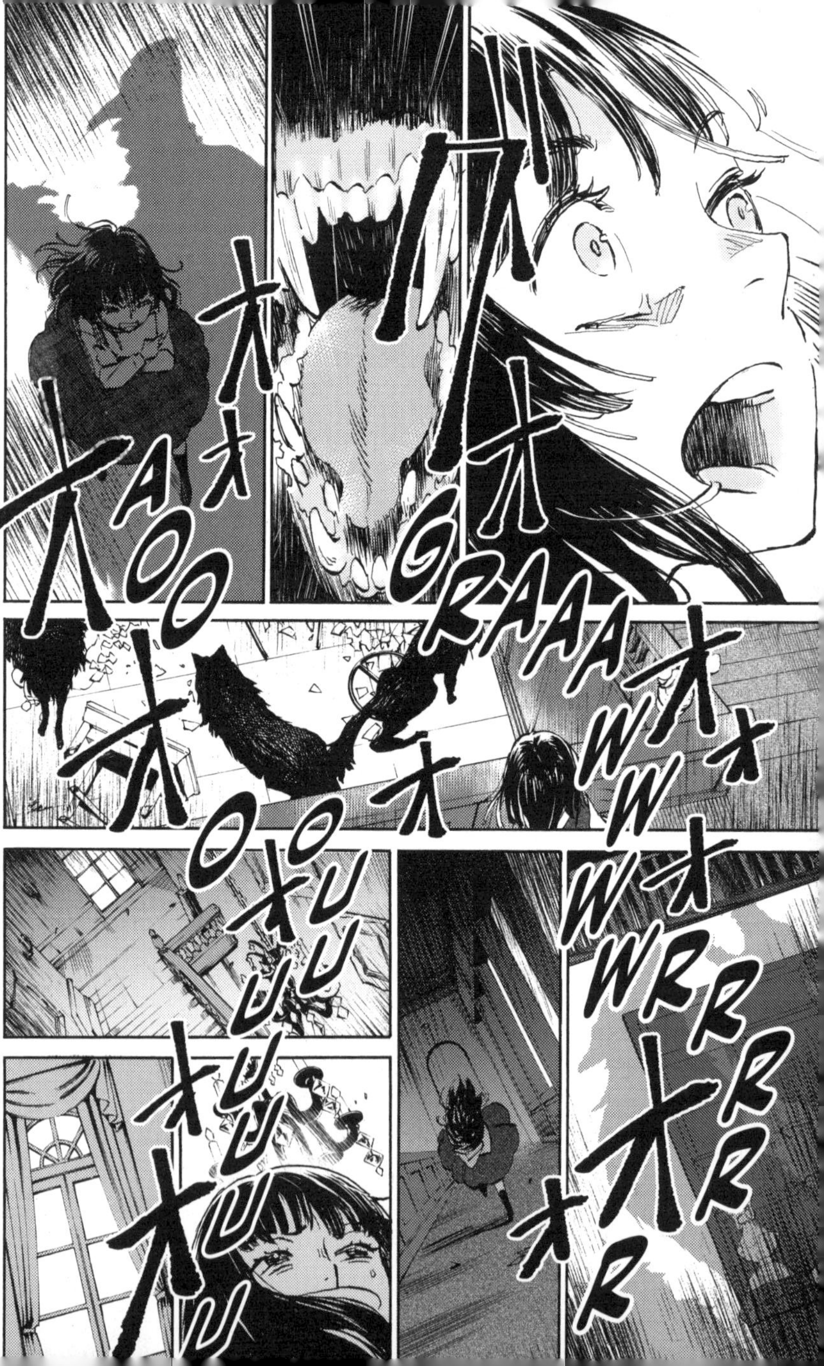
AOOOOUUUUUUUUUU
GRAAAWWWWWRRRRRRR

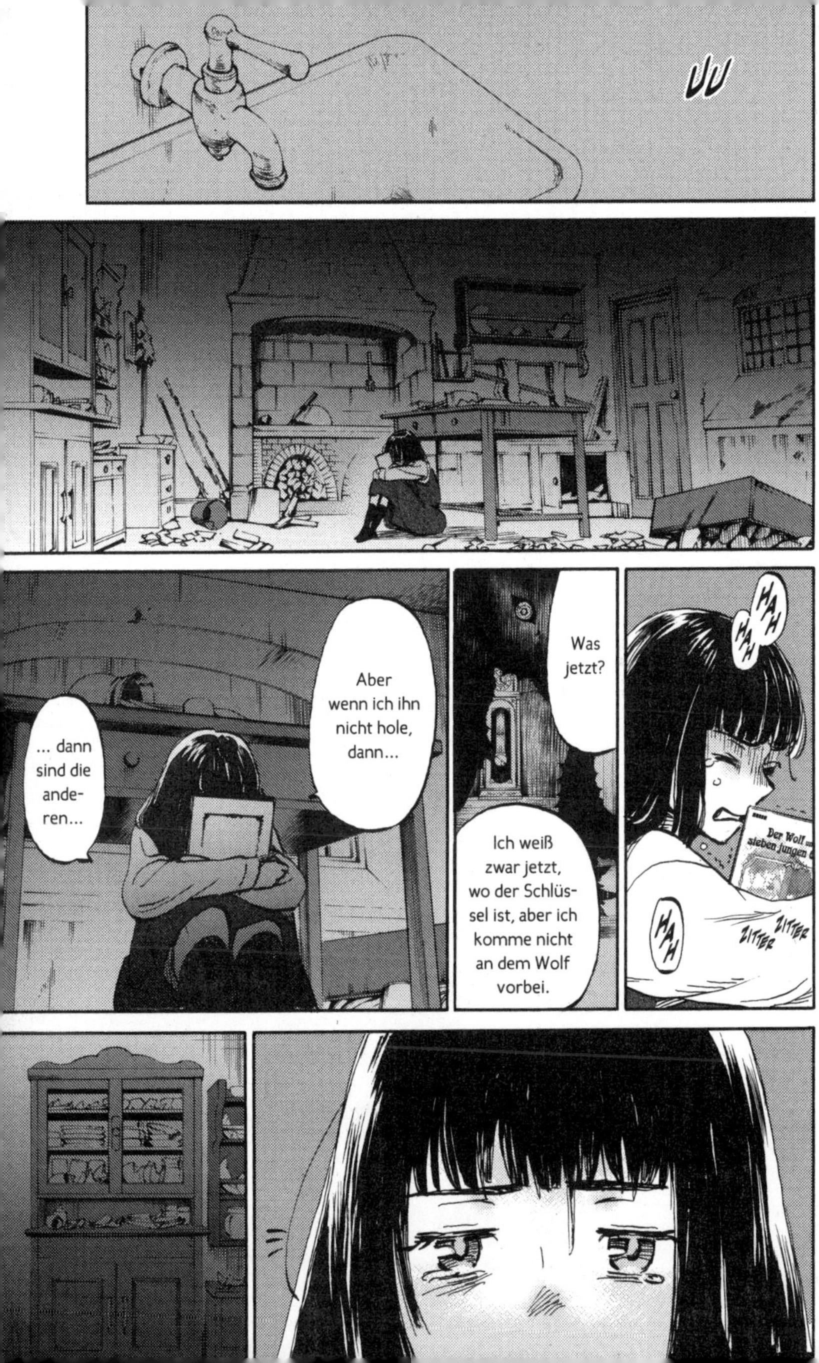
UU
HAH HAH
HAH
ZITTER ZITTER
Was jetzt?
Ich weiß zwar jetzt, wo der Schlüssel ist, aber ich komme nicht an dem Wolf vorbei.
Aber wenn ich ihn nicht hole, dann...
... dann sind die anderen...

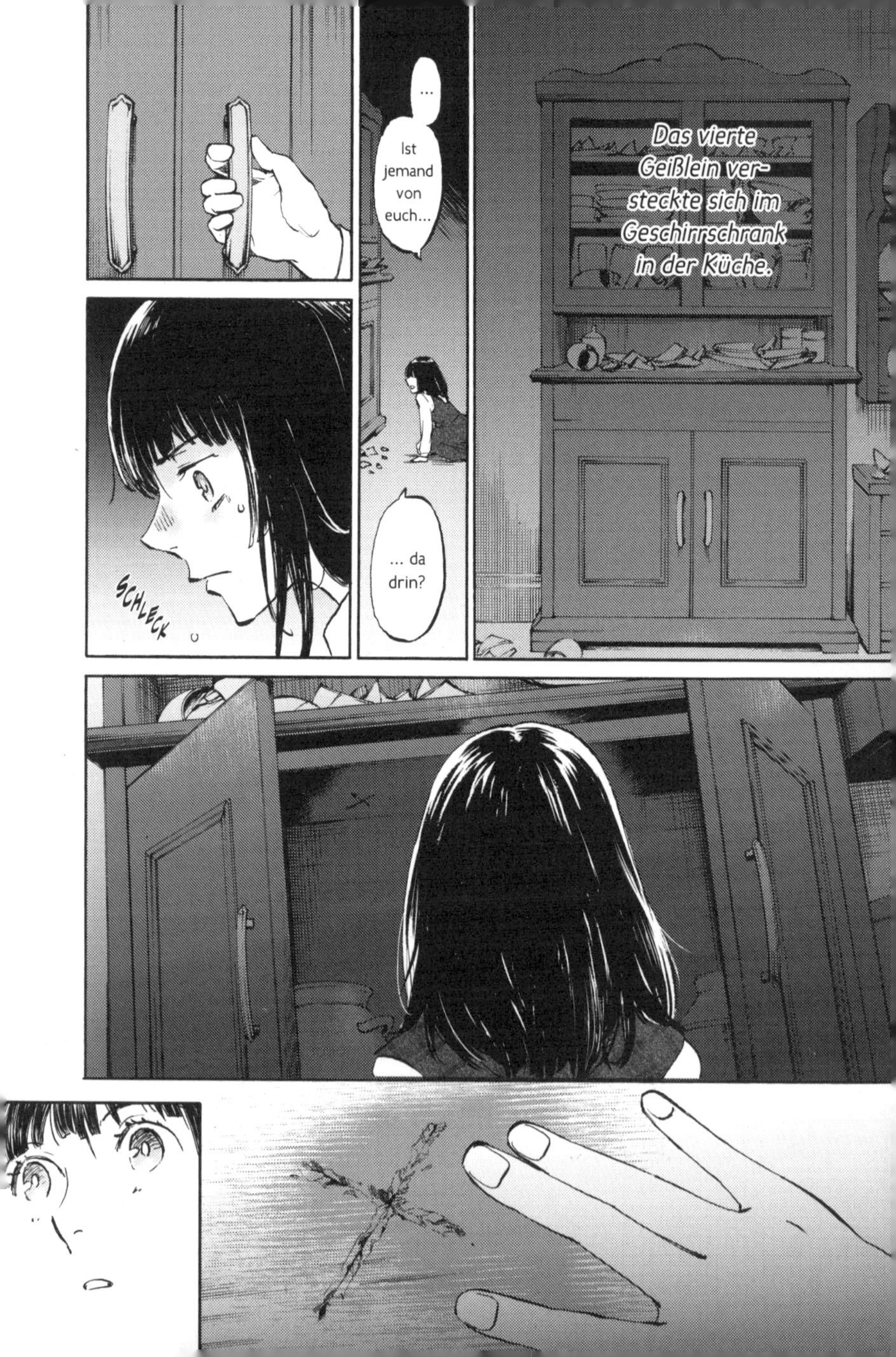
Das vierte Geißlein versteckte sich im Geschirrschrank in der Küche.
...
Ist jemand von euch...
... da drin?
SCHLECK

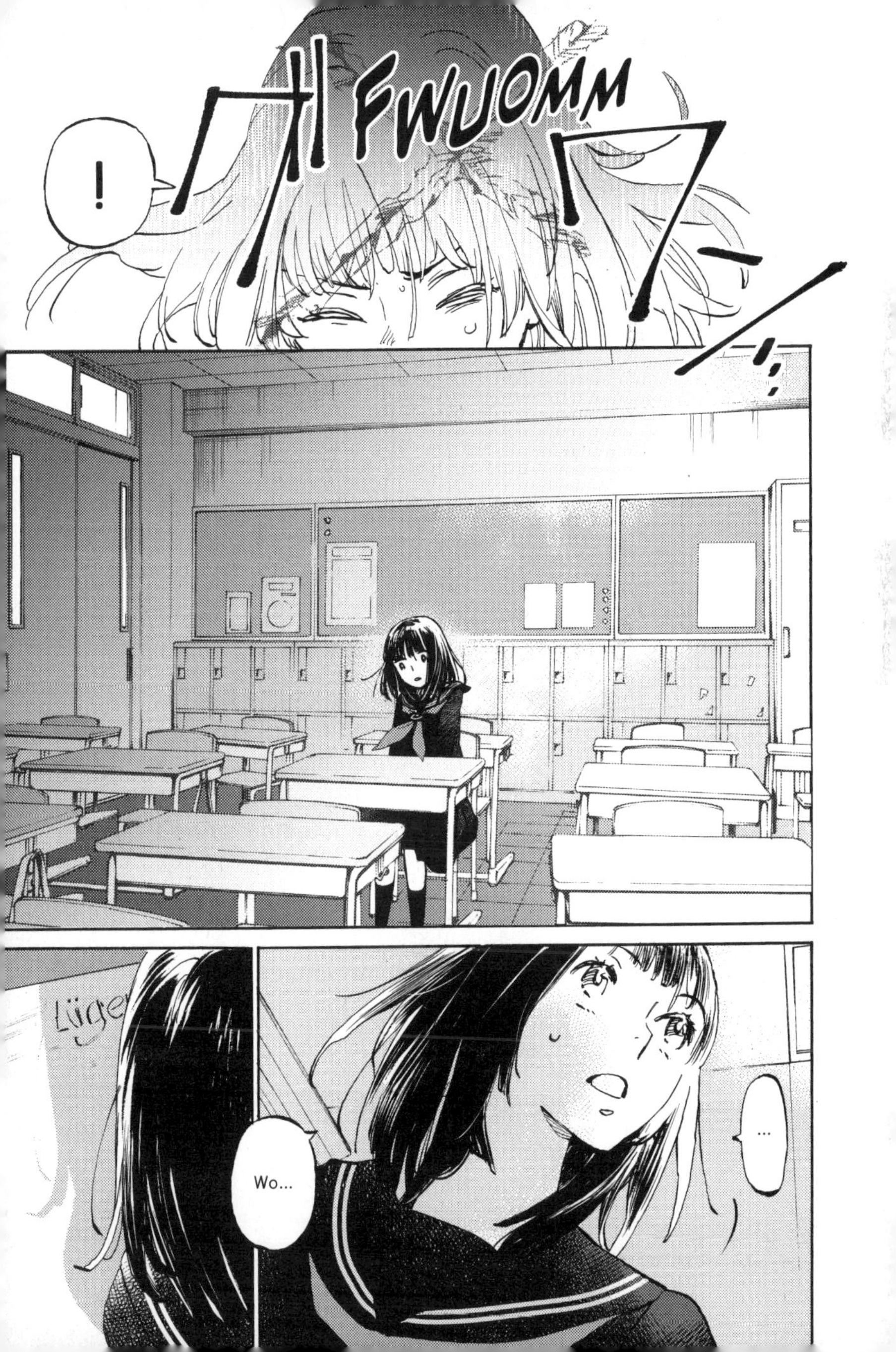
FWUOMM
!
...
Wo...
Lüge

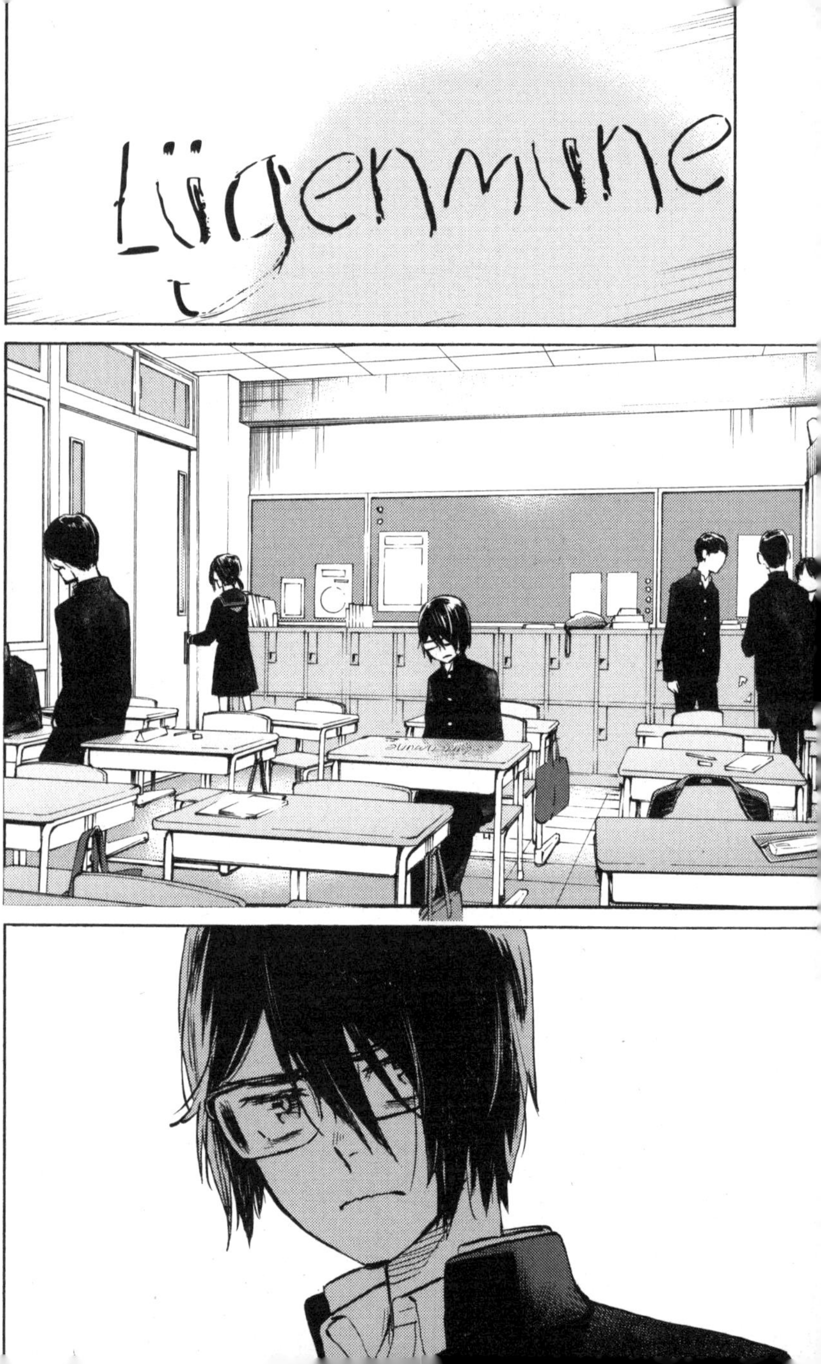
Lügenmune

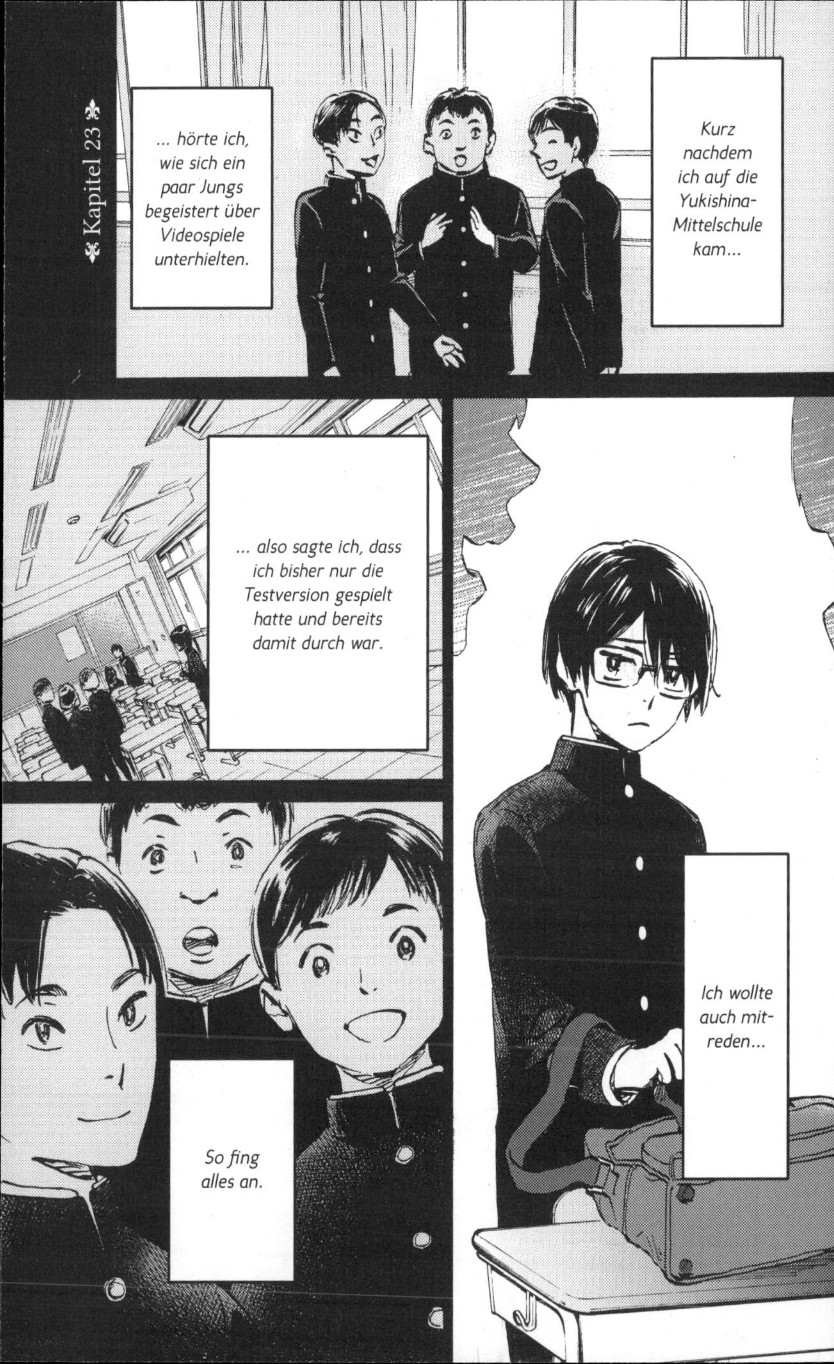
Kurz nachdem ich auf die Yukishina-Mittelschule kam...
... hörte ich, wie sich ein paar Jungs begeistert über Videospiele unterhielten.
Ich wollte auch mitreden...
... also sagte ich, dass ich bisher nur die Testversion gespielt hatte und bereits damit durch war.
So fing alles an.

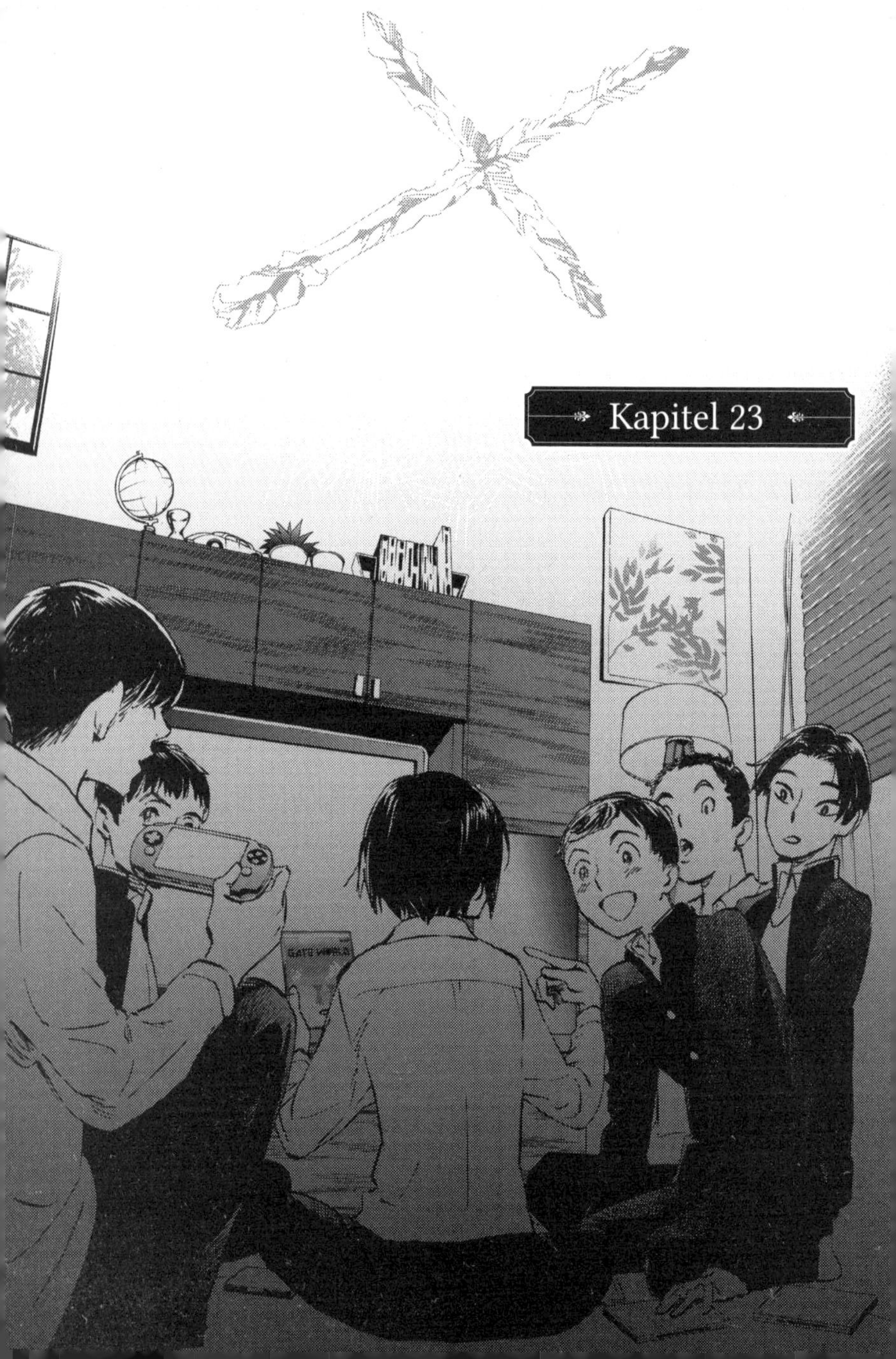
Kapitel 23

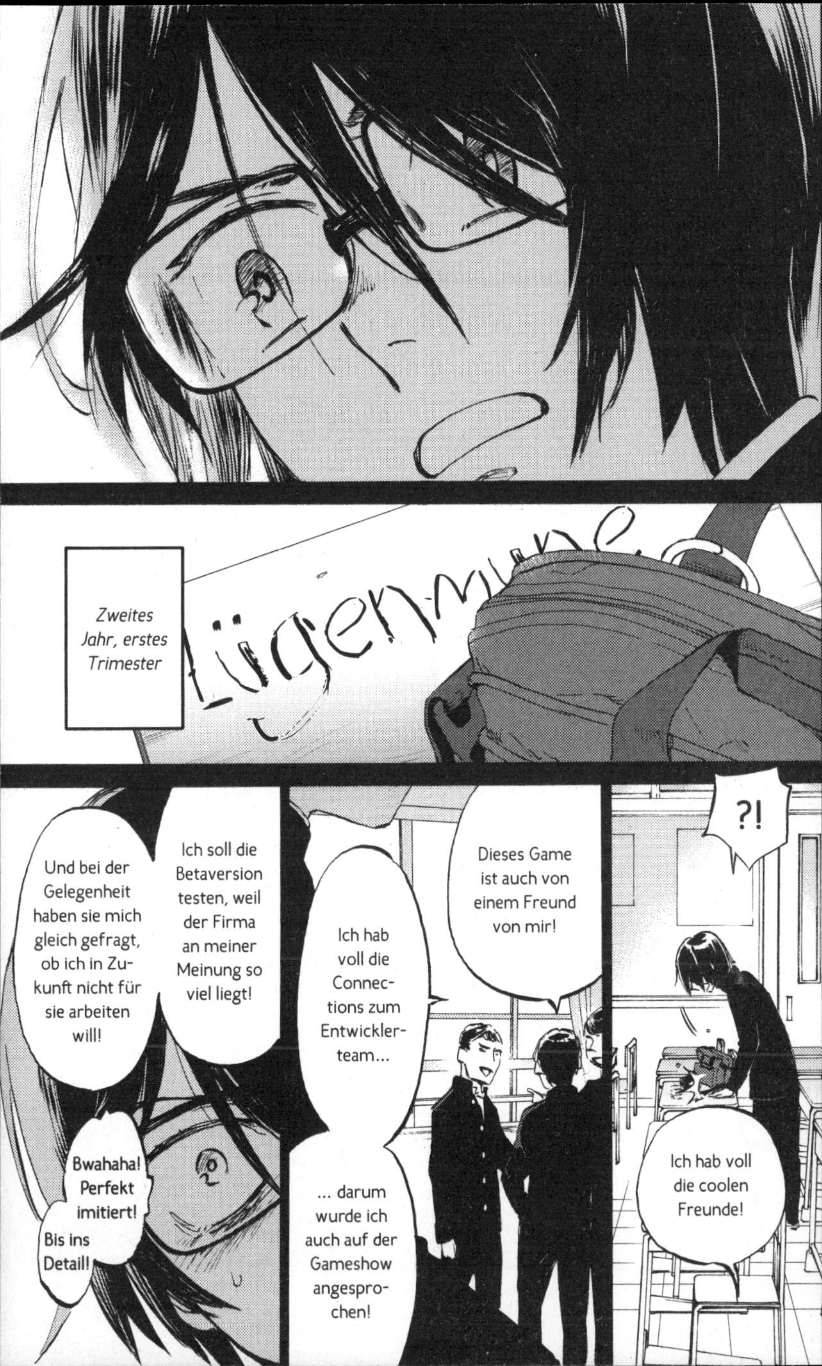

Zweites Jahr, erstes Trimester
?!
Ich hab voll die coolen Freunde!
Dieses Game ist auch von einem Freund von mir!
Ich hab voll die Connections zum Entwicklerteam…
… darum wurde ich auch auf der Gameshow angesprochen!
Ich soll die Betaversion testen, weil der Firma an meiner Meinung so viel liegt!
Und bei der Gelegenheit haben sie mich gleich gefragt, ob ich in Zukunft nicht für sie arbeiten will!
Bwahaha! Perfekt imitiert!
Bis ins Detail!

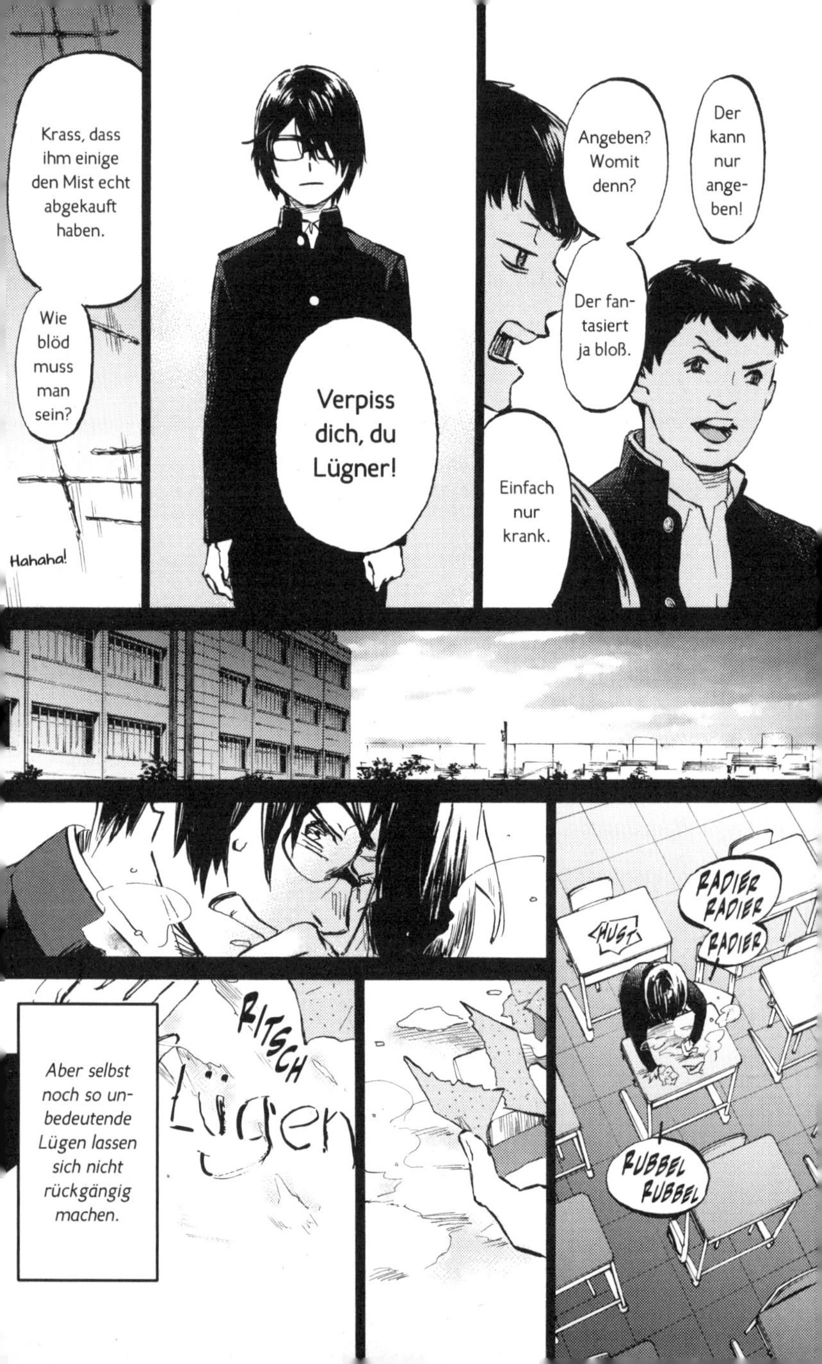
Der kann nur ange-ben!
Angeben? Womit denn?
Der fan-tasiert ja bloß.
Einfach nur krank.
Verpiss dich, du Lügner!
Krass, dass ihm einige den Mist echt abgekauft haben.
Wie blöd muss man sein?
Hahaha!
RADIER RADIER RADIER
MUST
RUBBEL RUBBEL
RITSCH
Lügen
Aber selbst noch so un-bedeutende Lügen lassen sich nicht rückgängig machen.

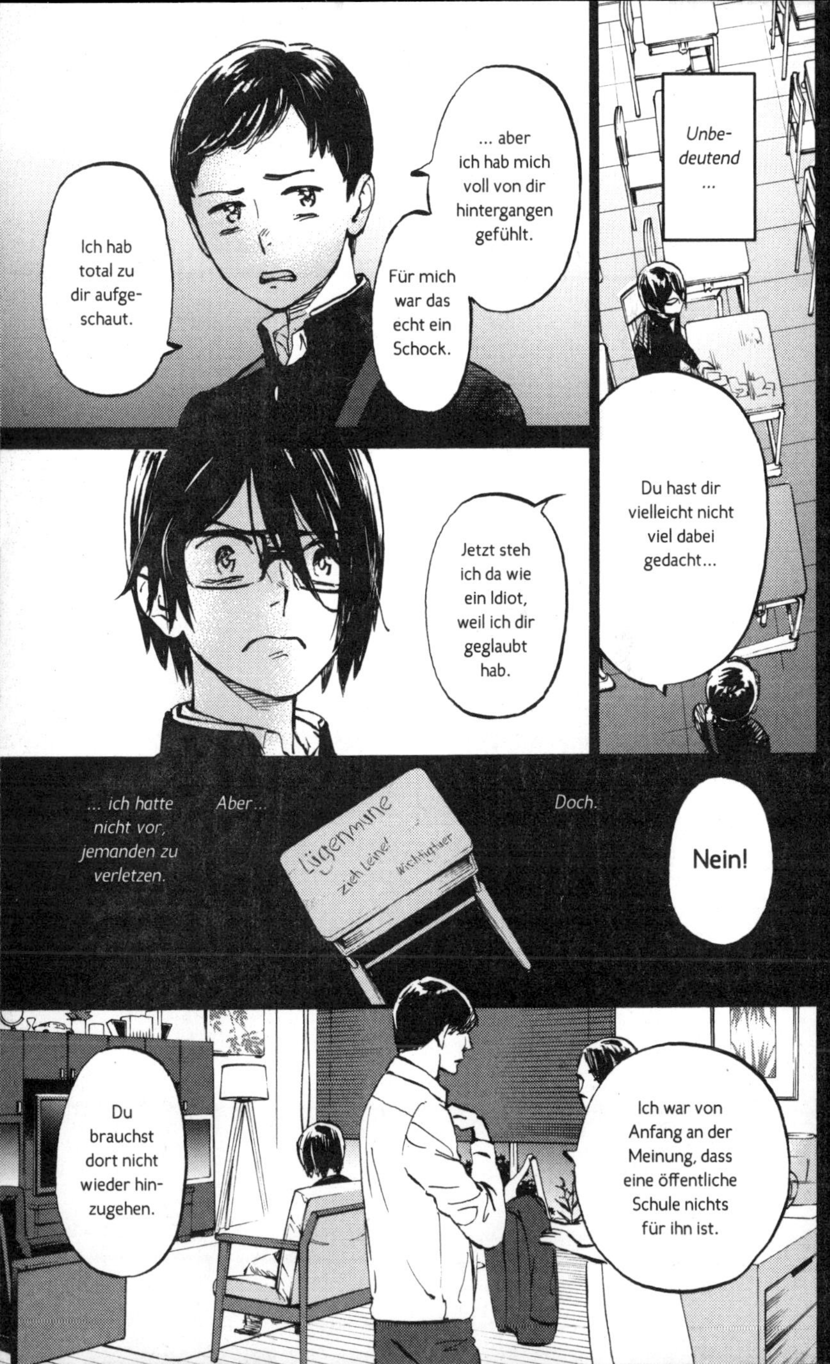
Unbe-
deutend
...
Du hast dir vielleicht nicht viel dabei gedacht...
... aber ich hab mich voll von dir hintergangen gefühlt.
Für mich war das echt ein Schock.
Ich hab total zu dir aufgeschaut.
Jetzt steh ich da wie ein Idiot, weil ich dir geglaubt hab.
Nein!
Doch.
Aber...
... ich hatte nicht vor, jemanden zu verletzen.
zieh Leine!
Wichtigtuer
Ich war von Anfang an der Meinung, dass eine öffentliche Schule nichts für ihn ist.
Du brauchst dort nicht wieder hinzugehen.

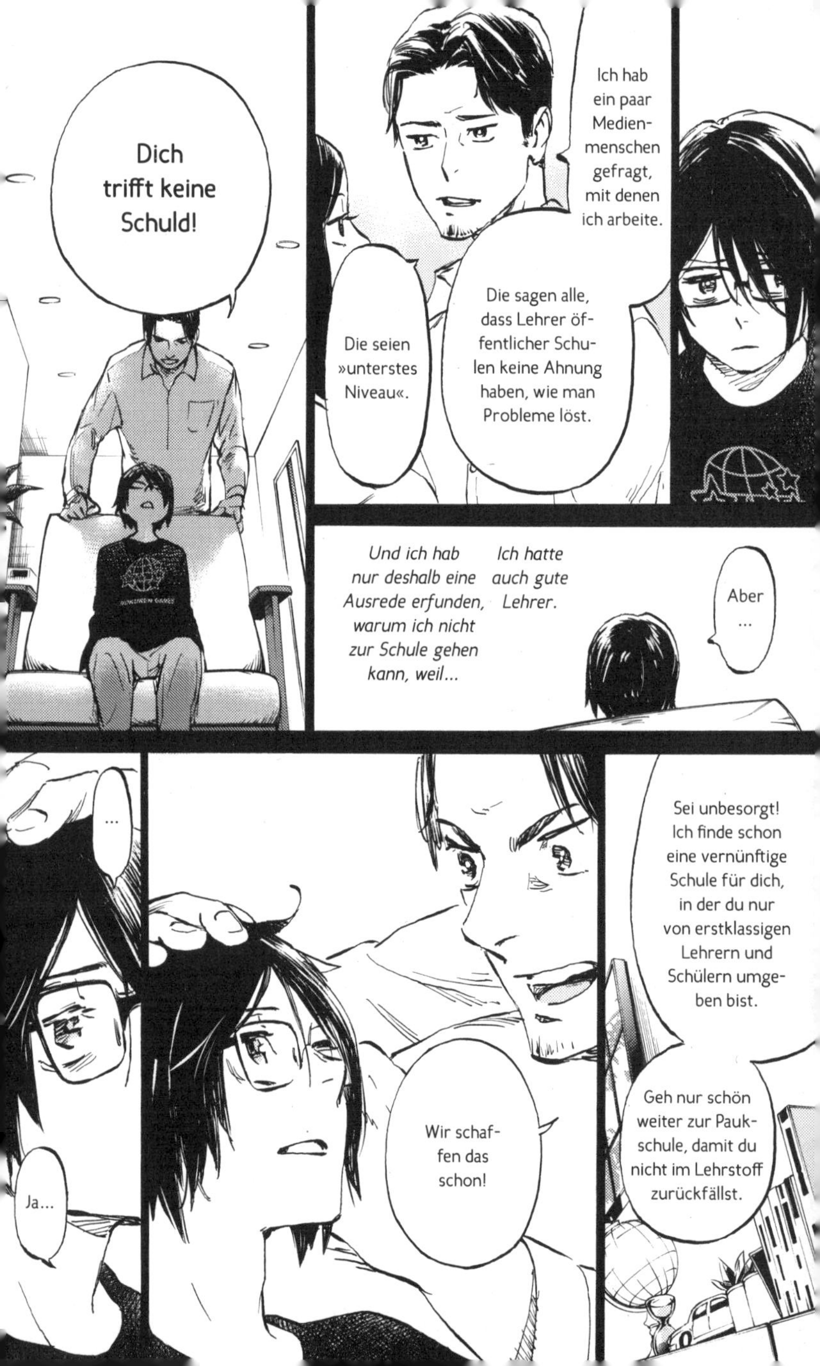
Ich hab ein paar Medienmenschen gefragt, mit denen ich arbeite.
Die sagen alle, dass Lehrer öffentlicher Schulen keine Ahnung haben, wie man Probleme löst.
Die seien »unterstes Niveau«.
Aber …
Ich hatte auch gute Lehrer.
Und ich hab nur deshalb eine Ausrede erfunden, warum ich nicht zur Schule gehen kann, weil …
Dich trifft keine Schuld!
Sei unbesorgt! Ich finde schon eine vernünftige Schule für dich, in der du nur von erstklassigen Lehrern und Schülern umgeben bist.
Geh nur schön weiter zur Paukschule, damit du nicht im Lehrstoff zurückfällst.
Wir schaffen das schon!
…
Ja …

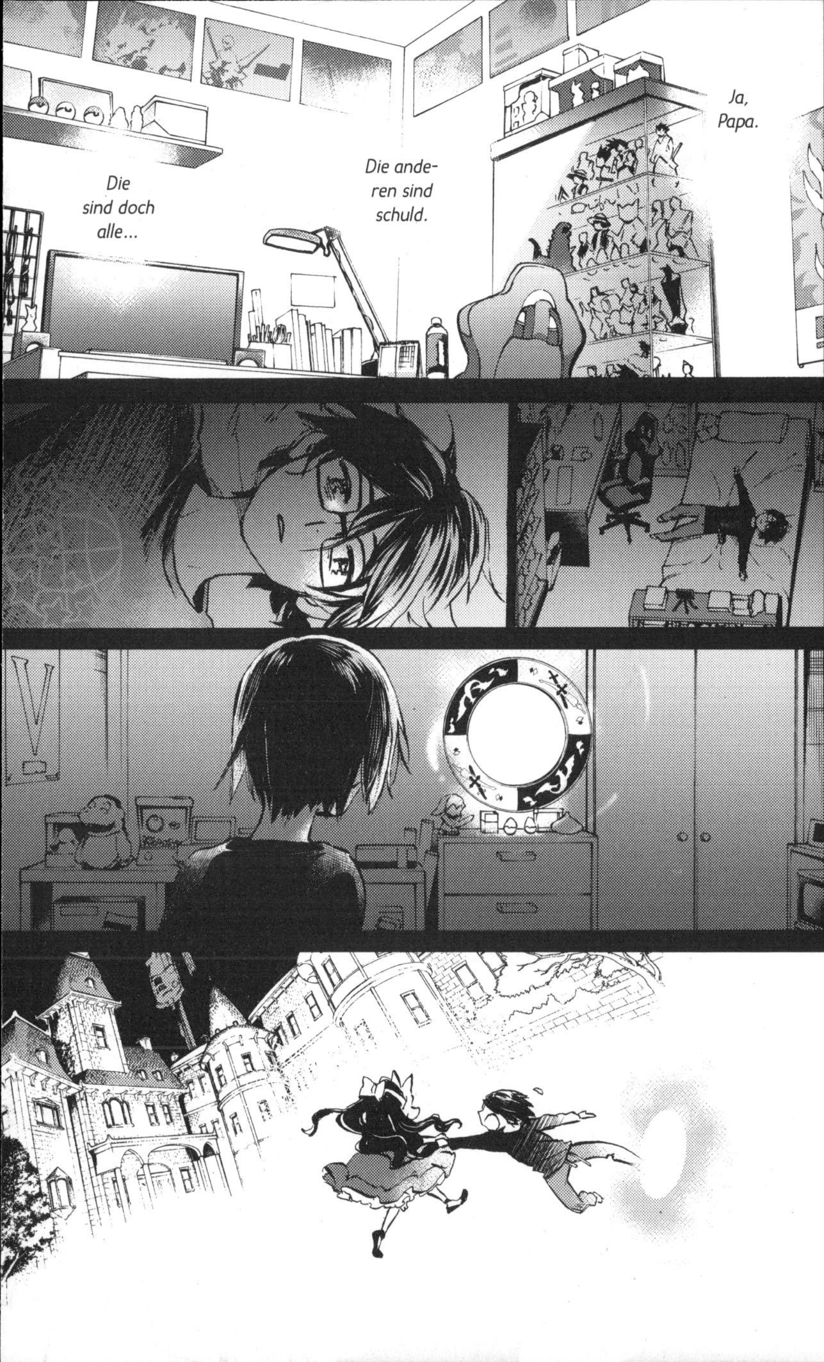
Ja, Papa.
Die anderen sind schuld.
Die sind doch alle...

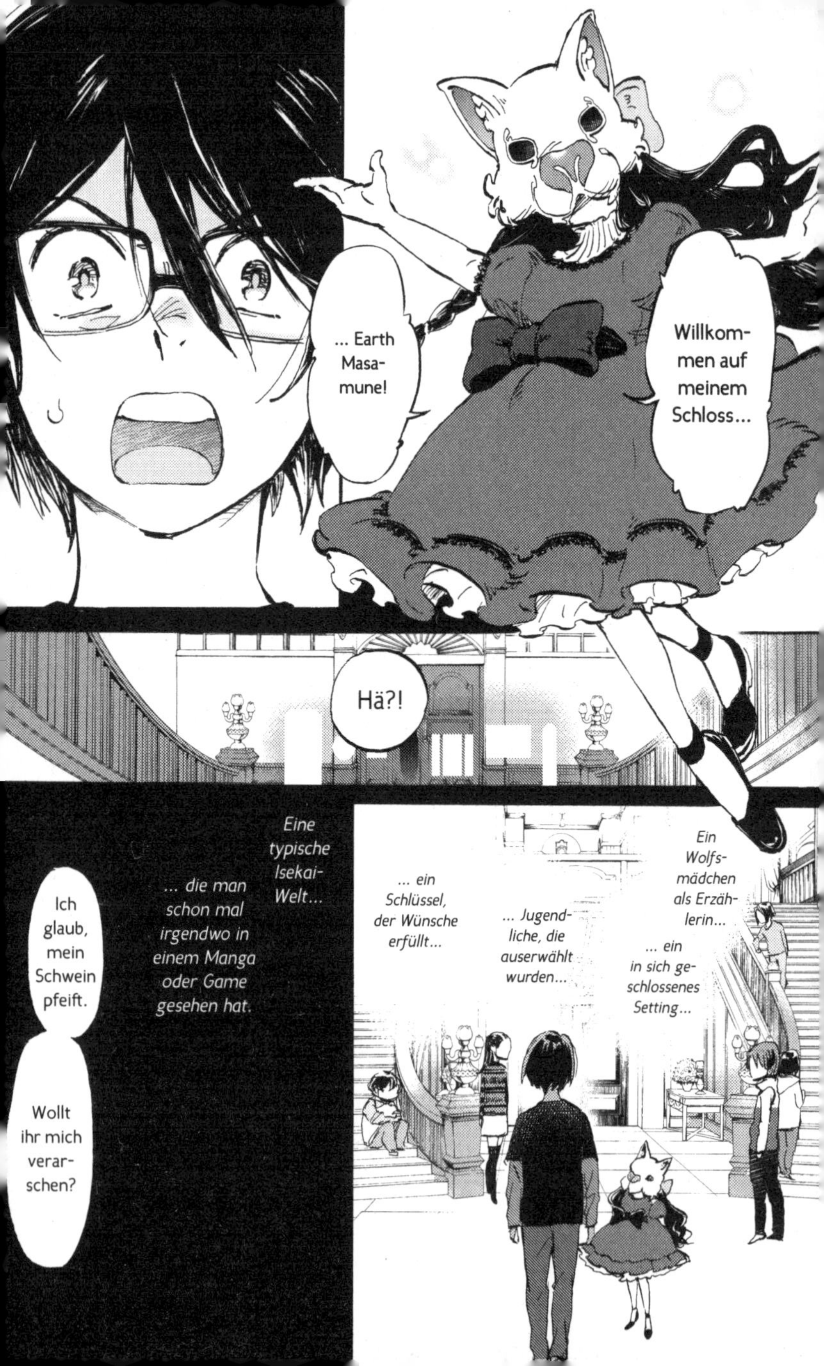
Willkommen auf meinem Schloss...
... Earth Masamune!
Hä?!
Ein Wolfsmädchen als Erzählerin...
... ein in sich geschlossenes Setting...
... Jugendliche, die auserwählt wurden...
... ein Schlüssel, der Wünsche erfüllt...
Eine typische Isekai-Welt...
... die man schon mal irgendwo in einem Manga oder Game gesehen hat.
Ich glaub, mein Schwein pfeift.
Wollt ihr mich verarschen?

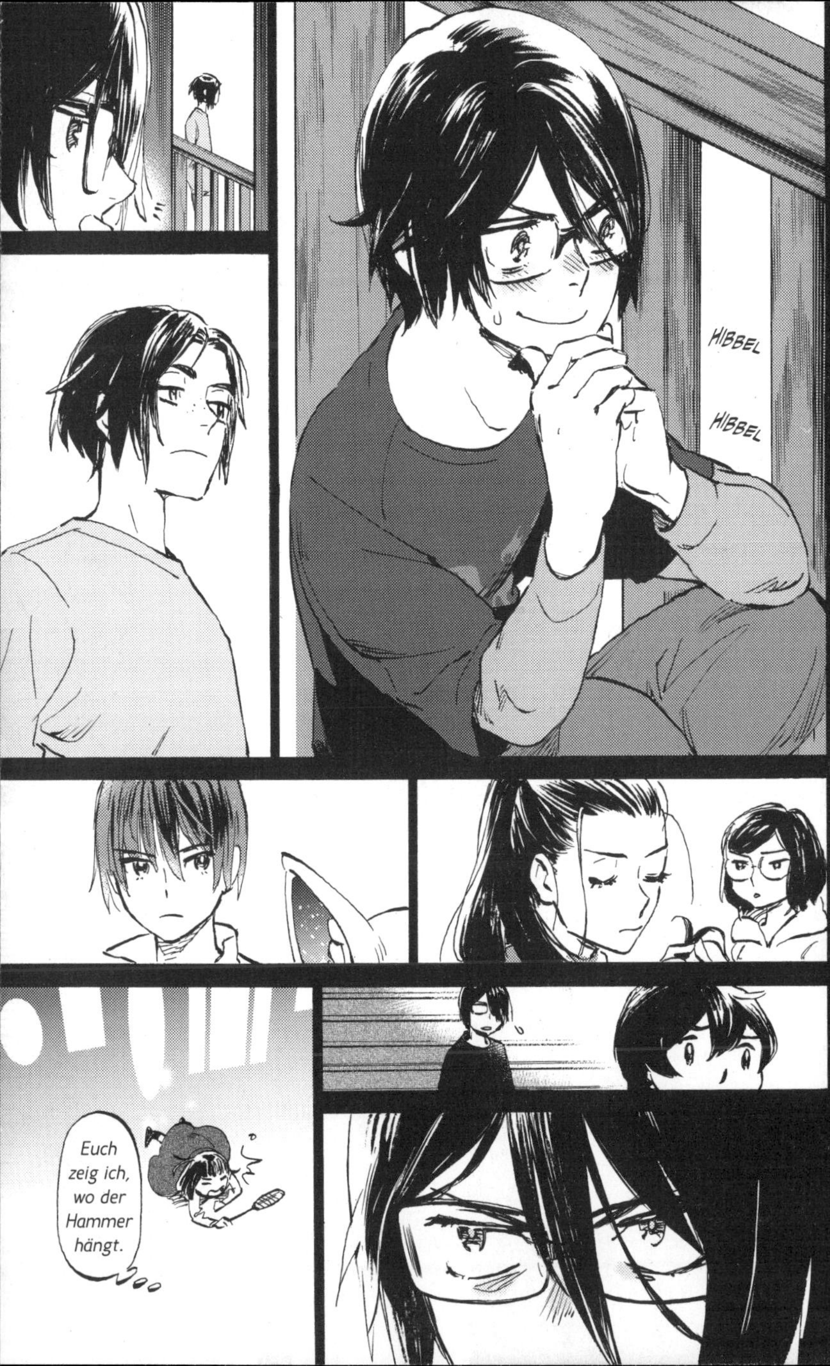
HIBBEL
HIBBEL
Euch zeig ich, wo der Hammer hängt.

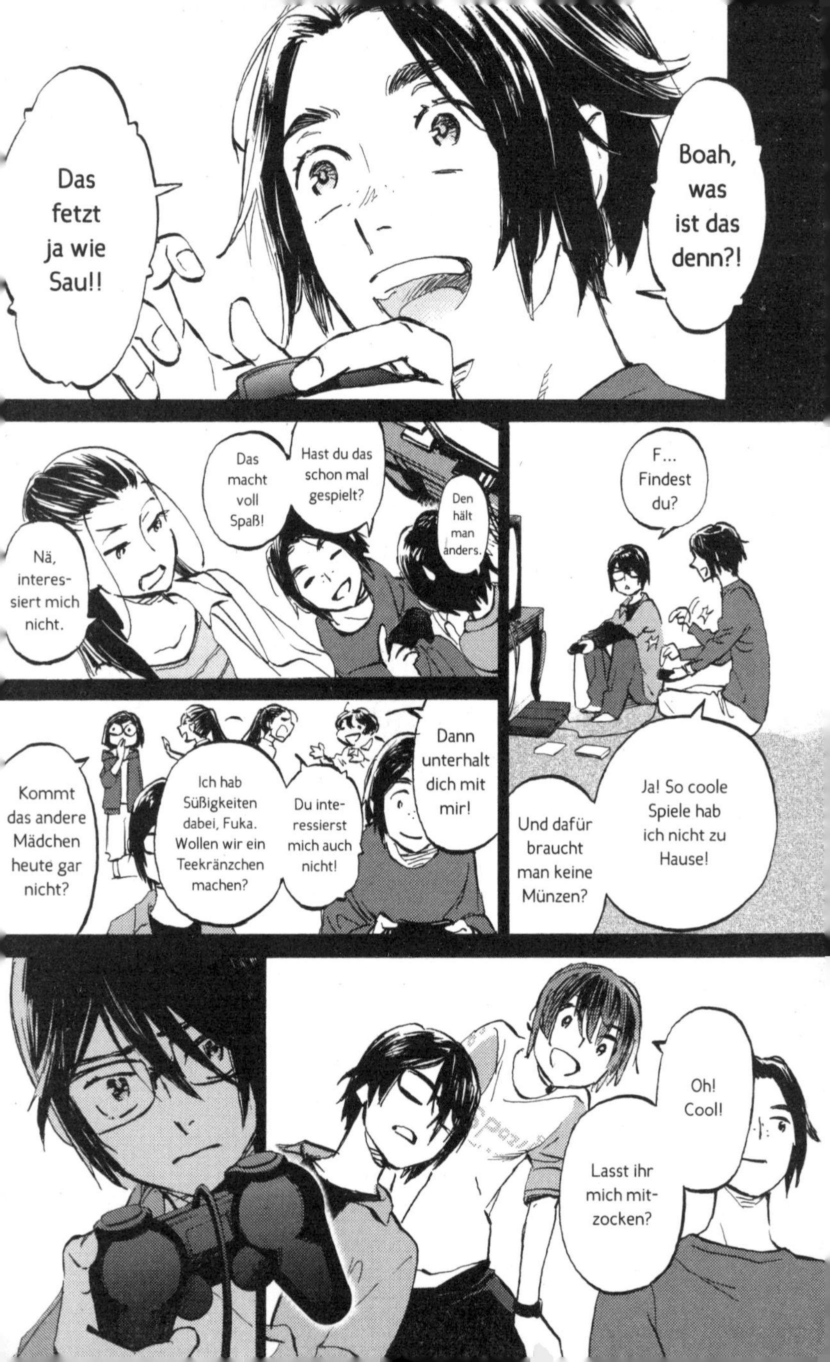

Boah, was ist das denn?!
Das fetzt ja wie Sau!!
F... Findest du?
Ja! So coole Spiele hab ich nicht zu Hause!
Und dafür braucht man keine Münzen?
Hast du das schon mal gespielt?
Das macht voll Spaß!
Den hält man anders.
Nä, interessiert mich nicht.
Dann unterhalt dich mit mir!
Du interessierst mich auch nicht!
Ich hab Süßigkeiten dabei, Fuka. Wollen wir ein Teekränzchen machen?
Kommt das andere Mädchen heute gar nicht?
Oh! Cool!
Lasst ihr mich mitzocken?

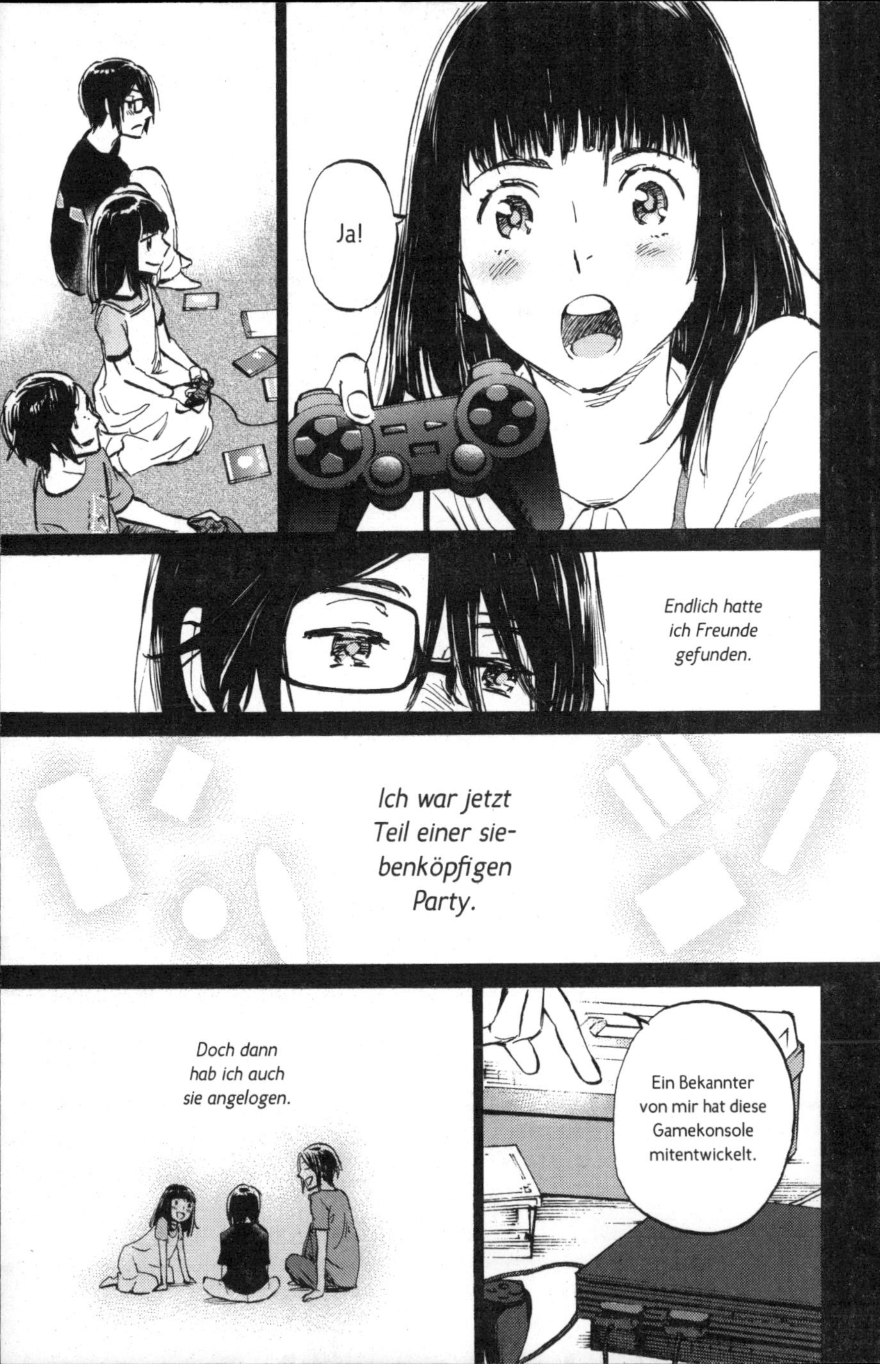
Ja!
Endlich hatte ich Freunde gefunden.
Ich war jetzt Teil einer sie-benköpfigen Party.
Ein Bekannter von mir hat diese Gamekonsole mitentwickelt.
Doch dann hab ich auch sie angelogen.

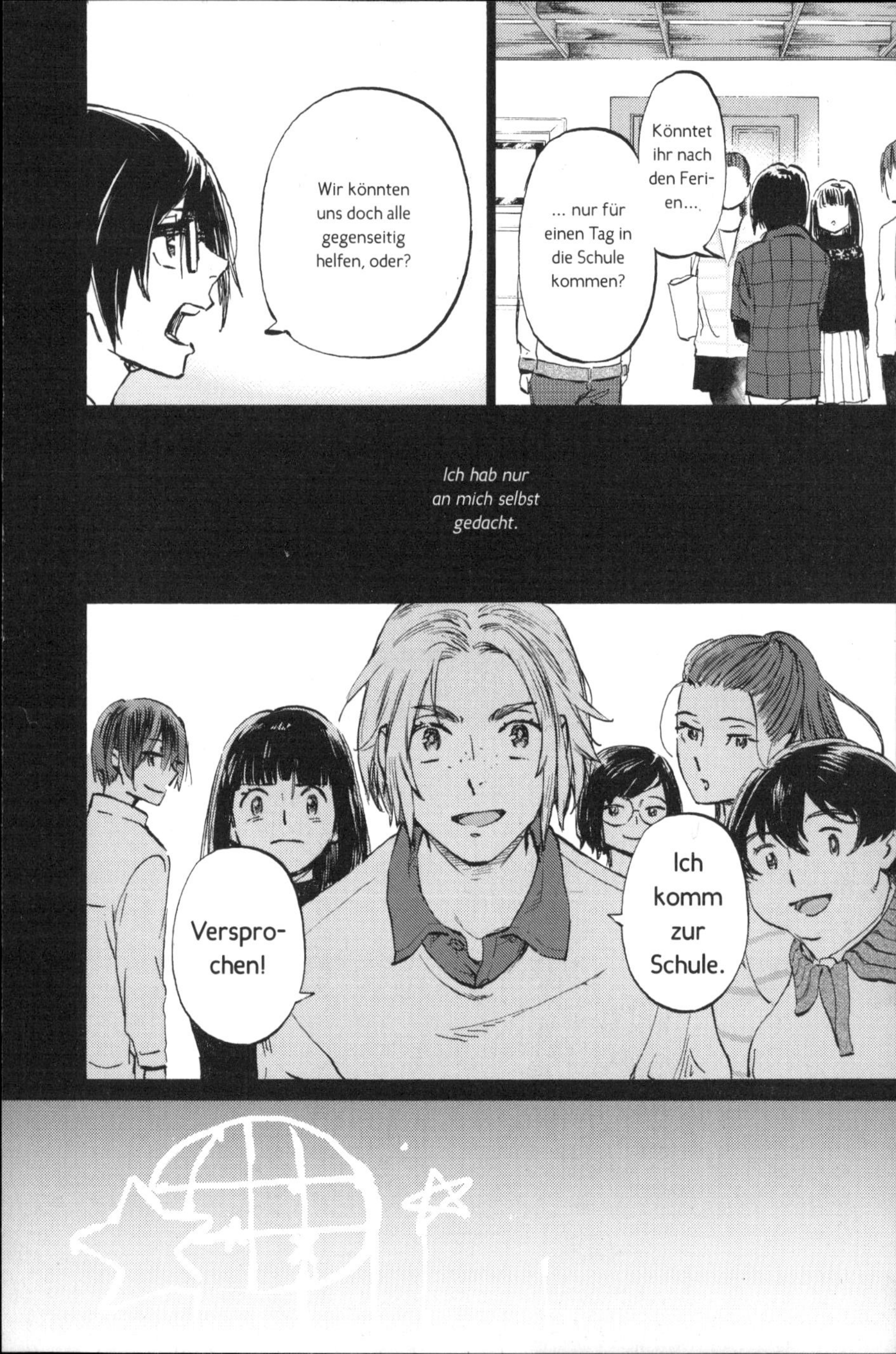
Könntet ihr nach den Ferien...
... nur für einen Tag in die Schule kommen?
Wir könnten uns doch alle gegenseitig helfen, oder?
Ich hab nur an mich selbst gedacht.
Ich komm zur Schule.
Versprochen!

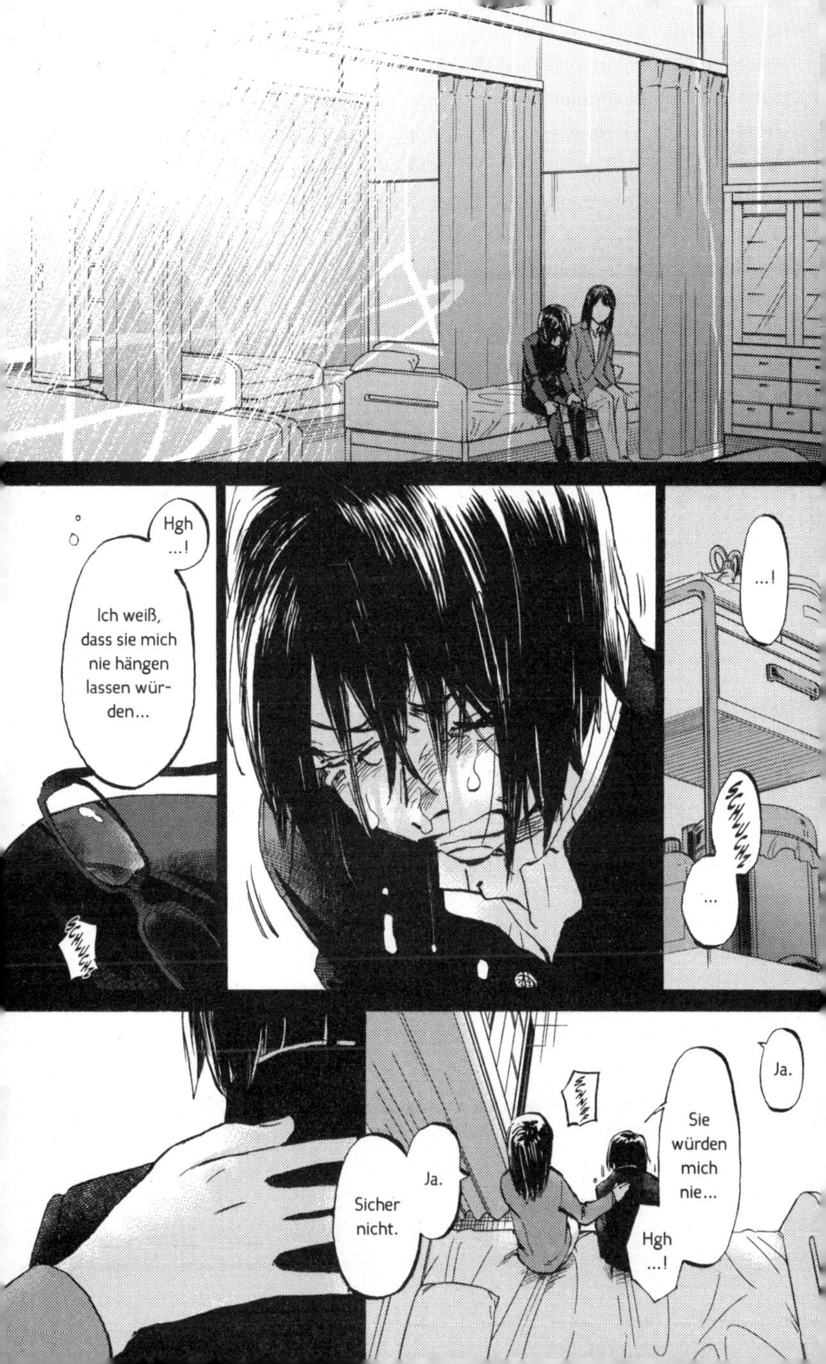
...!
SCHLUCHZ
...
Hgh ...!
Ich weiß, dass sie mich nie hängen lassen würden...
SCHLUCHZ
Ja.
Sie würden mich nie...
Hgh ...!
Ja. Sicher nicht.

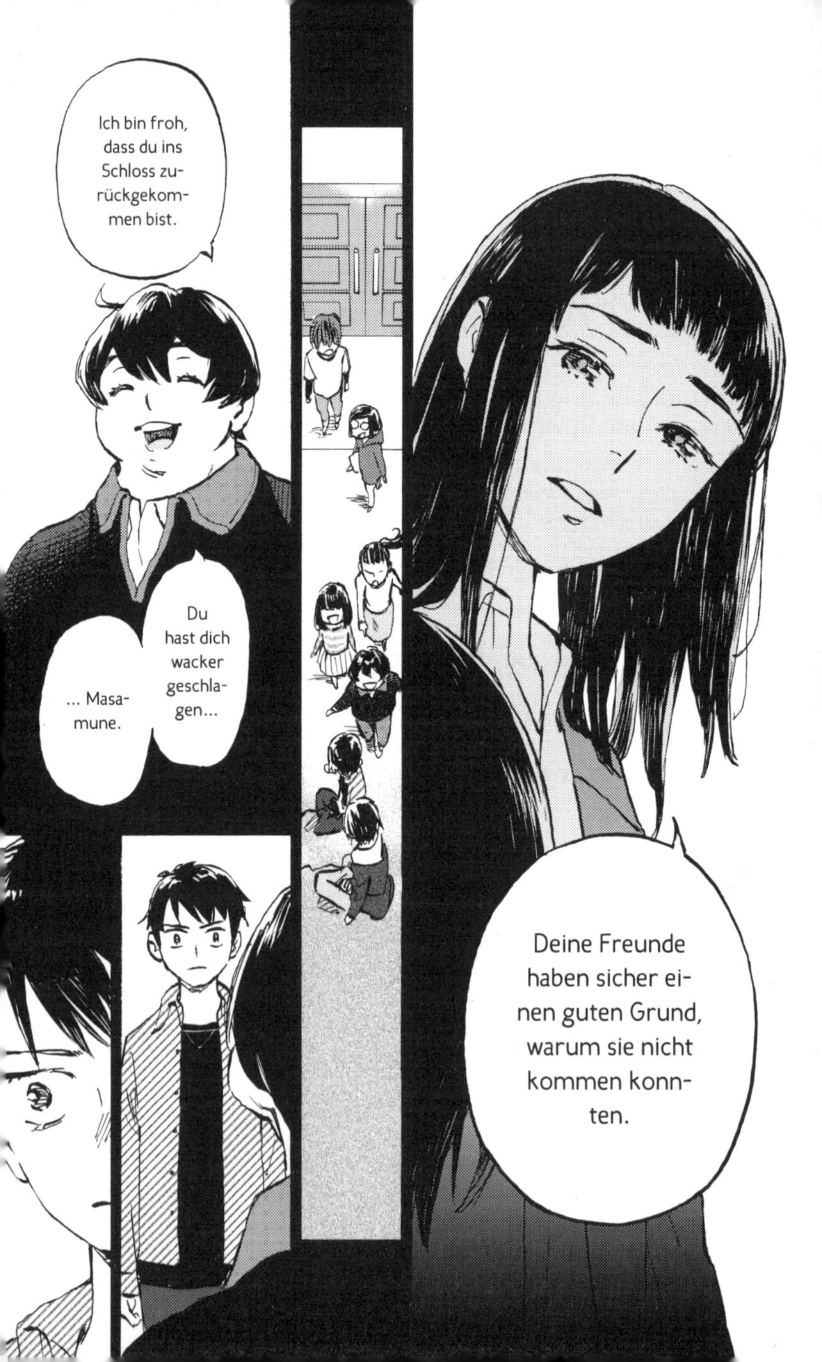
Deine Freunde haben sicher einen guten Grund, warum sie nicht kommen konnten.
Ich bin froh, dass du ins Schloss zurückgekommen bist.
Du hast dich wacker geschlagen…
… Masamune.

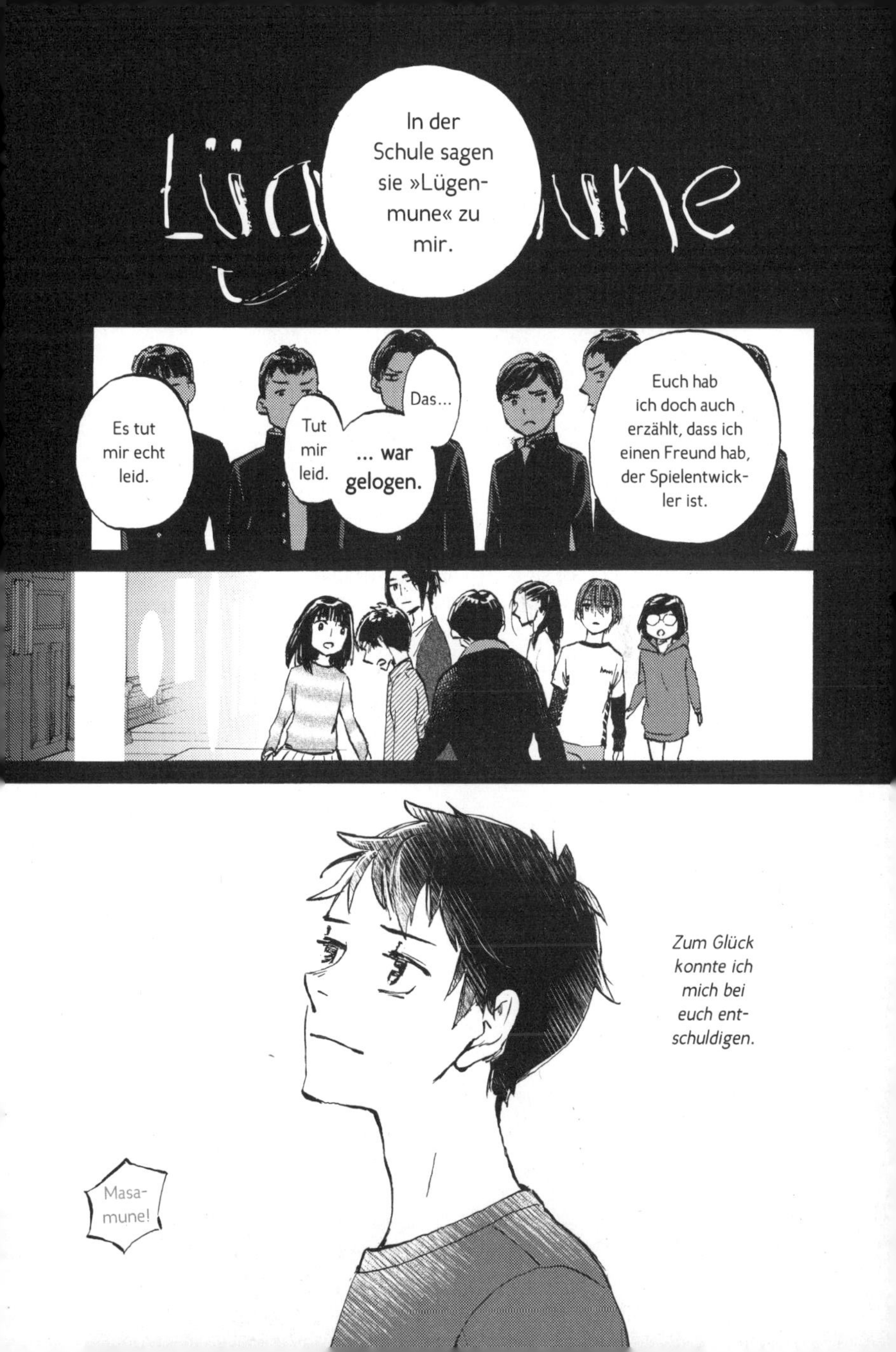
In der Schule sagen sie »Lügenmune« zu mir.
Euch hab ich doch auch erzählt, dass ich einen Freund hab, der Spielentwickler ist.
Das…
… war gelogen.
Tut mir leid.
Es tut mir echt leid.
Zum Glück konnte ich mich bei euch entschuldigen.
Masamune!

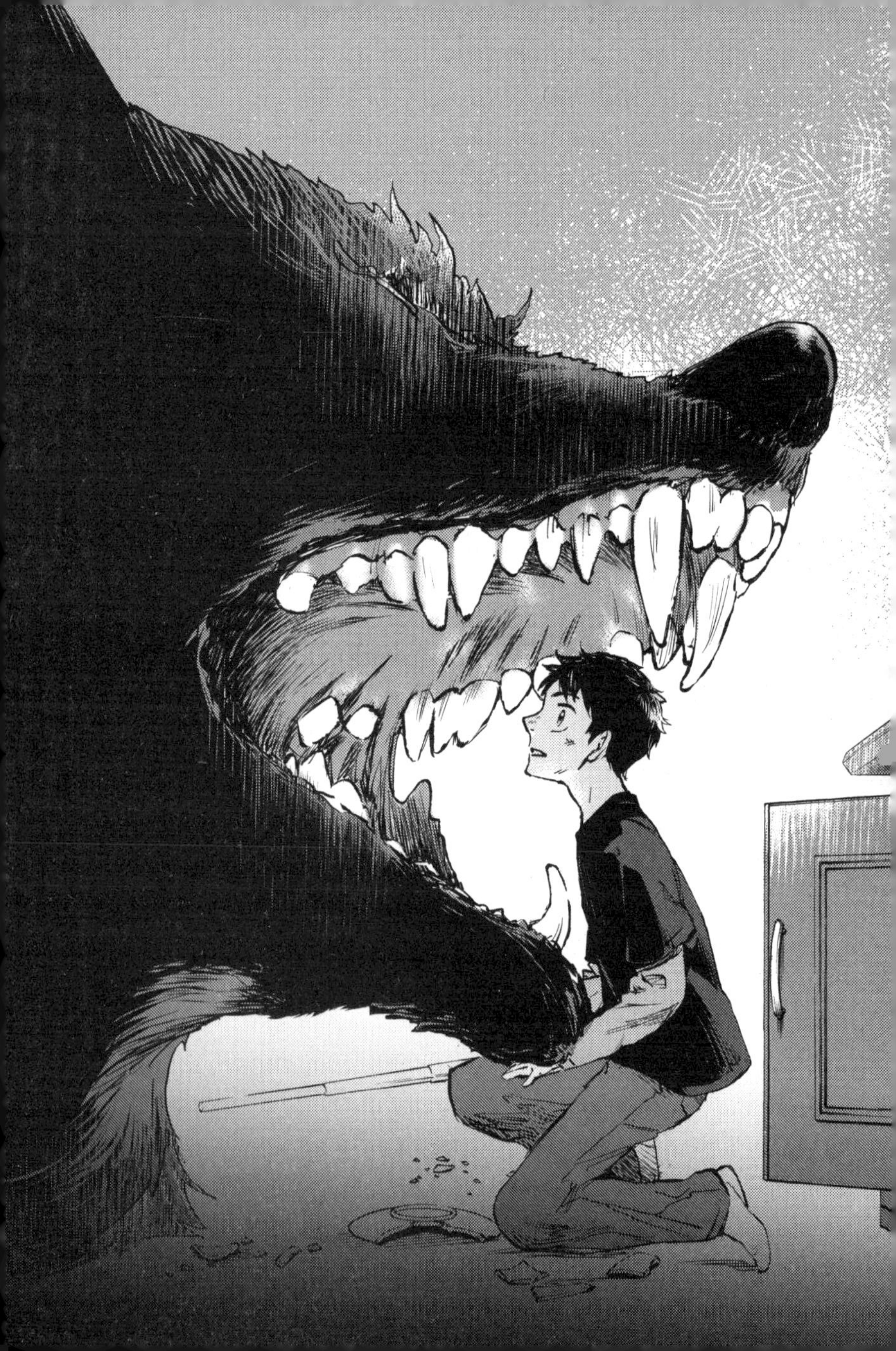

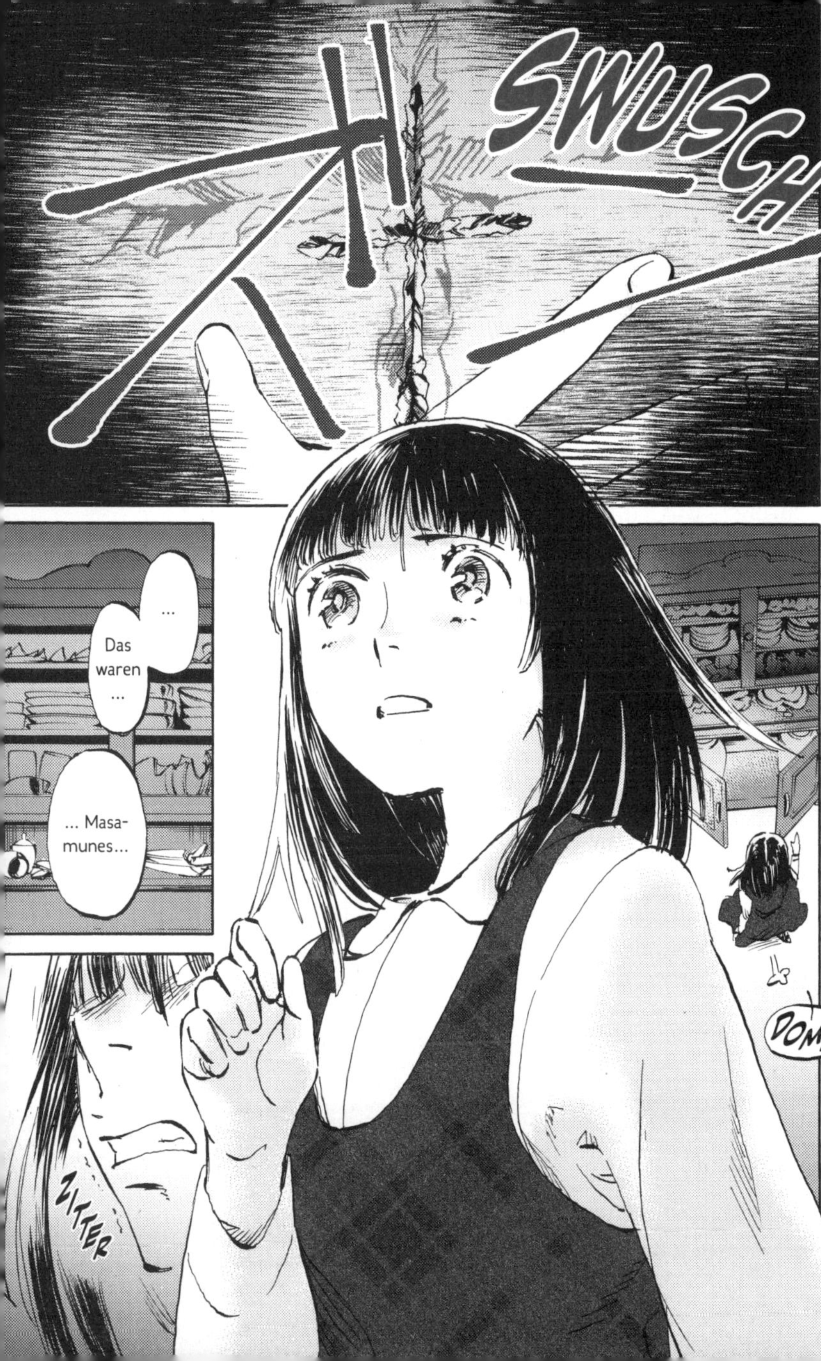
SWUSCH
... Das waren ...
... Masa-munes ...
DOMP
ZITTER

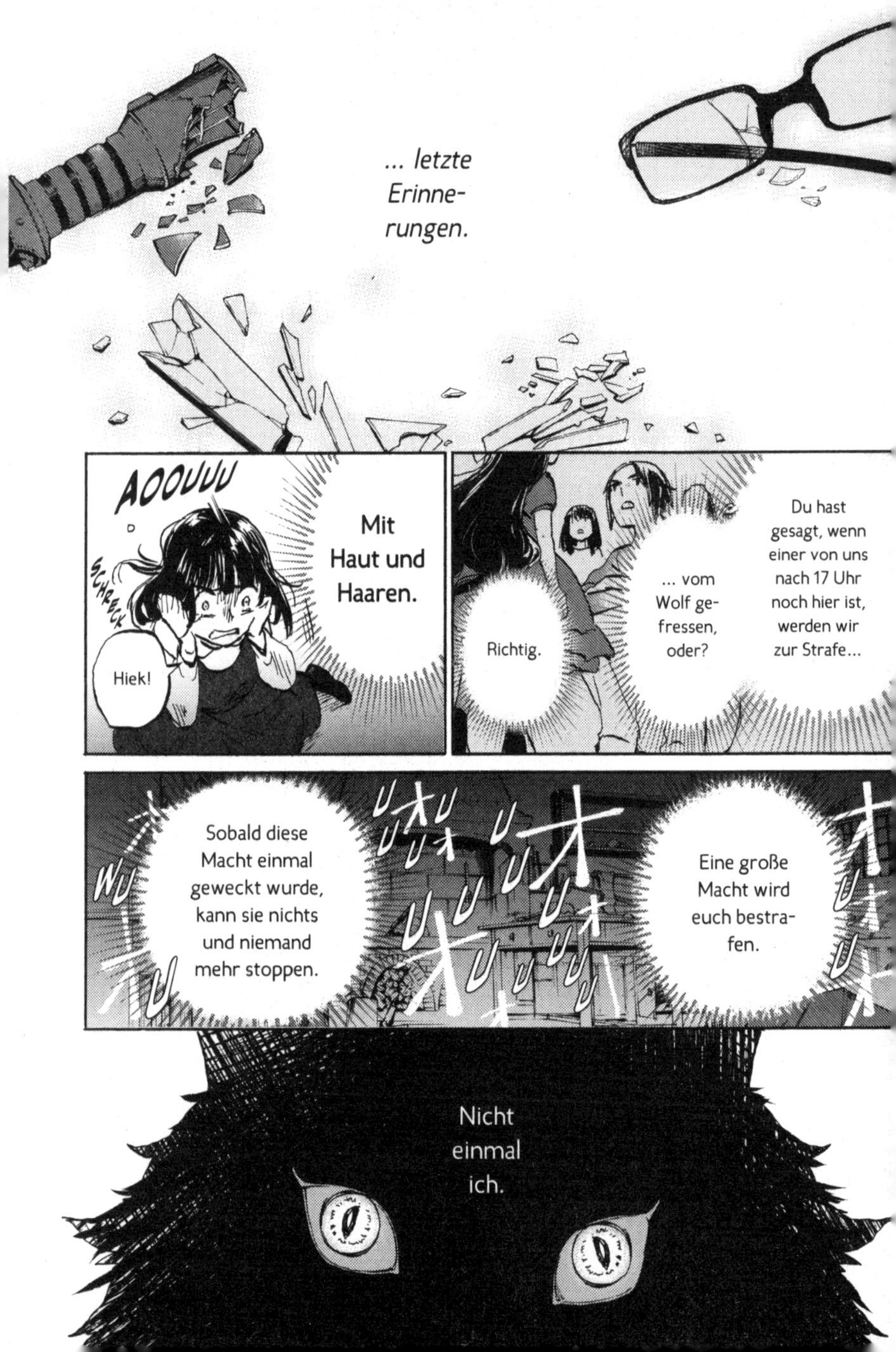
... letzte Erinne-rungen.
Du hast gesagt, wenn einer von uns nach 17 Uhr noch hier ist, werden wir zur Strafe...
... vom Wolf ge-fressen, oder?
Richtig.
Mit Haut und Haaren.
AOOUUU
SCHRECK
Hiek!
Eine große Macht wird euch bestra-fen.
Sobald diese Macht einmal geweckt wurde, kann sie nichts und niemand mehr stoppen.
WU
Nicht einmal ich.

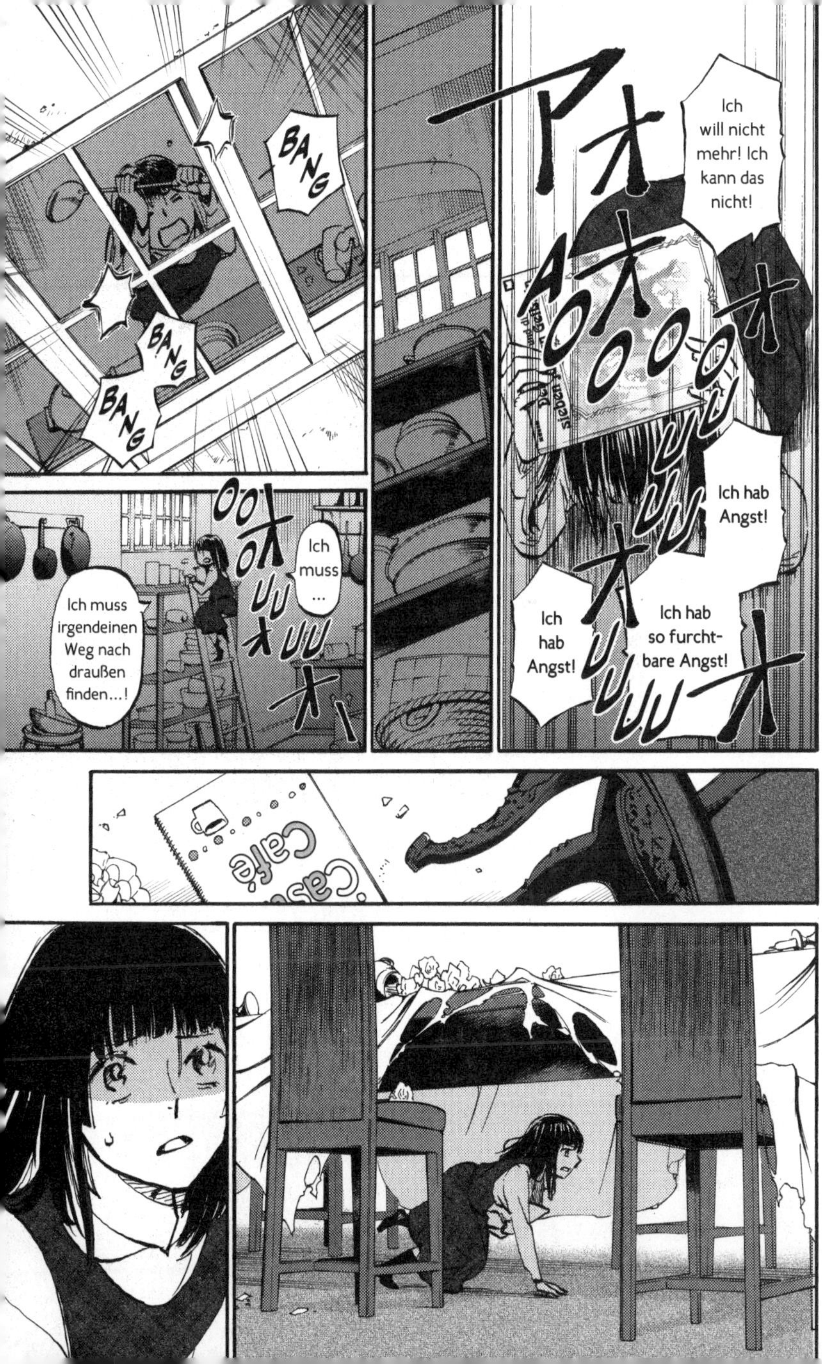
Ich will nicht mehr! Ich kann das nicht!
Ich hab Angst!
Ich hab so furchtbare Angst!
Ich hab Angst!
BANG
BANG
BANG
Ich muss …
Ich muss irgendeinen Weg nach draußen finden…!

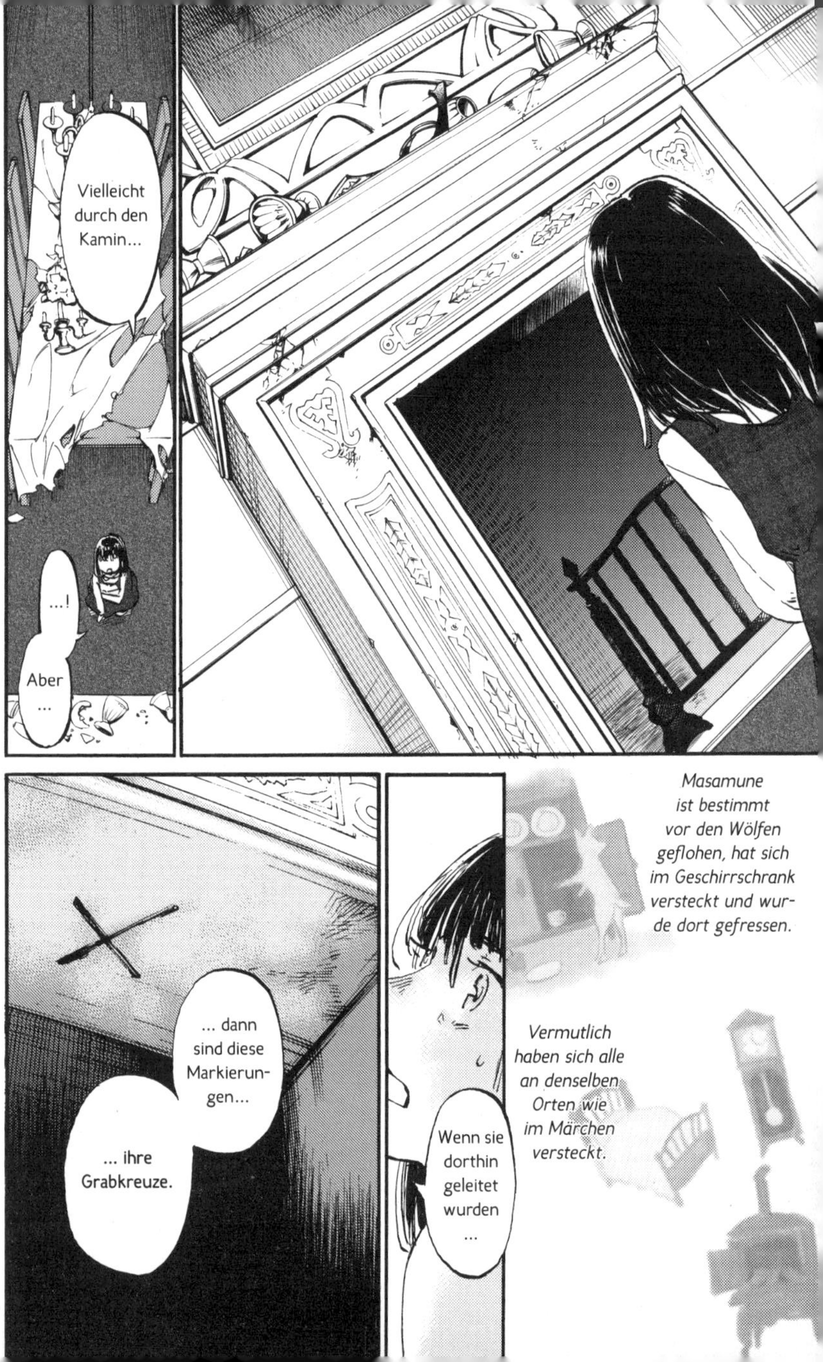
Vielleicht durch den Kamin...
...!
Aber ...
Masamune ist bestimmt vor den Wölfen geflohen, hat sich im Geschirrschrank versteckt und wurde dort gefressen.
Vermutlich haben sich alle an denselben Orten wie im Märchen versteckt.
Wenn sie dorthin geleitet wurden ...
... dann sind diese Markierungen...
... ihre Grabkreuze.

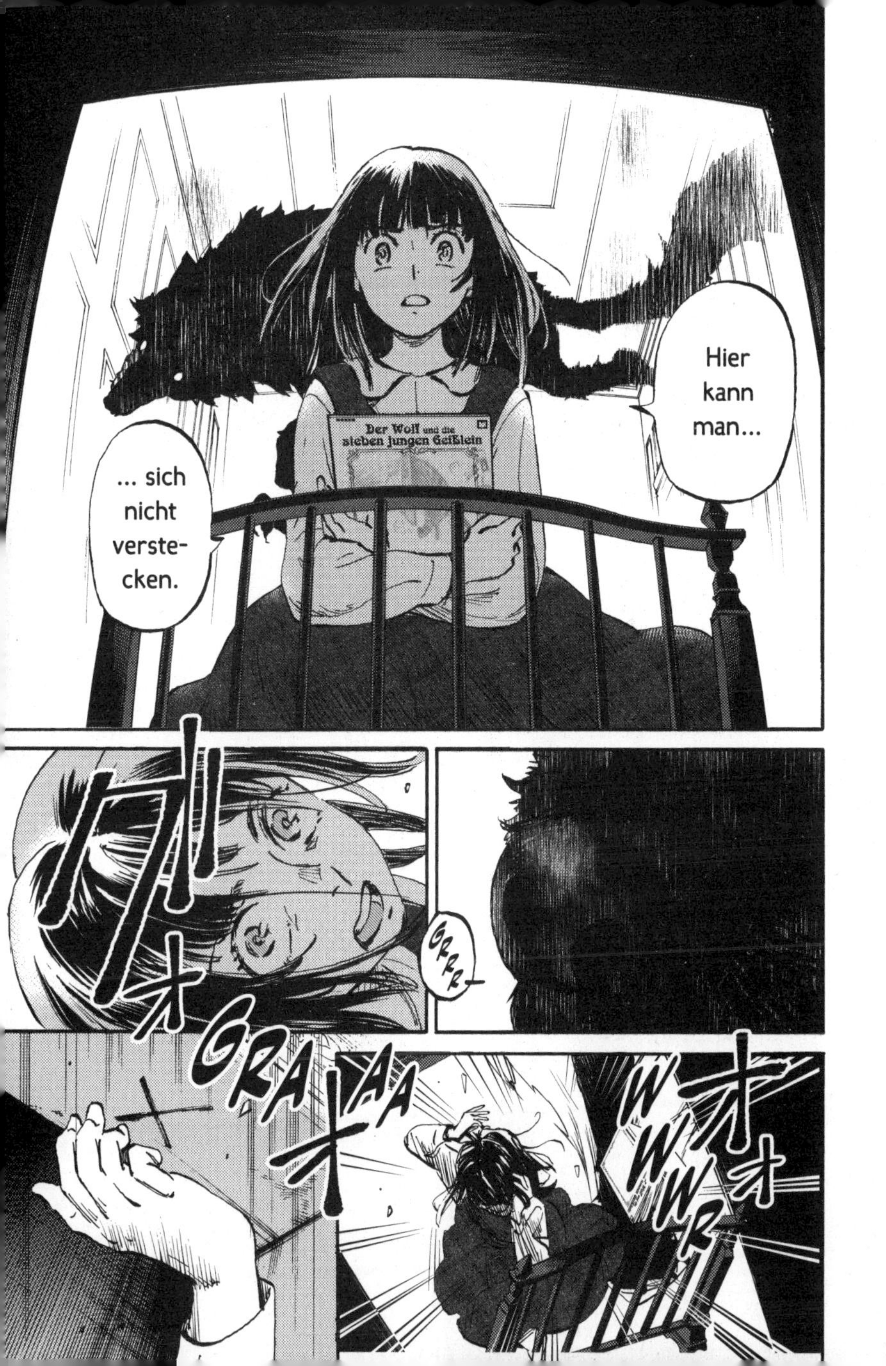
Der Wolf und die sieben jungen Geißlein
Hier kann man...
... sich nicht verstecken.
GRRR
GRAAA
WWWR

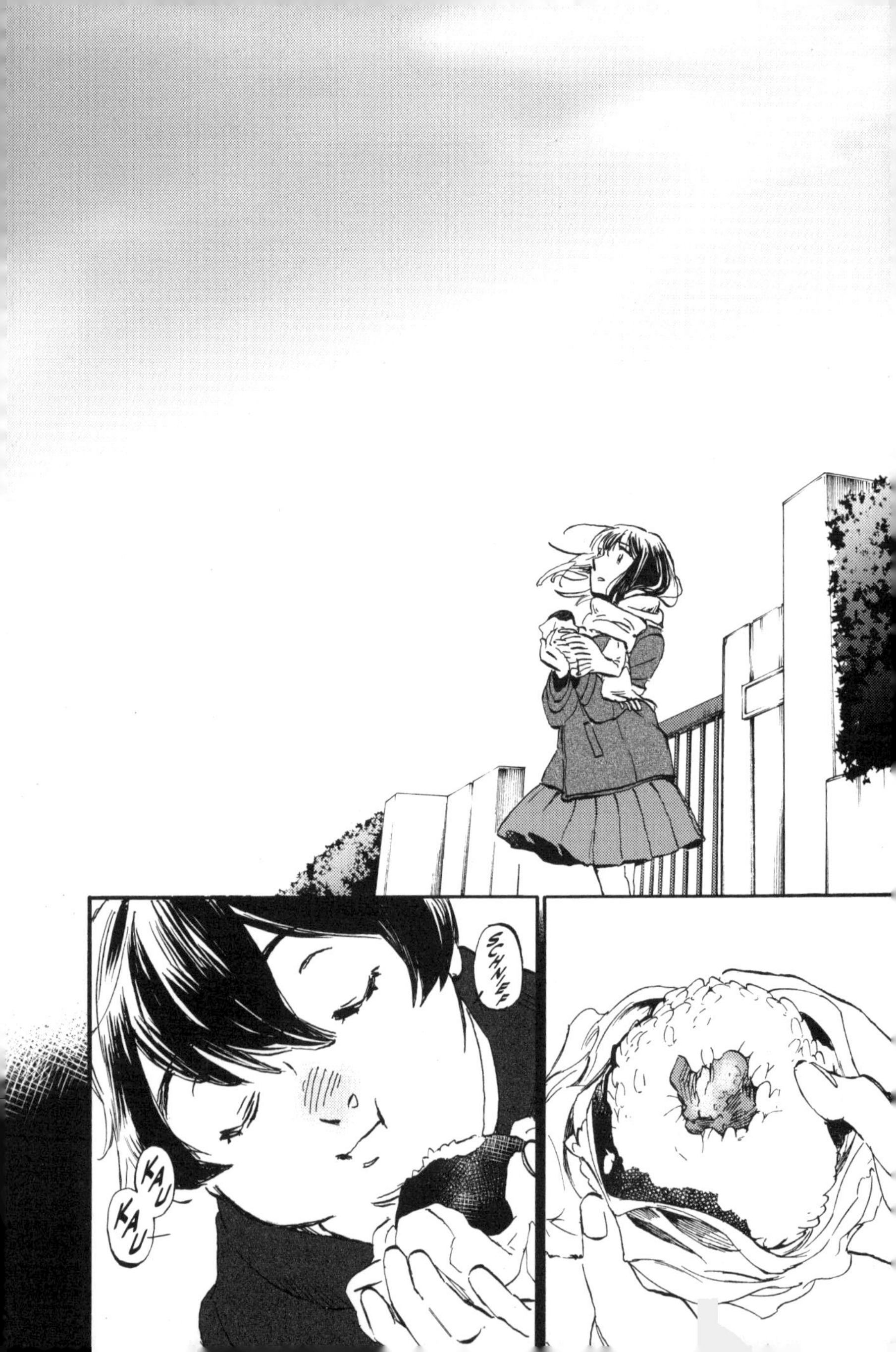
SCHNIEF
KAU
KAU

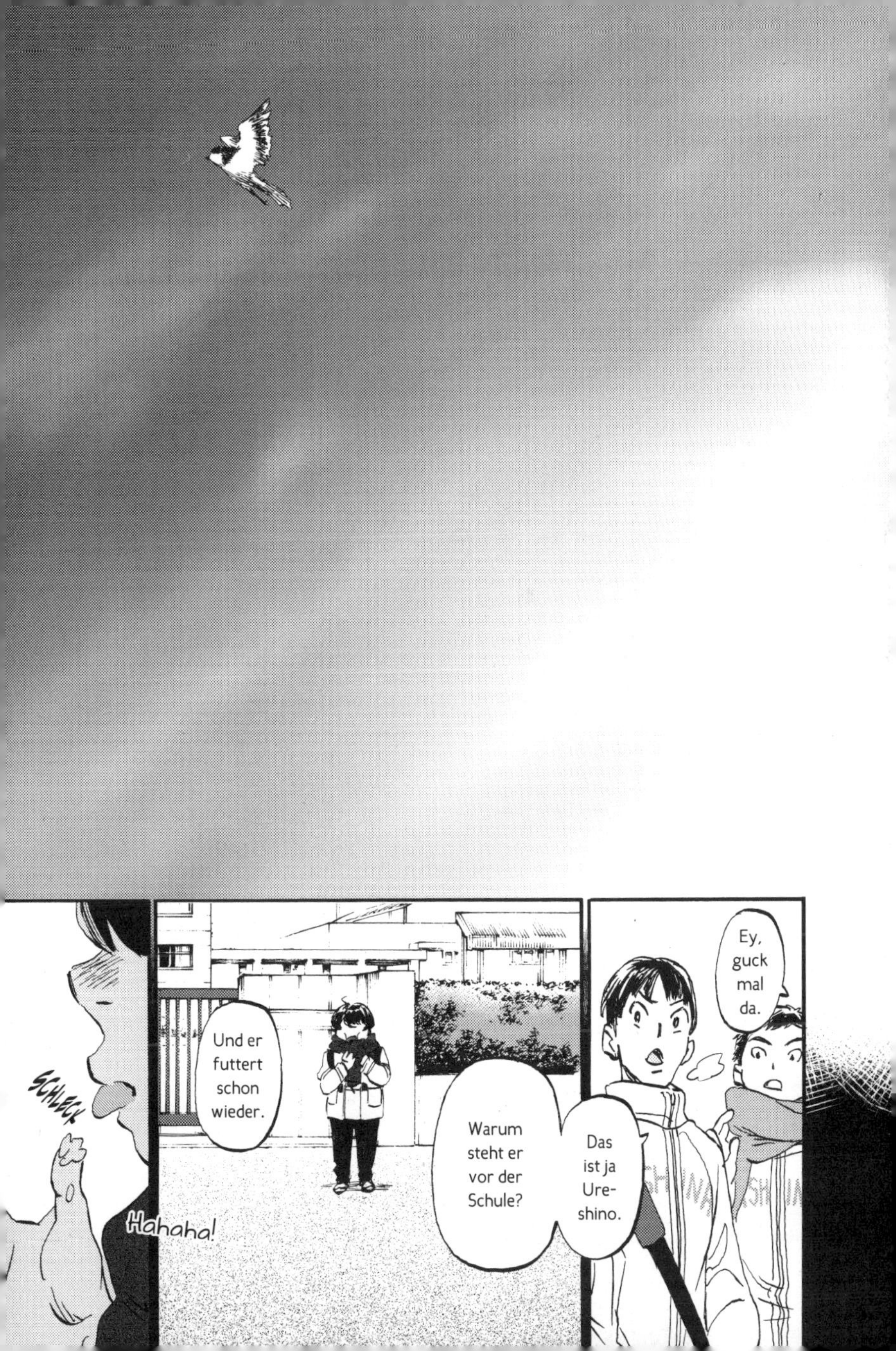
Ey, guck mal da.
Das ist ja Ure-shino.
Warum steht er vor der Schule?
Und er futtert schon wieder.
SCHLECK
Hahaha!

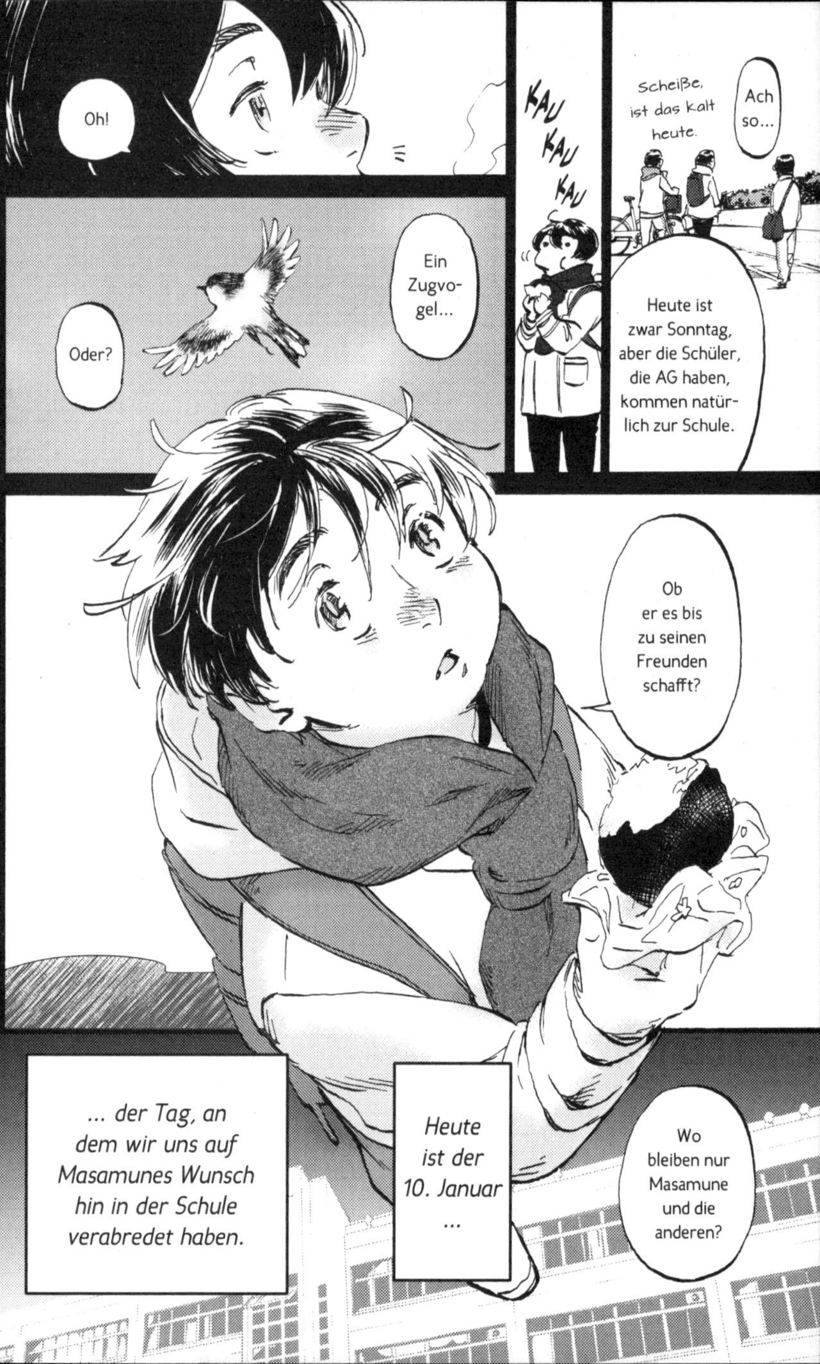
Ach so…
Scheiße, ist das kalt heute.
Heute ist zwar Sonntag, aber die Schüler, die AG haben, kommen natürlich zur Schule.
KAU KAU KAU
Oh!
Ein Zugvogel…
Oder?
Ob er es bis zu seinen Freunden schafft?
Wo bleiben nur Masamune und die anderen?
Heute ist der 10. Januar …
… der Tag, an dem wir uns auf Masamunes Wunsch hin in der Schule verabredet haben.

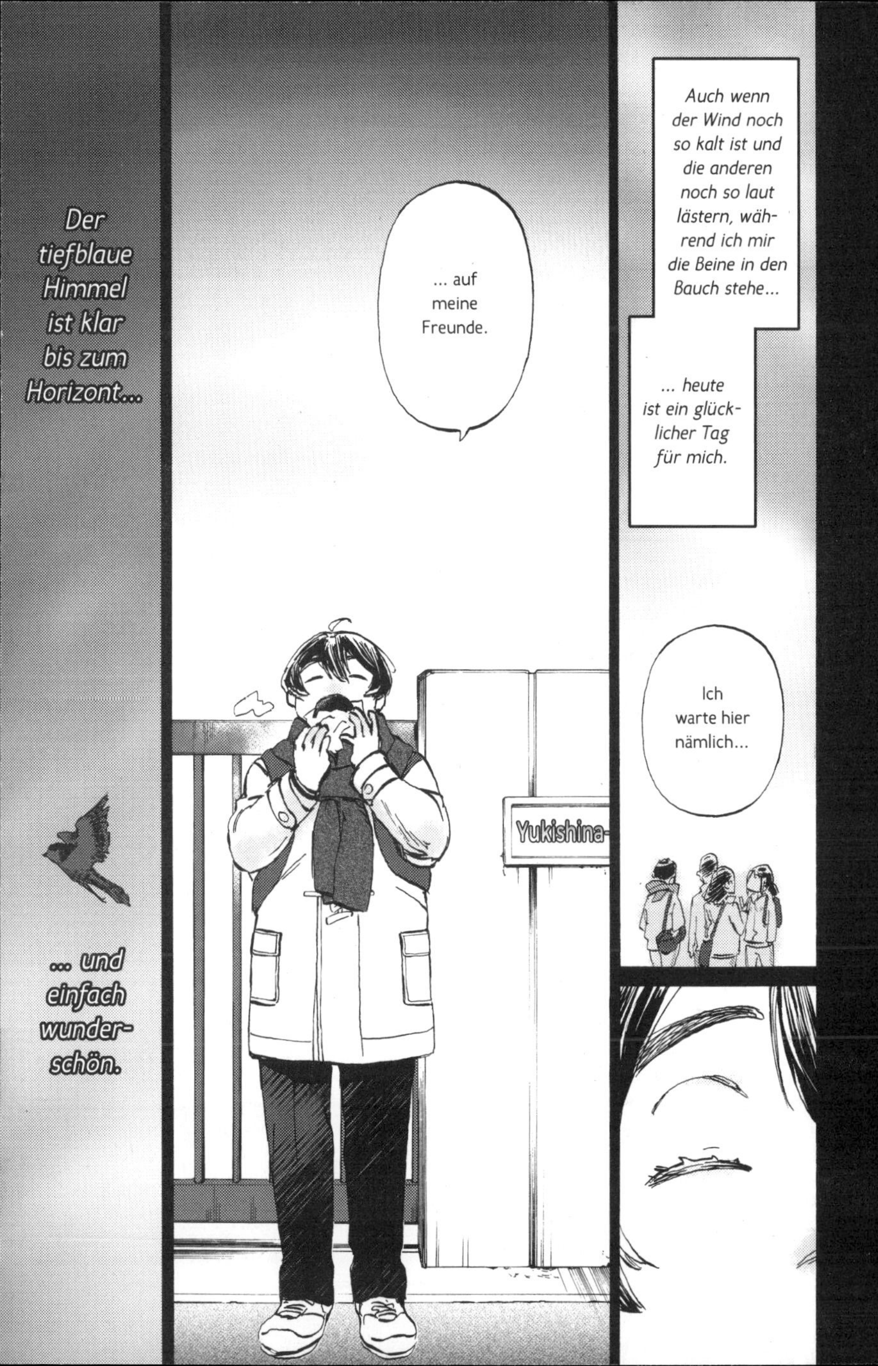
Auch wenn der Wind noch so kalt ist und die anderen noch so laut lästern, während ich mir die Beine in den Bauch stehe...
... heute ist ein glücklicher Tag für mich.
Ich warte hier nämlich...
... auf meine Freunde.
Yukishina-
Der tiefblaue Himmel ist klar bis zum Horizont...
... und einfach wunderschön.

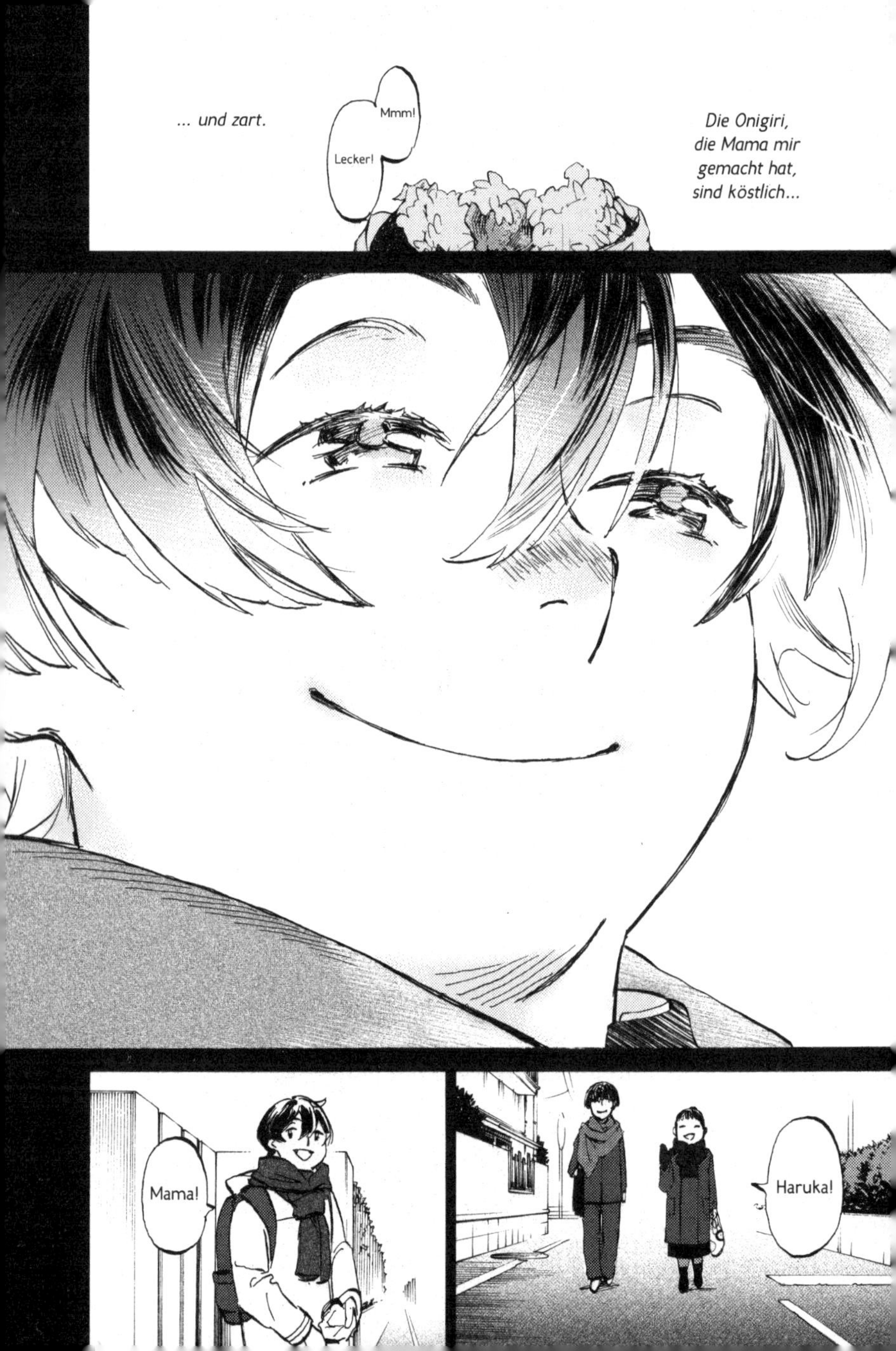
Die Onigiri, die Mama mir gemacht hat, sind köstlich...
Mmm!
Lecker!
... und zart.
Haruka!
Mama!

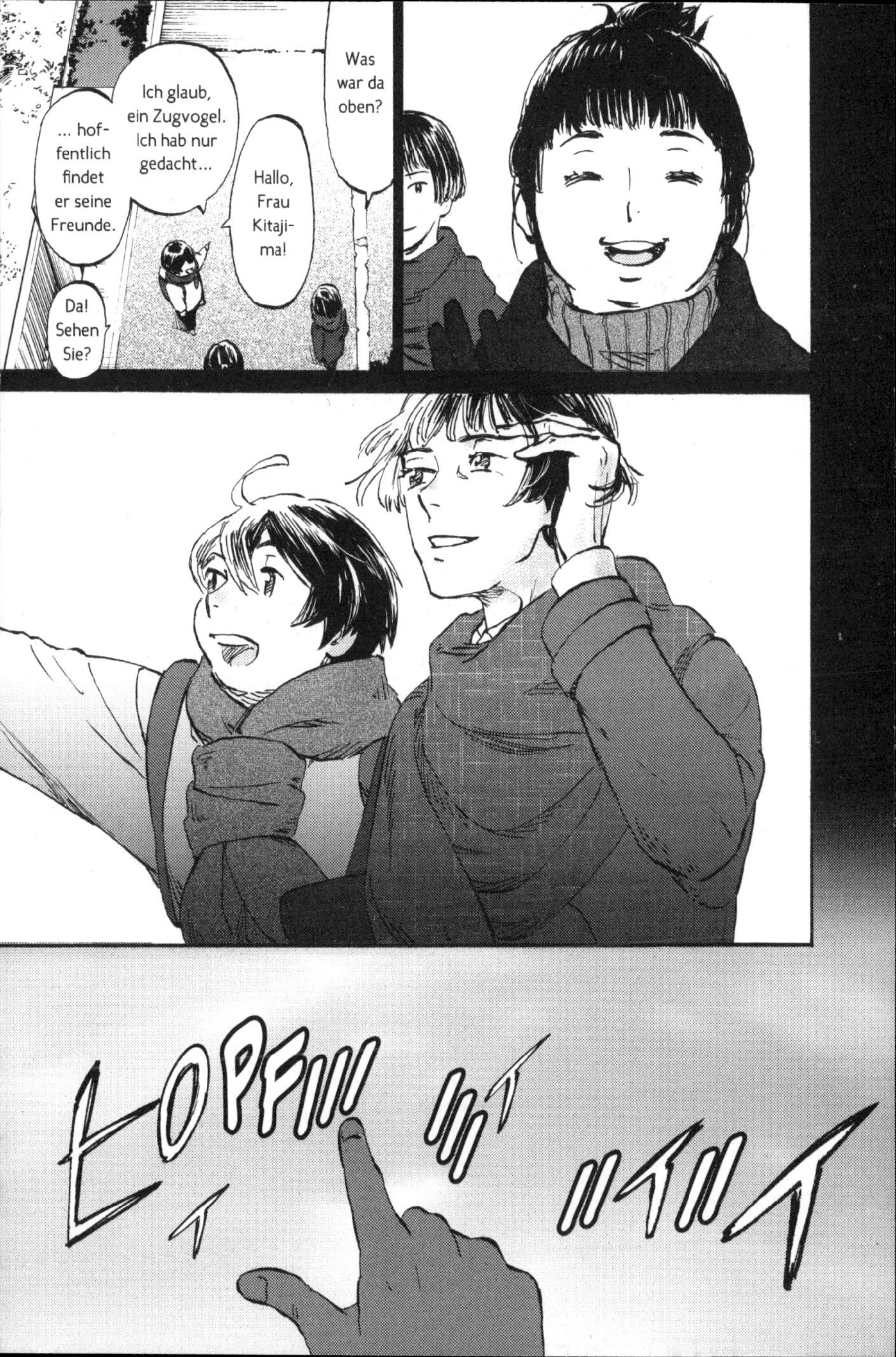
Was war da oben?
Hallo, Frau Kitaji-ma!
Ich glaub, ein Zugvogel. Ich hab nur gedacht …
… hof-fentlich findet er seine Freunde.
Da! Sehen Sie?

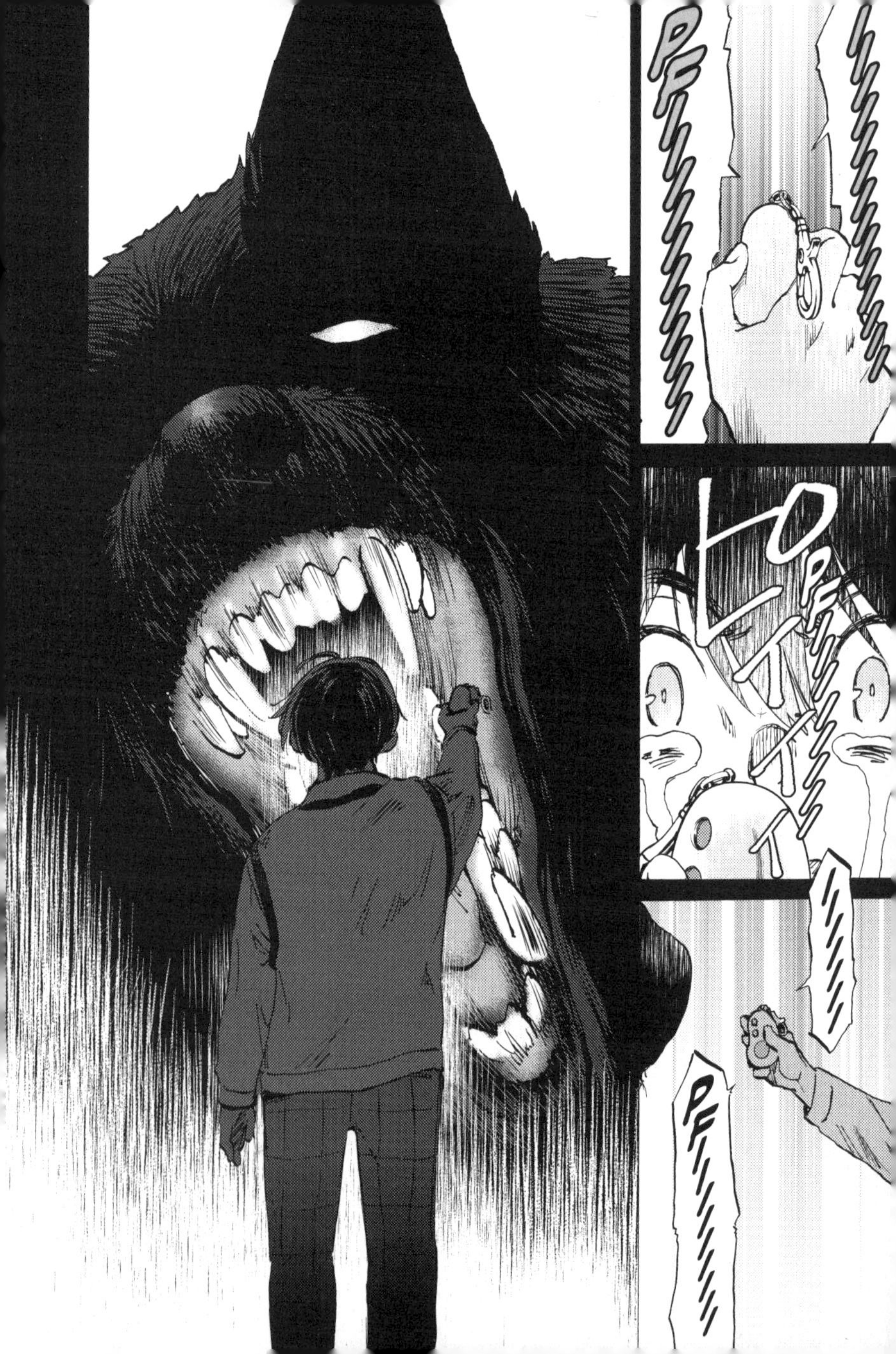
PFIIIIIIIII
IIIIIIIIIIII
ピイイイ
PFIIIIIII
IIIII
PFIIIIIIII

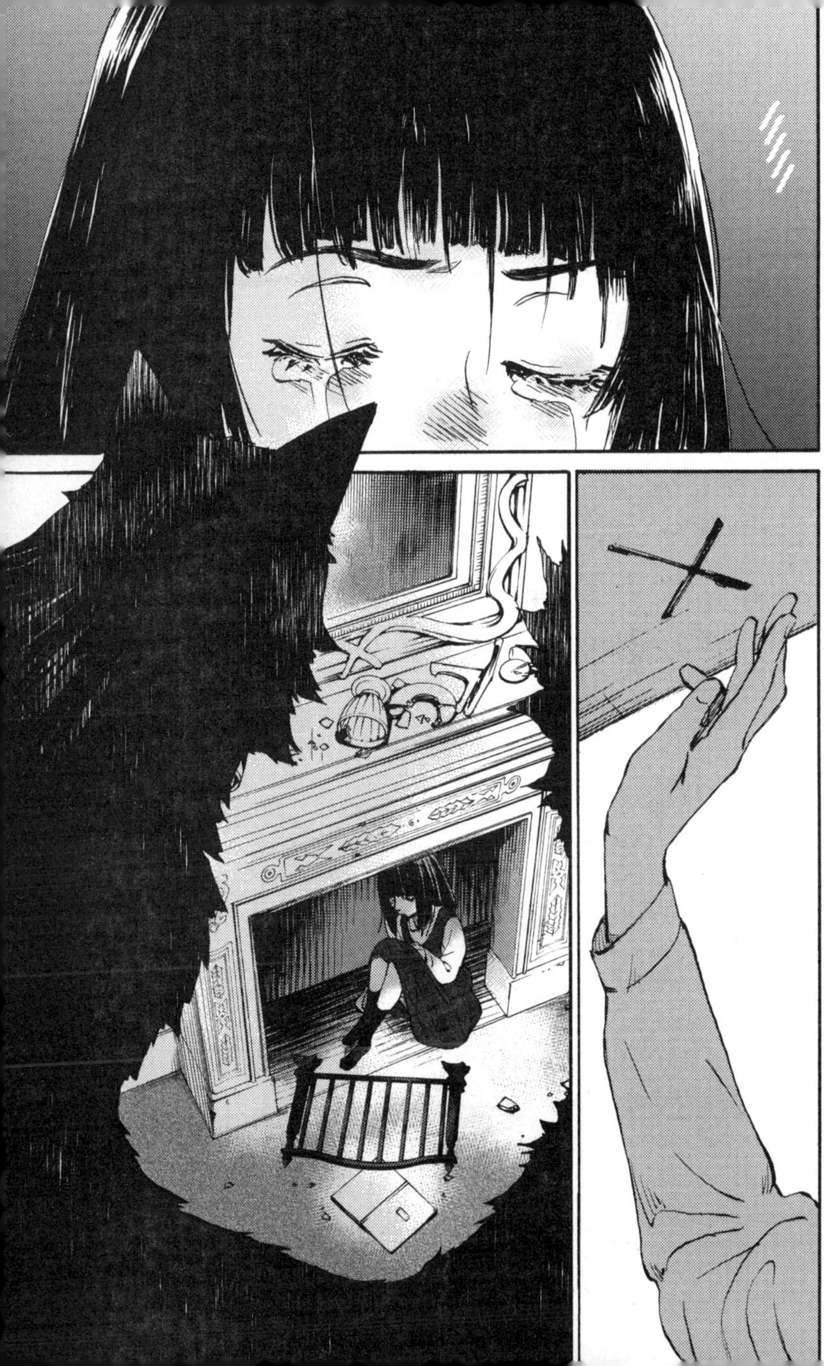

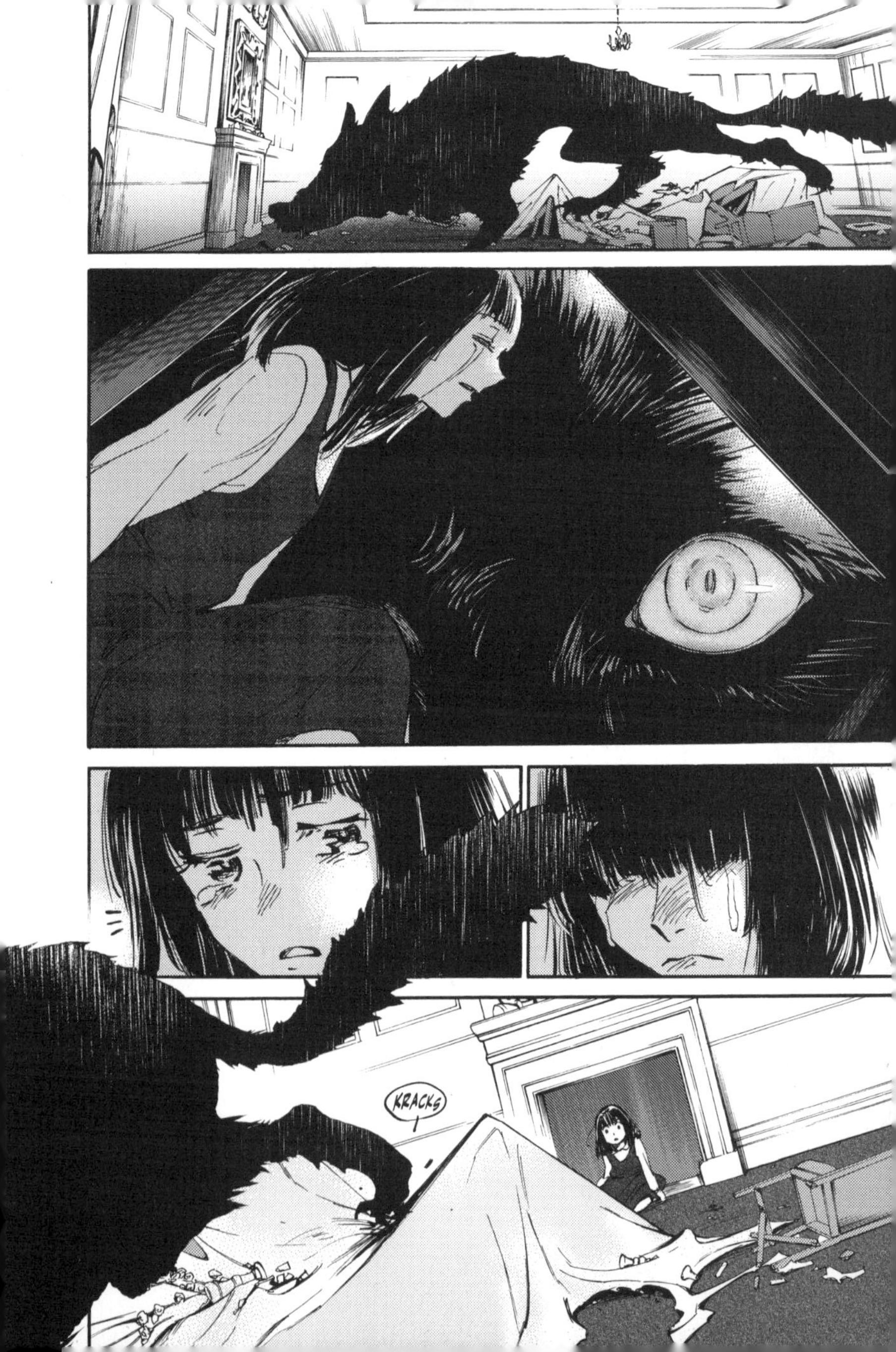
KRACKS

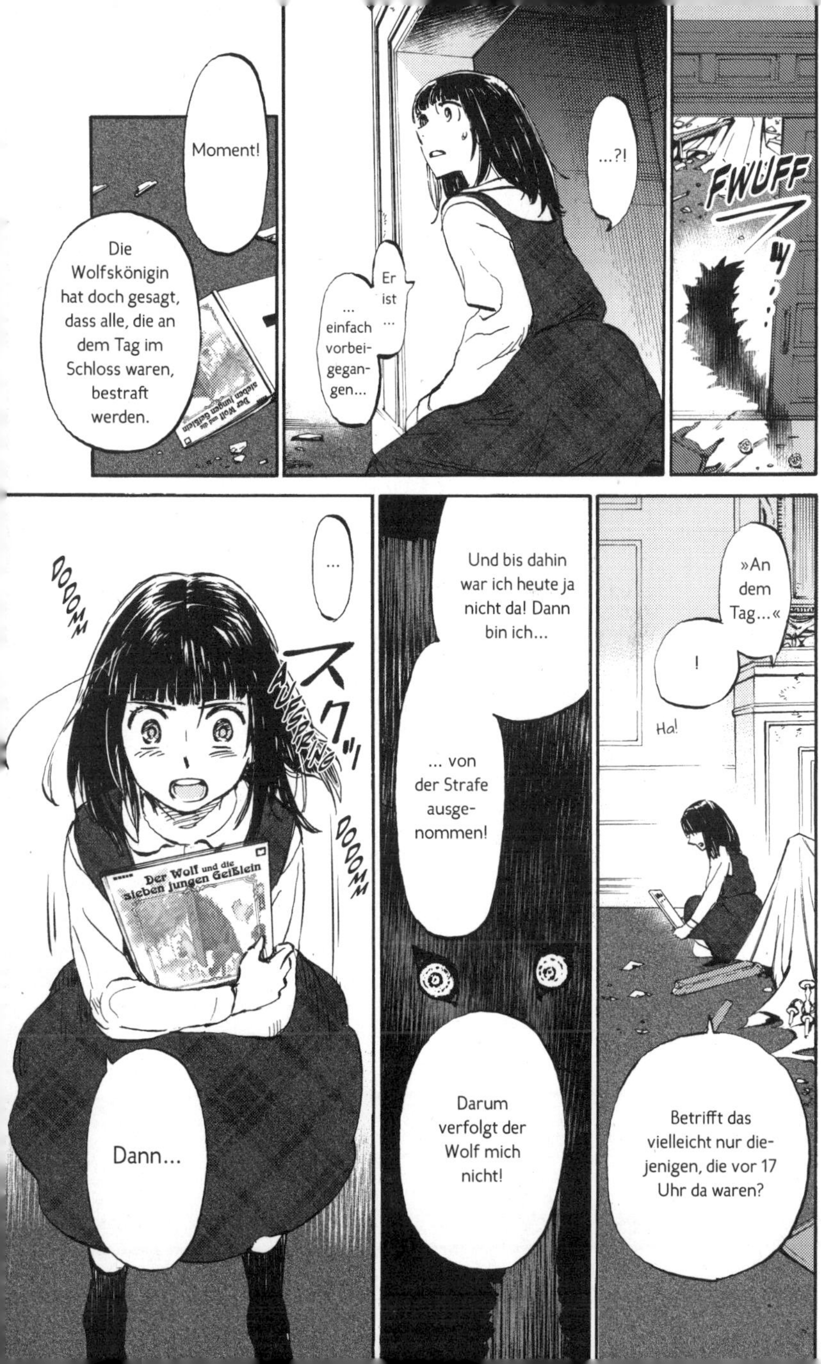
FWUFF
...?!
Er ist ...
... einfach vorbeigegangen...
Moment!
Die Wolfskönigin hat doch gesagt, dass alle, die an dem Tag im Schloss waren, bestraft werden.
Der Wolf und die sieben jungen Geißlein
»An dem Tag...«
!
Ha!
Betrifft das vielleicht nur diejenigen, die vor 17 Uhr da waren?
Und bis dahin war ich heute ja nicht da! Dann bin ich...
... von der Strafe ausgenommen!
Darum verfolgt der Wolf mich nicht!
...
DODOMM
DODOMM
Der Wolf und die sieben jungen Geißlein
Dann...

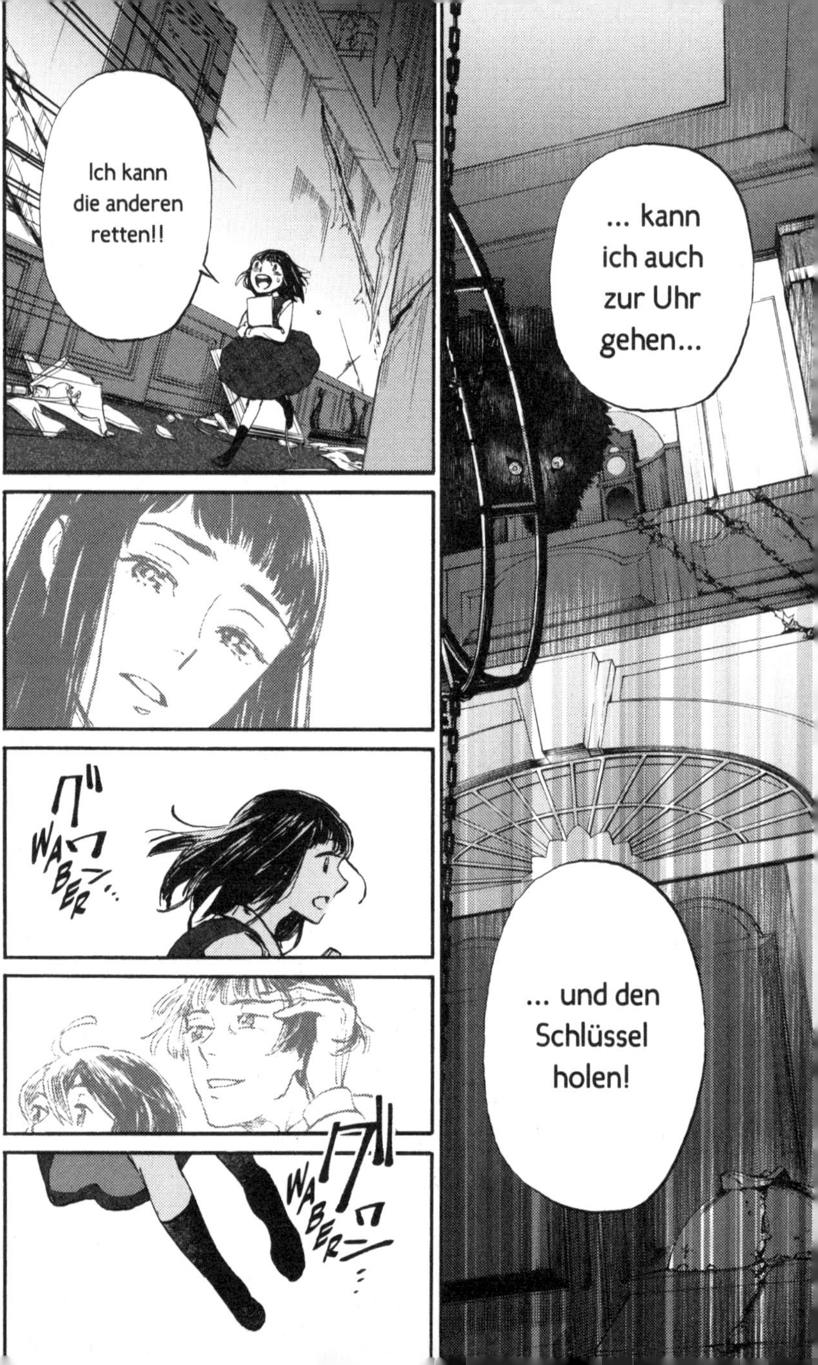
... kann ich auch zur Uhr gehen...
... und den Schlüssel holen!
Ich kann die anderen retten!!
WABER
WABER

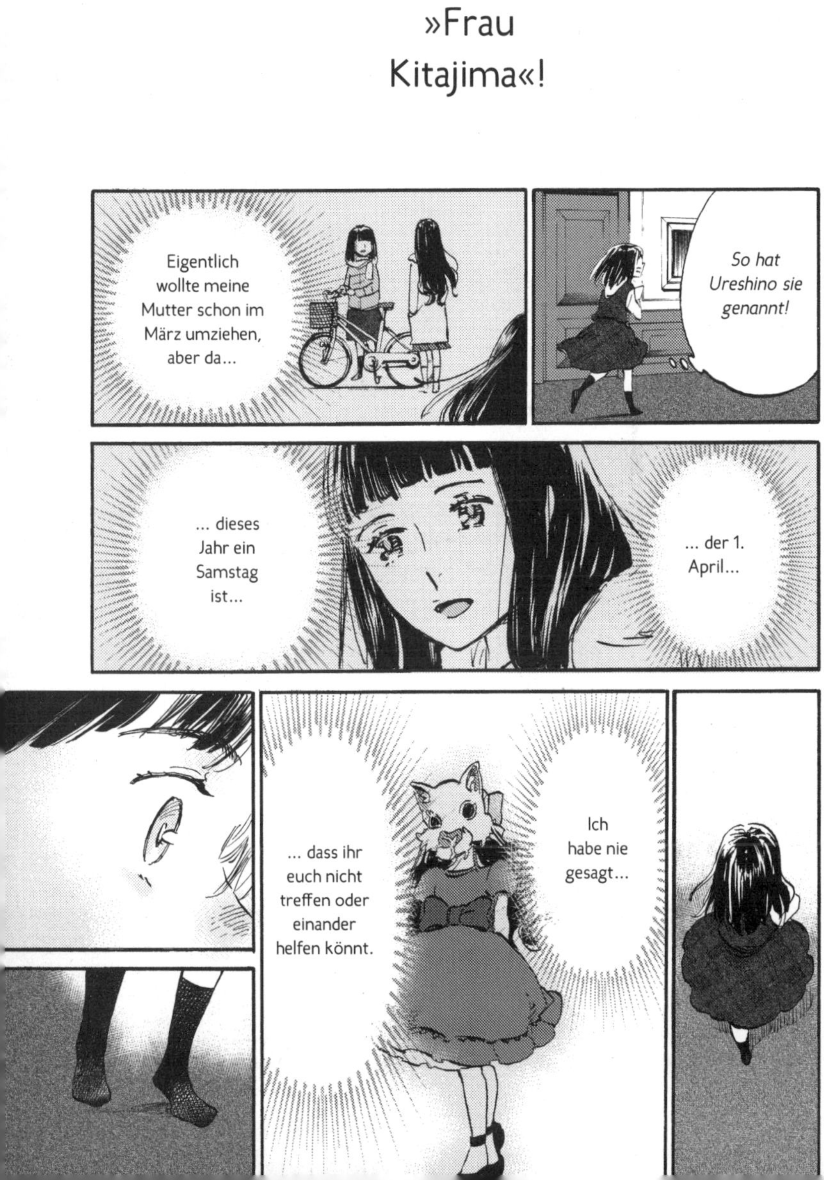
»Frau Kitajima«!
So hat Ureshino sie genannt!
Eigentlich wollte meine Mutter schon im März umziehen, aber da...
... der 1. April...
... dieses Jahr ein Samstag ist...
Ich habe nie gesagt...
... dass ihr euch nicht treffen oder einander helfen könnt.

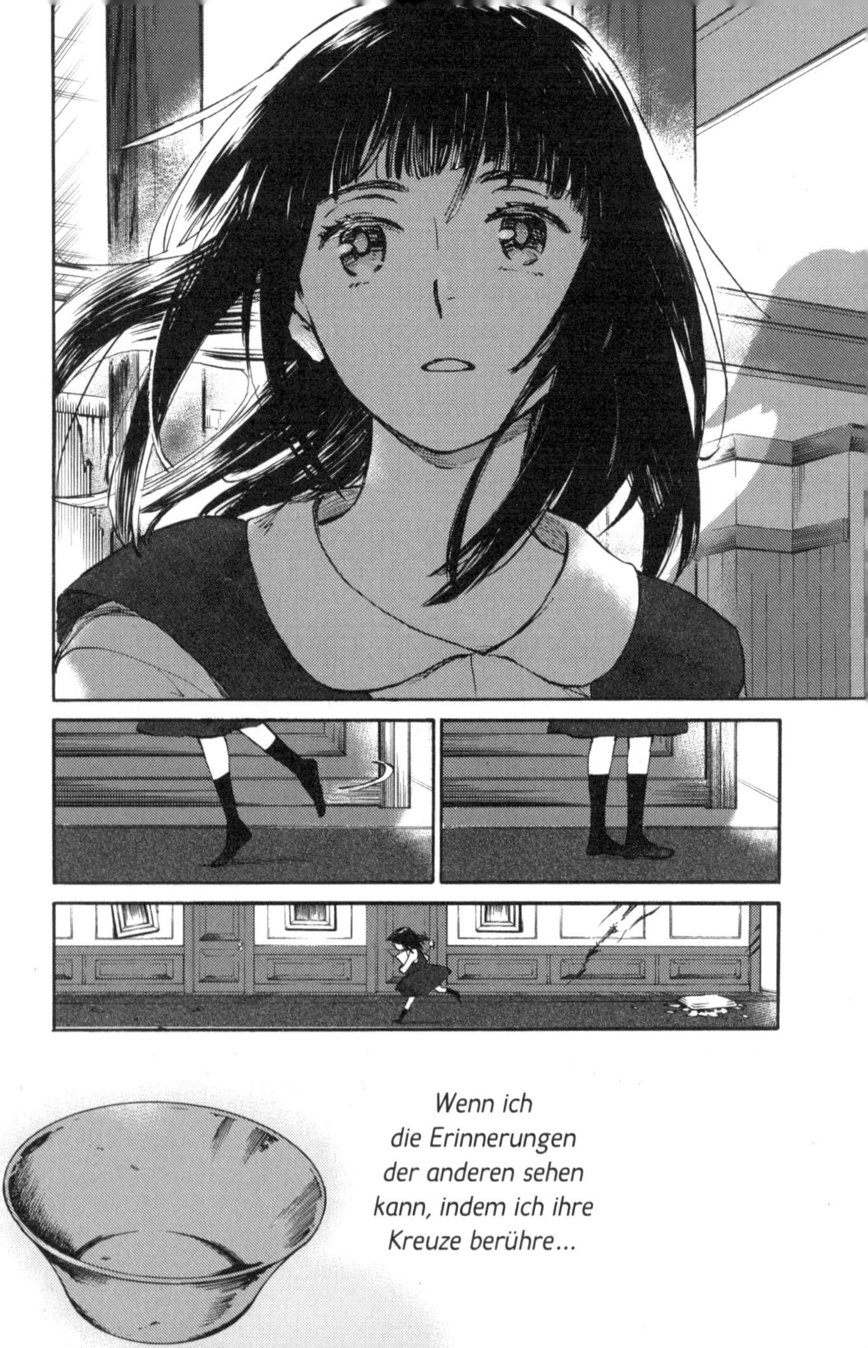
Wenn ich
die Erinnerungen
der anderen sehen
kann, indem ich ihre
Kreuze berühre…

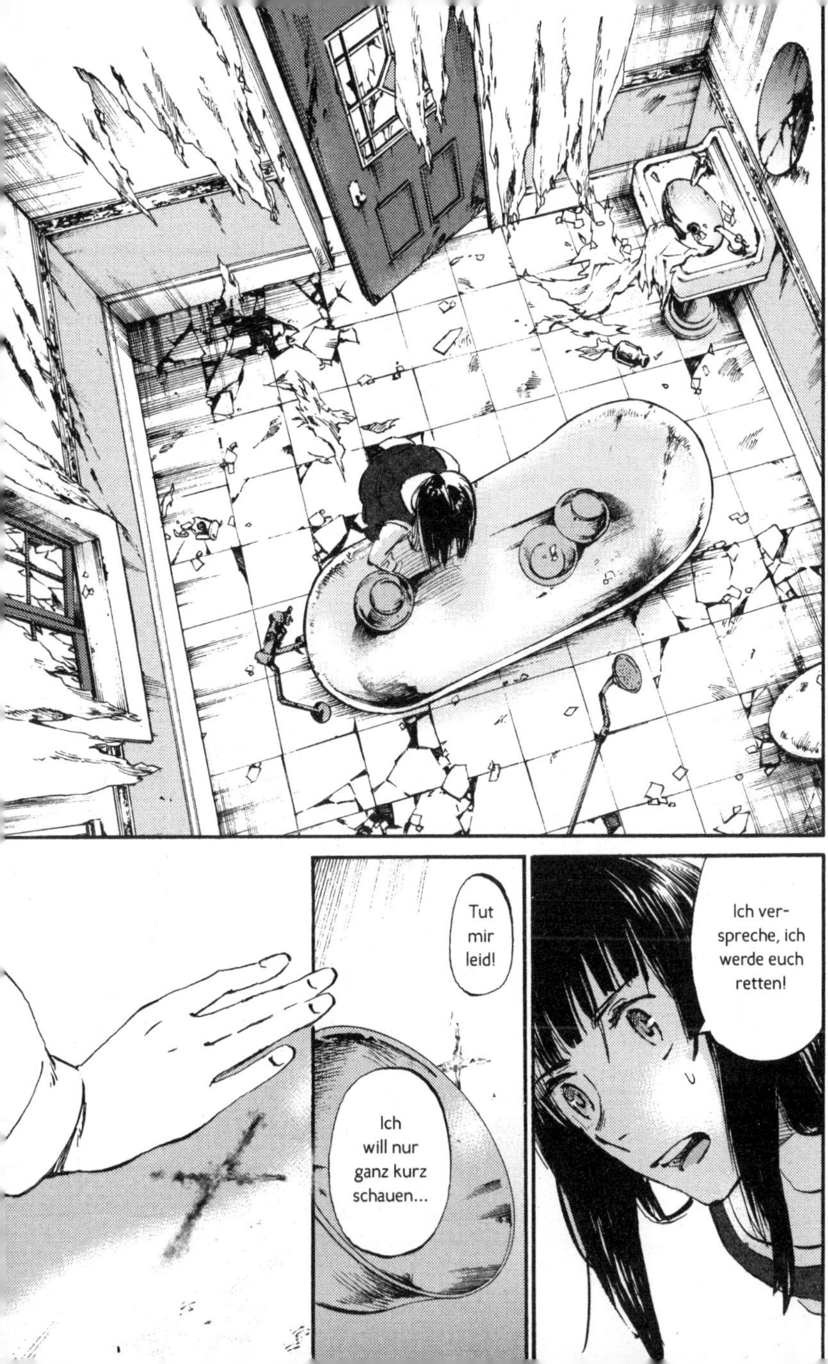
Ich ver-
spreche, ich
werde euch
retten!
Tut
mir
leid!
Ich
will nur
ganz kurz
schauen...

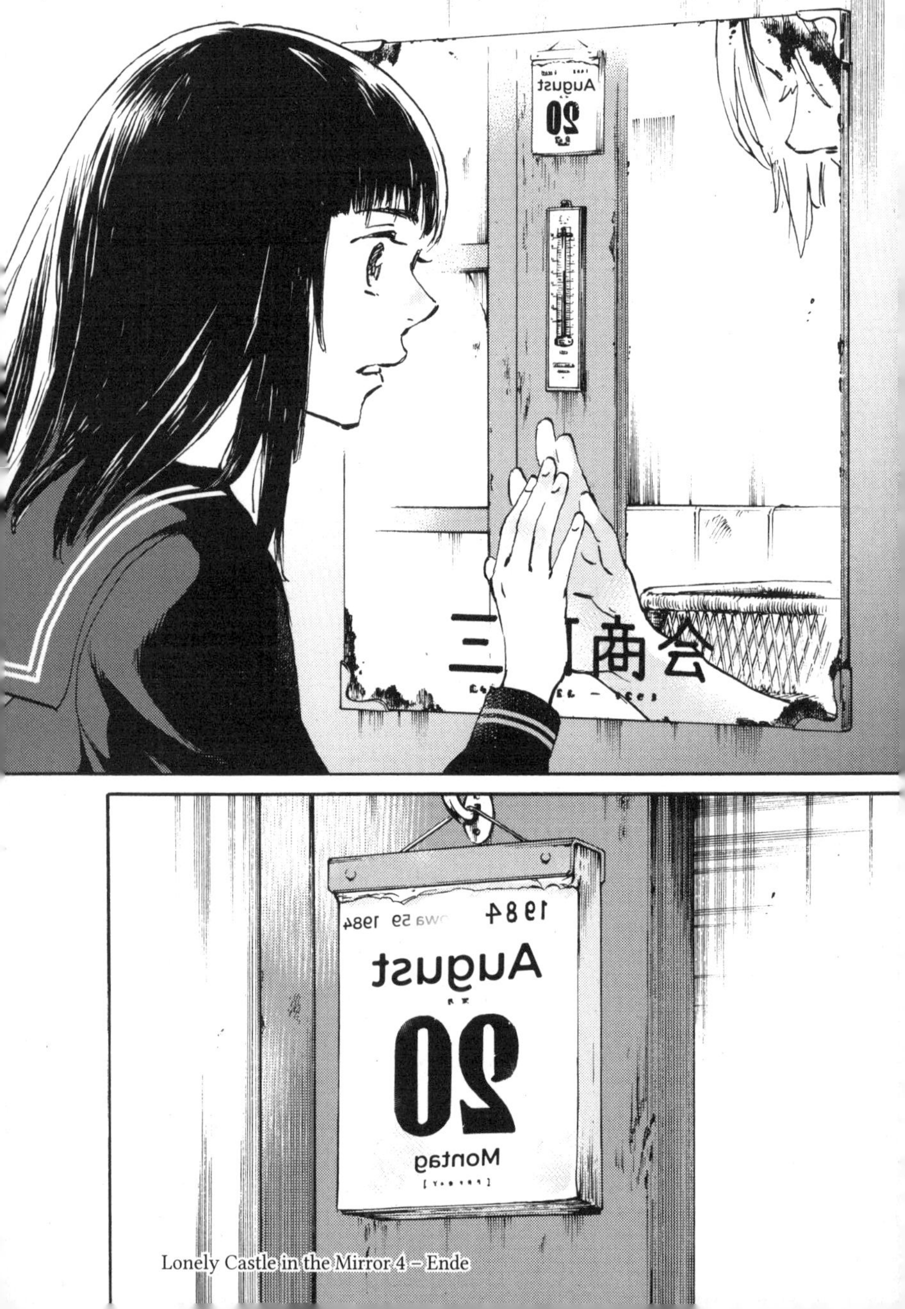

Lonely Castle in the Mirror 4 – Ende

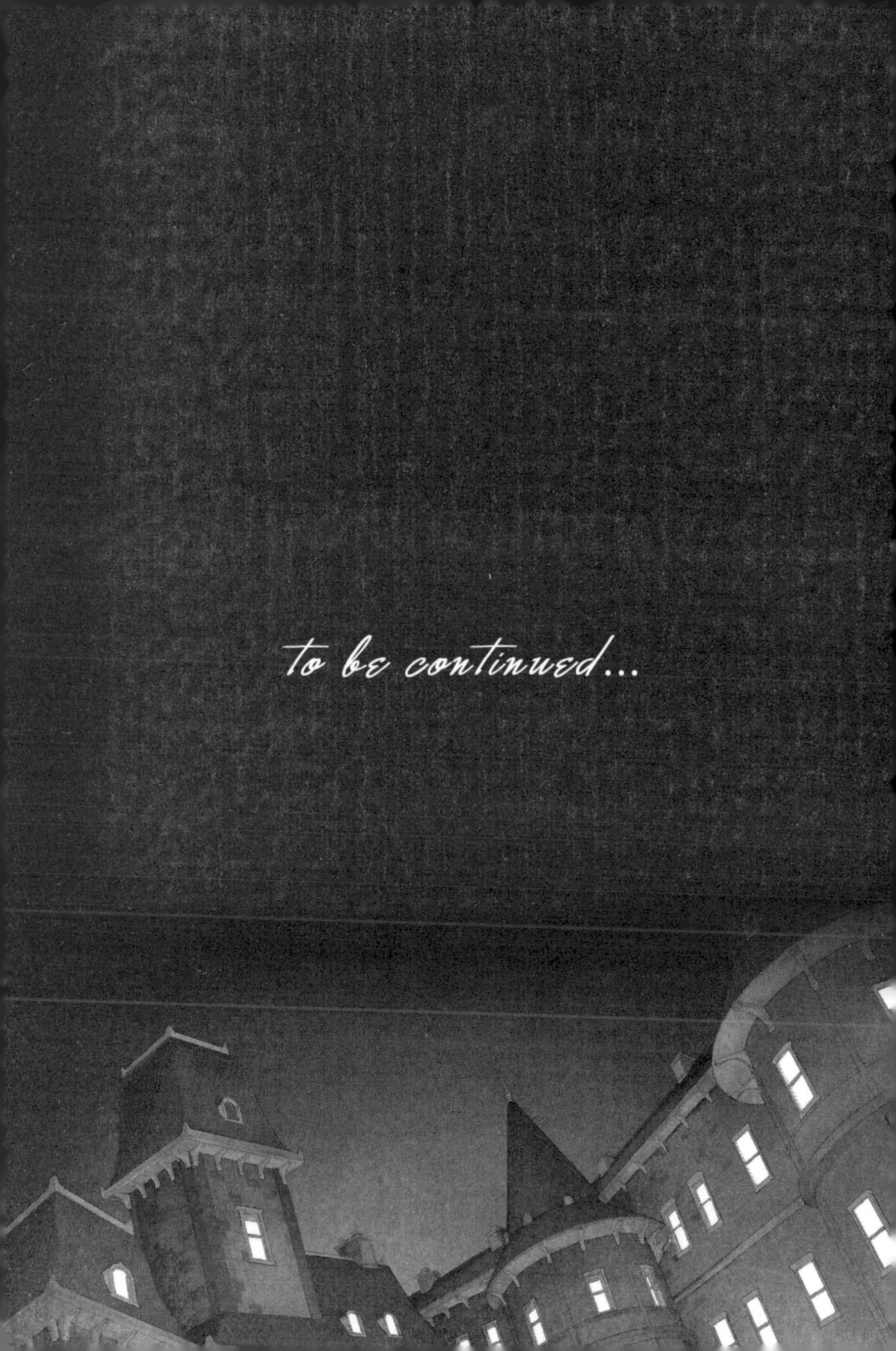
to be continued...

Vorschau auf den
nächsten Band

»Wir können
uns treffen,
oder?«

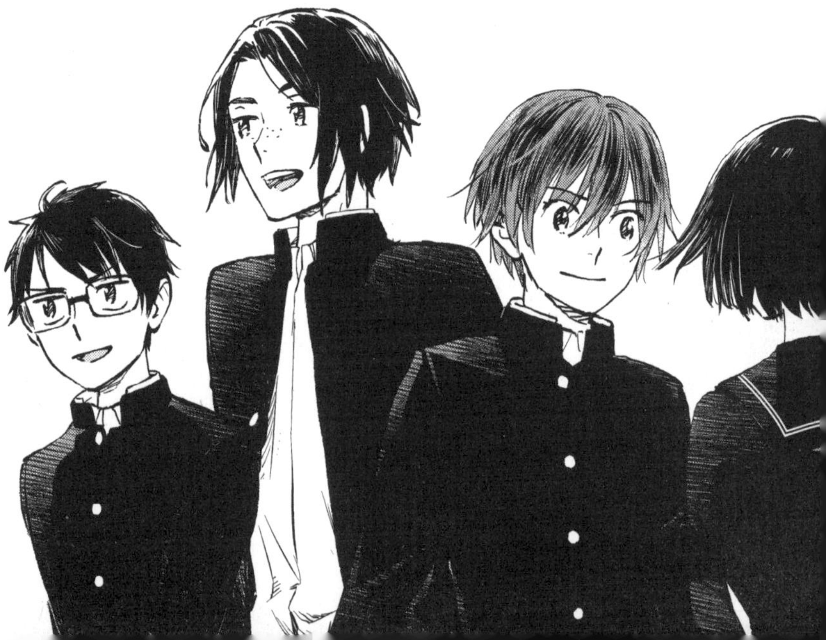

Lonely Castle in the Mirror

5

Originalroman:
Mizuki Tsujimura
(Poplar Publishing)

Zeichnungen:
Tomo Taketomi

Der letzte Band!
Ab April 2024 im Handel!

Kokoro berührt die
Erinnerungen der anderen.
Gibt es für die sieben Freunde
ein Wiedersehen?

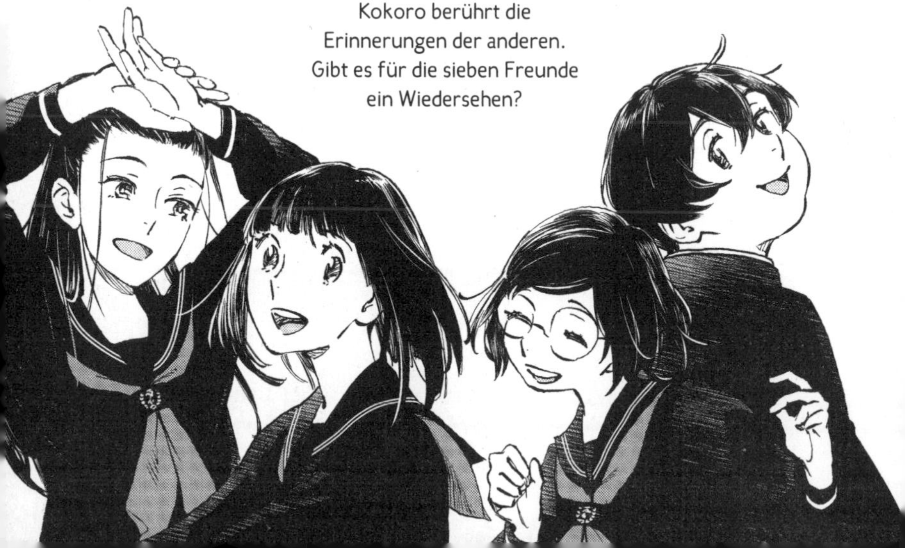

Lonely Castle in the Mirror